交通科技丛书

公路隧道运营安全技术

韩　直　杨荣尚　易富君　等　著

人民交通出版社

内 容 提 要

本书作者运用交通工程、自动控制、人工智能等理论与方法，围绕安全、环保、节能、高效的目标，从系统控制的理念出发，分析了影响隧道运营安全的主要因素，提出了隧道安全的分级标准，建立了隧道安全的框架体系及预警与控制方法。全书共15章，包括绪论、基础知识、公路隧道安全框架体系、灾害特点、交通运营灾害成因与机理、安全标准、防火技术、消防技术、交通状态识别技术、安全预警技术、交通事故辐射分析技术、控制技术、运营安全管理、安全评价技术及工程案例。

本书可供交通运输部门、交通管理部门的工程技术人员、管理干部参考，也可作为有关院校的教学参考资料。

图书在版编目（CIP）数据

公路隧道运营安全技术/韩直等著. --北京：人民交通出版社，2012.3

ISBN 978-7-114-09595-5

Ⅰ.①公… Ⅱ.①韩… Ⅲ.①公路隧道-交通运输安全-安全技术 Ⅳ.①U459.2

中国版本图书馆 CIP 数据核字（2012）第 002855 号

交通科技丛书

书　　名：公路隧道运营安全技术
著 作 者：韩　直　杨荣尚　易富君　等
责任编辑：郑蕉林
出版发行：人民交通出版社
地　　址：(100011) 北京市朝阳区安定门外外馆斜街 3 号
网　　址：http://www.ccpress.com.cn
销售电话：(010) 59757969，59757973
总 经 销：人民交通出版社发行部
经　　销：各地新华书店
印　　刷：北京鑫正大印刷有限公司
开　　本：720×960　1/16
印　　张：27.25
字　　数：524 千
版　　次：2012 年 3 月　第 1 版
印　　次：2012 年 3 月　第 1 次印刷
书　　号：ISBN 978-7-114-09595-5
印　　数：0001－2000 册
定　　价：75.00 元
(有印刷、装订质量问题的图书由本社负责调换)

序

我国是一个多山国家，75%左右的国土面积是山地或丘陵。随着“国家7918高速公路网发展规划”和西部大开发的实施，高速公路不断向山区延伸，桥隧比例不断增大。截至2010年底，我国已建成公路隧道7 384座，长512.26万米。如此大规模的隧道，不但其运营管理的任务十分艰巨，而且其安全问题也日益突出。如何提高隧道运营的安全性，一直成为众多专家、高速公路建设与管理人员关注的热点议题。

我与韩直同志认识很久，当时我们在秦岭终南山特长公路隧道建设初期共同研讨安全运营问题。此后，他一直从事公路隧道的安全与节能方面的研究，多年来，韩直博士的研究成果和学术观点一直为同行所重视。

他的研发团队勇于拼搏、积极进取、大胆创新，从安全、节能、环保、高效等多个角度对公路隧道运营安全技术开展了系统的科学研究，并先后承担了国家支撑计划“高速公路二次事故预防关键技术研究”、“山区公路隧道安全评估技术研究”，交通运输部西部交通建设科技项目“公路隧道(群)安全与节能技术研究”及“公路隧道及隧道群车辆运行安全保障技术研究”等国家、交通运输部与地方的科研项目。他们应用200m长的1∶1比例的实体隧道实验室开展了火灾报警及消防的大量试验，并在国内十多个省进行了现场调查与实地测试。他们在公路隧道安全框架体系、公路隧道交通状态识别、公路隧道安全标准、公路隧道安全预警、公路隧道安全设计、公路隧道协调控制、公路隧道安全评价等方面都取得了丰硕的成果。我为他和他的团队在公路隧道事业做出的显著成绩感到由衷的高兴！

现在，作者将这些宝贵的研究成果编撰在本书中，付梓问世。这是一本很有价值的工程技术专著，具有先进性、实用性和指导性，提升了我国公路隧道运营安全的技术水平。相信他们会继续深化相关研究和实践工作，不断开拓创新，为我国公路隧道运营管理水平的持续提高贡献力量。

工程院院士：梁文灏

前　言

我国山岭重丘区占国土面积的70%以上，随着公路网的建设与城市地下道路交通的发展，穿越崇山峻岭，连接江河两岸，隧道已成为重要的方式之一，隧道运营安全也越来越受到人们的重视。为此，各国都在积极加强创新和探索隧道安全的新理论和新技术，以求建设安全的隧道运营环境。

隧道运营安全与环保、节能、高效、舒适有着密不可分的关系，涉及道路工程、交通工程、通信工程、运输管理、人工智能、自动控制与计算机等学科，受交通运输管理水平的主观因素以及隧道土建特征、接线环境、恶劣气候、交通状态、运输特征、安全设施等客观条件的综合影响，属于综合性应用学科。

到2010年底，我国共有公路隧道7 384座，单体隧道、毗邻隧道、隧道群、棚洞及桥隧相接等多种接线形式的隧道应有尽有，我国已成为世界隧道大国。但在隧道安全运营管理方面，由于我国起步较晚，与发达国家还有很大差距。为此，国家科技支撑计划、国家“863计划”、交通运输部西部交通建设科技项目管理中心以及各地交通管理部门，都列专题对此进行了研究，并取得了丰硕的成果，促进了我国交通建设的发展。

在国家对交通安全日益重视以及地下空间利用越来越多的情况下，本书从安全、环保、节能、高效、舒适的理念出发，在公路隧道运营安全的框架体系、安全的主要影响因素、安全标准、安全预警技术、交通事故辐射分析技术、安全设计技术、安全评价技术等方面提出了自己的见解。

全书共分15章，由韩直研究员、杨荣尚教授级高级工程师及易富君博士等人撰写。本书的其他参编人员有王小军高级工程师、马璐高级工程师、付立家工程师、袁源工程师、刘敏工程师。本书在编写过程中，参考了国内外相关的研究文献资料，综合了各参编人员的理念、经验与体会，包含了许多国内外相关研究学者的见解和方法。

本书在编写过程中得到了梁文灏院士的指导与帮助，在此对他表示衷心的感谢！

本书适合交通运输部门、交通管理部门的工程技术人员、管理干部阅读和参考，也可作为有关院校的教学参考资料。由于编写人员的理论功底和水平有限，错误、疏漏之处在所难免，敬请读者给予批评指正。

作　者

2011年7月

目　　录

第1章 绪 论

1.1 公路隧道安全的研究对象与范围

1.1.1 公路隧道安全的定义

安全是指不受威胁，没有危险、危害与损失。公路隧道安全包括隧道土建结构及其附属设施安全与交通运营安全。本书主要探讨公路隧道交通运营安全。由安全的定义出发，公路隧道交通运营安全可以定义为：在隧道土建结构及其附属设施安全以及使用隧道的交通体遵守有关交通法规的前提下，通过交通诱导、指示、控制与管理，其交通行为没有危险、危害与损失。

这一定义有以下五层含义：

其一，隧道交通运营安全的元素包括隧道土建结构、隧道机电与安全设施、交通体、法律法规以及环境。

其二，隧道土建结构及其附属设施是安全的，由其发生故障衍生出的运营安全问题，不属于运营安全研究的范畴。

其三，若交通体是行人，其在使用隧道的过程中，因身体健康原因发生的衍生危害与损失不属于交通运营安全的范畴。

其四，若交通体是车辆，则车辆本身应工作正常，由于车辆故障、自燃等从而造成的危害与损失，属于车辆管理的范畴，不属于交通运营安全的范畴。

其五，隧道的环境条件（照明亮度与空气质量）应满足有关规范的要求，不应影响隧道使用者的身体健康、交通行为的决策及交通行为的实施。

1.1.2 研究对象

研究对象包括人、车、路、环境、管理、隧道安全设施、法律法规等与交通运营安全的关系。

（1）人。研究人的交通行为对安全的影响，包括驾驶行为与行走行为。

（2）车。研究车辆类型与交通流特性对安全的影响。

（3）路。研究隧道土建特征对安全的影响，包括隧道洞门、隧道长度、路面、平纵曲线及其配合。

(4)环境。研究隧道的接线环境(接桥、接隧等)、气候条件、洞内空气特性对安全的影响。

(5)管理。研究运输管理、运营管理对安全的影响。

(6)安全设施。研究隧道通风、照明、监控、消防及诱导与控制设施的配置对安全的影响。

(7)法律法规。研究立法与执法对隧道运营安全的影响。立法包括法律、法规、标准与指南;执法包括执法机构、执法过程与执法效果。

1.1.3 研究范围

1)时间范围

按照应用的目的、场景与抽样的时间间隔,研究的时间范围可分为短期与长期。短期的抽样间隔一般在 5～15min,用于根据检测的交通与环境信息,应用交通状态识别技术、安全预警技术,通过指示、诱导与控制,提高运营的安全性,降低交通灾害的损失;长期的抽样间隔一般在 15min 以上,是根据已有的信息,应用数理统计、人工智能、自动控制、系统工程等知识,探讨影响运营安全的因素与各种异常的关系、交通异常的发生规律、交通状态识别方法、安全预警方法等,通过工程措施、技术措施、管理措施及执法与教育提高运营的安全性。

2)空间范围

隧道的范围和计算行车速度有关。根据《公路隧道通风照明设计规范》(JTJ 026.1—1999),洞外引道照明长度在计算行车速度为 40～100km/h 时,引道照明长度为 60～180m,故隧道的空间范围可定义为从设置引道照明处开始到隧道出口之间的范围。

3)论域范围

论域范围主要包括以下五个方面。

(1)隧道运营安全理论

包括隧道交通异常产生机理、交通安全预警、交通状态识别、交通行为、避难行为、协调控制等理论以及安全、环保、节约、经济之间的关系研究。

(2)隧道运营安全规划、设计与施工技术

包括隧道通风、照明、监控、指示、诱导与防灾救援的规划技术、设计技术与施工工艺的研究。

(3)隧道运营安全设施开发

包括隧道火灾报警设施、消防设施、监控设施、环境检测设施等。

(4)隧道运营安全管理

包括设施管理、运输管理与运营管理的相关研究。

(5)法律、法规与标准规范

1.2 目的与意义

隧道运营安全研究的目的，是通过最小的投入，实现安全、环保、节约与经济的综合目标。影响隧道安全运营的因素可分为可控因素(或主观因素)与不可控因素(或客观因素)。公路隧道运营安全主要研究如何适应不可控因素以减少交通运营灾害与损失，以及如何提高管理与决策水平，通过控制使可控因素对安全运营的影响最小。

1.3 研究现状

1.3.1 国外研究现状

1)主要研究机构

研究机构主要包括国际隧道协会、国际道路协会以及各国的隧道协会与大学的研究机构与试验平台。

(1)国际隧道协会

国际隧道协会ITA(International Tunnelling Association)下设通风、照明、安全、交通行为等工作组，2005年新成立了COSUF(the ITA Committee on Operational Safety of Underground Facilities)，进行地下空间安全运营方面的研究。

(2)国际道路协会

国际道路协会PIARC(World Road Association)和隧道相关的是C5技术委员会(PIARC Committee on Road Tunnels)，其下设有Working Group No. 6 Fire and Smoke Control工作组，开展隧道火灾方面的研究工作。

(3)其他研究机构

学会方面主要包括英国隧道协会BTS(British Tunnelling Society，隶属于英国土木工程师学会ICE)、瑞士隧道协会STS(Swiss Tunnelling Society)、日本隧道协会JTS(Japan Tunnelling Society)、挪威岩石爆破技术协会NFF(Norsk Forening for Fjellsprengningsteknikk)、法国隧道与地下空间协会AFTES(Association Francaise des Tunnels et de l'Espace Souterrain)等。

地方研究机构主要有荷兰TNO(Netherlands Organization for Applied ScientificResearch)、瑞典SP Fire(Swedish National Testing and Research Institute)、

德国 STUVA(Research Association for Underground Transportation Facilities)、挪威 SINTEF/NBL(Norwegian Fire Research Laboratory)、瑞士 VSH(Versuchs Stollen Hagerbach AG Hagerbach Test GalleryLtd)等。

大学和隧道安全相关的研究机构主要有美国得克萨斯州大学奥斯汀分校(the University of Texas at Austin)的科克雷尔工程学院(Cockrell School of Engineering)、瑞士洛桑联邦理工学院,代尔夫特理工大学(Auditorium of Delft University of Technology)的地下建筑协会与地下空间利用研究所(GOR)、荷兰地下建筑中心 COB(Centrum Ondergronds Bouwen)等。

试验平台主要有挪威 Runehamar 隧道灭火试验基地、西班牙 TST 隧道综合防灾基地、荷兰 Benelux2 隧道火灾试验基地、日本消防研究所隧道火灾试验模型基地等。

2)主要研究内容与方法

(1)研究内容

自从法国、意大利、奥地利、挪威等国 2000 年左右相继发生隧道火灾事故后,欧盟隧道交通安全委员会联合隧道建筑部门、安全研究机构开始重新审视隧道防灾系统设置的合理性,主要对以下内容进行研究:

①火灾场景的温度场与烟雾场变化规律;

②隧道安全运营设施布设与防灾减灾;

③隧道安全评价方法;

④隧道运营管理的法律、法规与规范。

(2)研究方法

对于火灾的研究,主要有理论分析、模型试验与模拟仿真三种方法。模型试验有小比例模型试验、等比例模型试验与现场试验三大类。模拟仿真主要有网络模拟、区域模拟、现场模拟及混合模拟四种模拟方法。

(3)研究工况

针对运营安全,研究中主要考虑火灾、毒气泄漏、交通阻塞、交通事故、隧道维修以及正常运营共六种工况。

3)主要研究项目

近 20 年来,国外开展的隧道运营安全研究主要有以下十项。

(1)EUREKA EU 499:FIRETUN-Fires in Transport Tunnels

1990~1992 年,由德国 STUVA 和 iBMB 发起,芬兰、挪威、奥地利、法国、英国、意大利、瑞典、瑞士等国参与,研究火灾时隧道内的温度分布及高温对隧道衬砌的损伤。项目共进行了 20 多次足尺火灾试验,取得了一系列成果。

(2)DARTS(Durable and Reliable Tunnel Structures)

该项目由8个欧洲研究机构发起，于2001年3月启动，历时3年。项目研究内容和取得的成果是：形成了考虑结构可靠度、技术实力、地质状况、服务寿命、灾难场景、环境因素、社会因素、耐久性以及经济因素等在内的一套集成的隧道设计方法。

(3)FIT(Fire in Tunnels)

该项目于2001年启动，历时4年。12个欧洲国家的33个机构参与了该项目。该项目的研究目的是建立一个发布和共享隧道火灾研究成果的平台(基于Internet的火灾咨询数据库)，并为火灾设计、火灾安全管理等提供建议。该平台涵盖了公路、铁路和地铁隧道火灾，建立的数据库内容包括：

①当前隧道火灾安全的研究项目情况；

②世界各国隧道火灾试验场所的分布和相关信息；

③隧道火灾相关的数值模拟软件综述；

④隧道火灾安全装备方面的数据；

⑤隧道火灾的评估报告；

⑥世界各国隧道安全性提升方面的研究综述和研究活动概况。

(4)UPTUN(Cost-effective，Sustainable and Innovative UPgrading Methods for Fire Safety in Existing Tunnels)

该项目于2002年启动，历时4年，由欧洲委员会(European Commission)发起，18个欧洲国家的42位隧道专家参加，主要探讨火灾安全等级评估、火灾探测、监控、减灾(包括人的行为反应研究以及隧道结构的防护措施等)、决策支持、信息发布等新方法，研究内容如下：

①火灾预防和监控；

②火灾的发展过程和灭火方法；

③火灾情况下人的反应；

④火灾影响及隧道结构的火灾反应；

⑤安全等级评估和既有隧道的改进；

⑥火灾影响及隧道系统的响应；

⑦成果发布、培训。

(5)Safe Tunnel(Safety in Road Tunnels)

该项目于2001年启动，历时3年，共有9个研究机构参与。项目的主要目的是减少公路隧道火灾事故的数量和减轻火灾引起的后果。

(6)SIRTAKI(Safety Improvement in Road&Rail Tunnels Using Advanced Information Technologies and Knowledge Intensive Decision Support Modes)

该项目由12个欧洲机构发起，于2001年启动，历时3年。项目的主要研究目标是改革目前隧道安全和应急的运营管理理念。

(7)Virtual Fires(Virtual Real Time Emergency Simulator)

该项目于2001年启动,历时3年,共有8个研究机构参与。项目的主要研究目标是开发可行的隧道火灾模拟系统,以便消防队员在计算机模拟的虚拟火灾场景下进行隧道灭火训练。

(8)Safe-T(Safety in Tunnels)

该项目于2003年启动。项目的主要目标是通过调研、评估收集的火灾实况信息,为欧洲隧道的火灾安全提供全面可行的解决方案(包括人员逃生、事故管理、风险评价、交通控制、立法、技术标准以及培训等)。

(9)L-SURF(Design Study for Large Scale Underground Research Facility on Safety and Security)

该项目于2005年启动,历时3年。该项目的研究目标是:

①克服目前欧洲隧道火灾研究主要以国家为单位的模式,形成能够充分共享资源且包含研究、培训、教育等成体系的泛欧洲研究实体L-SURF,使L-SURF在欧洲的地下空间安全研究领域发挥主要的作用。

②以L-SURF研究实体为依托,建立大型的隧道及地下空间火灾安全研究设施(设备及模型隧道等)。

(10)SOLIT(Safety of Life in Tunnels)

该项目在德国开展,主要研究内容包括:

①水喷淋系统用在隧道内的可靠性和生命周期。

②建立隧道内水喷淋系统的试验和性能评估方法。在该项目框架内,建立足尺火灾模型隧道进行试验。模型隧道长600m,断面高8.15m,支持纵向/横向通风,配备有先进的数据测量、采集系统。

4)主要研究成果

研究成果主要体现在以下几个方面。

(1)法律、法规与规范

国外主要规范如下。

荷兰:《TNO报告98-CVB-R1161隧道防火》,TNO测试标准《隧道防火测试方法》。

德国:《RABT公路隧道设施及运行准则》,《ZTV-隧道,关于公路隧道建设补充技术条款及准则》。

英国:《BD78/99,公路及桥梁设计手册》。

美国:《NFPA 502公路隧道、桥梁及其他限行公路标准》,《Underground Transportation System in Europe:Safety,Operations,and Emergency Response》。

日本:《建设省道路隧道紧急用设施设置基准》。

挪威:《公路隧道》,《道路隧道火灾保护管理程序指南》。

德国:《公路隧道设施及运转准则》(RABT),《公路隧道交通控制系统规划备忘录》。

奥地利:《隧道运转及安全设施设置准则》。

世界道路协会(PIARC):《隧道设施准则》。

(2)火灾发展规律

通过足尺火灾试验和仿真,探讨发生火灾后温度场、烟雾场的变化规律。1965～2005 年,美国、挪威、荷兰、瑞士、奥地利、芬兰、德国、英国、日本等国共进行了 10 余次足尺火灾试验,火灾规模为 2～203MW,仿真采用的软件主要有 ANSYS、ADINA、ABAQUS、MSC 等,专用场模拟软件有瑞典 Lund 大学的 SOFIE、美国 NIST 开发的 FDS 和英国的 JASMINE,区域模拟的模型主要有 CFAST、ASET、BR12、CCFM-VENTS、CFIRE-X、COMPBRN、HAVARD MARD4,主要成果有 RWS 曲线和 RABT 曲线。RWS 曲线主要模拟油罐车在隧道中的燃烧情况,最初温度迅速上升,接着随着燃料的减少而逐步下降,其假设火灾规模为 300MW,燃油或油罐车持续燃烧 120min,燃烧 120min 后消防人员到达控制火势,接近火源并开始熄灭火源;RABT 曲线模拟货车火灾的升温状况,对于一些特殊的火灾类型,其最高温度持续时间也可延长到 60min 或者更长的时间,其假设火场温度在 5min 之内快速升高到 1 200℃,并在持续较短时间后冷却 110min,见图 1-1。

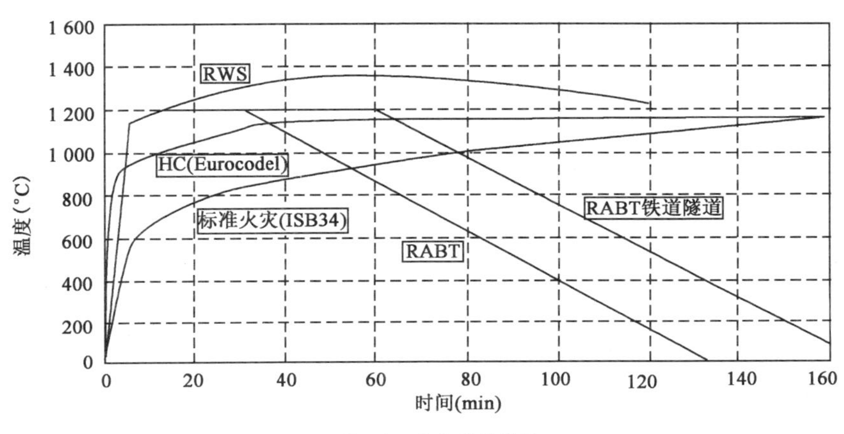

图 1-1 火灾升温曲线

(3)防灾救援

防灾救援主要包括火灾自动报警设备、主动灭火设备及人员疏散仿真软件的研发。火灾自动报警设备包括感温报警、感光报警和视频火灾报警三类;主动灭火设备体现在围绕自动喷淋，对不同的灭火方法(如细水雾灭火技术、泡沫自动喷淋灭火技术、受到国际消防技术委员会 CTIF 高度重视的脉冲灭火技术等)和配套的各种硬件装置的开发；人员疏散仿真软件主要有 EVACENT、buildingEXODUS、SIMULEX、STEPS 等，其中英国开发的 buildingEXODUS 和 STEPS(瞬态疏散和步行者移动模拟)软件比较适合隧道人员逃生模拟。

1.3.2 国内研究现状

国内对隧道交通安全的研究，以交通运输部西部交通建设科技项目为主。2001～2010 年，西部项目财政预算安排 19.83 亿元，工程配套和单位自筹 13.49 亿元，合计完成投资 33.32 亿元，在公路水路基础设施建设与养护、运输服务、交通安全保障和绿色交通等重点领域开展了 756 个研究项目，其中与隧道运营安全直接相关的课题有 9 个。本节从研究机构、主要项目与主要成果 3 个方面论述了隧道运营安全的研究现状。

1)主要研究机构

国内隧道安全的研究机构主要有招商局重庆交通科研设计院、浙江省交通规划设计研究院、福建省交通规划设计研究院、上海市隧道工程轨道交通设计研究院、长安大学、北京交通大学、西南交通大学等，重点实验室与中心主要有国家山区公路工程技术中心、交通运输部行业重点实验室“公路隧道建设与养护管理实验室”、教育部重点实验室“同济大学岩土及地下工程实验室”、北京交通大学隧道及地下工程教育部工程研究中心等。

2)主要研究项目

已开展的公路隧道安全研究项目主要有四个渠道，国家级项目(包括国家科技支撑计划、国家“863 计划”项目)、省部级项目[包括交通运输部西部交通建设科技项目和联合攻关项目以及地方、省(自治区、直辖市)科委项目]、省市交通运输厅项目以及自主立项研究项目(如国家山区公路工程中心开放式基金项目)。已完成或正在开展的国家级研究项目主要有：

(1)国家科技支撑计划“重特大道路交通事故综合预防与处置集成技术开发与示范应用”；

(2)国家科技支撑计划“港珠澳大桥跨海集群工程建设技术研究与示范”；

(3)国家科技支撑计划“高速公路特大交通事故预防技术研究及示范”；

(4)国家“863 计划”项目“大型江底地下互通式立交枢纽建造与运营核心技术研究”。

已完成或正在开展的交通运输部西部交通建设科技项目主要有：

(1)“秦岭终南山公路隧道建设与运营管理关键技术”；

(2)“雪峰山特长公路隧道建设与运营管理关键技术”;

(3)“公路隧道及隧道群车辆运行安全保障技术”;

(4)“泸蓉西高速公路隧道(群)安全与节能综合技术”;

(5)“公路隧道智能联动控制技术研究”;

(6)“乌鞘岭特长公路隧道群建设与运营安全控制技术研究”;

(7)“高速公路螺旋型曲线隧道营运安全控制技术研究”;

(8)“多断层、富水岩溶地区特长公路隧道修建关键技术及防灾救援方案研究与应用”;

(9)“西部交通工程系列标准研究”。

其他项目主要有:

(1)中国工程院项目“公共安全工程研究”;

(2)交通运输部联合攻关项目“厦门海底隧道建设关键技术研究”;

(3)重庆市科委项目“公路隧道防灾新技术研究与应用”;

(4)北京市科委项目“三车道公路隧道监控设计系统研究”;

(5)上海市科委项目“城市长大隧道环控与防灾及节能综合技术研究与应用”;

(6)“广梧高速公路隧道群安全保障与节能关键技术研究”;

(7)交通部通达计划项目“长大公路隧道防火救灾对策研究”;

(8)交通运输部行业联合科技攻关计划项目“雁门关长大公路隧道建设与运营管理成套技术研究”;

(9)山西省交通科技项目“长大公路隧道运营管理与防灾救灾预案研究”。

3)主要研究成果

我国公路隧道运营管理技术基本上是从零开始的,国内铁路隧道规则交通的管理经验不能借鉴,隧道群、毗邻隧道、螺旋型隧道、特长大交通量隧道等国内独有的问题,使得国外可供借鉴的经验也不是很多。自2001年以来,交通部[1]针对建设与运营中的共性问题、特殊性问题及重大工程问题展开了研究,取得了一系列成果,构建了公路交通安全基本理论体系框架,填补了我国在该领域理论研究的空白,实现了应用技术、管理技术、标准规范、长效管理手段的创新,有力支持了西部乃至全国公路安全保障工程的实施。示范路段年均重特大交通事故数降低了77%,死亡人数降低81%,减少损失数十亿元。具体表现在以下六个方面。

(1)研究与检测试验平台基本形成

建设了超特长公路隧道通风物理模型试验系统、公路隧道纵向通风设计计算与模拟试验平台、隧道火灾模型试验场、公路隧道监控试验室、公路隧道火灾事故

[1]现为交通运输部。全书同。

数据库、公路隧道建设与养护管理重点试验室、山区公路工程技术研究中心。试验平台的完善,不但为研究工作提供了支撑,而且促进了研究成果的转化,为公路隧道质量的鉴定提供了基础条件。

(2)重大工程技术问题取得突破

以长达18.02km的秦岭终南山隧道为依托,开展了困扰长大公路隧道建设重大技术问题的研究,基本解决了单向交通特长公路隧道纵向通风的理论与实现问题、防灾救援的设施配置与控制决策问题、监控设施的配置与应用问题。研究成果应用良好,并获得了国家科技进步一等奖。

(3)标准、规范初步配套

我国交通部、公安部都加强了标准化建设,已颁布实施了《公路隧道通风照明设计规范》(JTJ 026.1—1999)、《高速公路隧道监控系统模式》(GB/T 18567—2010)、《公路隧道交通工程设计规范》(JTG/T D71—2004)、《火灾自动报警系统设计规范》(GB 50116—2008)、《火灾自动报警系统施工及验收规范》(GB 50166—2007)、《公路通信技术要求及设备配置》(GB/T 7262—2009)、《高等级公路紧急电话机技术要求》(JT/T 8200—1993)等标准与规范。这些标准和规范从原则上确定了相应的安全准则。

(4)特殊工程技术问题初步解决

针对毗邻隧道、隧道群、螺旋型隧道的特殊工程问题,解决了联动控制与区域联网控制的难题,完善了交通异常自动检测算法及自动检测设备优化组合配置技术,开发了自动检测与控制软件,创立了综合考虑环境、交通、节能、控制、设备使用寿命等多方面问题的隧道监控模式,建立了一套适合不同交通流量的、经济合理的、综合的隧道交通运营监控系统。

(5)安全保障与节能减排技术初见成效

围绕安全、环保、节能与高效这一目标,科学地论证了安全与节能两者之间的辩证关系,研究了安全与节能之间的矛盾和联系,制订了适应不同地区经济发展水平的节能与安全策略,提出了安全与节能的成套应用技术,形成了初具规模的行业标准,高速公路隧道无重大、特大交通事故发生。

(6)信息化、智能化管理技术水平得到提升

针对公路隧道运营阶段的维修、养护、监控、预警、病害及突发事故处治等问题,在隧道运营管理的数字化、信息化、可视化与空间查询等方面取得了多项技术突破,建立了公路隧道健康管理系统,提高了应对突发性灾害的抢险能力,推动了隧道管理向网络化发展,为我国大规模公路隧道运营提供了关键的安全技术支撑。

这些成果主要表现在:

(1)基本解决了单向交通特长公路隧道纵向通风的理论与实现问题,提出了公

路隧道复杂通风网络技术理论，开发了仿真计算软件，明确了特长公路隧道洞内卫生控制标准，形成了从通风设计参数选择到理论分析计算与仿真验算的成套技术。

(2)基本解决了单向交通特长公路隧道防灾救援的设施配置与控制决策问题，建立了火灾时火风压、节流效应、烟流阻力的计算模型，提出了包括防火分区、人员逃生及车辆疏散、风流组织、风机布置原则、风流控制策略等内容的公路隧道防灾救援设计方法。

(3)基本解决了单向交通特长公路隧道监控的配置原则、方法与应用问题，建立了以交通与环境信息检测为基础，预防预警为原则，工业以太网为平台，信息共享为前提，智能决策为灵魂，安全、节能、高效为目标，双纤冗余自愈环为网络，视频监视与交通异常自动检测相结合，联动控制为手段的信息化、智能化的公路隧道运营管理系统。

(4)基本解决了单向交通特长公路隧道管理与养护系统问题，针对隧道机电系统的交通安全管理、结构养护管理、机电维护管理，提出了“双履历表”、维护项目矩阵及故障分析方法，开发了特长公路隧道管理与养护系统(TMMS)，建立了“编目体系、任务体系、管理体系”三个层次的公路隧道通用管理模式。

1.4 问题与发展

1.4.1 与国外的差距

国外发达国家以挪威、日本、英国、美国等为代表，对公路隧道运营管理从建设到管理，从产品到维护，从立法到执法与教育，以各国研究、咨询机构及国际道路协会、国际隧道协会、欧洲隧道智能交通委员会等组织为依托，进行了广泛而深入的研究。无论是这些国家的成果水平，还是实际经验，都有很多值得学习的地方。与国外先进水平相比，我国的差距主要表现在以下几个方面。

(1)标准、规范滞后

国外一般每隔2～3年标准、规范就修订一次，我国不但标准规范体系不全，而且成果转化(成果→成果应用示范→成果推广→总结提炼→标准规范)历经的时间长，规范修订周期长，长期缺乏公路隧道消防技术规范、公路隧道防灾设计规范、公路隧道运营管理指南等，交通运营管理的规范化、智能化水平有待提高。

(2)自主知识产权的机电设施少

我国隧道机电设施大部分依赖进口，如CO/VI检测设施、风速风向仪、亮度检测器、区域控制机等。进口设施养护管理困难，在设备故障期发生交通异常时，会加大灾害损失。

(3)科研试验基地薄弱

我国没有一个全规模火灾试验研究基地,没有基于驾驶行为、考虑驾驶员个体特征的模拟试验场所,这就使深入地研究火灾场景的发展规律、火灾下人员逃生条件、驾驶行为对运营安全的影响、隧道交通流特征对设施配置与运营管理的影响等成为不可逾越的障碍。

(4)多专业结合较弱

国外在隧道运营管理研究中,采用多专业结合的方式,如挪威等国对驾驶员在隧道内行驶感知的研究、对通风与照明的研究、对交通流特性的研究中,都采用律师、医生、心理学家和专业人员相结合的方式,比我国研究得更深入、仔细,研究成果更符合实际,有待由仅结合工程实际转化为工程、环境与人性化相结合,使科研成果再上一个台阶。

(5)系统化、信息化、智能化水平有待提高

我国信息化、智能化水平一直落后于国外发达国家,而公路隧道运营管理又涉及通信、控制、检测、计算机技术、交通工程、照明工程等多个专业,虽然建设时硬件设施比较齐全,但很多信息未进行综合利用,安全预警技术、协调控制技术等还比较落后,有待突破。

1.4.2 发展方向

(1)通风

主要解决设计参数、设计标准问题,既满足卫生、行车舒适与安全的要求,又达到节约建设与运营费用的目的,应开展以下研究:

①互补式通风技术研究;

②火灾工况通风技术的理论与试验研究;

③双向交通长大隧道通风技术研究;

④通风设计参数试验研究;

⑤通风系统优化与综合评价技术研究;

⑥公路隧道环境检测设备开发。

(2)监控

主要解决微观监控问题,安全预警的理论与方法问题以及隧道群、隧道与路段的协调控制问题,应开展以下研究:

①公路隧道安全预警的理论与方法研究;

②基于安全、高效、节能的公路隧道(群)与路段协调控制技术研究;

③公路隧道异常事件快速识别技术研究。

(3)防灾

主要解决隧道火灾防治与交通事故的时空影响预测问题,应开展以下研究:

①公路隧道消防标准研究;

②公路隧道防灾规模研究;

③公路隧道火灾早期探测技术研究;

④公路隧道消防设备开发;

⑤公路隧道交通灾害时空辐射分析研究。

(4)交通行为

主要探讨道路接线环境与隧道土建特征对交通行为与交通安全的影响,应开展以下研究:

①隧道群对交通行为的影响研究;

②隧道土建特征与交通行为的关系研究;

③隧道接线特征对交通行为的影响研究;

④交通行为与交通安全的关系研究。

(5)运营管理

主要解决管理的效率、可靠度、智能化水平问题,提高管理人员素质、技能水平与应急处置能力,应开展以下研究:

①公路隧道机电系统预警维护技术研究;

②公路隧道机电系统维护管理软件开发;

③公路隧道分类管理技术研究;

④公路隧道智能决策支持技术研究。

第2章 基础知识

公路隧道运营安全与控制、决策、评价密不可分，这就涉及信息采集、信息融合、人工智能、系统控制、分析评价等内容，其属于隧道运营安全专业基础知识的范畴。本章就这些问题进行简要阐述。

2.1 信息采集技术

2.1.1 信息分类

信息可分为静态信息与动态信息，也可分为用于设计的信息和用于运营管理的信息。考虑到系统设施的布设与管理的手段与方法，公路隧道信息可分为以下5种类型。

1)隧道土建信息

隧道土建信息包括隧道的土建结构特征与接线特征信息。这些信息是固有信息，基本上是静态信息，几乎不用配置检测设施检测信息的变化。

2)隧道安全设施信息

隧道安全设施信息包括两个方面：一方面是设施的数量、类型与连接方式等固有信息；另一方面是这些设施运营期间的状态信息，包括正常与故障、效率与运行时间等。这些设施有些具有状态自动检测与反馈功能，有些须根据系统的配置情况，决定是否额外配置信息检测设施。

3)交通信息

交通信息包括交通量、车流速度与车辆构成。从时间属性上说，交通信息又可分为历史信息、实时信息和预测信息三大类。在诸多的交通信息中，交通速度和交通流量是实现交通控制和交通诱导的两种重要的基础交通信息，这两种交通信息的自动采集也是实现公路隧道系统智能化的关键。

4)环境信息

环境信息包括气象(雾、雨、雪、冰、风)及当地空气质量、洞外亮度、洞内亮度、烟雾与CO浓度等信息。

5)运营工况信息

运营工况信息包括正常、阻塞、火灾、维修和其他异常 5 种工况。

2.1.2 参数选择

确定需要采集的信息,应从信息的用途与检测方式两个方面考虑。

从信息的用途考虑,需考虑所需检测的信息是用于控制、预测、状态判别、养护管理还是其他;从信息的检测方式考虑,需确定所需采样的信息、信息采样时间间隔以及采样设备的量程与精度。

根据检测的目的以及信息的特点,每一类信息进行交通检测采集的参数汇总如表 2-1 所示。

信息参数分类　　表 2-1

信息种类	机电信息	交通信息	环境信息	事件信息
信息形态	隧道安全设施工作状态	交通流状态	气象信息、隧道洞内外亮度信息、隧道洞内烟雾与 CO 浓度信息、隧道洞内 NO_x 信息	工况类型
信息参数	设施的数量、类型、正常与故障状态、运行效率与运行时间	交通量、行驶速度、交通密度、车头时距、大车率、车型、饱和度、排队长度	能见度、湿度、积雪厚度、水膜厚度、风速、隧道洞内亮度、隧道洞外亮度、隧道洞内烟雾与 CO 浓度、隧道洞内 NO_x 浓度	交通异常发生的时间、地点、持续时间、影响范围,火灾工况时隧道内的视频信息、感光信息、温度场、烟雾场、火灾的规模与发生的过程,以及有害气体信息

2.1.3 信息采集

气象信息、隧道环境信息、交通信息都可以通过多种手段进行监测。其中,交通信息的采集手段最多,其选择原则主要有使用的环境条件、维护管理的方便性及经济性三个方面。

2.2 信息融合技术

2.2.1 定义

信息融合是在一定的准则下,利用计算机技术,通过对信息进行分析与处理而达到驱除冗余,克服歧义,对同一事物或目标认识更为客观、更为本质的目的。

在交通运输领域，信息融合技术可以定义为：一个处理探测、互联、相关、估计以及组合多源信息和数据的过程，其目的是为交通运营状态判别和交通管理决策提供支持。

这一定义强调了信息融合的三个核心内容：

①信息融合是在几个层次上完成对多源信息处理的过程；

②信息融合包括探测、互联、相关、估计以及信息组合；

③信息融合的结果包括较低层次上的状态和身份估计以及较高层次上的决策支持。

目前，信息融合技术已经可以融合很多种类的信息，包括雷达、红外、声呐和可视信息等。它给交通信息加工和处理提供了一种方法，使其能够合理地协调多源数据，充分综合有用信息，提高在多变环境中的决策能力。

2.2.2 分类

按照信息数据抽象的层次不同，信息融合可分为数据级融合、特征级融合和决策级融合三个级别。

数据级融合是直接在采集到的原始数据层上进行的融合，在各种传感器的原始测报未经预处理之前就进行数据的综合和分析，这是最低层次的融合。数据级融合的主要优点是能保持尽可能多的现场数据，提供其他融合层次所不能提供的细微信息。但其局限性也是很明显的，主要体现在以下几个方面：

①需要处理的传感器数据量太大，处理代价高，处理时间长，实时性差；

②这种融合是在信息的最低层进行的，传感器原始信息的不确定性、不完全性和不稳定性要求在融合时有较高的纠错处理能力；

③要求各传感器信息之间具有精确到一个数据级的校准精度，故要求各传感器信息来自同质传感器。

特征级融合属于中间层次，它首先对来自传感器的原始信息进行特征提取，然后对特征信息进行综合分析和处理。特征级融合的优点在于实现了可观的信息压缩，有利于实时处理，并且由于所提取的数据特征直接与决策分析有关，因而融合结果能最大限度地给出决策分析所需要的特征信息。

决策级融合是一种高层次融合，其结果为指挥控制决策提供直接依据。因此，决策级融合必须从具体决策问题的需求出发，充分利用特征级融合所提供的测量对象的各类特征信息，采用适当的融合技术来实现。决策级融合是三级融合的最终结果，是直接针对具体决策目标的，其融合结果直接影响决策水平。该种数据融合的优点是具有很高的灵活性，系统对信息传输带宽的要求较低，能够有效地反映环境或目标各个侧面不同的类型信息。

2.2.3 原理

公路隧道交通系统是一个多传感器系统，其信息表现形式的多样化、信息容量的扩大化和信息处理的高速化，都大大超出了人脑的信息综合处理能力。信息融合技术即是在此种情况下产生和不断完善的。

交通领域多传感器信息融合的基本原理，就像人脑综合处理信息一样，充分利用多个传感器资源，通过对这些传感器及其观测信息的合理支配和使用，把多个传感器在空间和时间上的冗余或互补信息依据某种准则来进行组合，通过数据组合而不是出现在输入信息中的任何个别元素，推导出更多的信息。它是高层次的共性技术，涉及道路交通信息系统中多种交通信息采集装置和各种信息源的有效结合，包括有用数据的获取、过滤、综合、相关和合成，以便进行交通运输态势和环境判定、事故检测等。

2.2.4 融合流程

进行交通数据融合之前，需要对所采集到的原始数据进行预处理，保证采集到的数据是有效。否则，把错误的原始数据参加到融合处理过程，不但没有益处，还会对融合结果产生不良影响。对这些经过预处理的数据，采用各种融合方法进行融合处理，使得这些参数更可靠、精确。这就是低层数据预处理的数据级融合过程。

在此基础上，考虑其他相关因素的影响，对交通状态进行有效的估计，对交通事件进行自动检测与判别。这就是应用层的数据融合过程(包括特征级融合和决策级融合)。隧道交通数据融合的流程如图 2-1 所示。

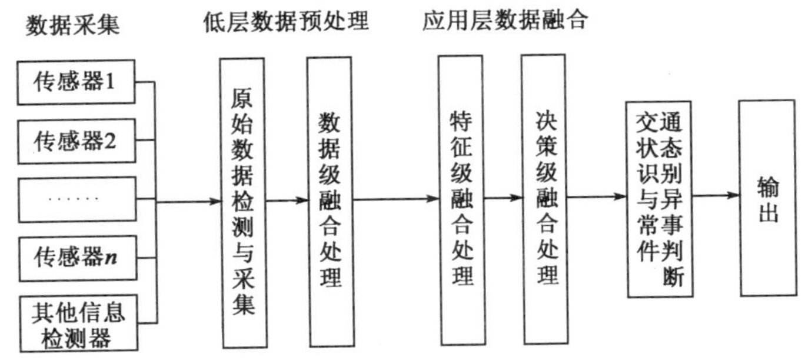

图 2-1 隧道交通数据融合处理流程

对于多传感器系统，应用层数据融合的系统结构主要有四种：集中式、分布式、混合式和多级式。公路隧道交通系统是一个具有一定空间分布的结构性系统，整个系统的数据采集设备也是按空间分布来进行的，因此，公路隧道交通系统的应用层数据融合采用分布式的系统结构。分布式结构的特点是:每个传感器的检测报告在进入融合之前,先由其数据处理器产生局部数据级融合处理结构,然后把这些处理后的信息送至融合中心进行特征级融合处理和决策级融合处理,融合中心根据各节点的融合处理数据形成全局估计,这类系统应用得很普遍。隧道交通系统数据融合处理结构如图 2-2 所示。

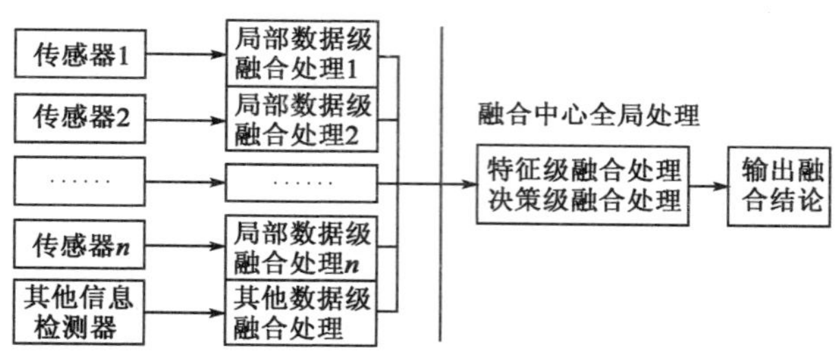

图 2-2 隧道交通系统数据分布式融合处理系统结构

2.2.5 主要应用

信息融合技术在工程领域已经得到广泛的重视,但是在道路交通领域的应用才刚刚起步。高速公路信息系统是一个典型的多传感器采集与处理系统,信息融合技术在交通领域具有广阔的应用前景。

在高速公路信息系统中推广应用信息融合技术的原因主要是单个传感器的输出信息具有局限性,不能全面反映整个路网的运行状态。多传感器系统的优点主要表现在五个方面:一是多传感器系统可以提高系统可信度;二是多传感器系统使数据采集更客观;三是多传感器系统可以提高检测效果;四是多传感器系统可以扩大时间和空间覆盖能力;五是多传感器系统可以提高系统的性能价格比。正是由于多传感器系统相对于单传感器系统的诸多优点,多传感器系统被广泛应用于很多领域。高速公路信息系统使用了多种传感器检测设备,以确保实时检测到各种信息,为整个交通系统和交通参与者提供可靠的交通信息。

2.3 人工免疫系统

在众多人工智能理论中,人工免疫系统和交通系统最为相似,这体现在三个方面:其一,目标相同,都以系统健康为目的,期望状态正常;其二,机理相似,人体有自适应免疫功能,交通体有根据交通状态进行自适应调节功能;其三,措施相似,人体处于亚健康或不健康状态,可以通过医疗手段进行调节、控制,以期达到健康状态,交通可以通过提示、诱导与控制,以期使非正常交通转化为正常交通。鉴于此,本节对人工免疫系统进行阐述。

2.3.1 概述

1)生物免疫系统及其功能

生物系统中的信息处理系统部分可分为脑神经系统、遗传系统、免疫系统和内分泌系统四种类型。其中,免疫系统(Immune System)是一个复杂的自适应系统,可保护人体不受外部病原体侵害,并把体内所有的细胞或分子分成属于自己的种类(自体细胞),或者属于外部来源的非自体分子种类(非己细胞)。

免疫系统分为两个主要部分:固有免疫系统和自适应免疫系统。其中,固有免疫系统是抵抗抗原感染的第一道防线,抗原多数在这里被阻止;自适应免疫系统能够记住入侵的抗原特征,预防下一次袭击。适应性免疫调节有两个分支:体液免疫,由 B(Bursa)细胞及其产物介导;细胞免疫,由 T(Thymus)细胞介导,两个分支以不同方式完成任务,但都对防御遵循类似的步骤顺序——扩增、活化、感应、分化、分泌、袭击、抑制、记忆。

免疫系统的主要功能有以下三种:

①免疫防御,指机体防御病原微生物的感染;

②免疫稳定,指机体能够通过免疫功能经常消除损伤或衰老的细胞,维持机体的生理平衡;

③免疫监督,指机体可以通过免疫功能,防止或消除体内细胞在新陈代谢过程中发生突变或异常的细胞。

2)人工免疫系统发展过程

生物免疫系统是一个高度复杂的系统,对检测和消除感染问题显示出精确的调节能力。同时,生物免疫系统展示了许多人工智能系统的优良性质,如多样性、分布式、并行性、自学习、自适应、自组织、动态性、鲁棒性、突现性及错误忍耐等。这些都是人工系统缺乏的特性,也是研究人员期望人工系统所能够具有的特性。随着免疫学与计算机科学及计算数学的交叉融合,形成了一个新的研究方向——人工免疫系统(Artificial Immune System,AIS)。因此,人工免疫系统是在免疫学,尤其是理论免疫学的基础上发展起来的。

目前,人工免疫系统有以下两个研究分支:

①应用工程技术对免疫系统及其各种机体功能与特征行为进行数学建模和模拟,有利于分析和解释各种免疫现象的内在机理;

②模拟免疫系统的部分功能、原理和模型,构成一种新的计算模式,以求解复杂问题。

1986 年,Farmer 等率先基于免疫网络的相关研究成果提出了免疫系统的动态模型，并探讨了免疫系统与其他人工智能方法的联系，开创了人工免疫系统研究的先河。直到 1996 年 12 月，基于免疫系统的国际专题讨论会在日本首次正式举行，大会正式提出了“人工免疫系统”的概念，随后人工免疫系统研究进入高速发展的时期，出现了大量的模型、算法和工程应用。

3）人工免疫系统的主要特点

人工免疫系统作为一种新型的计算模式，世界各国学者对其做了大量的研究，肖仁彬等总结人工免疫系统的主要特点如下：

（1）人工免疫系统在进行问题求解时，不依赖于问题本身的数学性质，不需要建立问题本身的精确数学描述或逻辑模型，而是在信号或数据层直接对输入信息进行处理，适合于求解那些难以有效建立形式化模型、使用传统方法难以有效求解或根本不能求解的问题。

（2）人工免疫系统是受生物免疫系统启发形成的一种计算方法，同时具有生物免疫系统的一些优良特性。

（3）人工免疫系统提供了自学习、自组织等进化学习机制，能够明晰地表达所学习的知识，结合了分类器、神经网络和机器推理等学习系统的一些优点。同时，人工免疫系统还是一种随机概率型的搜索方法，这种不确定性使其能以较大的概率找到全局最优解。

（4）人工免疫系统易于与其他智能计算方法相结合，可以将其他方法特有的一些操作算子直接嵌入其中，同时也可以很方便地将一些免疫操作加入到其他算法中。

2.3.2 数学模型

人工免疫系统模型刻画了各种各样的免疫系统的行为，如免疫应答、免疫耐受、免疫记忆和抗癌免疫监视以及有关的信号传导，对免疫的试验现象作出理论上的解释，以此为基础衍生出的数学模型较多，其中代表性的数学模型算法有免疫网络模型、二进制模型、克隆选择模型及危险理论模型等。

1）免疫网络模型

1974 年，Jerne 根据现代免疫学对抗体分子独特性的认识，提出了免疫网络理论。其主要思想是：任何抗体分子或淋巴细胞的抗原受体上都存在着独特性，它们可被机体内另一些淋巴细胞识别而刺激诱发产生抗独特性。以独特性同抗独特性的相互识别为基础，免疫系统内构成独特性—抗独特性网络，它在免疫调节中起重要作用。免疫网络中的每一个成分既识别，也被识别。免疫细胞对识别信号（抗原或其他免疫细胞、分子）的应答有正反应或负反应。正反应将导致细胞扩增、细胞活化和抗体分泌，而负反应则导致免疫耐受或抑制。

免疫网络理论对自己与非己识别、抗体产生、免疫记忆、免疫耐受、免疫系统的进化过程等作出系统性假设，描述了免疫细胞和免疫分子之间相互作用的类型，解释了相互作用的原因是由于抗体V区的变化，刻画了新抗体连续产生的亚动力学性质，很方便地用于反映免疫系统的属性描述，如学习、记忆等。

2）二进制模型

1986年，Farmer提出基于交叉反应和亲和力成熟以及分布性思想模拟免疫系统的方法，用字母组成的字符串表示抗原和检测器，这些字符串构成一个空间，建立免疫系统自然模型。抗原和抗体简化为二进制字符串，抗体由两种氨基酸分子构成，用0和1表示；每一个抗原简化为只用一个抗原决定簇表示，而实际有许多不同的抗原决定簇。抗原和抗体的结合用字符串之间互补匹配表达，匹配越好，两者亲和力越大。

一个抗体用一对字符串(p,e)表示，p表示抗体分子字符串，e表示抗原决定簇字符串。长度分别为l_p、l_e，定义匹配阈值$s\leqslant \min(l_p,l_e)$，表示低于最小阀值抗体抗原不反应。设$e_i(n)$表示第i个抗原决定簇的第n位的值，$p_j(n)$表示第j个抗体分子的第n位的值，用^表示或运算（对应互补匹配），K为抗原决定簇对抗体分子的移位，G为测量抗原决定簇和抗体分子之间可能的反应强度。

匹配特异性矩阵：

$$m_{ij}=\sum_{k}G\left[\sum_{e}e_i(n+k)\hat{p}_j(n)-s+1\right]$$

二进制模型提供了一种模拟细胞和它们之间交互作用的方法，对于理解免疫系统功能和研究免疫系统计算原理很重要。其不足之处在于，它没有表达免疫识别主要在于抗体分子与抗原决定簇三维结构互补和电荷控制的思想。

3）克隆选择模型

F. M. Burnet提出克隆选择学说，其基本思想是：只有成功地识别抗原的免疫细胞，才能扩增。B细胞、T细胞都能克隆选择。免疫细胞是随机形成的多样性的细胞克隆，不同克隆的细胞具有不同的表面受体，能与相对应的抗原决定簇发生互补结合。每一克隆的细胞表达同一特异性的受体，当受抗原刺激，细胞表面受体特异识别并结合抗原，导致细胞进行克隆扩增，产生大量的后代细胞，一部分分化为浆细胞，合成大量相同特异性抗体，另一部分分化成为记忆细胞。

克隆选择学说的主要内容是：

①抗体的多样性由体细胞突变产生；

②已分化的免疫细胞只限于表达一种特异性，这一特异性以克隆扩增的形式在体内得以保存；

③新分化的免疫细胞凡能够与自身的抗原发生反应者都受到抑制，这些克隆

作为禁忌克隆而被清除；

④在抗原刺激下，成熟的免疫细胞增殖并转化为浆细胞而大量产生某一种抗体；

⑤早期未被自身抗原清除的禁忌克隆是日后发生自身免疫病的原因。

克隆选择学说阐明了抗体的产生机制，同时对许多重要免疫生物学现象都做了解答，如对抗原的识别、免疫记忆的形成、自身耐受的建立以及自身免疫的发生等现象。但克隆选择学说存在一些不足，如抗体多样性还在于基因重排和基因节断不精确性的连接；天然自身抗体的大量普遍存在也表明克隆选择学说中凡能够与自身的抗原发生反应的免疫细胞都受到抑制并作为禁忌克隆而被清除的观点不太准确。

4)危险理论模型

Matzinger 认为免疫系统除了“自己”、“非己”识别外，还有其他识别，表现在消化道中的外部细菌或食物不发生免疫发应；机体在整个生命中是变化的，“自己”也是变化的，却不发生免疫应答；有些自免疫疾病和肿瘤被免疫系统发现而不排斥。Matzinger 认为免疫系统能从一些“非己”中识别一些“自己”，从而提出了危险理论。危险理论的主要思想是：免疫系统不对“非己”应答，只对危险信号应答。危险信号是指由细胞非自然死亡时发出的表达细胞损伤的信号。APC 被损伤细胞提供的危险信号激活。

危险理论遵循以下三个原则：

(1)淋巴细胞收到信号 1(抗原识别)和信号 2(协同刺激信号，即抗原是危险的)将激活。没有信号 2，只有信号 1，细胞将死亡；没有信号 1，信号 2 不存在。

(2)只能从抗原递呈细胞接收信号 2(信号 1 来自任何细胞，不只是抗原递呈细胞)。

(3)细胞激活后，在一段时间后恢复到休眠状态。

危险理论的思想是自反应结果不一定有害，并在传染中得到验证。抗原对启动免疫应答不再显得那么重要，并由损伤细胞所产生的危险信号启动免疫应答。危险信号在其周围建立危险区，B 细胞分泌抗体与危险区的抗原匹配，受刺激后克隆扩增。那些不匹配或远离危险区的 B 细胞不受刺激。另外，跟无害抗原反应的淋巴细胞继续接收来自任何抗原的信号 1。危险理论能解释母体对胎儿不发生排斥、对移植物发生排斥的现象。但危险理论的基础—危险信号的自然属性还不清楚，仅对免疫应答的启动提出新的见解，仍需不断补充和修改。

人工免疫系统模型还有很多，如 Hunt 和 Cooke 根据骨髓、B 细胞、抗体、抗原、B 细胞刺激、体细胞高频变异概念建立形式结构模型，成功用于模式识别和识别 DNA 序列分类。Perelson 等提出形态空间模型，定量描述免疫细胞分子和抗

原之间的相互作用。受此启发，Timmis 提出人工识别球的概念。这些人工免疫系统模型基本上是从自然免疫系统原理出发，结合其他学科，借助数学、物理等手段建立的。然而，由于免疫系统具有高度复杂性，当前人工免疫系统模型只是采用了某些免疫机理，不能形成完整的理论体系。

2.3.3 主要应用

目前，这些人工免疫模型已经在模式识别、联想记忆、故障诊断和机器人控制等领域得到了广泛的应用。

(1)模式识别

人工免疫系统结合了分类器、神经网络和机器推理等学习系统的一些优点，能学习新的信息和回忆以前学习过的信息，使其可用于模式识别。Forrest 给出了免疫系统的二进制模型，研究了模式识别问题和免疫系统中个体与群体水平上的学习机制，其中抗体和抗原用二进制编码表示，模式匹配采用部分匹配规则。Hunt 开发了一种具有学习能力的人工免疫系统，并将它用于模式识别。人工免疫系统操作包括一个根对象、一个 B 细胞网络、一组学习样本和一组测试数据。网络中每个细胞都具有一个模式匹配文件。Dasgupta 研究了光谱识别问题，采用二进制对光谱识别的对象进行了具体描述，同时还给出了相应的匹配函数以及识别算法。

(2)联想记忆

免疫系统的初次反应和再次反应机理、骨髓模型及免疫网络模型使内容可访的自动联想记忆成为可能。Gilbert 和 Routen 采用免疫网络模型试验设计了一种内容可访的自动联想记忆，并用于图像识别，系统的输入是类似于抗原的 64 点×64 点的黑白图像。后来，Abbattisa 等通过定义一个合适类型的补充机理，证明了免疫系统模型能用于联想记忆问题。

(3)故障诊断

故障诊断具有重要的实际意义，因为一旦某一设备出现故障，可能会波及整个系统，引起严重的后果。Ishida 研究了基于 PDP 网络模型的学习算法在分布式故障诊断中的应用，将免疫网络模型用于故障诊断中的相互特征识别。该模型有以下特点：

①具有并行处理能力；

②能处理不完整的信息和数据；

③具有自组织能力；

④在失效传播中有必要的反馈回路。

此外，Mizessyn 用独特型免疫网络诊断传感器的故障，网络中的每个节点代

表一个传感器,各对应一个状态,点间的连接权值表示节点间的关系,根据节点的状态判断传感器是否出现故障。

(4)机器人控制

人工免疫系统在机器人行为控制、行为仲裁和路径规划等方面得到了较好的应用。Mitsumoto 基于免疫系统的自我/非我识别网络,开发了动态环境中的自适应移动测量算法,并将其应用到多主体机器人系统中。他还进一步研究了基于免疫的自组织多机器人系统群体控制策略。Ishiguro 用免疫网络模型确定机器人的行为决策,把机器人的每个行为看作一个抗体,机器人所处的环境看作抗原,多个抗体相互刺激或抑制,最终选择一个抗体作为机器人的行为决策。

人工免疫系统的其他工程应用还有遥感图像特征分割、时间序列数据分析、负荷预测、控制器优化设计及铺筑材料管理决策系统等,具体内容可参阅相关文献介绍,在此不一一赘述。

2.4 系统控制理论

2.4.1 概述

系统控制的理论和实践是在 20 世纪对人类生产活动和社会生活发生重大影响的科学领域。美国科学家 N. 维纳于 1947 年首次指出了控制论科学可能给人类社会带来的影响。

系统控制的概念、理论和方法在社会、经济、人口、生态等原属于社会科学领域内的成功应用,促成了经济控制论、人口控制论等新学科的诞生,同时也为系统控制论这门统一的技术科学的形成奠定了基础。

自动控制理论是大系统控制理论中重要组成部分,是实现生产过程现代化的重要技术措施之一,也是确保生产安全、经济、可靠运行的重要手段。自动控制理论的发展可分为经典控制理论、现代控制理论、智能控制理论三个阶段。它们各自的出现都有其深刻的历史原因,并不意味着智能控制理论否定和完全取代现代控制理论,或者现代控制理论淘汰经典控制理论。三者之间的关系是共同发展、互相渗透、相互结合。

2.4.2 自动控制理论

1)经典控制理论

经典控制理论主要以传递函数为数学工具,采用频域法,基于系统的精确数学模型来研究线性定常单输入单输出(SISO)系统的特性分析和控制器设计问题。

其基本内容包括以下几方面。

(1)频率法

频率法是利用频率响应特性分析控制系统的方法。频率响应特性是指用正弦波作为线性定常系统的输入,研究其正弦输出与输入之间振幅比、相位差同频率的函数关系。由于频率响应特性与系统瞬态响应之间存在确定的关系,可以用试验的方法得到频率响应特性,进而分析系统瞬态响应的特征,因此频率法在实践中得到了广泛的应用。

(2)根轨迹法

根轨迹法是根据系统开环传递函数的零点和极点研究系统瞬态响应的一种实用方法。在复平面上利用一些基本规则画出当系统增益 k 变化时的系统特征方程式的根轨迹,为研究系统瞬态响应提供了充分资料。利用根轨迹图,可以根据系统瞬态响应的某些要求来选择 k 值,也可以依据根轨迹来寻找改善系统瞬态响应的措施。

(3)PID 控制

PID 控制是比例 P、积分 I、微分 D 控制的简称。只要比例系数、积分时间、微分时间三个参数整定恰当,就可以避免调节过程过分振荡(P 作用),又能实现无差控制(I 作用),而且具有超调作用,有效克服动态误差和缩短调节过程时间(D 作用)。PID 控制结构简单、算法易懂、使用方便、适应性广、鲁棒性强,被广泛应用于电力、化工、冶金、机械等工业过程控制中。截至目前,PID 调节器及其改进型仍是工业过程控制中最常见的控制器,PID 控制回路占世界工业控制回路总数的 80%~90%。PID 控制虽然对于线性系统具有较理想的控制效果,但对于带有不确定性、非线性的复杂系统,往往出现超调量过大、调节时间过长等现象,无法达到所期望的控制要求。于是,PID 控制方法如何与其他控制理论相结合,实现 PID 控制器参数的自整定,进而改善控制性能,历来是研究的热点。

(4)串级控制系统

串级控制系统是在单回路反馈控制系统的(主回路)基础上再增加一个导前信号和一个闭合回路(副回路)所形成的控制系统。它显著改善了原单回路反馈控制系统的调节性能,能有效缩短克服扰动的调节时间,在工业生产中也受到欢迎,但是主、副回路相互影响,其参数整定比较困难。常规串级控制系统的主、副控制器采用 P、PI、PID 调节器。

(5)非线性系统分析方法

非线性系统分析方法主要有三种:

①描述函数分析法。它是线性系统中的频率法在非线性系统中的推广应用,是在没有外来输入作用的前提下分析非线性系统稳定性的一种线性近似方法,其

分析的结果也是近似的。该方法可能丧失非线性系统的某些特性。

②相平面分析法。它是根据系统相轨迹的特点研究系统动态特性的方法，其中相轨迹是根据分段的线性微分方程或系统的非线性微分方程做出的。该方法可以准确提供系统时间响应的特点，但只能用于输入为阶跃、斜坡、脉冲信号或无输入信号的阶次低于二阶的非线性系统。

③谐波平衡分析法。它是建立在描述函数分析法基础之上，将非线性系统拆分为线性与非线性两部分，并通过线性部分的频率特性和非线性部分的描述函数之间的关系来共同分析非线性系统稳定性的方法。

经典控制理论成熟完善、特点突出、简单易用，解决了许多实际控制问题，无论是过去、现在，还是未来，它仍将在工业过程控制中发挥着重要的作用。同时，经典控制理论的局限性也十分明显，具体如下：

①仅限于单变量系统。

②控制系统设计的好坏在很大程度上依赖于设计者的经验；设计不考虑初始条件不利于计算机分析和控制。

③传递函数属于系统的外部描述，不能充分反映系统内部的状态。

但从上述的PID控制、串级控制、Smith预估控制中不难发现，现代控制理论和智能控制理论的发展，必将为经典控制理论注入新的生机和活力。

2)现代控制理论

现代控制理论主要以状态空间方法(线性代数)为数学工具，采用时域法，基于系统数学模型研究系统状态的运动规律，并按所要求的各种性能指标最优为目标来设计控制器，以改变这种运动规律。现代控制理论在深度和广度上不断发展，很难界定其所涉及的范围。一般而言，现代控制理论包括以下基本内容。

(1)线性系统理论

线性系统理论主要由状态空间方法、可控可观测性、稳定性、状态反馈及状态观测器四部分组成。状态空间方法是用状态空间表达式(状态方程和输出方程)描述和分析控制系统的一种方法，即用一阶微分方程组或一阶差分方程组描述系统动态特性的方法。该方法用计算机求解方便，能确定所有变量(输出变量和状态变量)的时间响应，可以处理系统初始条件。可控性是指系统的输入能够支配系统状态变量转移的特性。可观测性是指通过系统的输入和输出能够反映系统状态的特性，两者是控制系统的重要属性。稳定性是指系统的输入、初始条件或系统参数的小变化不会引起系统行为发生大变化的特性，这也是控制系统的重要属性。李雅普诺夫第二法是分析稳定性的重要方法。状态反馈可以实现闭环系统的极点配置，达到改善系统特性的目的，而状态观测器通过直接测量系统输入和输出可以实现状态反馈所需状态变量的测量。

(2)最优控制

最优控制是一门研究和解决从所有可能的控制方案中寻找最优解的学科,是现代控制理论的重要组成部分。其所要解决的问题是:根据控制系统的动态特性,从所有可供选择的容许控制中,寻求一个最优解,使控制系统按技术要求运行,让系统从初始状态转移到期望的终态,同时使性能指标达到最优(极值)。其中,容许控制是指在整个控制时间区间内满足控制约束的控制。性能指标又称目标泛函或代价泛函,包括最短时间、最小误差、最小能量等。线性二次型性能指标由于容易实现而在工程实际中广为应用。

最优控制分析和设计的三大基本方法是变分法、极大值原理和动态规划。变分法是研究泛函(以实数为值域、某类函数为定义域的抽象函数)极值问题的一种方法,从约翰·伯努利提出捷线问题开始,历经数代科学家的悉心研究,至今其理论已非常完善,并以简单、容易的特点在最优控制中普遍应用,但前提条件是控制问题的变量没有约束,且状态方程对控制变量连续可微。极大值原理是前苏联学者庞特里亚金及其学生提出和发展的,它与变分法很相似,但放宽了求解的条件,对控制变量有约束要求,而不要求状态方程对控制变量连续可微。这更符合实际情况,使得变分法无法解决的工程技术问题得以解决。动态规划是贝尔曼在20世纪50年代中期为解决多级决策过程而提出来的,其核心内容是最优化原理,即将一个N级决策过程拆分为N个一级决策过程,然后从最后一个一级决策过程的状态开始,到第一个一级决策过程的状态为止,利用反向递推关系式求解最优策略。

3)智能控制理论

智能控制理论主要以数值计算、逻辑运算、符号推理等为工具,模拟人类学习和控制的能力,对难以建立精确数学模型的复杂系统进行控制研究。下面重点介绍智能控制理论中颇有影响的模糊控制、神经网络控制和遗传算法,对于其他智能控制理论作简要说明。

(1)模糊控制

模糊控制(Fuzzy Control)是一种以模糊集合论、模糊语言变量和模糊逻辑推理为基础来模拟人类模糊推理和决策过程的计算机数字控制技术。1965年,出生于前苏联阿塞拜疆的美国学者L. A. Zadeh首创了模糊集合论。1966年,P. N. Marinos发表了模糊逻辑研究报告。1973年,Zadeh又给出了模糊逻辑控制的定义和相关的定理。1974年,印度裔的英国专家E. H. Mamdani首先成功地将模糊理论应用于锅炉和蒸汽机的控制,这一开拓性的工作标志着模糊控制理论的正式诞生。模糊控制的发展最初在习惯于“Yes、No”二值逻辑思维的西方遇到了较大的阻力,直到近十多年才引起人们足够的重视。然而,在擅长于模糊逻辑思维的东方,尤其是日本,模糊控制在理论、技术和应用上都得到了迅速的发展。1984年,国际模糊系统学会(IFSA)成立;1985年,IFSA召开首届年会;1992年,IEEE召开关于模糊系统的国际会议(FUZZ-IEEE),并决定每年举行一次,这表明模糊控制已成为举世瞩目的研究领域。

模糊控制的突出优点为:

①模糊逻辑中引入"隶属度"概念,突破了简单二值逻辑的局限性,符合人对不确定性事物的模糊描述方式,是解决不确定性系统控制的一种有效途径;

②模糊控制是基于人类的经验或知识,建立语言型控制规则表,然后根据实际系统的输入,即可实现实时控制,而不需要建立被控系统的精确数学模型;

③模糊控制的控制规则表具有相对的独立性,利用这些控制规则间的模糊连接,容易找到折中的选择,使控制效果优于常规控制方法;

④模糊控制算法是基于启发性的知识及语言决策规则设计的,有利于模拟人工控制的方法,增强了其适应能力;

⑤模糊控制系统具有极强的鲁棒性,对干扰和系统参数变化不敏感,尤其适合于非线性复杂系统的控制。

模糊控制的缺点有:

①控制效果的好坏依赖于模糊控制规则表是否正确、全面地总结了运行人员的控制经验;

②单纯的模糊控制存在稳态控制误差;

③模糊控制规则和隶属度函数是预先确定的,自适应能力有限;

④学习能力低下导致模糊控制智能水平尚需进一步提高;

⑤容易产生振荡现象;

⑥模糊控制的稳定性分析理论并不是很完善。

针对模糊控制的缺点,目前模糊控制的研究主要集中在:

①模糊复合控制;

②自适应模糊控制;

③模糊控制的解析结构分析;

④模糊控制系统的稳定性和鲁棒性问题;

⑤模糊控制与其他智能控制方法的结合,如专家模糊控制、模糊神经网络控制;

⑦其他方面,如模糊系统建模及参数辨识、最优模糊控制等。

(2)神经网络控制

神经网络控制(Neural Network Control)是一种从组织机理上对人脑生理的思维系统进行简单结构模拟的新兴控制和辨识方法。与模糊控制相比,神经网络控制在利用系统定量数据方面有较强的学习能力,只要样本足够多,就可以通过不

断学习修正连接权值,取得满意的控制效果。但是它将实际控制问题看成“黑箱”的映射问题,缺乏明确的物理意义,不能有效利用已经得到的控制经验等定性知识,而模糊控制利用规则很容易表达控制经验等定性知识。

(3)其他智能控制理论

专家控制(Expert Control)是指应用人工智能中专家系统的概念和技术,将人类专家的控制知识与经验同定理算法有机结合的一种智能控制方法。1986年,Astrom 正式提出专家控制一说。专家控制的主要优点是:在层次结构、控制方法、知识表达上具有较强的灵活性,既可以进行符号推理,又能进行数值计算;既能精确地表达推理,也可以允许模糊描述演绎。目前,专家控制已在蒸馏塔控制、飞行控制、水泥回转窑、列车运行系统等诸多工程应用方面取得成功。但其灵活性在一定程度上也带来了设计上的随意性和不规范性,另外控制知识的表达、获取和学习以及推理的有效性和实时性也是专家控制设计的难点。

递阶智能控制(Hierarchical Intelligent Control)是模拟人的大脑的分层结构,由执行级、协调级、组织级构成控制系统的一种控制方法,是智能控制的最早理论之一。该理论最初是由 G. N. Saridis 提出的,其典型特点是:自下至上,智能成分递增而精度递减。控制系统中组织级由人工智能起控制作用;协调级是组织级和执行级之间的接口,承上启下,由人工智能和运筹学共同作用;执行级要求具有较高的精度和较低的智能,仍然采用现有数学解析控制算法,对相关过程执行适当的控制作用。

学习控制(Learning Control)是一种模拟人的学习过程,能在运行过程中逐步获得控制对象和环境的未知信息,经过积累控制经验,并在一定评价标准下进行估值、分类、决策和不断改进系统性能的智能控制方法。从20世纪60年代学习问题提出至今,学习控制随着人工智能对学习机制的深入研究和模糊控制、神经网络、遗传算法、专家系统等理论的不断发展,也在逐渐完善。学习控制能够处理具有不确定性和非线性的过程,并能保证良好的适应性、满意的稳定性和足够快的收敛性。

总之,智能控制的历史不长,理论也不完美,但是这不妨碍其成为自动控制的前沿学科之一,并在实际生产中得到有效应用。归纳起来,其基本特点为:

①智能控制的研究对象是经典控制理论和现代控制理论都难以求解的复杂大系统(如不确定性、非线性等),研究核心是高层控制,研究任务是对实际环境或过程进行组织(决策和规划),实现广义问题求解和全局控制,并具有较强容错能力;

②智能控制系统分析和设计的重点不放在对控制对象数学公式的描述、计算和处理上(复杂大系统可能根本无法用精确的数学模型进行描述),而是把重点放在对非数学模型的描述、符号和环境的识别、知识库和推理机设计和开发等上面;

③具有学习能力、自适应和自组织能力；
④定性决策和定量控制相结合；
⑤传统的数值计算与一阶谓词逻辑运算、符号推理、知识推理运算等相结合；
⑥智能控制是人工智能、自动控制、运筹学等学科的交叉产物。

2.4.3 主要应用

自动控制原理在发展过程中已在众多工程领域进行了应用，如工业自动化领域的自动机、自动生产线、无人车间、无人工厂；能量管理系统的电、气、水全自动管理；空气质量系统的温度、湿度、空气质量管理；安全消防系统的安检、消防自动报警、救护系统；军事自动化的无人飞机、导弹、机器人；交通管理领域的智能交通。目前自动控制理论在公路隧道安全技术中的应用主要是通过多目标最优控制，以达到隧道运营的安全、节能、环保等目标。详细内容将在后续章节中介绍。

2.5 粗糙集理论

2.5.1 概述

粗糙集理论，是继概率论、模糊集、证据理论之后的又一个处理不确定性的数学工具。作为一种较新的软计算方法，粗糙集近年来越来越受到重视，其有效性已在许多科学与工程领域的成功应用中得到证实，是当前国际上人工智能理论及其应用领域中的研究热点之一。在很多实际系统中均不同程度地存在着不确定性因素，采集到的数据常常包含着噪声，不精确甚至不完整。

1982 年，波兰学者 Z. Paw lak 提出了粗糙集理论——它是一种刻画不完整性和不确定性的数学工具，能有效地分析不精确、不一致(Inconsistent)、不完整(Incomplete)等各种不完备的信息，还可以对数据进行分析和推理，从中发现隐含的知识，揭示潜在的规律。粗糙集理论是建立在分类机制的基础上的，它将分类理解为在特定空间上的等价关系，而等价关系构成了对该空间的划分。粗糙集理论将知识理解为对数据的划分，每一被划分的集合称为概念。粗糙集理论的主要思想是利用已知的知识库，将不精确或不确定的知识用已知的知识库中的知识来(近似)刻画。该理论与其他处理不确定和不精确问题理论的最显著的区别是：它无需提供问题所需处理的数据集合之外的任何先验信息，所以对问题的不确定性的描述或处理可以说是比较客观的，由于这个理论未能包含处理不精确或不确定原始数据的机制，所以这个理论与概率论、模糊数学和证据理论等其他处理不确定或不精确问题的理论有很强的互补性。

2.5.2 数学模型

(1)知识与分类

在粗糙集理论中,"知识"被定义为一种根据特征属性将对象进行分类的能力。设$U \neq \phi$是我们感兴趣对象组成的有限集合,称为论域。任何子集$X \subseteq U$,称为U的一个概念或范畴。为规范起见,空集也认为是一个概念。U中任何概念簇称为关于U的抽象知识,简称知识。U上的一簇划分,称为关于U的知识库。

设R是U上的一个等价关系,U/R表示R的所有等价类(或者上的分类)构成的集合,$[x]R$表示包含元素$x \subset U$的R等价类,一个知识库就是一个关系系统$K=(U,R)$,其中U为非空有限集,称为论域,R是U上的一个等价关系。

令$X \subseteq U$,R是U上的一个等价关系。当X能用R属性集确切描述时,即可用某些R基本集合的并来表示,称X是R可定义的,否则X为R不可定义的。R可定义集称作是R的精确集,而R不可定义集称为R非精确集或R粗糙集。

(2)粗糙集数学模型描述

为研究粗集的不可分辨性,需要进一步定义粗糙集,即用粗糙集的上近似集(Upper Approximation)和下近似集(Lower Approximation)来描述粗糙集。

给定知识$K=(U,R)$,对于每个子集$X \subseteq U$和一个等价关系$R \in \mathrm{ind}(K)$,定义两个子集:

$$\bar{R}X = \bigcup \{Y \in U/R : Y \cap X \neq \phi\} \tag{2-1}$$

$$\underline{R}X = \bigcup \{Y \in U/R : Y \subseteq X\} \tag{2-2}$$

它们分别称为X的R上近似集和R下近似集。其中,ind(K)定义为R中所有等价关系。

集合$\mathrm{BNR}(X)=\bar{R}X-\underline{R}X$的$R$边界域;$\mathrm{POS}_R(X)=\underline{R}X$称为$X$的$R$正域;$\mathrm{Neg}_R(X)=U-\bar{R}X$称为$X$的$R$负域。$\mathrm{POS}_R(X)$或$\underline{R}X$是那些根据知识$R$判断肯定属于$X$的$U$中元素组成的集合;$\bar{R}X$是那些根据知识$R$判断可能属于$X$的$U$中元素组成的集合。BNR($X$)是那些根据知识$R$判断既不能肯定属于$X$,又不能肯定属于$\bar{X}$的$U$中元素组成的集合;$\mathrm{Neg}_R(X)$是那些根据知识$R$判断肯定不属于$X$的$U$中元素组成的集合。

从以上定义可以看出:当且仅当$\bar{R}X=\underline{R}X$时,X为R可定义集,即精确集;当且仅当$\bar{R}X \neq \underline{R}X$时,$X$为$R$的粗糙集。

集合的不确定性是由于边界域BNR(X)的存在而引起的。集合的边界越大,其精确性越低。为了更准确地表达这一点,引入精度的概念。由等价关系R定义的集合X的近似精度为:

$$a_R = \frac{|\underline{R}X|}{|\overline{R}X|} \tag{2-3}$$

其中，$X \neq \varphi$，$|X|$表示集合 X 的基数。

精度 $a_R(X)$反映对于了解集合 X 知识的完全程度。与精度相反，集合 X 的不精确程度可用粗糙度描述，X 的 R 粗糙度定义为：

$$\rho_R = (X) = 1 - a_R(X) \tag{2-4}$$

X 的 R 粗糙度与精度恰恰相反，它表示集合 X 知识的不完全程度。

(3)知识约简

知识约简是粗糙集理论的核心内容之一。知识库中知识(属性)并不是同等重要的，甚至某些知识是冗余的。所谓知识约简，就是在保持知识库分类能力不变的条件下，删除其中不相关或不重要的知识。

知识约简中有两个基本概念：约简(Reduct)和核(Core)。

令 R 为一簇等价关系，$r \in R$，如果 $\mathrm{ind}(R) = \mathrm{ind}(R - \{r\})$，则称 r 为 R 中不必要的；否则称 r 为 R 中必要的。如果每一个 $r \in R$ 都为 R 中必要的，则称 R 为独立的；否则，称 R 为依赖的。

如果 R 是独立的，$P \subseteq R$，则 P 也是独立的。P 中所有省略关系的集合称为 P 的核，记作：

$$\mathrm{core}(P) = \bigcap \mathrm{red}(P) \tag{2-5}$$

其中，$\mathrm{red}(P)$是 P 的所有简化簇。

可用看出，核概念的用处有两个方面：首先，它可以作为所有约简计算的基础，因为核包含在所有约简之中，并且计算可以直接进行；其次，可解释为在知识约简时它是不能消去的知识组成的集合。在应用中，一个分类相对于另一个分类的关系十分重要，因此将涉及知识的相对约简和相对核的概念。首先，定义一个分类相对于另一个分类的正域。

令 P 和 Q 为 U 中的等价关系，Q 的 P 正域记为 $\mathrm{POS}_P(Q)$，即：

$$\mathrm{POS}_P(Q) = \bigcup_{X \in \frac{U}{Q}} \underline{P}X \tag{2-6}$$

Q 的 P 正域是 U 中所有根据分类规则 U/P，可以准确地划分到关系 Q 的等价类中对象组成的集合。

有时候知识的依赖性可能是部分的，这意味知识 Q 仅有部分是知识 P 导出的，部分可导出属性由知识的正域定义。令 $K = (U, R)$为一知识库，且 P、$Q \subset R$，定义：

$$r_P(Q)=\frac{|POS_P(Q)|}{U} \tag{2-7}$$

称知识 Q 是 $r_P(Q)$ 度依赖于知识 P。当 $r_P(Q)=1$ 时，称 P 和 Q 是相容的（Q 完全依赖于 P）；当 $0<r_P(Q)<1$ 时，称 Q 粗糙部分依赖于 P；当时 $r_P(Q)=0$ 时，称 Q 完全独立于P。因此，当今 $r_P(Q)\neq 1$ 时，P 和 Q 是不相容的。利用 P 和 Q 的依赖关系 $r_P(Q)$，可以对大量数据进行分析，剔除相容信息，找出数据间内在的本质关系。

采用粗糙集理论进行信息融合的一般步骤为：

①编码，将信息按某种准则离散化；

②将编码后的信息构成信息表达形式，以便于处理；

③根据 $r_P(Q)$ 是否等于1来简化信息表；

④求出信息表的核值表；

⑤由核值表求出信息表的简化形式；

⑥从简化表中求出最小决策算法，即最快融合算法。

2.5.3 主要应用

粗糙集理论是一门实用性很强的学科，从诞生到现在虽然只有十几年的时间，但已经在不少领域取得了丰硕的成果，如近似推理、数字逻辑分析和化简、建立预测模型、决策支持、控制算法获取、机器学习算法和模式识别等。

下面介绍一下粗糙集应用的几个主要领域。

(1)简化人工神经网络训练样本集

人工神经网络具有并行处理、高度容错和泛化能力强的特点，适合应用在预测、复杂对象的建模和控制等场合。但是当神经网络规模较大，样本较多时，其训练时间过于漫长。这个缺点是制约神经网络进一步实用化的一个主要因素。虽然各种提高训练速度的算法不断出现，问题远未彻底解决，简化训练样本集，消除冗余数据是另一条提高训练速度的途径。

(2)获取控制算法

实际系统中有很多复杂对象难以建立严格的数学模型，这样传统的基于数学模型的控制方法就难以奏效。模糊控制模拟人的模糊推理和决策过程，将操作人员的控制经验总结为一系列语言控制规则，具有鲁棒性和简单性的特点，在工业控制等领域发展较快。但是有些复杂对象的控制规则难以人工提取，这样就在一定程度上限制了模糊控制的应用。

粗糙集能够自动抽取控制规则的特点为解决这一难题提供了新的手段。一种新的控制策略——模糊—粗糙控制(Fuzzy-rough Control)正悄然兴起，成为一个有吸引力的发展方向。有学者应用这种控制方法研究了"小车—倒立摆系统"这一经典控制问题和水泥窑炉的过程控制问题,均取得了较好的控制效果。应用粗糙集进行控制的基本思路是:把控制过程的一些有代表性的状态以及操作人员在这些状态下所采取的控制策略都记录下来,然后利用粗糙集理论处理这些数据,分析操作人员在何种条件下采取何种控制策略,总结出一系列控制规则。

规则 1:IF Condit ion 1 满足 THEN,采取 Decision 1;

规则 2:IF Condit ion 2 满足 THEN,采取 Decision 2;

规则 3:IF Condit ion 3 满足 THEN,采取 Decision 3。

这种根据观测数据获得控制策略的方法通常被称为从范例中学习(Learning from Examples)。粗糙控制(Rough Control)与模糊控制都是基于知识、基于规则的控制,但粗糙控制更加简单迅速,实现容易(因为粗糙控制有时可省却模糊化及去模糊化步骤)。另外,控制算法可以完全来自数据本身,所以从软件工程的角度看,其决策和推理过程与模糊(或神经网络)控制相比可以很容易被检验和证实(Validate)。有研究指出,在特别要求控制器结构与算法简单的场合,更适合采取粗糙控制。

美国电力科学研究院(EPR I)对粗糙集的应用研究的潜力十分重视,将其作为战略性研究开发(Strategy R&D)项目,在 1996 年拨款资助 San Jose 州立大学进行电力系统模糊—粗糙控制器的研究。

(3)决策支持系统

面对大量的信息以及各种不确定因素,要作出科学的、合理的决策是非常困难的。决策支持系统是一组协助制订决策的工具,其重要特征就是能够执行"IF THEN 规则"进行判断分析。粗糙集理论可以在分析以往大量经验数据的基础上找到这些规则,基于粗糙集的决策支持系统在这方面弥补了常规决策方法的不足,允许决策对象中存在一些不太明确、不太完整的属性,并经过推理得出基本上肯定的结论。

2.6 云 理 论

2.6.1 概述

1)云模型定义

云是用自然语言值表示的某个定性概念与其定量表示之间的不确定性转换模型。设 U 是一个用精确数值表示的论域,U 对应定性概念 $\overline{A}$,对于论域中的任意一个元素 x,都存在一个有稳定倾向的随机数 $y=\mu_{\overline{A}}(x)$,称作 x 对 $\overline{A}$ 概念的确定程度。确定程度 y 在论域上的分布称为云模型，简称为云。云由许许多多云滴组成，每一个云滴就是这个定性概念映射到数域空间的一个点，即一次具体实现。这种实现带有不确定性，云模型同时给出这个点能够代表该定性概念的确定程度。

2)云的数字特征

云概念的整体特性可以用云的数字特征来反映，这是定性概念的整体定量特性，对理解定性概念的内涵和外延有着极其重要的意义。云的数字特征用期望 E_x、熵 E_n 和超熵 H_e 来表征，它们反映了定性概念的定量特性。

期望 E_x：云滴在论域空间分布的期望，即在数域空间最能够代表这个定性概念的点，或者说是这个概念量化的最典型样本，反映了云的重心位置。

熵 E_n：定性概念的不确定性度量，由概念的随机性和模糊性共同决定。一方面反映了在数域空间可被语言值接受的范围（即模糊度），是定性概念亦此亦彼性的度量；另一方面还反映了在数域空间的点能够代表这个语言值的概率，表示定性概念的云滴出现的随机性。熵揭示了模糊性和随机性的关联性。

超熵 H_e：熵的不确定度量（即熵的熵），反映了在数域空间代表该语言值的所有点的不确定度的凝聚性，即云滴的凝聚度。

在云方法中，除了期望、熵、超熵外，还可以用更高阶的熵去刻画概念的不确定性，理论上可以是无限深追的。

3)云的性质

(1)论域 U 既可以是一维的，也可以是多维的。对于论域 U 上的任意 x 到区间$[0,1]$上的映射是一对多的转换。

(2)云由许许多多的云滴组成，云滴与云滴之间是无顺序性的。一个云滴是定性概念在数量上的一次实现，单个云滴是无足轻重的，但是云滴越多越能反映这个定性概念的整体特征。

(3)x 对 C 的确定度是一个概率分布，而不是一个固定的数值，因而由此形成的云不是一条明晰的曲线。云滴的确定度反映了云滴能够代表该定性概念的程度，云滴的确定度越大，则云滴对概念的贡献也越大。

特别需要说明的是，x 对定性概念 C 的一次随机实现是概率意义上的实现，而 x 对 C 的确定度是模糊集意义上的隶属度，同时又具有概率意义上的分布。所有这些都体现了随机性和模糊性的关联性。

2.6.2 云模型类型

云模型是云的具体实现方法，是云运用的基础。云模型的主要类型有：

(1)对称云。通常表示具有对称特征的定性概念，如图 2-3 所示。

(2)半云模型。通常表示具有单侧不确定性特征的定性概念，如图 2-4 所示。

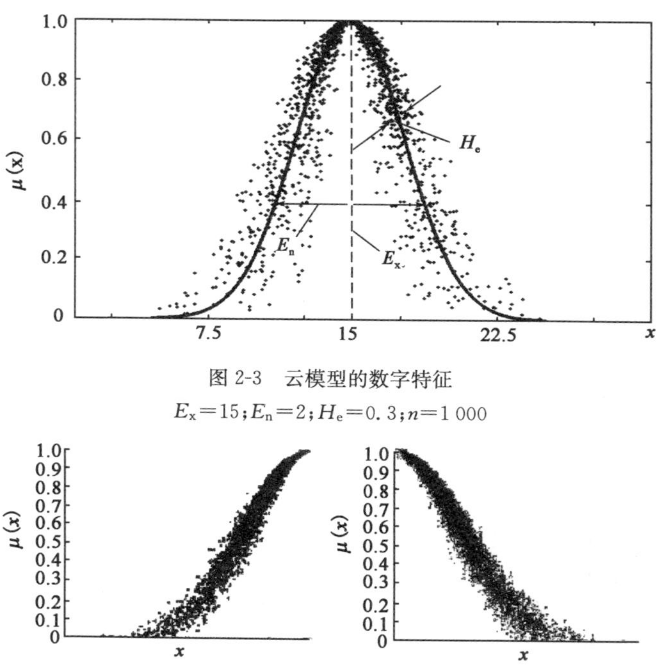

图 2-3　云模型的数字特征

$E_x=15$；$E_n=2$；$H_e=0.3$；$n=1\ 000$

图 2-4　半升云模型和半降云模型

(3)组合云模型。有些定性概念既不具有对称特征，也不具有单侧不确定性特征，而是由于自然语言的丰富多彩，从而构成了组合云模型，如图 2-5 所示。

(4)二维云模型通常表示由两个定性概念所组成的复杂定性概念，并可以推广到多维云模型，如图 2-6 所示。

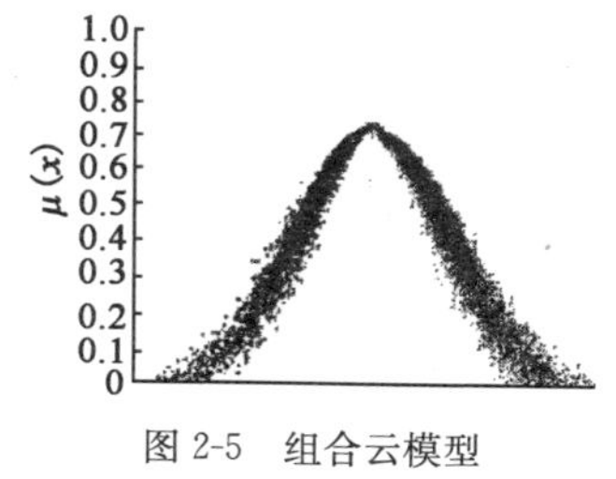

图 2-5　组合云模型

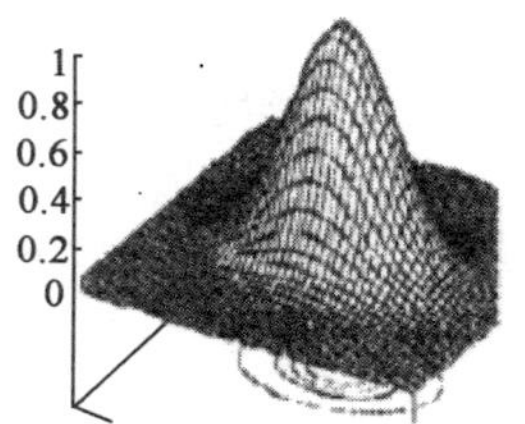

图 2-6　二维云模型

(5)正态云模型。正态分布是概率理论中最重要的分布之一，通常用均值和方差两个数字特征；钟形隶属函数是模糊集合中使用最多的隶属函数。正态云模型是在二者基础上发展起来的全新模型，具有普适性，可以以其为基础进行各种云运算。

正态云模型定义如下：设 U 为一个用精确数值表示的定量指标论域(物元模

型中的经典域)，C 是 U 上的定性概念。若定量值 $x\in U$，且 x 是定性概念 C 的一次随机实现，若 x 满足 $x\sim N(E_x,E'^2_n)$，其中 $E'_n\sim N(E_n,H_e^2)$，且 x 对 C 的确定度(即隶属度)满足：

$$\mu(x)=\exp\left[-\frac{(x-E_x)^2}{2(E'_n)^2}\right] \tag{2-8}$$

则称 x 在论域 U 上的分布称为正态云。正态云模型属于对称云模型的一种，是最基本的云模型。正态分布函数和正态隶属函数在社会科学和自然科学中都应用广泛，但两者本身又分别属于概率论和模糊理论的范畴，在表达不确定性概念时存在着一定的局限性。正态云模型通过期望、熵和超熵构成的特定结构发生器生成定性概念的定量转换值，体现概念的不确定性。这种特定结构不但放宽了形成正态分布的前提条件，而且把精确确定隶属函数放宽到构造正态隶属度分布的期望函数，因而更具有普遍适用性，简单、直接地完成了定性与定量之间的相互转换过程。

2.6.3 云发生器

云的生成算法称为云发生器。云发生器包括正向云发生器、逆向云发生器、X条件云发生器和Y条件云发生器。

1)正向云生成器

定性概念到定量表示的转换过程称为正向云发生器。正向正态云发生器是从定性到定量的映射，根据已知正态云的数字特征(E_x,E_n,H_e)，生成成千上万的云滴构成整个云，从而将一个定性概念通过不确定性转换云模型定量地表示出来，如图2-7所示。

正向正态云发生器的具体算法如下：

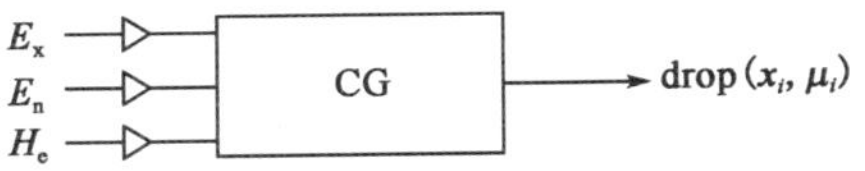

Step1：生成以 E_n 为期望值，$H_e{}^2$ 为方差的一个正态随机数 $E'_{ni}=\mathrm{Norm}(E_n,H_e^2)$，其中Norm表示产生服从正态分布随机数的函数。

图2-7 正向云发生器

Step2：生成以 E_x 为期望值，E'^2_{ni} 为方差的一个正态随机数 $x_i=\mathrm{Norm}(E_x,E'^2_{ni})$。

Step3：计算的 x_i 确定度 $u(x_i)=\exp\left[-\frac{(x_i-E_x)^2}{2(E'_{ni})^2}\right]$。

Step4：产生具有确定度 $u(x_i)$ 的 x_i 称为论域中的一个云滴。

Step5：重复 n 次步骤(Step1～Step4)，产生要求的 n 个云滴。

2)逆向云发生器

由定量表示到定性概念的转换过程称为逆向云发生器。逆向云发生器是实现从定量值到定性概念的转换模型,给定符合某一正态云分布规律的一组云滴(x_i, μ_i)作为样本,产生描述云模型所对应的定性概念的3个数字特征(E_x,E_n,H_e),如图2-8所示。结合正向云发生器和逆向云发生器,可以实现定性与定量的随时转换。

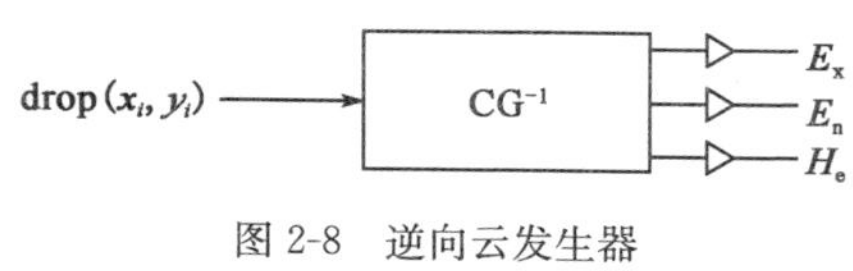

图2-8 逆向云发生器

基于统计原理的逆向正态云发生器的算法有两种:一种是需要利用确定度信息的;另一种是无需确定度信息的。利用确定度信息的逆向正态云发生器算法如下:

Step1:计算 x_i 的平均值 $E_x = \text{Mean}(x_i)$,得到期望值 E_x;

Step2:计算 x_i 的标准差 $E_n = \text{Stdev}(x_i)$,得到熵 E_n;

Step3:针对每一对数组$[x_i, \mu(x_i)]$,计算 $E'_{ni} = \sqrt{-\dfrac{(x_i - E_x)^2}{2\ln\mu(x_i)}}$;

Step4:计算 E'_{ni}的标准差 $H_e = Stdev(E'_{ni})$,求得超熵 H_e。

上述的一维逆向云有以下不足:

①还原云的参数 E_n、H_e 时,需要用到确定度 μ 的值,而在实际应用中,给出的往往只有表示某个概念的一组数据值,而其代表这个概念的确定度 μ 的值并没有给出或者难以获得。

②将算法向高维扩展时比较困难,并且高维逆向云会比一维逆向云有更大的误差。

下面的逆向云算法是根据云的统计特性,仅仅利用云滴 x_i 的定量数值来还原出云的3个参数,不需要确定度的值,具体步骤如下:

Step1:根据 x_i 计算这组数据的样本均值 $\overline{X} = \dfrac{1}{n}\sum_{i=1}^{n} x_i$,一阶样本绝对中心矩 $\dfrac{1}{n}\sum_{i=1}^{n} |x_i - \overline{X}|$,样本方差 $S^2 = \dfrac{1}{n-1}\sum_{i=1}^{n}(x_i - \overline{X})^2$;

Step2:计算得到期望值 $E_x = \overline{X}$;

Step3:计算得到熵 $E_n = \sqrt{\dfrac{\pi}{2}} \cdot \dfrac{1}{n}\sum_{i=1}^{n} |x_i - E_x|$;

Step4:求得超熵 $H_e = \sqrt{S^2 - E_n^2}$。

给定云的3个数字特征(E_x,E_n,H_e)和特定数值 x_0 的条件下的云发生器,称为X条件云发生器;给定云的3个数字特征(E_x,E_n,H_e)和特定确定度值 μ_0 条件下的云发生器,称为Y条件云发生器。X和Y两种条件云发生器是运用云模型进行不确定性推理的基础。

2.6.4 主要应用

1)智能控制

基于定性知识的推理与控制是智能控制的重要手段,也是不确定性人工智能研究的一个重要内容。张飞舟等针对智能控制中的经典倒立摆系统,通过引入基于云的不确定性推理与控制机制,较好地解决了三级倒立摆控制系统的稳定问题。高键等提出了一种新型的云模型控制器结构模型。该模型不要求给出被控对象的精确数学模型,仅依据人的感觉和逻辑判断,将人的自然语言表达的定性控制经验通过云模型转化到语言控制规则器中,实现控制映射。

基于云模型的智能控制器的设计虽已取得了一些比较好的控制效果,但它的研究还处于起步阶段,如何设计出更加稳定、可靠的云规则生成器,还有待进一步研究。

2)数据挖掘

数据挖掘能够满足人们从大量数据中挖掘出隐含的、未知的、有潜在价值的信息和知识的要求,对于它的研究也一直是学者们关注的热点。目前,有很多种有效的数据挖掘方法和工具,如回归分析、判别分析、神经网络、遗传算法等。但这些算法并没有完全满足人们对挖掘过程自动化、智能化的期望,其中的一个重要的原因是这些方法忽视了数据挖掘过程中的不确定性和发现知识的不确定性,云模型可以有效地解决这一问题。

(1)趋势预测

现实生活中存在很多复杂的时序数据,如某地区年降水量、股票交易、铁路客流量等。如何从这些数据中挖掘出我们感兴趣的信息是数据挖掘领域的重要研究热点。虽然数据分析法、神经网络方法和机器学习法在时间序列预测方面各有优势,但它们大多属于精确预测方法,并且也没有考虑时间粒度问题,造成给出的预测结果不令人十分满意。

基于云模型的趋势预测与其他模型做出的预测结果相比更是合理性。但目前大多数文献是基于一维云发生器的,为了使预测更加准确、更加符合人们的期望,二维乃至多维云发生器的设计及应用将是未来的研究重点。

(2)关联规则挖掘

关联规则是数据挖掘中一个重要的知识类型,用来描述属性之间的依赖关系。

基于云模型的关联规则算法使概念划分的边界得以软化,更加贴合人的思维方式。但大多数文献实例中概念的定义是人为指定的,如何根据数据库中已有的数据进行更合理的动态划分，仍需进一步研究。

3)其他

云模型的研究日益成熟，其应用范围也越来越广泛。除了被成功地用于智能控制、数据挖掘外，云模型也已经应用于挖掘空间广义知识和关联规则、表达发现的知识、连续数据离散化、空间数据库的不确定性查询和推理、遥感影像的解释和识别等领域。

第3章　公路隧道安全框架体系

建立公路隧道安全的框架体系，有利于系统地研究隧道安全的问题，全方位提出解决方案。鉴于此，本章从法律保障、理论保证、技术支持、装备支撑、试验认证、管理决策六个方面，对隧道运营安全框架体系进行阐述。

3.1　法律法规与标准保障体系

3.1.1　国外关于公路隧道安全的有关法律法规与标准规范

法律法规与标准规范，在制订者、颁布实施者及实施强制程度方面都存在很大差异。在法律法规层面，欧盟指令 2004/54/EG 具有代表性，其规定了泛欧道路网络长度大于 500m 的隧道，在人员组织、结构、技术以及运营管理上所采取的最低安全标准，包括基础设施法规、隧道装备、交通规则、工作人员培训以及传达给用户的信息等。

在标准规范层面，可以分为建设、产品与养护管理三个方面，制订者主要有国际道路协会 PIARC、国际隧道协会、欧盟委员会及各国道路协会或交通主管部门。自从 2000 年前后欧洲连续几场隧道火灾后，近十年相关部门关注的重点是隧道火灾问题，相关的标准规范主要有：

(1)国际道路协会、国际隧道协会、荷兰分别颁布的《Fire and Smoke Control in Road Tunnels 05. 05. B》、《PIARC Proposal on the Design Criteria for Resistance to Fire for Road Tunnel Structures》、《Systems and Equipment for Fire and Smoke Control in Road Tunnels》、《Guidelines for Structural Fire Resistance for Road Tunnels》、《TNO 98-CVB-R1161 Fire Protection for Tunnels》、《TNO BI-86-64/00. 65. 8. 0020 Specifications for Temperature Resistance of Boosters and Description of Testing Method》等准则，对隧道火灾场景确定等方面提出了详细的要求和建议。

(2)颁布的导则，对公路隧道衬砌结构防火中火灾场景的确定、隧道分类、衬砌材料高温性能、防火保护措施、烟流控制、结构耐火设计等提出了相应的建议和要求。

(3)德国、英国、法国、瑞典、日本、美国制定了《RABT Guidelines for Equipmentand Operation of Road Tunnels》、《ZTV-Tunnel Additional Technical Conditions for the Construction of Road Tunnels》、《BD78/99 Design Manual for Roads and Bridges》、《Risk Studies for Road Tunnels,Methodology Guideline(Preliminary version)》、《Tunnel 99》、《日本建设省道路隧道紧急用设施设置基准》,《NFPA 502 Standard for Road Tunnel,Bridges,and other Limited Access Highway》,给出了包括火灾探测、火灾通风、火灾消防设备、烟流控制、逃生救援、典型火灾的热释放率、CO 与 CO_2 生成量及氧消耗量、隧道内升温曲线、结构的防火措施,用于指导运用消防安全工程方法对隧道进行防火设计。

(4)美国联邦公路管理局 FHWA 发布了《Handbook HVAC Applications》、《Prevention and Control of Highway Tunnels Fires》,对既有、新建隧道的火灾逃生、火灾风险分析及控制提出了建议与规定。

3.1.2 国内关于公路隧道安全的有关法规

国内与隧道安全相关的法律法规主要有《中华人民共和国道路交通安全法》、《公路安全保护条例》以及《中华人民共和国公路法》、《中华人民共和国紧急状态法》、《中华人民共和国安全生产法》等,对交通事故发生后的处理情况、重大事故紧急救援工作方面、生产事故紧急救援突发公共事件的报告和公布紧急处理的预备、等级和阶段、紧急状态的决定和宣布应急机构和人员应急立法措施、应急行政措施、司法诉讼和国家补偿补贴等方面作出详细的规定。

在标准与规范方面,主要有:

(1)《公路隧道交通工程设计规范》(JTG/T D71—2004)、《公路隧道通风照明设计规范》(JTJ 026. 1—1999)、《高速公路隧道监控系统模式》(GB/T 18567—2010)、《火灾自动报警系统设计规范》(GB 50116—1998)等设计规范;

(2)《公路隧道环境检测设备技术条件》(JT/T 611—2004)、《公路隧道火灾报警系统技术条件》(JT/T 610—2004)等产品技术要求;

(3)《火灾自动报警系统施工及验收规范》(GB 50166—2007)、《公路隧道养护技术规范》(JTG H12—2003)等施工验收与养护规范。

3.1.3 存在的问题

由国内外公路隧道安全法律法规与标准的发展来看,国内公路隧道安全法律法规与标准主要存在以下三个方面的问题。

(1)部分法律法规与标准规范相矛盾

这主要表现在隧道消防设施要求方面,如防火门、消防池设置等。

(2)标准规范体系尚不健全

缺乏《公路隧道消防设计规范》、《公路隧道安全评价指南》、《公路隧道运营管理指南》等标准规范。

(3)标准规范更新不能反映国际先进水平

标准规范更新时间长,不能反映科技的发展现状,造成了合理与合法难以兼顾的问题,在隧道分类中没有考虑双向交通等因素。

3.2 理论保证体系

理论保证体系主要包括交通行为理论、交通流理论、通风与照明理论、协调控制理论、避难行为理论以及多目标决策理论,这些理论为隧道运营安全的专业知识。

3.2.1 交通行为理论

交通行为是指交通参与者在交通活动全过程中发生的各种行为现象和外在表现。它是在一定的交通环境下产生的,为了达到某种预定的交通目标,交通参与者表达交通心理活动的行为方式,如驾驶行为、骑行行为、步行行为、交通管理者行为等。

进行交通行为研究,是为了了解在整个交通运输系统中,交通参与者的行为产生、发展和变化的规律及其影响因素的相互作用,为有效合理地组织、诱导、规范出行行为提供科学的依据,使交通参与者在交通活动中能够得到安全、舒适、经济、便利、高效的服务。交通行为研究涉及交通运输学、交通工程学、交通心理学、生理学、交通经济学、系统论、控制论、信息论等学科,主要研究交通出行心理、出行者选择行为、出行行为与交通信息、出行者的交通安全违法行为四个方面的内容。

3.2.2 交通流理论

交通流是交通需求在有限的时间与空间上的聚集现象。交通流理论是用数学物理模型刻画交通体的出行行为特征,揭示其发展变化规律的一门边缘科学,可分为微观交通流、中观交通流及宏观交通流三种类型。微观交通流用于探讨单车的交通行为,如高速公路安全评价中的运行速度分析;中观交通流用于研究路段交通流的特征;宏观交通流用于研究道路交通网络的交通流特征。

交通流理论在20世纪30年代才开始得到发展,最早采用的是概率论方法。1933年,Kinzer论述了泊松分布应用于交通分析的可能性。1936年,Adams发表了数值例题。在20世纪40年代,由于第二次世界大战的影响,有关交通量理论的发展缓慢。20世纪50年代,随着汽车工业和交通运输业的迅速发展,交通量剧增、交通事故和交通阻塞日益严重,交通流中车辆的独立性越来越小,已经采用的概率论方法越来越难以适用,于是出现了新的交通流理论,如跟驰(车)理论、交通波理论(流体动力学模型)和车辆排队理论,其主要包括Webster延迟公式、LWR交通流连续模型、跟驰模型、交通流元胞机模型、用户均衡分配原理、Logit离散选择理论、Markos Papageorgiou的宏观动态交通流模型等。

3.2.3 通风理论

公路隧道通风理论,是以流体力学理论为基础,研究公路隧道运营通风与防灾通风的边缘性学科,其研究内容主要包括通风方式、通风参数、通风主要影响因素与关系、网络通风、互补式通风及通风控制六个方面内容。通风控制及智能模糊控制和隧道运营安全关系最为密切。

近些年来,国内外对通风控制、防灾通风都进行了许多研究,其成果主要体现在四个方面:其一,通风参数多元化,原来仅考虑CO、VI,目前增加了NO_2;其二,通风模型智能化,过去以手动控制为主,目前智能模糊控制得到应用;其三,隧道群的通风控制问题得到了解决,由最大浓度法转化为更科学的总量控制法;其四,防灾通风的火风压问题及控制风速模型有了新的进展。

3.2.4 照明理论

公路隧道照明理论是以视觉理论、交通工程学、生理学及心理学为基础,研究公路隧道照明及其影响因素间相互关系,为安全舒适行车提供保障的应用性学科。它主要研究不同工况与不同设计参数下的亮度需求、照明方式、布灯方式、照明控制、照明节能与设计方法。

近几年来,隧道照明主要围绕新型光源,在显色性与亮度的关系、不同照明方式对亮度需求的影响以及照明控制方面进行研究,并取得了不少成果。

3.2.5 避难行为理论

避难行为是指人员在发现灾害后,为避免遭受灾害的侵害而采取的逃生行为。

对于公路隧道运营安全,避难行为理论是以行为理论和疏散理论为基础,对公路隧道发生火灾、毒气泄漏、交通事故等异常情况时的人员逃生行为进行研究的边缘性学科。

避难行为理论在公路隧道安全中的应用重点是避难场所的设置与火灾场景的逃生避难问题,包括逃生行为的时空特性、人员疏散方法、避难的行为阶段、行为顺序规律、行为模式等。

避难逃生，可划分为避难行动和避难生活两个阶段。避难行动是为实现避难意图而进行的具体避难活动，是人们选择避难、避难开始时间、避难方向和避难疏散场所后，从开始实施避难到到达固定避难疏散场所的避难过程；而避难生活则是在避难所内进行的各种避难活动，是避难行动的延续和归宿。避难者从避难行动走向避难生活，再从避难生活走向正常生活。避难逃生所需时间和逃生路径长度、灾害的种类、灾情严重程度、预测准确性高低、避难指示、组织、引导避难能力的强弱等有关。

人们从20世纪40年代就开始火灾中避难行为的研究，主要成果如下。

(1)避难者在心理、生理、行为上的变化关系(图3-1)

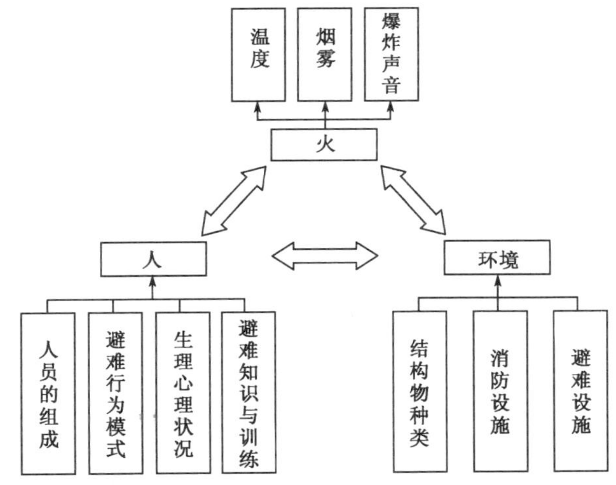

图3-1 避难三要素间的关联图

(2)避难行为过程(图3-2～图3-4)

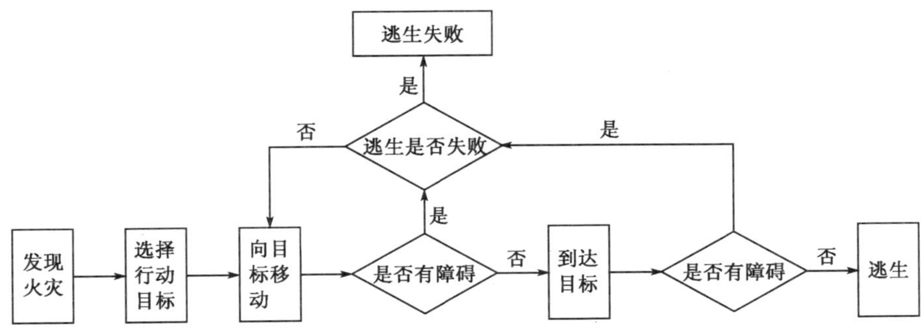

图3-2 人在火灾中的避难行为过程

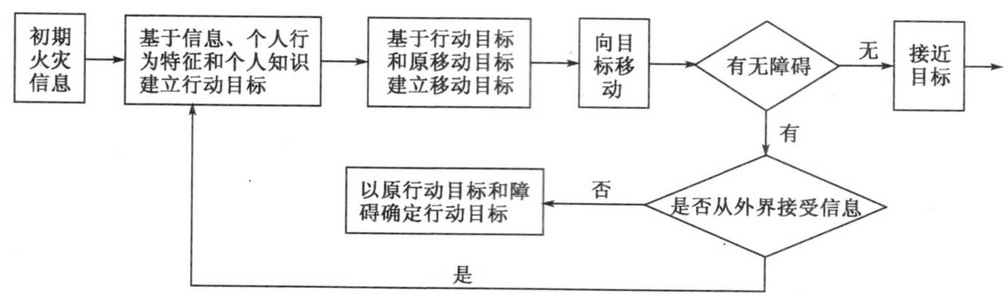

图 3-3　人员选择初期行动目标及向目标移动过程

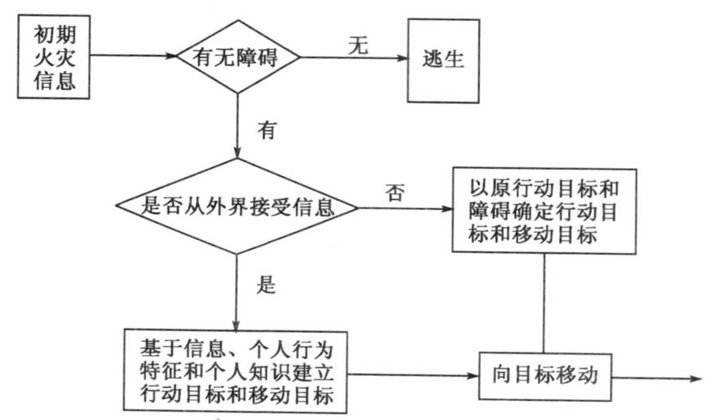

图 3-4　人员到达目标后的行为过程

(3)避难疏散时间

灾难意外发生时,避难者可能产生的行为模式可分为认知、逃生前准备、逃生时行为及逃生结束四个阶段。对于避难疏散时间的估算,主要有以下成果:

①英国学者 Marchant 计算避难时间采用的是灾难发生感知(T_p)、作出反应(T_r)、反应后采取行动(T_a)、行动开始至抵达安全地点(T_s)所需所有时间的总合,与灾难发生至伤亡开始出现,避难者无法自立逃生,需外界救援时间(T_f)的比值。

②日本学者户川喜久二指出,避难时间是群众移动至避难出口与经由出口疏散两者所需时间的总合。

③学者沉子胜提出了安全余裕时间观念。

④加拿大学者 Jack Pauls 以有效宽度来修正传统的单位宽度观念。

3.2.6　协调控制理论

协调控制理论是控制论的分支,由涂序彦教授于 1950 年提出,是对相互制约、相互配合的各子系统目标,通过研究控制、调节的原则与方法,使系统整体最优的

一门学科。其模型框架结构如图 3-5 所示。

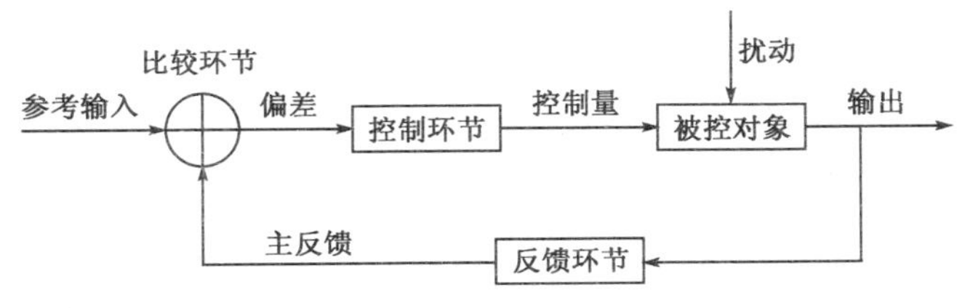

图 3-5 协调控制模型框架图

对于公路隧道交通，协调控制理论研究如何通过通风、照明、交通的协调控制，实现安全、低碳、高效、经济的目标。

3.2.7 多目标决策理论

多目标决策是 20 世纪 70 年代后发展起来的管理科学的一个分支，是在有限资源限制的条件下，对多个可能相互矛盾的目标，应用数学规划方法，得到多种目标的优化解决方案群以供管理决策。

对于公路隧道交通，主要研究安全、低碳、高效、经济这四个相互联系、相互制约、相互矛盾的目标，在运营决策中如何协调统一。多目标决策的步骤如图 3-6 所示。

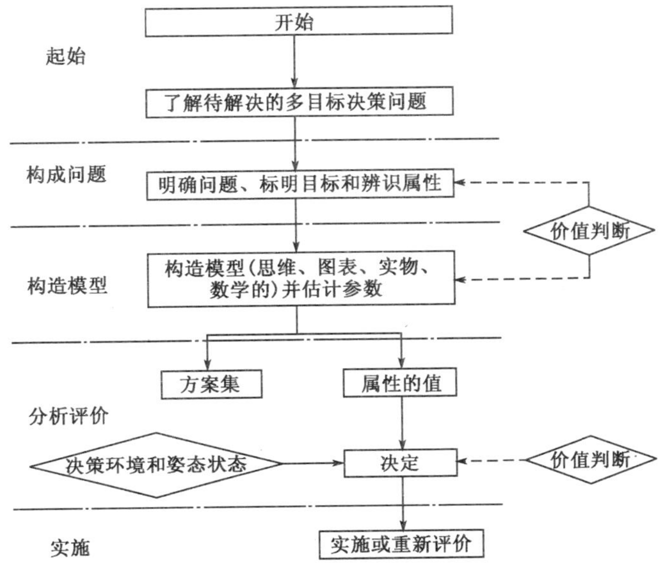

图 3-6 多目标决策基本步骤

3.3 技术支持体系

技术支持体系主要包括信息融合技术、事故黑点诊断技术、交通状态识别技术、安全预警技术、防火技术、消防技术、运营管理技术、协调控制技术、安全评价技术、路环境联合设计技术以及养护管理技术几个方面。

3.3.1 信息融合技术

信息融合的概念于20世纪70年代在美国最先提出的,最初叫做多源相关、多传感器混合或者是数据融合,用于军事系统。到了20世纪80年代,美国、日本、英国、法国、德国等开发了大量的军事信息融合系统,其中以美国的重视程度最高。1987年,美国把数据融合技术看作影响其国防部的21项重要技术之一。由于美国在1991年的海湾战争中看到了信息融合的强大功能,于是建立了基于信息融合的军事系统。各个国家相继成立了研究部门,如波音公司的传感器数据融合分析试验台,George Masson大学模块融合试验系统。我国在这方面的研究是在20世纪80年代初开始的,到90年代初才受到了广泛关注,并获得了一些成果。

对于道路交通,信息是道路交通诱导、控制、管理以期保证行车安全的基础,信息有真信息、伪信息及有一定误差的信息。进行信息融合,是为了从多传感器的信息中,更准确、快速地掌握道路交通的运行特征与规律,以达到安全、低碳、高效、经济的目的。

信息融合的方法很多,使用最为广泛的主要有卡尔曼滤波法、Bayes推理方法、D—S证据推理方法、补偿性学习融合方法、Mahler的随机融合方法、品质因素法、专家系统法以及物理模型方法等融合算法等。对于多源信息系统,由于信息量大但信息的时间和空间有限,在实际应用中,需要选择合适的处理方法,以提高信号的抗干扰能力和容错能力。

3.3.2 事故黑点诊断技术

交通事故黑点是指在较长时间段内,发生的道路交通事故数量或特征与其他正常位置相比明显突出的某些位置。交通事故黑点一般只是整个路段的其中一小段或一个点,却集中了较大比例的交通事故,具有极大的危害性。

事故黑点诊断技术是综合考虑影响交通安全的各因素,以交通事故的统计数据为基础,通过建立数学模型,鉴别事故黑点、分析事故成因、提出改进措施的技术。

交通事故黑点鉴别方法主要有事故数法、事故率法、质量控制法、矩阵法、单面模型法等。黑点成因分析方法有模糊聚类法、粗集理论、灰色关联度法等。

3.3.3 交通状态识别技术

交通状态可分为正常、阻塞、火灾、维修及其他异常五种工况，其识别方法有三种，即直接识别法、间接识别法及直接与间接相结合的识别法。

直接识别法是基于图像信息判别交通状态，对于公路隧道，只有 CCTV 可以做到直接识别。

间接识别法是基于数据、音频信息，结合客观交通场景及时空对象信息构建交通事件的通用语言表达模式，通过建立数学、物理模型，结合机器学习、模式识别等对交通状态进行识别的一种技术，对于视频事件识别，其可以分为以下三类：

第一类交通状态识别系统主要是基于虚拟检测区域的技术，通过在视频图像的特定位置设定检测线圈区域，模拟环形线圈检测器检测交通流信息，即通过虚拟检测区域的图像像素颜色亮度变化，判断是否有车辆通过。在此基础上，可以统计分析得到车流量、车辆类别、时空占有率、车速、停车时间、排队长度等具体交通流参数信息，并由交通流参数间接实现某些特定交通事件的检测。

第二类交通状态识别系统主要以运动对象跟踪技术为核心。该系统在运动目标检测方法抽取运动目标的基础上，利用运动跟踪技术获取交通视频中个体运动对象的运动轨迹，通过时间序列上的目标空间状态信息实现交通行为与事件的识别。该类系统可以及时检测监控区域发生的交通拥堵、车辆逆行、车辆抛撒物碎片、车辆排队超限等交通事件，并具有采集交通数据、辅助进行交通控制等功能。

第三类交通状态识别系统主要是基于运动行为语义分析。通过低层的运动检测、识别、跟踪等视频处理技术获取运动目标特征属性，运用模式辨识与推理分析理解运动目标的高层运动行为，并结合客观交通场景信息对事件的语义进行描述，从而更为智能地自动识别交通事件。

3.3.4 安全预警技术

预警是指对某一警素的现状和未来进行测度，预报不正常状态的时空范围或危害程度，并提出防范措施。预警技术则是实现预警功能（即预测和报警功能）的一种技术，其基本理念是将以事故发生后应急为主的管理模式转变为事前危险态监控、预防为主的管理模式；将静态的安全管理方法转变为动态的风险管理（风险辨识、评价与控制）方法；将分散、单项的事件处理方式转变为系统、组合的管理体系。

交通安全预警技术，是将交通安全风险预警的基础理论以及基础技术理论，在公路交通的安全管理活动中的具体应用，是根据历史数据、事件与实时交通信息及环境信息，通过交通状态识别，构建预警模型，建立预警指标体系，设置警限、警兆，预警交通安全的危险状况，是公路交通安全风险控制的具体的方法和技能体系的总和。其原理是根据预警监测指标的监测值及其在相应预警准则下的预警信息，对交通系统实施控制；交通系统在受控后的实际运行效果，再通过信息反馈通道反馈回去，为预警监测指标及其在相应预警标准以及实施预控对策的纠正、改善提供参照的依据。如此重复不断地调整、控制，使交通安全风险得到有效控制，从而使交通系统始终处于安全状态之中，如图 3-7 所示。

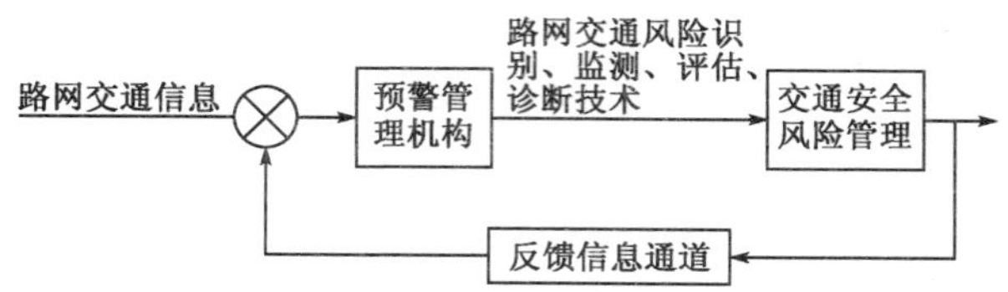

图 3-7　公路交通安全预警管理基本原理图

交通安全预警是以预警系统为平台，主要包括预警指标的选择和确定、预警方法、警限界定和报警等几个方面的内容，涉及的技术主要包括公路交通安全风险危险源识别技术、公路交通安全风险危险源监测技术、公路交通安全风险评价技术、公路交通安全风险预警技术、公路交通安全风险预警管理技术等。目前采用的预警技术有景气指数法、ARCH 模型、基于概率模式分类法、判别分析法、人工神经网络方法等。

3.3.5　防火技术

隧道防火包括防止火灾发生、结构防火和火灾早期报警三个方面。防止火灾发生主要通过运输管理和交通管理来实现，结构防火火灾早期报警主要体现在材料与装备开发方面。

(1)防火涂料与防火建筑材料技术

隧道防火涂料就是喷涂在隧道内拱顶和侧壁的表面起防火隔热保护作用的一种隧道防火保护材料。使用它可防止隧道内钢材混凝土在火灾中迅速升温而导致强度降低，避免混凝土炸裂、衬内钢筋破坏失去支撑能力而导致隧道垮塌。保护不燃性建筑结构的涂料包括有机膨胀型厚浆涂料和轻体无机防火涂料两类，在隧道防火涂料中，一般应采用非膨胀型的、无污染的水性有机—无机复合涂料。

(2)火灾自动报警技术

在火灾的早期阶段，准确地探测到火情并迅速报警，对于及时组织有序快速的疏散、积极有效地控制火灾的蔓延、快速灭火和减少火灾损失等均具有重要意义，

是贯彻“预防为主，防消结合”方针的主要体现。火灾自动报警系统由火灾报警控制器、区域显示器和火灾探测器等组成。根据探测器的不同，又分为感光型、感温型、感烟型及视频四类。《火灾自动报警系统设计规范》(GB 50116—2008)对相关设计做了明确规定。

3.3.6　消防技术

隧道消防技术有被动灭火技术与主动灭火技术之分，主要包括通风排烟技术、自动喷淋灭火技术、消防救援技术等。

通风排烟技术是在火灾工况时，根据火灾的规模、风速以及隧道路面坡度，通过通风控制，有效地控制烟气流动、排除烟气、减少烟气在隧道内影响范围，为逗留在隧道内的乘用人员、消防人员提供一定的新风量，以利于安全疏散和灭火扑救。

自动喷淋灭火技术有泡沫灭火技术、水喷淋灭火技术、细水雾灭火技术等，其能够在发现火灾后消防人员还未到达现场时，迅速启动，及时扑灭火灾或控制火势。

3.3.7　运营管理技术

运营管理技术是以隧道运营管理系统、历史与实时信息为基础，通过科学管理，为确保隧道行车安全、延长工程寿命、提高社会效益及经济效益提供保障，其关键在于防患于未然，并与管理机构建设、安全管理制度建设、管理策略、管理模式、安全设施配置、交通条件及环境与气象条件等密切相关。

运营管理的内容主要包括交通诱导、交通控制、安全预警、通风控制与照明控制。运营管理技术使各部门之间既相对独立，又紧密联系，既有分工，又有协作，有效地保障了对各种情况的快速反应与处置，保障了机电设备的安全运行，从而有效地实现了隧道管理的最终目标——安全、畅通、经济运行。

运营管理以运营管理系统为平台，一般包括 CCTV 监控系统、环境信息检测系统、交通控制与诱导系统、火灾检测报警系统、消防及其控制系统、通风及其控制系统、紧急电话系统、广播系统、通信系统、防雷接地系统。

3.3.8　协调控制技术

协调控制技术是把相对独立的系统进行集成，通过通信链路的连接实现信息共享和互相配合，使相互制约、矛盾的目标达到有机地统一，从而实现整个隧道控制系统安全、高效、低碳、经济运行的目的。

协调控制系统在系统结构方面从多级控制发展为二级控制，采用互联网技术进行现场控制，通过互联网进行数据交换，信息共享与区域控制，提高系统的可靠性，维护操作的方便性和降低工程造价；系统设备具有系统化、智能化并能实现遥测、遥信、遥控的特点，既为通风、照明、交通控制提供依据，又监测隧道的运营状态，以达到检测与监视的统一；在可靠性方面，监控计算机及任一控制点的失效不会影响正常智能节点对现场设施实施控制，具有较高的系统容错能力。

协调控制的火灾报警系统应达到自动检测，与消防实现联动；通风控制系统实现前馈式智能控制，不但要考虑隧道的环境指标，而且要考虑交通运营状态，达到既能为驾乘人员提供良好的环境，又考虑设备的运转平衡节约能源与提高设备使用寿命的目的；交通控制系统能自动判别交通状态，异常自动检测与处理，根据交通模拟结果确定控制方案，为驾驶员提供交通与环境信息。

3.3.9 安全评价技术

安全评价包括设计阶段安全评价、运营阶段交通状态安全性评价及隧道系统安全风险评价。

我国现行的《公路项目安全性评价指南》中对隧道安全性评价有大致的规定，但对隧道机电系统的评价标准基本上是空白。PIARC 在隧道技术研究上提供许多改善隧道安全的先进技术与观念，也成为本研究的重要参考依据。Tetzner(2005)于 CEDR Paris 会议中说明欧盟 Euro Test 所持续进行的隧道安全评价计划，主要内容包括安全评价所使用的参数，以及如何进行因子换算与最后的分级应用，其评价方法可作为相关隧道管理单位进行安全评价的参考与依据。

目前，安全评价方法较多，典型的定性安全评价方法有：安全检查表法、专家分析法(德尔菲法)、因素图分析法、事故引发和发展分析、作业条件危险性评价法、风险分析法及故障类型和影响分析等。常用的定量安全评价方法有模糊数学综合评价法、层次分析法、格雷厄姆金尼法等。定性与定量相结合的方法有事故树分析(FTA)、事件树分析(ETA)、风险评价指数矩阵法等。此外，还有一些后期发展起来的改进综合应用方法，如信心指数法、模糊层次综合评价方法、模糊事故树法、事故树与模糊综合评判的组合分析法等。评价方法的选择，取决于评价目标和评价指标。

3.3.10 车、路环境联合设计技术

车、路环境联合设计技术，是根据地形、地质、地貌、生态环境与交通需求，进行道路交通系统综合设计，从而为安全、低碳、高效、经济的交通运行打下基础，是实现“两型”交通的关键，也是美国联邦公路局于 2000 年提出的车—路联合设计技术的进一步发展。

目前，国内外对车、路环境联合设计技术鲜有研究。我国生态环境脆弱，如何

避免人—车—路—环境综合系统的协调性失衡，是道路建设急需解决的问题之一。

3.3.11 养护管理技术

隧道养护管理技术，是以多元信息采集为基础，通过识别、判别隧道基础设施(土建结构与交通设施)“健康”状态，制订其维护、维修、更换计划并实施，为隧道结构与安全运营基础设施正常工作提供保障。

养护管理以预防性维护、故障性维修和改善性维修相结合为原则，根据设备检修工作的实际情况制订维修管理工作制度、特殊环境下施工作业管理制度等。目前，养护管理的发展主要表现在预防性养护技术、利用交通地理信息系统(GIS-T)促进公路养护管理现代化、利用高科技检测技术促进工程质量监测和公路养护智能化三个方面。

3.4 装备支撑体系

公路隧道安全装备支撑体系由信息采集设备、诱导控制设备、环境保障设备、防灾减灾设备和通信传输设备五大类组成，其框架如图3-8所示。

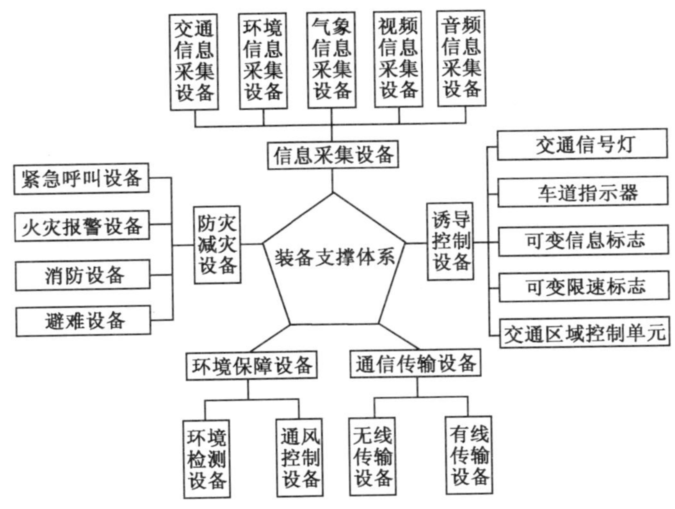

图3-8 公路隧道安全装备支撑体系框架

3.4.1 信息采集设备

公路隧道信息采集设备包括交通信息、环境信息、气象信息、视频信息、音频信息等采集装置。

1)交通信息采集

交通参数信息采集有磁感应车辆传感器、微波车辆检测器、超声波车辆检测器、无线车辆检测器、激光车辆检测器、红外车辆检测器与视频车辆检测器七种方法;交通状态信息监测有直接法和间接法两种监测方法。直接监测法以CCTV监视最为准确,其除对隧道内有毒气体是否超标不能检测外,对其他工况都可正常检测;而间接法除了不能检测维修工况外,对其他工况都可以检测。

2)环境信息采集

隧道环境信息包括温度、CO浓度、VI、NO_2浓度、洞外亮度以及风速与风向,由相应的装备提供。洞内风速与风向影响火灾时的排烟通风、洞外风速与风影响行车安全,特别是桥隧相接处的横风更容易引发交通事故。

3)气象信息采集

气象信息包括洞外照度、冰、雪、雨、雾。前者用于照明控制,后四者对运营安全有很大影响,虽然洞内路面一般比较干燥,但洞内外路面的干燥程度不同,会带来制动距离的很大差异,容易造成驾驶员错误判断与误操作,从而引发交通事故。

4)视频信息采集

隧道视频信息由摄像机提供,视频采集设备有定焦距摄像机和变焦距摄像机。

5)音频信息

隧道音频信息主要由紧急电话提供,也通过手机拨打报警电话来获得。

3.4.2 诱导控制设备

交通控制及诱导设施主要用于收集和处理交通信息,并传送给中央控制室计算机,同时接收中央控制室计算机传来的有关信息或命令,按照预定的方案或控制指令(手动、自动),实现对隧道内交通流量和交通状态的有效控制,其主要包括交通信号灯、车道指示器、可变信息标志、可变限速标志以及交通区域控制单元等外场设备。

1)交通信号灯

交通信号灯用于表示隧道内交通的运行状况。交通信号灯应设置在隧道入口汽车联络道前20~50m。

2)车道指示器

车道指示器用于表示隧道内各车道交通的运行状况。

车道指示器应设置在隧道内各车道中心线的上方;宜在隧道入口、出口以及行车横洞处各设一组车道指示器;隧道内直线段设置间距应不大于500m,曲线段根据具体情况可缩短设置间距。

3)可变信息标志

可变信息标志用于显示公路隧道交通和管理信息。可变信息标志应设置在隧道入口汽车联络道前或隧道内行车横洞前,显示内容应简洁明了。

4)可变限速标志

可变限速标志用于控制隧道内车辆的行驶速度,使隧道交通流达到合理状态。可变限速标志宜设置在隧道入口汽车联络道前附近;隧道内可根据实际情况设置可变限速标志。

5)交通区域控制单元

交通区域控制单元应具有下列功能:收集区段内各设备的检测信息,对检测信息进行分析处理和存储,并将信息上传至中央控制室计算机系统;接收中央控制室计算机系统的控制指令,对下端执行设备进行控制;在中央控制室计算机或通信线路发生故障的情况下,由交通区域控制单元对现场设备按预设程序实施控制。

3.4.3 环境保障设备

公路隧道环境保障是指隧道内亮度与空气质量保障,包括照明控制设施和通风控制设施。通风控制对隧道安全影响很大,其应具备正常工况条件和火灾工况条件下的通风控制功能,电机的启闭次数不应过于频繁,防止风机出现喘振现象,并应在隧道营运过程中不断完善控制方案。

3.4.4 防灾减灾设备

公路隧道防灾减灾设备包括紧急呼叫设备、火灾报警、消防与避难设施等。

紧急呼叫设施主要包括紧急电话和有线广播设施。

火灾报警设施包括火灾探测器、手动报警按钮以及火灾报警控制器等。

消防设施主要包括灭火器、消火栓、固定式水成膜泡沫灭火装置、隧道消防给水及管道等。

避难设施包括行人横洞和行车横洞。

3.5 试验认证体系

3.5.1 认证内容

认证内容包括理论验证、技术应用效果测试和产品的合格性认证与应用效果及条件试验,通过这些工作,规范市场行为,促进新理论、新技术、新产品的推广应用。

3.5.2 认证平台

2006年3月,国家认监委决定整合中国认证机构国家认可委员会(CNAB)和中国实验室国家认可委员会(CNAL),成立中国合格评定国家认可委员会(CNAS,China National Accreditation Service for Conformity Assessment),统一负责实施对认证机构、实验室和检查机构等相关机构的认可工作。

3.5.3 平台构成

认证平台由国家山区公路工程技术中心、公路隧道建设技术国家工程实验室以及交通运输部、公安部、教育部的相关重点实验室构成。

3.5.4 理论验证

理论验证一般包括假设条件与实际的符合性测试、理论结果与实际的差异性测试以及理论的实用性、可操作性、可靠性、安全性、经济性评价,可通过仿真模拟、试验、实际场景测试来完成。

3.5.5 产品认证

产品认证应由有资质的实验室、检测中心完成,主要包括通风、照明、监控、诱导、显示、消防、火灾报警等产品。其中,消防产品、火灾报警设备的合格性由公安消防部门认证机构认证,其应用效果及条件由交通部门具备隧道专项检测资质的机构完成。

3.5.6 技术应用与效果测试

通过工程示范来完成,一般包括技术成果评审、技术成果工程应用设计与实施、应用效果测试与评价。

3.6 管理决策体系

管理决策体系主要包括管理内容、管理体制、管理平台、管理方法与管理评价五个方面。

3.6.1 管理内容

公路隧道管理,可分为正常运营管理、应急运营管理及日常管理三个方面。

正常运营管理是为了保障车辆运行的安全性，预防或降低事故的发生率，主要包括交通状态识别、交通诱导、交通控制、信息显示等命令的决策、下达与执行。

应急运营管理是为了异常发生后尽量将异常的影响降低到最低水平，包括应急材料与物品储备、应急预案制订、应急报警、异常联合处治等。

日常管理可为隧道运营提供人员、设施保障，包括管理制度制订与完善、隧道设施维修维护与更换、管理人员培训与演练、交通事故的统计分析、事故多发点的鉴别等。

3.6.2　管理体制

管理体制主要是由五种要素构成，即管理职能、管理机构、管理人员、管理规则、运行制度。管理机构和管理人员是实体要素，是管理制度赖以进行的物质形式；管理职能、管理规则、运行机制是无形要素。

我国高速公路隧道管理体制分为三级管理体制和四级管理体制。三级管理体制为：省级高速公路管理中心—路段管理中心—隧道管理所；四级管理体制为：省级高速公路管理中心—路段管理中心—隧道管理所—隧道管理站。隧道管理所(站)是在管理中心的领导下，负责高速公路应急处置以及保障隧道内机电设备正常运转和隧道结构物整洁。隧道管理所(站)下设综合办公室、土建养护班、监控班、机电设施维修班、安保消防班。监控班负责监视、控制隧道运行，对监控及诱导系统、火灾检测系统、通风系统、隧道系统、传输系统、紧急避难设施等进行监控，掌握隧道的运营状况，及时向上级管理部门发送运营信息。其工作重点是预防事故发生和消除潜在的安全隐患，确保隧道安全运营。机电设施维修班负责隧道区域机电设施的检修工作。安保消防班负责消防系统的运营状态监控及检修工作，并定期与消防部门演练防火救火技能。

3.6.3　管理平台

公路隧道管理平台又称监控中心，由管理中心的报警、显示、通信、控制、消防等设施构成，其中消防独立设置专用控制管理台。由于公路管理部门没有权限处理交通事故和消防灭火，故目前的设置方式不利于火灾等重大事故的协调处治。采用监控与消防中心模式，联合办公，是解决这一问题的出路所在。

3.6.4　管理方法

公路隧道管理可采取二元化管理方式，即政府行为与非政府行为动态、协同地共同管理的方式，主要包括全过程管理、队伍建设管理、监控管理、应急管理、维护管理与日常巡查。

1)全过程管理

(1)预控

预控是指消除高速公路隧道灾害出现的机会或者减少灾害造成的影响的一切活动。针对高速公路隧道的灾害管理,应制订高速公路隧道安全等级标准(政府主管部门),并确定相应等级的实施措施(运营单位),其出发点是安全等级标准的制订与完善(技术因素)。

(2)准备

充分准备是高速公路隧道安全管理的一项主要原则。准备是作出计划,以确定在高速公路隧道灾害出现的时候如何有效地应对灾害,包括应急预案的制订、资源(资金和设备)的分配和调度、队伍建设、组织协调与沟通的平台建设(通信保障)、宣教培训的实施。主要措施有:利用现代通信信息技术建立信息收集网络,加强信息分析整理,依靠专家、技术和知识提高风险信息分析能力,争取早期预警和正确决策;组织制订应急预案,并根据情况变化随时对预案加以修改完善;就应急预案组织模拟演习和人员培训,设立风险类别和等级;与政府部门、社会救援组织和医院等部门订立应急合作计划,以落实应急处置的设施使用、技术支持、物资设备供应、救援人员等事项,为应对突发事件做好准备。

(3)应对

应对是指高速公路隧道灾害出现后,通过各种措施控制和降低灾害损失的行为,包括许多重要环节,如灾情评估、灾害预警、安全疏散、紧急救援、应急处置、后勤保障、媒体引导等。

及时应对是高速公路隧道应急管理的又一重要原则。主要措施包括:进行预警提示,启动应急计划,提供紧急救援,紧急疏散车辆、评估灾害程度。这是考验应急能力的关键阶段、实战阶段,尤其要解决好以下几个问题:一是要提高快速反应能力。反应能力快,意味着损失就少。经验表明,建立统一的指挥系统有助于提高快速反应能力。二是要为一线应急人员配备必要的装备设施,以提高危险状态下的应急处置能力。三是要加强车流的诱导,因为人们在灾害和危机情况下通常会不听从指挥、不服从管理,如不顾一切地挤向出口和车行横洞,最终因为交通堵塞而无法脱险。

(4)恢复

恢复是指通过各种措施,恢复正常的行车秩序,包括灾害评价、灾后设施检查与维护。

在高速公路事故得到有效控制后,应积极开展各项善后工作以尽快恢复正常的状态和秩序。主要措施包括:启动恢复计划,修复或更换被毁设施,尽快恢

复正常行车秩序，进行事故评估管理等。灾后评估，应分析灾害管理的经验和教训，为今后应对类似事故奠定新的基础，也有助于制度和管理创新，化危机为契机。

2)队伍建设及管理

隧道的安全运营在很大程度上取决于检测和控制系统以及操作人员的素质，由于隧道管理的特殊性，管理人员应经专门培训并在熟练掌握自己的业务技能后方可持证上岗，并要具有相应的应变能力和突发事件处理能力。隧道操作人员应能懂结构、懂原理、懂性能、懂用途、会使用、会维修保养、会排出故障，坚持技术培训和岗位练兵。

隧道管理方式不同于普通高速公路管理的模式，它的各个岗位对职工各方面素质的要求相对较高，各项工作要求相对严格。因此，做好隧道人员队伍管理显得尤为重要。一是要加强制度建设，不断完善各项规章制度和考核细则，并定期进行考核，建立健全业务技能考核激励机制，为人才脱颖而出创造有利条件，围绕实际需要，储备优秀人才。二是做好思想政治工作和职业道德教育，及时化解各类矛盾。三是培养员工责任意识。四是加强岗位技能培训，结合实情，科学核定不同岗位员工的培养方向和培训标准，从而开展实际有效的培训，营造良好的学习氛围。五是开展多项劳动竞赛、体育比赛等团队活动，塑造积极向上的工作环境。

3)监控管理

隧道监控室是隧道监视、控制、指挥中枢，在隧道运营管理和安全保畅工作中起着非常重要的作用。如何抓好隧道监控管理工作，实现监控信息传递的快速、合理、有效，提高隧道运营管理水平和应对突发事件的处置与协调指挥能力，是隧道管理中非常重要的环节。

通过洞外设置交通信号灯、洞内设置车道指示灯，隧道外入口处设置可控车道栏杆，自动进行交通管制。当发生事故时，应迅速阻止车辆进洞，防止二次事故发生，以减小损失。

同时，完善各项规章制度和考核细则，并定期进行考核，提高隧道监考员的责任心和工作积极性。通过24小时不间断地对隧道进行监控，"早发现"隧道内的大小事件并及时通知相关人员进行处理是隧道监控人员的基本工作职责。强化隧道监控员安全责任意识，提高监控员应对突发事件的处置能力，保障隧道的安全畅通，狠抓"监控"第一现场。

4)应急管理

应急管理是近年来管理领域中出现的一门新兴学科，是一个综合了运筹学、战略管理、信息技术以及各种专门知识的交叉学科，是针对突发事件决策优化的研究。应急管理是以应急预案为基础,依据应急预案中的组织机构、应急响应程序、有关部门职责分工等科学、快速、有序、高效地应对突发事件的管理程序。

一是要制订完善、全面的应急响应预案。根据隧道运营的实际情况,针对隧道内可能发生的一般事故、重大交通事故、火灾、危险化学品泄露、重大自然灾害、重大公共事故等制订相对应的应急预案。

二是要制订完善的应急指挥预案来应对隧道内各项事故的发生,并定期组织演练。本着"横向到边、纵向到底"的应急预案体系原则,对所有影响隧道运营的安全隐患提早预防。

三是要完善定期演练制度,在演练过程中充分协调各组织机构,理顺应急响应程序,做到责任到人,积极开展消防演练。

5)维护管理

隧道机电管理是隧道运营管理工作的基础,只有维护和保证好各大系统及派生的子系统的正常运转,才能对隧道行车安全和畅通予以保证。维护管理应加强设备巡查,及时排除安全隐患,防患于未然,从规范化管理入手,贯彻"以防为主"的方针,制订与完善日常设备使用制度、维护管理制度、维护规程及考核细则,并督促各项管理措施的落实,同时要加强隧道机电设备的维护保养,并注重记录、分析、经验总结,建立相应设备的备品、备件库,提高备品、备件应急调配能力,确保当设备出现故障、老化、损毁时隧道机电系统的正常运营。

6)日常巡查

隧道管理的综合体现就是安全,不管是从监控、维护、消防的任何角度出发,其目的都是为隧道的安全服务的。因此,在隧道管理过程中加强巡查、制订行之有效的巡查制度,是隧道正常运营、防止各类安全事故、及时处置突发事件的有效保障。这主要包括隧道监控员要定时、不定时地巡查实时监控录像、设备;维护员要定期巡查各机电设备的运行情况;路政人员要定期上路巡查。

3.6.5 管理评价

隧道管理部门不仅应该对隧道内各种设备运行现状及隧道基本情况进行安全评价,以查找、分析和预测特定情况存在的危险和风险程度,同时隧道管理部门和隧道安全监督部门(或其委托机构)应以国家相关法规、标准和规范为依据对隧道管理进行评价,以保障隧道安全运营。

在管理评价过程中,评价指标体系可从以下管理方式中选取:队伍管理、监控管理、防灾管理、应急救援管理、设备维护管理、日常管理。公路隧道安全管理评价可分别对以上管理做专项评价,分析出各个环节管理的优劣程度,便于隧道工作人员及时、准确地找出系统中的安全隐患,科学、合理地提出改进和完善的方案。同

时，也可对隧道安全管理作综合评价。综合评价与专项评价存在整体与局部的关系。综合评价是在专项评价的基础上，从整体的角度对被评价对象进行系统、科学的评价，使决策更加全面、有效。由于专项指标只能反映公路隧道安全管理所涉及的某一个方面，评价结果不能反映公路隧道的综合安全管理程度，难以满足对不同公路隧道的安全管理进行比较的要求，因此需要通过综合评价，把各专项有效的组合起来，得到科学、合理、能反映实际情况的评价结果。

第4章　公路隧道灾害的特点

公路隧道运营灾害包括交通事故、火灾以及毒气泄漏。本章阐述每种灾害的时间特点、空间特点与管理特点，以便制订相应的防治措施。

4.1　公路隧道分类

4.1.1　公路隧道分类的目的

进行公路隧道分类，主要目的如下：

(1)结合隧道在路网中的功能、地位、作用与经济条件，优化路线走向，满足国防的需要，促进社会、经济与文化的发展。

公路隧道是道路网网中的重要结构物，也是影响运输安全与效率的咽喉路段，其处于不同的路网中，所起的作用、所处的地位与发挥的功能不同：处于地方道路网中的隧道，主要起着促进地方社会经济发展的作用；处于国道网中的隧道，除了满足社会、经济与文化交流的需要外，还应满足国防的需要。

(2)结合当地地理、地质与环境条件，合理选择建设方案，减少投资规模。

隧道的类别不同，标志着其属性不同，相应的投资规模也不同。地理、地质与环境条件，决定了隧道的长度，但不能决定隧道附属设施的配置以及管理体制与管理模式，而后者对隧道的运营安全与效率起着关键的作用。

(3)结合工程所在地的人文文化、驾驶习惯、交通特征及交通运输的发展趋势，促进交通行业的可持续发展，达到安全、环保、节能、高效的目的。

隧道的类别不同，标志着其重要度不同，相应的运输管理(危险品管理)、消防演练、日常维护、应急能力储备、宣传教育、在岗培训等的投入也不同：对于一般隧道，可以允许危险品车辆通行；对于军民两用或附近有危险品仓库等的隧道，可能就不允许危险品通行，或对危险品车辆实行定时引导通行，以防事故发生造成巨大灾害。

4.1.2　公路隧道分类考虑的主要因素

公路隧道分类主要应考虑以下因素。

1)隧道的土建结构特征

隧道的土建结构特征,主要包括隧道线形、坡度与隧道的断面尺寸与洞门形式,其决定了隧道机电设施的配置。

(1)平曲线的影响

主要表现在不利于通风,行车视距较差,造成车速变换频繁。

(2)坡度的影响

隧道的坡度对通风、防灾减灾与运营安全都有重要的影响。对于上坡方向,在正常工况下,由于汽车废气排放量大,特别是遇到超载车,容易引起烟雾弥漫,影响正常行车与行车安全;而在火灾工况下,由于存在烟囱效应,火风压大,不利于下游慢车驶出危险区。对于下坡方向,在正常工况下,车辆行驶需要的制动距离长;而在火灾工况下,也由于烟囱效应,不利于上游车辆与人员的逃生。

(3)隧道断面尺寸与形式的影响

隧道断面越大,车道数越多,交通量一般也越大,事故潜势也随之增加。此外,隧道的洞门形式对洞外亮度的大小、废气是否串流到另一隧道以及是否把废气当新鲜空气吸入到隧道内,都有重要的影响。换句话说,直接影响隧道运营通风与照明的能耗费用。

2)接线特征

接线特征指与隧道入口和出口相接路段的类型。不同的接入方式,危险潜势不同,配置的安全、诱导与控制设施也就不同,其主要包括以下六种情况。

(1)桥梁接隧道接路段

该类型包括桥梁接隧道再接下坡路段和桥梁接隧道再接上坡路段两种情况。前者的危险性要大于后者。

(2)桥梁接隧道接桥梁

桥梁与隧道都属于道路的重要构造物,也都属于事故易发和发生后后果较严重的路段。该类型在下雨天和结冰时,由于隧道内和桥梁上的摩擦系数相差较大,容易发生交通事故。

(3)桥梁接隧道接隧道

该类型属于桥梁与隧道群相接,包括桥梁与连续隧道和桥梁与毗邻隧道相接两种情况(连续隧道与毗邻隧道的定义见后)。而后者由于上游隧道的出口与下游隧道的入口相距较近,而隧道的出口与入口又是事故的多发区,故危险性更大。

(4)路段接隧道接路段

该类型包括:

①下坡接隧道再接下坡;

②上坡接隧道再接下坡;

③下坡接隧道再接上坡;

④上坡接隧道再接上坡。

由于车辆到隧道入口前一般都会减速,而在隧道内行驶时,实际都有恐惧感,想赶快驶出隧道,故在隧道出口速度一般较大,因此,情况①最危险,情况②次之,情况③再次之,情况④相对较安全些。

(5)路段接隧道接桥梁

该类型包括下坡接隧道接桥梁和上坡接隧道接桥梁两种情况。前者较后者出事故的概率更大些。

(6)隧道接桥梁接隧道

该类型桥梁上横风较大,容易在隧道的出入口处发生事故。

3)交通特征

交通特征主要包括交通量、速度、车辆构成、交通组织、运输管理以及交通流的时间分布与空间分布特征六个方面,它们都用于确定系统规模和运营管理。

(1)交通量

交通量用于确定土建与机电系统的建设规模及运营管理策略决策。用于确定系统的建设规模时,采用的是设计期(近期或远期)内的高峰小时交通量;用于确定运营管理策略时,采用的是当前或预测的某段时间后单位时间内通过的车辆数。

(2)速度

速度信息包括设计速度、运营速度以及控制速度。设计速度主要影响道路线形指标和通风与照明系统的规模;实际的运营速度主要影响运营管理策略决策;而控制速度是根据实际运营工况确定的限速值。

(3)车辆构成

车辆构成指不同类型车辆占总交通量的比例。车辆构成主要影响隧道内废气的排放量与交通流的特性。当大车与重载车多时,隧道内废气的排放量大,需要的通风系统规模大,运营能耗也高,反之亦然。

(4)交通组织

交通组织是指单向交通或双向交通。单向交通隧道的安全性与比双向交通隧道好,防灾救灾也相对容易。双向交通隧道由于不存在照明的出口过渡,故同等条件下,双向交通隧道照明系统的规模更大,运营期照明能耗更高。

(5)运输管理

运输管理是指对危险品运输的管理方式。当不允许危险品运输车辆通行隧道时,需要在隧道入口前设置危险品检查站;当允许危险品运输车辆有限通行隧道

时，需要设置停车场，以便引导定时通行。

(6)交通流的时间分布与空间分布

交通流的时间分布与空间分布特征，影响高峰小时交通量的确定，从而影响建设的分期实施与建设规模。靠近城市的隧道，交通量在两个方向上的空间分布差异不大，高峰小时系数也较小，反之亦然。

4)环境特征

环境特征主要包括海拔高度、温度、湿度以及空气质量三个方面。

(1)海拔高度

海拔高度主要影响隧道通风系统的规模，是隧道需风量的计算参数之一。

(2)温度与湿度

温度包括年平均温度、最高温度和最低温度。温度是通风设计的参数之一。温度与湿度都是机电产品选型中应考虑的因素。

(3)空气质量

空气质量对通风设计与机电产品的防护性能要求的影响很大。国外一些国家的通风规范中规定，在进行通风设计时，要进行空气质量检测，以便较准确地计算需风量。此外，水下隧道和靠近海边的隧道，由于腐蚀性气体含量较大，对隧道机电设施的防腐能力的要求较高。

5)经济条件

经济条件是指工程的建设费用与运营管理费用。工程建设与运营管理费用的来源不同，资金的充足度不同，则系统规模与管理模式不同。

6)功能地位

功能地位是指隧道是国道网的隧道，还是地方网的隧道；是山岭隧道，还是水下隧道；是城市隧道，还是公路隧道。国道网的隧道可能是军民两用隧道，地方网的隧道则大多是民用隧道；山岭隧道发生火灾后对结构的影响相对较小，水下隧道发生火灾后对结构的影响则相对较大；公路隧道一般没有行人，远离人口密集区，发生重大异常时二次危害相对较小，城市隧道则大客车多，人口密集，发生重大异常时二次危害则相对较大。

4.1.3 公路隧道分类方法

1)传统的分类方法

目前，国内主要是根据隧道长度进行公路隧道分类《公路隧道设计规范》(JTG D70—2004)将隧道分为特长隧道、长隧道、中隧道、短隧道四个等级，隧道长度分为500m、1 000m、3 000m三个等级，其具体划分情况见表4-1。

公路隧道按照隧道长度 *L* 分类方法　　表 4-1

分　类	特长隧道	长　隧　道	中　隧　道	短　隧　道
长度(m)	$L>3\,000$	$3\,000\geqslant L>1\,000$	$1\,000\geqslant L>500$	$L\leqslant500$

2)现行分类方法的主要不足

现行的公路隧道分类方法,没有考虑到进行隧道分类的目的,是为了根据隧道的类别,指导工程建设与运营管理,实现安全与节能,没有考虑隧道土建与隧道机电之间的差异、联系与相互影响。实际上,虽然在设计的过程中,隧道土建结构决定了隧道机电设施的配置,但是,隧道机电设施的配置也对土建结构的设计方案,特别是特长隧道采用纵向通风时,竖井位置的选择、竖井的大小与数量有重大的影响。在运营过程中,若发生火灾,则报警时间需要 1min,监控员确认火灾并通知消防部门至少需要 1min,消防人员进入消防车需要 1min,到达现场准备消防需要 1min。而国外的火灾实例表明,从发生火灾到火灾车辆爆炸仅约 10min,也就是说,留给消防灭火的黄金时间仅 6min。若消防车的行驶速度为 60km/h,隧道内没有消防车待命或没有自动灭火系统,则从消防灭火来说,6km 以上的隧道都是来不及靠专业消防队伍灭火。除此而外,现行方法还主要存在以下几个方面的不足。

(1)对隧道在公路网中的地位、功能与作用考虑不足

隧道处于不同的路网中,其在国防建设、社会、经济与文化的发展中所起的作用不同。我国的“5・12”地震,突显了隧道、桥梁这些道路的重要构造物在减灾救灾方面的地位与作用。日本在对公路隧道分类时,也将其在公路网中的功能与作用作为一个评价指标。

(2)对当地的经济条件考虑不足

隧道所在区域的经济条件与建设资金的来源,决定了建设单位与公路隧道运营单位对安全的投入程度。一般情况下,安全水平与安全投入成正比,而安全投入与经济水平成正比。

(3)对当地的环境地理特征考虑不足

我国地域辽阔,不同地区的地理与环境条件差异很大,相应的路网中隧道的比例以及对隧道机电设施性能的要求不同,系统的建设费用也就不同。平原与山丘地区的路网,隧道数量少,即使是局部有较长的隧道,也由于人们较为重视及频繁适应隧道内外不同环境与亮度的时间少,其安全性比同等长度的隧道要高。此外,山岭隧道与水下隧道在防火灾规模上的要求也不同,从而造成隧道土建结构与隧道机电设施的配置规模不同。

3)隧道群的概念

公路隧道群是指在某段路上有两个或两个以上隧道。隧道群包括连续隧道和

毗邻隧道。《公路隧道通风照明设计规范》(JTJ 026.1—1999)从照明设计的角度，规定按计算行车速度考虑两座隧道间的行驶时间小于30s即为连续隧道，对于间距更小的毗邻隧道没有进行定义。从设计的角度来讲，对连续隧道和毗邻隧道的定义，应该从通风、照明、交通控制三个方面综合考虑。

从通风来讲，主要考虑上游隧道的污风是否串流到下游隧道，不发生串流的间距一般为150m左右。从交通控制考虑，驾驶员从上游隧道出来，应能看到下游隧道进口的标志和静态障碍物，并能及时采取措施。按此考虑，间距应大于车辆的制动距离。表4-2给出了不同计算速度从不同角度考虑连续或毗邻隧道间距的最大值。

连续或毗邻隧道间距的最大值 表4-2

计算速度(km/h)	40	60	80	100
交通控制(m)	32.230 97	62.519 69	102.257 2	151.443 6
通风设计(m)	150			
照明设计(m)	333.333 3	500	666.666 7	833.333 3

综上所述，当隧道间距小于通风或交通控制设计所需的最大值时，可定义为毗邻隧道；当隧道间距大于通风与交通控制设计所需的最大值且小于照明设计所需的最大值时，可定义为连续隧道。连续隧道仅考虑后续隧道入口段亮度折减率；毗邻隧道除考虑后续隧道入口段亮度折减率外，在通风设计中应考虑串流问题。对于交通监控和火灾报警，都可按一个隧道进行设计。

4)基于隧道重要度的分类方法

(1)基本思想

综合考虑隧道在路网中的功能、地位与作用，考虑当地的地理与环境特征，采用等效安全度的理念，以隧道土建结构、交通特征及运营管理为参数，将隧道土建与隧道机电有机地联系起来，从而宏观上指导隧道建设与运营管理，实现投资高效、安全节能的目的。

(2)重要度的概念

对于重要度，可从用途、功能、地理特征这三个方面来考察，其表示隧道在路网中的地位与作用，隐含着对建设规模与运营管理水平的要求。

(3)评价指标

根据对公路隧道分类的主要影响因素分析的结论，按照隧道运营应满足安全、环保、节能与高效的要求，采用以下参数作为分类指标。

①反映隧道重要度的指标。

以Z表示隧道的重要度。以用途、功能、地理特征作为评价指标。用途表现在隧道是军民两用，还是民用；功能地位体现在隧道是位于国家主干线上，还是位于一般道路上；地理特征体现在是山岭隧道，还是水下隧道。这三个方面共有八种情况，即：

Z_1 表示一般道路网中的民用山岭隧道的重要度；

Z_2 表示一般道路网中的民用水下隧道的重要度；

Z_3 表示国家主干线网中的民用山岭隧道的重要度；

Z_4 表示国家主干线网中的民用水下隧道的重要度；

Z_5 表示一般道路网中的军民两用山岭隧道的重要度；

Z_6 表示一般道路网中的军民两用水下隧道的重要度；

Z_7 表示国家主干线网中的军民两用山岭隧道的重要度；

Z_8 表示国家主干线网中的军民两用水下隧道的重要度。

a. 反映隧道在路网中的功能、地位与作用的指标。用两个指标来反映，以 G_1 和 G_2 分别表示国道网中的隧道和地方道路网中的隧道，以 D_1 和 D_2 分别表示军民两用隧道和民用隧道。

b. 反映工程所在地的经济、地理与环境特征的指标。用两个指标来反映，以隧道所在地区的人均收入与全国平均收入的比值 E 反映工程所在地经济指标，以 F_1、F_2 分别表示山岭隧道和水下隧道反映工程所在地地理与环境特征。

可采用专家评议法对以上八种隧道的重要度进行评价。由于该评价结果一旦被接受，就可以运用到今后所有隧道重要度的评价中，因此专家组成员的选取非常重要。专家组应由国内从事公路隧道、交通工程研究的资深专家组成，成员总数以20位左右为宜。

②反映隧道土建结构特征的指标。

反映隧道土建结构特征的指标包括隧道长度、单洞车道数和隧道的接线特征。隧道长度和单洞车道数分别用 L 和 N 表示。隧道的接线特征的类别主要有以下几种：

以 M_1 表示桥梁接隧道接路段，M_{11} 表示桥梁接隧道再接下坡路段，M_{12} 表示桥梁接隧道再接上坡路段；M_2 表示桥梁接隧道接桥梁；M_3 表示桥梁接隧道接隧道，M_{31} 表示桥梁与连续隧道相接，M_{32} 表示桥梁与毗邻隧道相接；M_4 表示路段接隧道接路段，M_{41} 表示下坡接隧道再接下坡，M_{42} 表示上坡接隧道再接下坡 M_{43} 表示下坡接隧道再接上坡，M_{44} 表示上坡接隧道再接上坡；M_5 表示路段接隧道接桥梁，M_{51} 表示下坡接隧道接桥梁，M_{52} 表示上坡接隧道接桥梁；M_6 表示路段接隧道接隧道，M_{61} 表示下坡接隧道再接隧道，M_{62} 表示上坡接隧道再接隧道。

③交通特征。

交通特征包括隧道断面年平均日交通量 Q、设计速度 v、重型车比例 P、交通

组织(单向交通 J_1、双向交通 J_2)。

④运营管理特征。

危险品通行方式(禁止通行 T_1、限时引导通行 T_2、无限制 T_3)。

(4)分类方法

①隧道重要度的计算。隧道重要度从宏观上决定了隧道的安全等级。由于反映隧道重要度的用途、功能、地理特征均属于定性描述,难以将其量化,采用层次分析法和专家打分法进行隧道重要度量化。分别以军民两用、国家主干线、山岭隧道为各特征的评分基数(即平均得分为1)。通过咨询相关专家得到可得各类隧道的相对重要度集(公参考)为:Z_j=[0.78,0.75,0.84,0.81,0.94,0.90,1.00,0.97]。

②隧道等效安全度的计算。运用层次分析法结合咨询相关专家得到各主要指标的权重系数(供参考)为:w_i=[隧道重要度,土建特征,交通特征,运营管理特征]=[0.35,0.25,0.3,0.1]。

国内外有关隧道安全评价的方法很多,欧洲EuroTAP关于交通形态的风险评分依据,有五年多的评价经验,较为可行。在此,参考欧洲EuroTAP关于交通形态的风险评分依据,采用层次分析法进行隧道风险潜势分析,通过风险比率与安全系数的变换,确定影响因素的安全修正系数,建议值见表4-3~表4-7。

公路隧道单洞车道数安全修正系数 表4-3

车道数类型	安全修正系数	车道数类型	安全修正系数
单车道	1.00	三车道	0.30
二车道	0.80	四车道	0.30

交通组织安全修正系数表 表4-4

交 通 形 态	安全修正系数	交 通 形 态	安全修正系数
双孔单向	1.67	单孔双向	1.40

重型车比例安全修正系数表 表4-5

重型车比例	安全修正系数	重型车比例	安全修正系数
<20%	1	50%<α≤80%	0.3
20%≤α≤50%	0.6	>80%	0.25

车速安全修正系数表 表4-6

车速(km/h)	安全修正系数	车速(km/h)	安全修正系数
≤50	0.67	80<v≤90	0.8
50<v≤60	0.7	90<v≤100	0.5
60<v≤80	1	100<v	0.3

运营管理安全修正系数　　表 4-7

危险品运输管理制度	安全修正系数	危险品运输管理制度	安全修正系数
禁止	1	无限制	0.3
限时引导通行	0.7		

③隧道分类判别函数的计算。

$$F = LQw_i[Z_j, f_n, (f_z f_d f_v), f_y]^T \tag{4-1}$$

式中：F——隧道分类判别函数，m・veh/d；

Q——隧道断面交通量，veh/d；

L——隧道长度，m；

w_i——分别为隧道重要度、土建特征、交通特征、运营管理特征的权重系数；

Z_j——第 j 种类型隧道的重要度；

f_n——隧道单洞车道数安全修正系数；

f_z——隧道交通组织安全修正系数；

f_d——重型车比例安全修正系数；

f_v——隧道车速安全修正系数；

f_y——运营管理安全修正系数。

④隧道分类标准。

将隧道分为三类，建议的阈值范围如下：

第一类隧道：$F>5\times10^7$ m・veh/d 的公路隧道；

第二类隧道：3×10^7 m・veh/d$\leqslant F\leqslant5\times10^7$ m・veh/d 的公路隧道；

第三类隧道：$F<3\times10^7$ m・veh/d 的公路隧道。

图 4-1 为基于隧道重要度的隧道分类图。

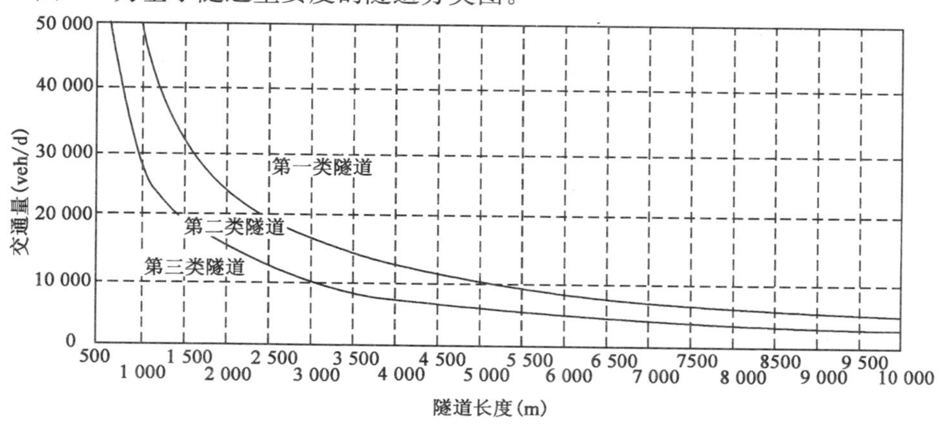

图 4-1　基于隧道重要度的隧道分类图

5)基于安全度与危险度指数的公路隧道营运安全分类方法

(1)期望安全度评估

期望安全度是衡量安全性的指标,本章所探讨的期望安全度指的是公路隧道运营安全度,而非土建结构安全度。

①期望安全度的定义。期望安全度是衡量隧道运营单位及其上级交通管理部门通过加大安全投入和提高管理水平希望达到的隧道运营安全程度的量化指数。

②期望安全度的计算。高速公路隧道(群)的期望安全度主要受安全投入和管理水平的影响。安全投入和管理水平又都受公路隧道所在区域的经济水平的影响。一般来说,经济水平高,安全投入多些,高素质管理人员也相对多,其安全度相对高。期望安全度、安全投入、管理水平、人均收入之间的关系如图 4-2 所示。

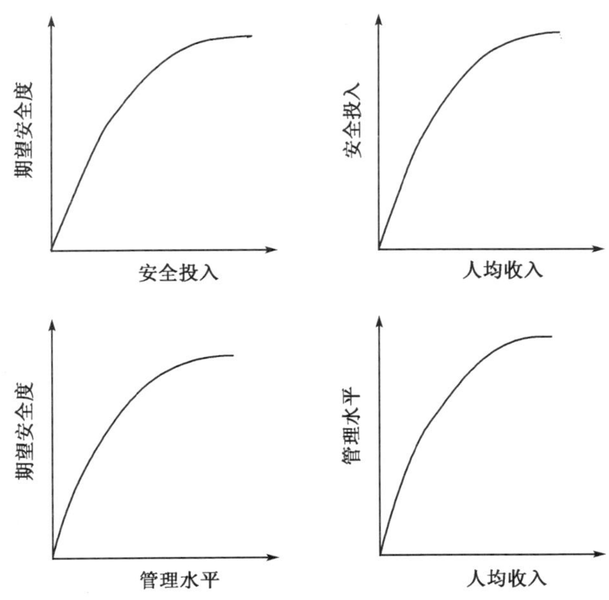

图 4-2　期望安全度、安全投入、管理水平、人均收入的关系图

期望安全度的量化计算公式如下:

$$S_P = \partial \cdot \frac{S_T}{S_T^*} \cdot M \cdot E \tag{4-2}$$

式中:S_P——安全度指数(当 S_P 的计算值大于 1 时,取值 1);

∂——综合影响系数,建议取值为 0.5;

S_T——隧道现有安全投入,万元;

S_T^*——隧道远期实施后的安全投入,万元;

M——管理水平；

E——人均收入水平，即隧道所在地区人均收入与全国平均收入的比值。

其中，管理水平的确定，可通过专家打分法予以确定。评价的指标主要有：管理机构设置、管理人员素质、日常管理措施、应急预案、超限和危险品运输车辆管理、信息发布、救援演练、已发生事故的处置情况（对已运营隧道有此项，未运营隧道可不评价此项）。管理水平的数值等于各分项评价指标指标得分之和除以各分项评价指标设定分值之和。

(2)危险度评估

危险度是衡量危险性的指标。通过国内外隧道事故情况分析可以得到以下结论：隧道内重大灾害事故的危险性与隧道的长度、交通量成正比。在行车密度增大的情况下，重型车通过隧道的数量和频率也随之增加。欧洲国家、美国、加拿大、日本等国的45座隧道近两年的观测表明：高速公路隧道火灾发生的概率不大于2.5次/亿车公里，但是仅占交通量大约15%的货车引起了近30%的火灾。在进行危险度计算时，需要增加重车比例这一系数。

①危险度的计算公式。危险度的量化计算公式如下：

$$P = 365 \times 10^{-9} \alpha L q H_{p} \tag{4-3}$$

式中：P——隧道危险度指数（当P的计算值大于1时，取值1）；

L——隧道长度，m；

q——隧道单洞年平均日交通量，pcu/d；

α——事故率，事故数/百万车公里；

H_p——重型车通行比例。

②隧道事故率α取值的讨论。高速公路隧道百万车公里事故率α的取值：所查阅的有关资料表明，日本隧道事故率取值为百万车公里0.045，而欧美国家多以火灾事故率为主，取值0.10，0.02，0.05，0.09，0.014，0.059不等；我国部分高速公路近期统计的百万车公里事故率为3.5，2.1，3.85，2.47，2.58，2.89，1.85，2.21，2.97，2.17，4.64等；火灾事故率0.04。参考国外标准和我国的国情，本书建议α取值为0.1。

③基于安全度指数、危险度指数的高速公路隧道（群）营运安全分类方法。

综合考虑不同地区的经济条件、隧道特征、交通特征、运营特征与环境特征，建立隧道营运安全分类的判别函数，通过隧道分类判别函数的数值分区与图表两种形式建立高速公路隧道（群）分类体系。

隧道综合分类判别函数的定义为：

$$F = a S_{p} P \tag{4-4}$$

式中：a——分类调节常数，通过国内典型隧道验算，本书建议取3；

F——隧道分类判别函数；

S_p——安全度指数；

P——隧道危险度指数。

判别函数计算值后的隧道分类区间的划分为：

第一类隧道：$F \geqslant 0.6$。

第二类隧道：$0.2 \leqslant F \leqslant 0.6$。

第三类隧道：$F \leqslant 0.2$。

高速公路隧道(群)分类区间可以用图4-3表示。

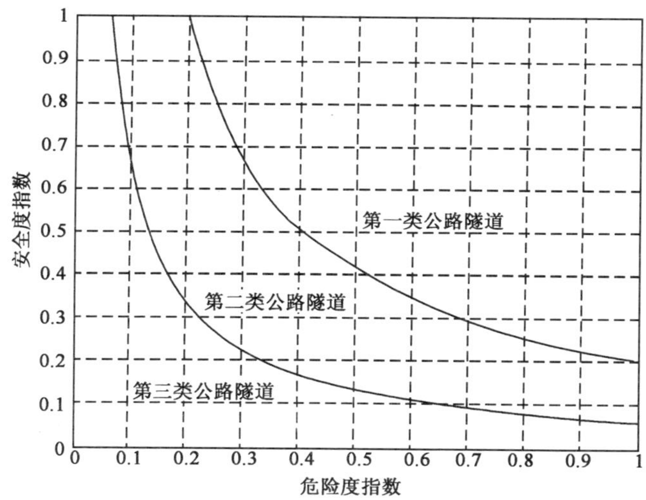

图4-3　高速公路隧道(群)营运安全分类区间图

6)与传统分类方法的差异与影响

(1)基于隧道重要度的隧道分类方法

除考虑隧道长度这一等级划分的基础外，还综合考虑了隧道重要度、隧道土建特征、交通特征、运营特征与环境特征的影响，将隧道土建与隧道机电有机地联系起来，有利于隧道建设投资规模的控制与运营安全节能。

(2)基于安全度与危险度指数的隧道分类方法

基于安全度与危险度指数的隧道分类方法将安全投入、管理水平、隧道长度、交通量、事故率等因子纳入隧道分类判别函数中，能够根据不断变化的运营管理情况客观地评价隧道的安全度和危险度，对隧道类型进行动态判别，有利于运营管理单位制订隧道安全检查和养护计划。

4.2 公路隧道灾害

4.2.1 公路隧道结构病害

公路隧道病害主要包括隧道渗漏水、隧道衬砌裂损、衬砌腐蚀等。

(1)隧道渗漏水

公路隧道渗漏水主要表现在：

①在渗漏水的长期作用下，可能造成隧道的侵蚀破坏。

②在围岩有地下水并具侵蚀性的情况下，对衬砌与隧道内设备的腐蚀更严重。

③路面积水，行车环境恶化，降低了轮胎和路面的附着力。

④在寒冷地区，反复的冻融循环，在衬砌内部造成衬砌混凝土冻胀开裂破坏；在衬砌和围岩之间，造成冻胀，引起拱墙变形破坏。

⑤拱墙上悬挂冰柱、冰溜，侵入净空；在隧底，易形成冰坡、冰锥，使行车滑溜；渗漏水滴至路面，则易形成“冰湖”，威胁行车安全。

(2)隧道衬砌裂损

衬砌裂损是隧道病害的主要形式，隧道衬砌裂损破坏了隧道结构的稳定性，降低了衬砌结构的安全可靠性，因影响隧道的正常使用，甚至危及行车安全。衬砌裂损变形的主要危害有：

①降低衬砌结构对围岩的承载能力。

②使隧道净空变小，侵入建筑限界，影响车辆安全通过。

③拱部衬砌掉块，影响行车和人身安全。

④裂缝漏水，造成洞内设施锈蚀，道床翻浆，严寒和寒冷地区产生冻害。

⑤铺底和仰拱破损，基床翻浆、线路变形、危及行车安全，被迫降低车辆运行速度，大量增加养护维修工作量。

⑥在运营条件下对裂损衬砌进行大修整治，施工与运输互相干扰，费用增大。

(3)衬砌腐蚀

隧道衬砌背后的腐蚀性环境水，容易沿衬砌的毛细孔、工作缝、变形缝及其他孔洞渗流到衬砌内侧，成为隧道渗漏水，对衬砌混凝土和砌石、灰缝产生物理性或化学性的侵蚀作用，造成衬砌腐蚀。

4.2.2 公路隧道交通事故

按照我国道路交通管理的有关规定，道路交通事故主要分为碰撞、碾压、乱擦、翻车、失火和其他事故形态。根据高速公路隧道行车特点，将高速公路隧道交通事

故形态分为追尾碰撞、撞隧道壁、翻车、失火和其他。

(1)追尾碰撞

追尾碰撞主要发生在机动车之间。发生追尾碰撞的主要原因是:驾驶员在高速公路隧道上行车时,行车间距不够或超速行驶、疲劳驾驶等,这类事故占交通事故比例非常大。

(2)撞隧道壁

撞隧道壁指单车发生的交通事故。机动车撞隧道壁多因轮胎突爆、路面光滑紧急制动以及转动转向盘过急造成的。

(3)翻车

翻车指车辆没有发生其他形态,两个以上的侧面车轮同时离开地面,一般分为侧翻和大翻两种。主要由于超载、超速导致车辆重心偏移而翻车,严重的可能还会引发爆炸、燃烧等。

(4)失火

失火指车辆在行驶过程中,仅因人为或车辆的原因引起的火灾。这类事故在高速公路隧道交通事故中所占的比例不高,但由于高速公路隧道本身的特点,难以组织扑救,其损失同普通路段相比一般要大得多。

交通事故发生的现象有的是单一的,有的是两种以上并存的。对两种以上并存的现象,一般采用时间先后顺序加以认定,也有按主观现象认定的。

研究交通事故形态的目的在于根据各种交通事故形态的分布情况,找到导致各种事故形态发生的原因,抓住其中具有共性的问题,提出相应的对策和解决问题的方法。

通过对某高速公路隧道近年的交通事故进行分析,得到交通事故形态的分布情况如图 4-4 所示。由图 4-4 可以看出,追尾相撞事故突出,占事故总数的 55%。

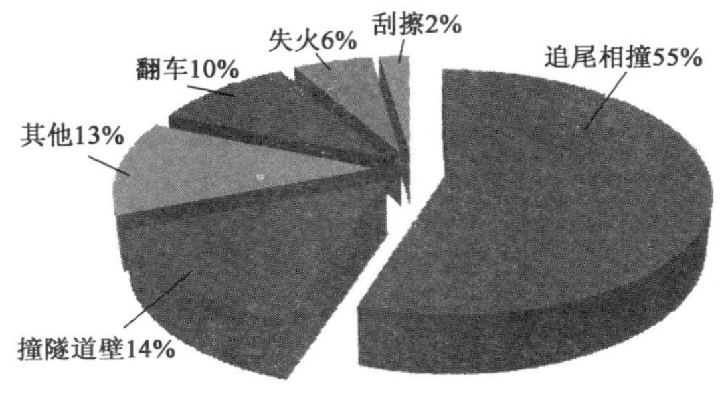

图 4-4　公路隧道通事故形态的分布情况

多座高速公路隧道的交通事故调查结果表明:从隧道内事故发生的形态上来看,车辆先发生侧滑后造成事故的形态占了事故总数的绝大部分。其中,由于车辆侧滑而导致方向失控，单车碰撞隧道壁或侧翻的事故占总数的40%以上；由于车辆侧滑导致方向失控，被后方来车碰撞的事故占总数的30%以上；其他事故形态约占事故总数的20%左右。

由此可见，在高速公路隧道内碰撞是主要的事故形态。究其原因是驾驶员在横向空间基本上没有闪避危险的余地，而且行车速度非常快，来不及制动就撞上隧道壁或前面行驶车辆，导致交通事故的发生。

4.2.3 公路隧道火灾

隧道内发生火灾比较复杂，并且一旦发生火灾造成的后果就很严重。公路隧道火灾主要表现形式有以下三点：

(1)车辆火灾(车辆自身的机电设备故障导致车辆火灾)。据某高速公路隧道通车以来发生的火灾事故统计，由车辆火灾引起火灾事故的概率为62%。

(2)碰撞引起的火灾。据某高速公路隧道通车以来发生的火灾事故统计，由碰撞引起火灾事故的概率为36%。

(3)货物引起的火灾。据某高速隧道通车以来发生的火灾事故统计，由货物引起的火灾事故的概率为2%。

虽然隧道内发生火灾的频率相对较低，但隧道中许多大型的火灾是由于碰撞或其他车辆事故引起的。火灾一般也无先兆，产生原因比较复杂。对于火灾的检测手段有闭路电视监视系统、火灾自动检测系统，同时还有辅助的手动报警按钮、紧急电话等隧道报警设施和现场知情者报警等。

4.2.4 危险化学品泄漏

危险品运输被视为“流动的危险源”，因其理化性能不同，分别具有不同程度的易燃、易爆、毒害、腐蚀、放射性等性质，且品种繁多、形态不一。根据相关标准，纳入消防安全管理范围的危险品分为八类：爆炸品，压缩气体和液化气体，易燃液体，易燃固体、自燃物品和遇湿易燃物品，氧化剂和有机过氧化物，有毒品，放射性物品以及腐蚀品。在公路交通运输过程中，各类危险品在光、力、温度、湿度或静摩擦、振动的影响下或与之性质不同的物体相接触时，极易发生燃烧、爆炸、毒害、污染等事故，造成惨痛的经济损失和人员伤亡。若在公路隧道内发生事故，则危害性更大。

4.2.5 公路隧道交通拥堵

公路隧道交通拥堵分为常发性交通拥堵和偶发性交通拥堵。

常发性交通拥堵即当公路隧道交通流量过大，路面行驶车辆数超出设计交通

量,导致洞内发生拥堵,通风要求也可达到运营指标。这种情况一般为常发性拥堵,产生的地点和时间都有规律性,在高速公路的高峰时容易出现。

偶发性交通拥堵主要是由于某些原因,如天气状况、货物洒落、车辆故障、交通事故等引起的交通拥堵,导致一条车道交通中断,另一条车道仍然可畅通。在隧道内发生交通拥堵,后果比较严重,可能引发交通事故,同时运营环境恶化,对通风不利,这种偶发性交通拥堵在高速公路隧道中较常见。

交通阻塞主要是由于隧道内发生复杂交通事故,如隧道中发生火灾或两车道车辆相撞,导致整个上行(或下行)隧道中断。

该类交通异常有先兆,可通过交通流特性参数(交通量、平均速度、占有率)检测拥堵、预测拥堵发生的时间,也可通过可变信息板、可变限速标志、匝道控制机、交通信号灯等调节交通流,延缓拥堵发生的时间或避免严重拥堵的发生。该交通异常产生的严重后果可通过闭路电视监视系统检测。

4.2.6 抛物

公路交通中的抛物行为分为主动抛物和物品的被动洒落。公路交通中的抛物行为会严重干扰跟随车驾驶员的驾驶行为,导致事故的发生。在公路隧道中,由于光线的原因,洒落的物品更不易从远距离察觉,这将会对跟随车驾驶员的驾驶行为造成更大的影响。

物品的被动洒落,从交通运输上讲可预防,从隧道运营管理上讲难以预防(进入隧道前有装载品检查站,但无法对物品属性进行检查或装载规范性检查不仔细)或不可预防(进入隧道前无装载品检查站)。前者因为装载不规范,后者取决于装载物和交通量。当装载物为易燃易爆有毒易污染物品时,无论交通量大小,都会造成严重危害。当装载物非易燃易爆有毒易污染物品时,若交通量足够小,不会造成大的附带危害;当交通量较大时,可能造成交通拥堵或交通事故。该异常无先兆,但后果可通过闭路电视监视系统检测。

4.2.7 自然灾害事故

隧道所处区域地质环境复杂,有可能由于降雨等原因引发自然灾害,危及隧道的土建结构,并影响正常运营。

4.2.8 灾害分级

前文总结了公路隧道七种灾害形态,其中公路隧道结构病害一般需通过检测得到;偶发性交通拥堵一般由其他灾害转变而来;常发性交通拥堵则有其明显的时间分布规律;抛物所引起的最终结果也是交通事故。因此,本章将隧道异常事件的类型分为以下四种：

(1)火灾。隧道内因车辆追尾、易燃物品泄漏、引擎过热甚至人为破坏等各种原因起火燃烧。

(2)交通事故。车辆因为各种原因发生对撞、追尾、擦撞、翻覆等事故，有人员伤亡或车辆受损现象。

(3)危险物品泄漏。危险物品的种类繁多，若在隧道内发生火灾、爆炸、泄漏等重大事故，势必对人身、财产、隧道结构、路面等造成极大的损害。

(4)自然灾害事故。隧道所处区域地质环境复杂，有可能由于降雨等原因引发自然灾害，危及隧道的土建结构和正常运营。

根据公路隧道各类运行事故的性质、危害程度和涉及范围，将公路隧道灾害事件分为四个级别：Ⅰ级(特别重大)、Ⅱ级(重大)、Ⅲ级(较大)和Ⅳ级(一般)，见表4-8。

高速公路隧道灾害事件等级 表4-8

事件级别	火灾或者爆炸事故	化学品泄漏事故	车辆交通事故	自然灾害引发事故
Ⅰ级(特别重大)	泄漏汽油的油罐车	发生化学品泄漏，交通完全中断，造成重大人员伤亡	死亡和失踪人员数量在30人以上	(1)死亡和失踪人员30人以上；(2)对隧道构造物的结构造成完全破坏；(3)造成交通完全中断
Ⅱ级(重大)	载货汽车或者公共汽车	发生化学品泄漏，交通长时间(2小时以上)中断，造成人员伤亡	(1)死亡3人以上；(2)重伤11人以上；(3)死亡1人，同时重伤8人以上；(4)死亡2人，同时重伤5人以上；(5)财产损失6万元以上；(6)对隧道构造物的结构造成严重破坏	(1)死亡3人以上；(2)重伤11人以上；(3)死亡1人，同时重伤8人以上；(4)死亡2人，同时重伤5人以上；(5)对隧道构造物的结构造成严重破坏；(6)交通中断
Ⅲ级(较大)	货运汽车	发生化学品泄漏，严重影响交通，威胁车辆和人员安全	(1)死亡1～2人；(2)重伤3人以上10人以下；(3)财产损失3万元以上不足6万元；(4)对隧道设施造成的损坏情况较重；(5)影响车辆通行情况较为严重	(1)死亡1～2人；(2)重伤3人以上10人以下；(3)对隧道设施造成的损坏情况较重；(4)影响车辆通行情况较为严重
Ⅳ级(一般)	小客车		(1)重伤1～2人；(2)轻伤3人以上；(3)财产损失不足3万元；(4)对隧道设施造成的损坏情况较轻；(5)轻微影响交通	(1)重伤1～2人；(2)轻伤3人以上；(3)对隧道设施造成的损坏情况较轻；(4)轻微影响交通

4.3 公路隧道灾害的时间特点

4.3.1 火灾或爆炸事故

公路隧道发生火灾的时间和地点都具有随机性。失火爆发成灾的时间一般为5～10min。较大火灾的持续时间与隧道内的环境有关，一般在30min和几个小时之间。

影响隧道火灾量级及人身生命安全的主要参数是时间，隧道火灾所造成的危害随着时间的延迟而增大。对于公路隧道火灾，消防灭火的黄金时间仅6min左右。假设消防车的平均行驶速度为v(Km/h)，则当隧道长度为0.1v以上时，则仅在隧道洞外配置消防车辆并不能保证扑灭隧道内任意一处的火灾。显然，火灾发生后，越早救援越好。

4.3.2 危险化学品泄漏

根据调查，公路隧道内危险化学品泄漏具有突发性和随机性，没有明显的时间分布特征。这些特征增加了事故应急救援工作的难度，如果事先没有应急救援计划，可能会使事态扩大。

4.3.3 交通事故

交通事故的时间分布是指交通事故随时间而变化的统计特征，交通事故与交通活动和交通环境都有着密切的相关关系。交通活动如交通流量、速度特性等在一年内的不同月份、一周内的每一天及一天的不同时段上一般具有其固定的规律性。交通事故的自然环境(如季节、天气状况等)，其时间变化规律更加明显。显然，交通事故具有随时间而变化的特征，分析交通事故的时间分布的特征可以揭示交通事故的发展趋势，为进一步研究交通事故的形成原因提供依据。

以下是对国内南方××省××高速××段(以下简称调查段)4个隧道的交通事故分布规律的调查分析。

(1)交通事故月分布

交通事故月分布的情况受气候条件、不同月份交通情况等因素的影响，研究交通事故的月分布情况，目的在于有针对性地在不同月份对交通安全制订相应的对策，便于进行有效的管理与控制，减少交通事故的发生。

×××隧道(受互通式立交的影响，交通量略有变化)和其他3个隧道2003年和2004年的月平均日交通量分布如图4-5所示。

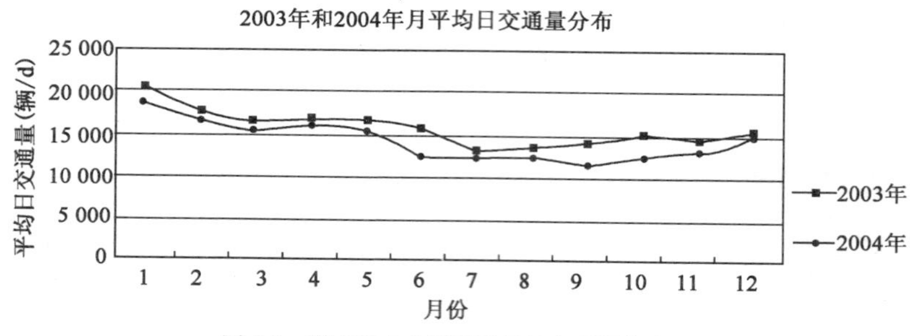

图 4-5　调查段 4 个隧道平均日交通量分布图

从图 4-5 可知,交通量的走势基本一致,只是在数量上有些差别,并且相差不大。本书为了研究方便,忽略互通立交的交通量流入、流出的差额,假定 4 个隧道的月平均日交通量变化一致。

根据调查段 4 个隧道 2003 年和 2004 年的交通事故统计资料,用折线图绘出平均每个月份的交通事故次数的分布情况,如图 4-6 所示。

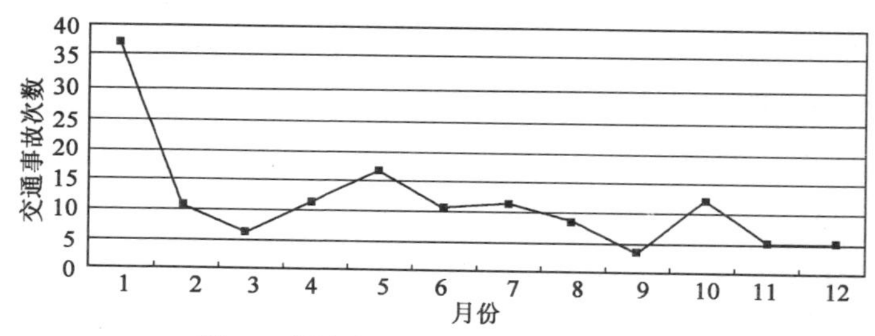

图 4-6　调查段 4 个隧道交通事故月分布图

由图 4-6 可知,事故次数以 1 月最多,9 月最少。此外,1～3 月的交通事故次数也明显下降。

根据该段 4 个隧道的交通运行情况,分析其原因主要有:

①交通量的因素。交通量的大小对交通事故的发生有着直接的关系。从图 4-5 可知,1 月份的交通量最大,9 月的交通量较小。

②人为因素。1～3 月属于运输量的高峰期。在此期间,社会各界对交通安全非常重视,交通管理部门增派了大量的人员来整治交通,以抑制交通事故的发生。同时,在加强交通安全宣传、狠抓车辆的安全检查、驾驶员安全教育等方面做了大量的工作。因此,高峰期间的交通事故情况得到了有效的控制,但高峰期过后,交通事故有所反弹,而且幅度较大。

③视觉因素。调查段 2004 年 6 月正值梅雨季节,大雨、浓雾使能见度大幅度降低,严重妨碍了驾驶员的视觉,再加上隧道出入口处的明暗适应的交替影响,极大地影响了驾驶员观察、判断的准确性,容易导致交通事故的发生。

(2)交通事故周分布

受人们生活规律的影响,道路上的交通量在一个星期内是不同的,相应的交通事故周分布的情况受出行次数的影响而有所不同。交通事故周分布的分析目的在于有针对性地在实施不同的交通管制与控制,以减少事故的发生。

调查段4个隧道2003年和2004年的周平均日交通量分布如图4-7所示。

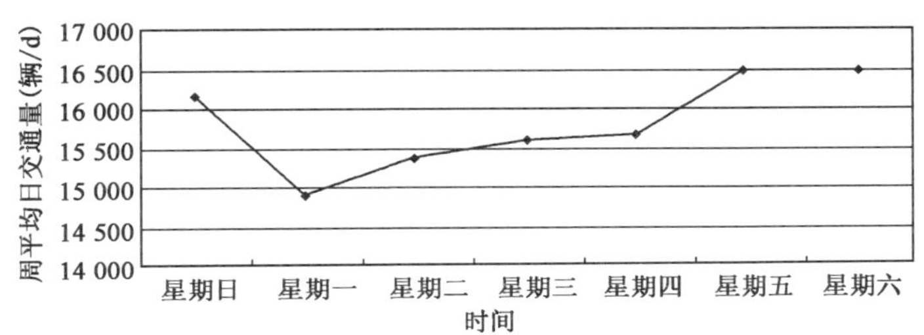

图4-7 调查段4个隧道周平均日交通量分布图

根据相应的交通事故统计资料,绘制出各周日的交通事故次数的分布情况图,如图4-8所示。

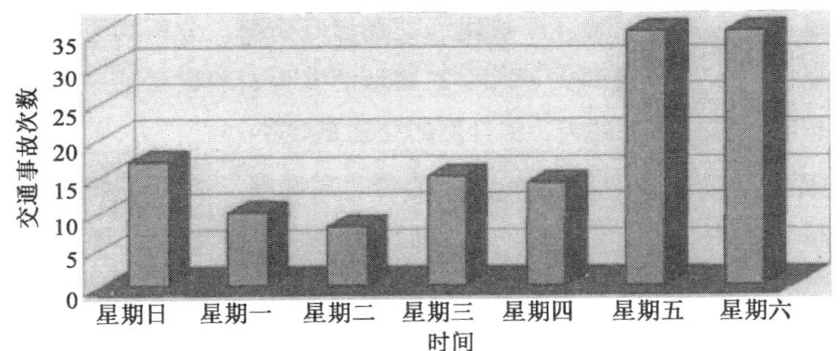

图4-8 调查段4个隧道交通事故周日分布图

由图4-8可知,交通事故次数在一周内的分布有明显的区别,星期五和星期六所占比例较高,星期一至星期四发生的事故次数波动不大。

究其原因有两方面:一方面,每当周末,随着出行活动的增加,总交通流量在周末也突然增加,交通事故发生的概率自然而然地增加;另一方面,由于周末外出者一般都使用小汽车作为交通工具,使原来车型间的速度差明显,导致车速分布更为离散,进一步加剧了交通事故的发生。

(3)交通事故小时分布

受人们生活规律的影响,交通量在一天的24小时内也各不相同,存在高峰小时与非高峰小时之分。因此,交通事故的分布随时段的不同有着明显的区别。研究交通事故的小时分布,在不同时段实施不同的交通管理与控制将大大减少事故的发生。

根据调查段 4 个隧道在 2004 年 6 月 29 日上午 6:00～30 日上午 6:00 的 24 个小时交通量调查数据绘制出 24 小时交通量时变图，如图 4-9 所示。

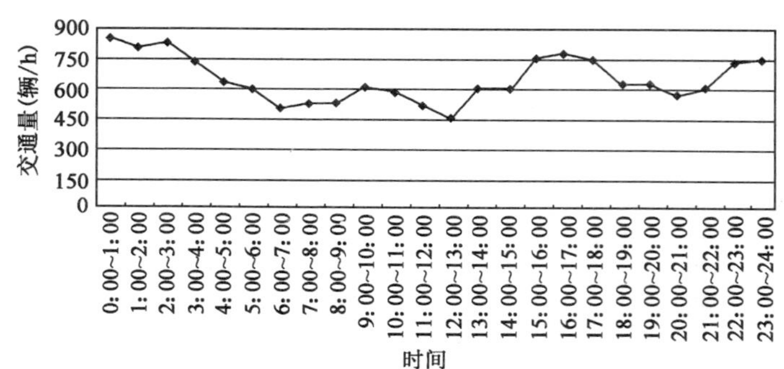

图 4-9 调查段 4 个隧道 24 个小时交通量时变图

根据调查段 4 个隧道 2003 年和 2004 年交通事故统计资料，用折线图绘制出每小时的交通事故次数的分布情况，如图 4-10 所示。

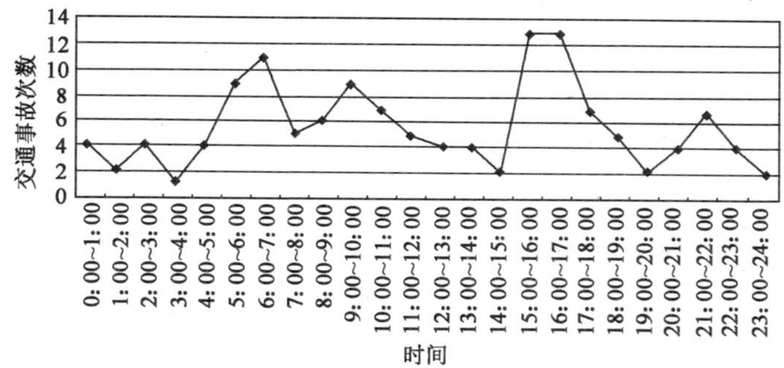

图 4-10 调查段 4 个隧道交通事故小时分布

从图 4-10 可以看出，交通事故小时分布明显地呈现出三个高峰时段：5:00～7:00，9:00～10:00，15:00～17:00。此三个时段共占全体交通事故总量的 41%还多，其主要原因在于：

①黎明时分是发生交通事故的主要时段。这时驾驶员处在疲劳驾驶阶段，驾驶员的反应、判断能力最差，容易引发交通事故，再加上交通环境不良及视线不清也对诱发交通事故起到了一定的影响。

②9:00～10:00 期间发生交通事故的最主要原因是超速行驶。在 4 个隧道的交通流中，小型车平均所占比例为 15%，但在此期间，交通流中小型车的比例高达 32%，它们的运行速度快，发生事故时撞击力大。这些都使得发生事故的潜在可能性加大。

③15:00～17:00 期间发生交通事故的主要原因是交通量突然增加，且小型车

的数量增加最多，其比例达到39%，使得交通组成变得更加复杂。

4.3.4 交通拥堵

公路隧道常发性交通拥堵一般是由交通量持续大于隧道通行能力引起，其时间分布特征应与所在区域的整个路段交通流时间分布特征完全相关。偶发性交通拥堵一般是由于其他灾害（如交通事故、火灾等）引起的灾害方式转移。

4.3.5 自然灾害

自然灾害在宏观时间段内具有规律性，且暴雨、大雾、凝冻、泥石流、干旱等天气灾害可在短期内进行预报，而地震等自然灾害则难以预报。

4.4 公路隧道灾害的空间特点

4.4.1 火灾与危险化学品泄漏

如前所述，火灾与危险化学品泄漏均具有突发性，在时间和空间分布上没有明显的特征。但是当这种类型的事故发生之后，可能会产生多米诺骨牌效应，即在极短的时间内产生一连串的影响，衍生出一系列的其他事故，其空间分布往往呈现区域性、放大性、扩散性。例如，危险化学品泄漏事故，可能会引发火灾，或因人员疏散不利而导致交通阻塞，形成又一波事故等。事故的这种连锁反应特点导致公路隧道在短时间内遭受连续不断的打击，给公路隧道事故预防和控制带来了难度。

4.4.2 交通事故

交通事故的空间分布是指交通事故在城市、农村、各种类型的道路以及道路典型构造物上的分布情况。由于交通环境不同、交通组成不同、交通分布不同等原因，交通事故在空间上有不同的分布特征。分析高速公路隧道交通事故的空间分布特征，掌握交通事故在不同位置的分布情况，不仅可以有的放矢地预防交通事故，而且也可以改善交通安全状况。

假定驾驶员驾驶在隧道路段上的驾驶行为是对称的，根据高速公路隧道的特性和驾驶员的驾驶特性，将隧道划分为4个区段，如图4-11所示。调查段4个隧道交通事故空间分布见表4-9。

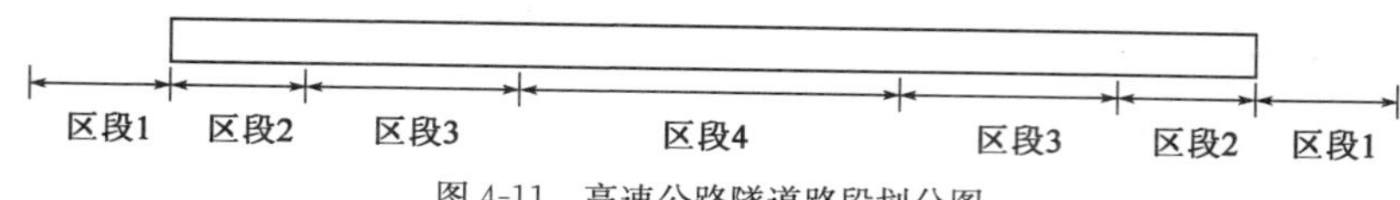

图 4-11 高速公路隧道路段划分图

调查段 4 个隧道交通事故空间分布

表 4-9

隧道名称	参数类型	区段 1	区段 2	区段 3	区段 4	整个区域
隧道 1	长度(km)	0.4	0.4	1.2	0.389	2.389
	事故次数	6	8	28	8	50
	事故频数(次/km)	15	20	23.33	20.57	20.93
隧道 2	长度(km)	0.4	0.4	1.2	1.55	3.55
	事故次数	4	4	3	9	20
	事故频数(次/km)	10	10	2.5	5.81	5.63
隧道 3	长度(km)	0.4	0.4	1.2	4.33	6.33
	事故次数	4	5	12	38	59
	事故频数(次/km)	10	12.5	10	8.78	9.32
隧道 4	长度(km)	0.4	0.4	—	—	0.8
	事故次数	5	0	—	—	5
	事故频数(次/km)	12.5	0	—	—	6.25

由表 4-9 可以看出，高速公路隧道交通事故空间分布呈现出以下特点。

(1)隧道洞口附近交通事故发生的概率高

从以上数据汇总的情况来看，区段 1 和区段 3 的事故频数显著大于平均值，区段 2 的事故频数略大于平均值，而隧道基本段即区段 4 的事故频数小于平均值。可见，公路隧道交通事故的在隧道内的发生地点既非均匀分布，也非随机分布，而是集中在隧道区段 1、区段 2 和区段 3，也即隧道进出口 200m 左右。这主要是因为车辆进入隧道时，由于路面工况的瞬间变化造成车辆侧滑、制动距离不足以及受暗适应的影响，驾驶员此时处于弱视阶段。

据有准确事故桩号记录的西南某省两个隧道事故记录，在隧道进出口 400m 以内的事故共发生 29 次，距洞口的平均距离 233m，仅为隧道长度的 8.3%，但事故数却占事故总数的三分之一以上，所以隧道进出口处事故多是十分突出的。

(2)隧道长度与交通事故有关

从以上 4 个隧道的交通事故频数来看，随着隧道长度的增加，隧道交通事故频数逐渐减少，但是当隧道长度增加到一定长度后，交通事故频数又急剧增加。

(3)设置了明洞的隧道会影响交通事故的发生

经研究发现,设置了明洞的隧道对驾驶员的视觉影响较大,当驾驶员由南往北进入隧道时光线变暗,但行驶到明洞时,光线变亮。然后再次变暗,短距离内光线强度变化频繁,使驾驶员的视觉难以适应。

4.4.3 交通拥堵

公路隧道交通拥堵的空间分布特点可采用交通流相关理论进行分析。拥堵交通流是指道路单元上的车辆走走停停或排队等待,车流密度上升,车速下降,处于“拥堵”状态。交通拥堵表现为行驶速度下降和到达目的地的行程时间增加。当交通需求超过道路单元通行能力 C 时,就会导致车辆行程时间大幅度增加,这是拥堵交通流所具有的特性。

如图 4-12 所示,将一个发生交通拥堵的公路隧道附近分出四个区域。区域 1(上游)和区域 4(下游)表示交通流不受交通事件的影响,保持正常情况。交通拥堵影响区由区域 2 和区域 3 组成,区域 2 和区域 3 分别表示交通事件发生时的上游和下游。区域 2 为上游,车辆开始聚集,交通流变得拥堵,车辆的平均时间占有率增大,速度显著降低,而流量减小。区域 3 为紧急事件的下游,事件发生地点相当于瓶颈(公路隧道),此时它的交通量等于公路隧道的通行能力,交通流将变得疏散,速度将增加到高于正常值,占有率则低于正常值。若没有对拥堵进行处理,随着时间的推移,区域 1 和区域 2 之间的分界线向上游移动,而区域 3 和区域 4 之间的分界线向下游移动,即分别形成压缩波和扩展波。

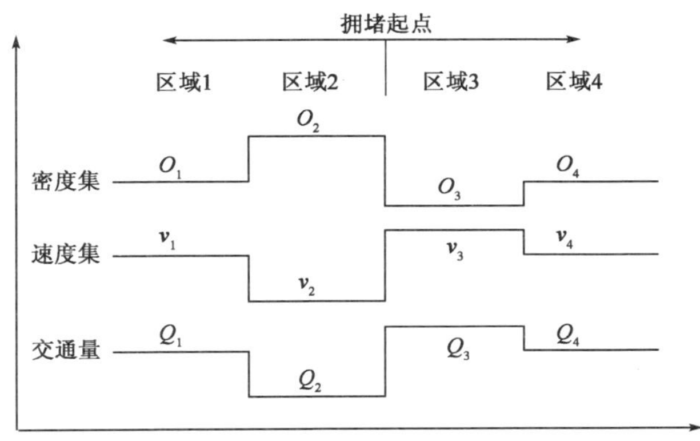

图 4-12 拥堵发生点的交通流参数特性

交通拥堵时,公路隧道上游和下游的交通流参数变化模式分别如图 4-13 和图 4-14 所示。

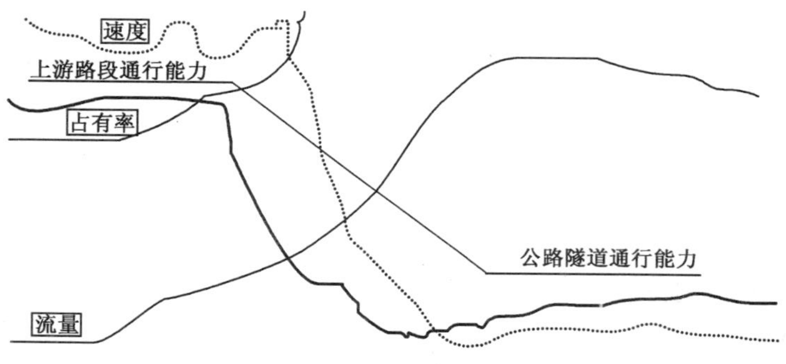

图 4-13　公路隧道上游地点的交通流参数模式

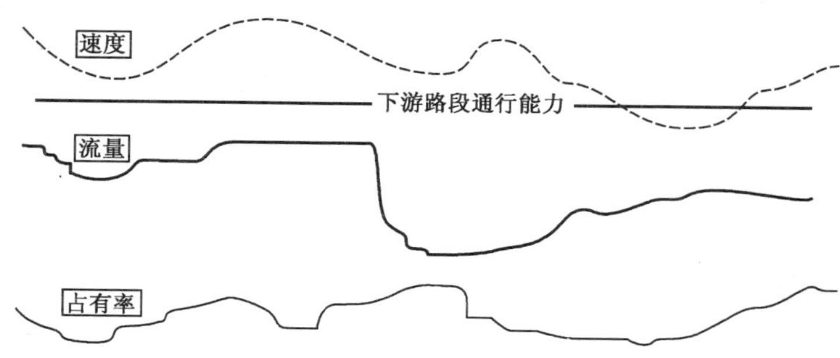

图 4-14　公路隧道下游地点的交通流参数模式

4.5　公路隧道灾害的交通特点

4.5.1　灾害影响预测

公路隧道灾害对路段交通流产生直接影响。交通流的时间与空间变化是通过在道路上等间距或不等间距埋设检测器，每隔一定间隔对交通参数进行采样来完成。表 4-10 给出了目前常用的几种算法所采用的交通参数。

几种常用算法交通参数表　　表 4-10

项　目	交通流量	速　度	密　度	占有率
指数平滑法	√*	√*	√*	√*
加利福尼亚法				√
HIOCC 法				√
互相关法			√	
简化的卡尔曼滤波法	√			
灾变法		√		√

注：√*表示选择任意一个。

由表 4-10 可见，在这些参数中，以占有率应用最为广泛，交通量与速度次之，密度由于难以检测而应用较少；采用一个变量作为交通参数的较多，采用两个或多个变量作为交通参数的较少。

究竟采用哪个或哪几个变量作为交通参数，应从多方面去考虑，采用一个变量作为交通参数最经济，但可靠性较差，如数据遗失或失真；不同的变量在反映交通流变化时的能力不同，因此，应对交通变量对交通流变化的敏感性进行分析。

综上所述，灾害对交通流的影响预测中主要考虑以下两个特点：

①参数的敏感性；

②系统的可靠性。

4.5.2　交通诱导和控制

(1)交通诱导和控制设施

在发生隧道灾害事件后，主要的交通诱导和控制设施有：

①逃生诱导设施。即隧道内车道指示器、横通道指示标志、横通道门、电光标志、安全疏散指示标志等。

②控制设施。包括可变信息情报板、隧道入口信号灯、栏杆。

(2)交通控制手段

当隧道灾害事件发生后，可采用匝道控制、主线控制以及匝道主线协调控制方法进行控制。

(3)交通诱导和控制策略

隧道灾害事件发生时，如何采取紧急疏导策略，采取怎样的疏导方法，要根据具体交通事故自身的严重程度、事故对道路通行能力所造成的影响程度、当时高速公路上交通流的需求以及天气和路面状况等一系列因素而定。

①当交通流量较小或交通事故轻微时，交通事故对道路通行能力影响不大，且下降后的通行能力 C'_a 仍然大于高速公路上游主线通行能力 Q_d 与上游匝道通行能力 R 之和，即：

$$Q_d + R < C'_a \tag{4-5}$$

此时，交通事故不会对交通流运行产生明显的影响，故无需进行交通疏导。这时重要的工作是事故现场管理、及时救援，并提醒途经车辆驾乘人员注意安全，避免二次事故发生。

②当交通事故造成一定程度的道路通行能力下降，且下降后的道路通行能力大于上游主线的交通需求，而小于上游主线与相邻匝道交通需求总和时，即 $Q_d < C'_a < Q_d + R$。

此时，路段上会产生轻度交通拥堵，因而可采取单匝道动态控制方法来调节路段交通需求，即匝道控制根据邻近上、下游主线交通检测器所提供的实时交通数据动态地加以确定，而不是采取预先设定的固定方式。该疏导策略可以有效地减轻因交通事故而导致的路段交通需求过大的现象，有利于缓解路段交通压力，快速疏散交通拥堵。由于这种控制策略只考虑事发路段上游匝道和路段的交通需求及下游路段的通行能力，与其他匝道的控制及检测系统无联结，故不能达到大范围或全局最优控制。这种策略的设计和运行相对较简单，对于交通事故引发的轻度交通拥堵具有很好的疏导效果。当然，配合匝道控制，也可同步采取主线限速控制方法，以改善交通流运行的平稳性，保证车辆平顺通过瓶颈路段，提高路段瓶颈处通行能力。

③当交通事故造成较严重的道路通行能力下降时，或交通事故虽不很严重但当时道路上的交通需求较大，都会造成事发路段的道路通行能力低于上游主线的交通需求（$C_a' < Q_d$）的现象，从而引发较严重的路段交通拥堵。

此时，仅仅依靠单个匝道的调节来缓解交通拥堵已无济于事，因而应当采取主线控制、匝道控制及上游路段的诱导分流控制相结合的交通疏导方式，减缓事发路段的交通压力，以便及时、有效地疏散交通拥堵，尽快恢复正常的交通秩序。

当交通拥堵影响到上游其他多个路段时，则应进一步采取多个匝道入口调节率的同步协调控制方式，即匝道全局动态最优控制方法，或多个匝道入口控制与出口诱导分流相结合的方式。控制目标是实现高速公路上所有车辆总行程时间最小或总服务流量最大，也就意味着因拥堵而引起的总延误最小。该策略适用于因交通事故诱发的大范围的交通拥堵情况，也有利于避免或消除常发性交通拥堵。

④当交通事故非常严重时，有可能会造成路段的通行能力严重下降，并导致高速公路交通堵塞。

此时，对于事发路段应采取交通管制手段，实行路段封闭、交通分流等综合疏导方式。交通疏导方案可预先制订，以便在事故发生时及时启动。而其他相邻路段可根据实际情况，采取入口匝道控制、主线限速控制及通道控制相结合的协调控制方式，或采用其他适当的控制策略。

⑤当出现恶劣气候时，高速公路交通疏导的主要目标就是避免交通事故。

如在大雾天气下，驾驶员视线受到严重影响，行车视距大大降低。若不及时采取有效的交通控制措施，很容易引发多车追尾等严重交通事故。从控制的角度考虑，应针对不同的能见度设定不同的行车间距和限速值，从而得出最佳安全行车密度，并以此密度和车速为期望值，应用合适的动态算法，得到最佳控制策略。

4.6 公路隧道防灾减灾的管理特点

4.6.1 灾情辨识

目前,我国交通异常检测主要分为直接检测和间接检测两类。直接检测包括人工现场巡查和CCTV视频检测两种方式,由于我国目前建设的高速公路隧道一般安装了电视监控摄像机,CCTV视频检测已经基本取代了人工巡察,使得管理人员可以在监控中心监视隧道洞内的交通运行情况。随着模式识别、数字图像处理和计算机视觉技术的发展,视频交通异常检测系统将大量应用于交通管理领域,成为智能交通系统准确可靠的数据来源。间接检测主要应用环形线圈等感应器检测设备,检测采集交通流参数,分析判断交通异常事件的发生。

对于特长隧道,公路隧道交通异常检测可根据隧道区段分为隧道出入口、隧道洞内两部分,每部分区段分别采用不同的异常组合检测类型。在隧道出入口200m范围内采用无盲区的直接与间接相结合的交通异常自动检测;在其他洞内段落,根据危险潜势分析,分别采用以下四种组合类型:CCTV检测;CCTV+间接检测;CCTV+间接检测+有盲区的视频事件检测;CCTV+间接检测+无盲区的视频事件检测。

4.6.2 防灾减灾设施

完善的公路隧道减灾设施应具备以下特点:

(1)具有完善的隧道土建设施(隧道主体结构、路面、横洞、水沟以及隧道口)。保证隧道具有良好的隧道平纵线形、断面结构、路面摩擦系数、内部装饰等。

(2)具有完善的交通诱导设施。隧道内交通诱导设施(标志、标线、车道指示器等)对驾驶员的行驶具有一定的引导作用,隧道标志标线应清晰、醒目,并比洞外的密度大。

(3)具有完善的隧道通风与照明系统。为了给驾驶员提供安全、舒适的行车环境,应根据隧道交通流处于何种状态(正常交通流状态或异常交通流状态),并结合隧道长度、隧道内交通量、车型、气象与环境条件等,对隧道的通风、照明系统的运行进行灵活调节,使其既能为道路使用者提供满足卫生标准要求的环境条件,又能节约能源。

(4)具有完善的避难系统(防火避难室、避难通道、紧急停车带等)。隧道中一旦发生火灾其危害严重,就要求在隧道发生火灾后能够进行及时的避难,特长隧道应具有独立的避难通道。

(5)具有完善的灾害救援系统(救援室、救援队伍等)。由于我国隧道运营管理起步较晚,并且还处于早熟期,隧道灾害救援系统工作处于薄弱环节,灾害紧急救援体系尚未建立,专业救援队伍缺乏,这样就加重了隧道灾害发生的严重程度。

4.6.3 预案决策

在隧道事故安全应急管理方面,国外始于20世纪60年代,我国则于20世纪90年代才真正开始相关研究。公路隧道运营过程中可能发生交通事故、火灾、危险物品泄漏、空气质量恶化、车辆故障、散落物等事故。其中,危险性较大的为隧道火灾和交通事故以及由此产生的次生灾害。隧道火灾更是因其发生的不可预见性、对于驾乘人员安全的威胁性、对于结构安全的破坏性,成为经济损失最大、抢救最难、中断行车时间最长的隧道事故。由于火灾事故是隧道最危险的事故,所以应急管理技术研究主要围绕火灾事故展开。

我国于2000年以后完成一些关于公路隧道火灾的起因、种类及特点,公路隧道火灾场景及火灾发展、火灾烟雾、温度分布规律,公路隧道通风及灭火系统等研究。其中以《秦岭终南山公路隧道火灾救援技术研究》为主要代表,针对我国公路隧道和秦岭终南山特长公路隧道的实际,研究了以下八个专题:

(1)建立国内外长大公路隧道火灾数据库;

(2)建立公路隧道火灾数值模型,进行火灾数值模拟计算;

(3)进行大规模隧道火灾物理模型试验,为隧道防灾设计提供基础数据;

(4)完成隧道火灾模式下的通风技术研究;

(5)对公路隧道火灾监控和报警系统进行研究,给出最终选型;

(6)建立一套适合我国国情的终南山公路隧道火灾救援体系;

(7)建立一套公路隧道衬砌结构火灾损伤评定方法;

(8)建立装运易燃、易爆和危险品车辆进入隧道的安全运输管理办法。

在上述研究基础上,完善公路隧道火灾救援预案应具备以下特点:

(1)跳出单一隧道的束缚,兼顾各种不同隧道及隧道群;

(2)着眼于整个路段,将隧道作为整个路段的特殊部分,统一考虑火灾救援;

(3)在对通风及灭火系统等硬件进行研究基础上,着重于交通组织等"软"的科学研究;

(4)具有火灾时机电联动控制模型。

4.6.4 调度指挥

完善的公路隧道防灾减灾调度指挥系统应该具有部门明晰、职责明确、预案完备、协同调度得力、设施齐全等特点。

首先，针对隧道可能发生的火灾事故等紧急事件，为提高应急处理能力，需预先规划好应急组织指挥体系，明确各方职责。

其次，在隧道突发事件发生后的第一时间启动交通事件应急指挥部。指挥长由隧道运营管理公司最高行政领导担任，副指挥长由公司值班领导担任，成员由公司综合办公室、监控中心、消防救护队、路政大队、养护科等部门负责同志组成。各救援单位均应接收应急指挥部的任务分配，同时各救援单位应按照各自的作业程序确保各项救援工作顺利开展，随时汇报事件处理进度及状况。应急指挥部设在监控中心，其主要职责如下：

(1)负责应急响应预案适用范围内的突发事件应急处置工作的组织、协调、指挥工作；

(2)协调处置突发事件中的各种关系，做好突发事件的善后工作；

(3)针对预案实施中存在的问题进行适时调整、补充和完善应急预案；

(4)及时向上级报告突发事件进展情况，对突发事件结果进行评估和报告；

(5)检查、督导各救援单位落实应急预案情况；

(6)如灾情扩大，启动上级预案时，指挥权应相应转移。

隧道应急指挥部成员单位职责如下：

监控中心：作为应急指挥部24小时值班机构，负责接收报警信息，分析处理后上报应急指挥部，在应急救援过程中负责操控隧道机电设备、通知相关救援单位、引导驾乘人员疏散，并实时跟踪救援工作情况，上报应急指挥部、通告各救援单位。

消防救护队：负责事故现场破拆救援以及伤员救护和送医工作。

路政大队：规划、管制各救援单位的救援路线，确保救援单位迅速、安全到达现场以及现场封锁、道路清障、人员疏散、恢复交通等工作。

养护部门：负责隧道事故现场清障、善后复原工作，检测隧道结构、机电设施的受损情况，评估灾后隧道是否具备通车条件。

综合办公室：负责隧道事故现场疏散人员的接送。

第5章　公路隧道交通运营灾害成因与机理

影响公路隧道交通安全的因素很多，本章主要分析这些因素的危害机理，为制订科学、合理、高效、经济的防范与处治措施打下基础。

5.1　公路隧道交通安全的主要影响因素分类

5.1.1　分类的主要考虑因素

(1)隧道的土建结构特征

隧道的土建结构特征，主要包括隧道线形、坡度与隧道的断面尺寸与洞门形式，其决定了隧道机电设施的配置。

①平曲线的影响。主要表现在不利于通风，行车视距较差，造成车速变换频繁。

②坡度的影响。隧道的坡度对通风、防灾减灾与运营安全都有重要的影响。对于上坡方向，在正常工况时，由于汽车废气排放量大，特别是遇到超载车，容易引起烟雾弥漫，影响正常行车与行车安全；而在火灾工况时，由于存在烟囱效应，火风压大，不利于下游慢车驶出危险区。对于下坡方向，在正常工况时，车辆行驶需要的制动距离长；而在火灾工况时，也由于烟囱效应，不利于上游车辆的驶离与人员的逃生。

③隧道断面尺寸与形式的影响。隧道断面越大，车道数越多，交通量一般也越大，事故潜势也随之增加。此外，隧道的洞门形式对洞外亮度的大小、废气是否串流到另一隧道以及是否把废气当新鲜空气吸入到隧道内，都有重要的影响，换句话说，直接影响隧道运营通风与照明的能耗费用。

(2)接线特征

接线特征指与隧道入口和出口相接路段的类型，不同的接入方式，危险潜势不同，配置的安全、诱导与控制设施也就不同，其主要包括以下六种情况。

①桥梁接隧道接路段。该类型包括桥梁接隧道再接下坡路段和桥梁接隧道再接上坡路段两种情况。前者的危险性要大于后者。

②桥梁接隧道接桥梁。桥梁与隧道都属于道路的重要构造物，也都属于事故

易发和发生后后果较严重的路段。该类型在下雨天和结冰时，由于隧道内和桥梁上的摩擦系数相差较大，容易发生交通事故。

③桥梁接隧道接隧道。该类型属于桥梁与隧道群相接，包括桥梁与连续隧道和桥梁与毗邻隧道相接两种情况（连续隧道与毗邻隧道的定义见后）。后者由于上游隧道的出口与下游隧道的入口相距较近，而隧道的出口与入口又是事故的多发区，故危险性更大。

④路段接隧道接路段。该类型包括下坡接隧道再接下坡、上坡接隧道再接下坡、下坡接隧道再接上坡、上坡接隧道再接上坡四种情况。由于车辆驾驶员到隧道入口前一般都会减速，而在隧道内行驶时，实际都有恐惧感，想赶快驶出隧道，故在隧道出口速度一般较大。因此，下坡接隧道再接下坡最危险，上坡接隧道再接下坡次之，下坡接隧道再接上坡再次之，上坡接隧道再接上坡相对较安全些。

⑤路段接隧道接桥梁。该类型包括下坡接隧道接桥梁和上坡接隧道接桥梁两种情况。前者较后者出事故的概率更大些。

⑥隧道接桥梁接隧道。该类型桥梁上横风较大，容易在隧道的出入口发生事故。

（3）交通特征

交通特征主要包括交通量、速度、车辆构成、交通组织、运输管理以及交通流的时间分布与空间分布特征六个方面，都可用于确定系统规模和运营管理。

①交通量。其用于确定土建与机电系统的建设规模及运营管理策略决策。用于确定系统规模时，采用的是设计期（近期或远期）内的高峰小时交通量。用于确定运营管理策略时，采用的是当前或预测的某段时间后单位时间内通过的车辆数。

②速度。速度信息包括设计速度、运营速度以及控制速度。设计速度主要影响道路线形指标和通风与照明系统的规模；运营速度主要影响运营管理策略决策；而控制速度是根据实际运营工况确定的限速值。

③车辆构成。车辆构成是指不同类型车辆占总交通量的比例。车辆构成主要影响隧道内废气的排放量与交通流的特性。当大车与重载车多时，隧道内废气的排量大，需要的通风系统规模大，运营能耗也高，反之亦然。

④交通组织。交通组织是指单向交通或双向交通。单向交通隧道安全性与比双向交通隧道好，防灾救灾也相对容易，双向交通隧道由于不存在照明的出口过渡，故同等条件下，双向交通隧道照明系统的规模更大，运营期照明能耗更高。

⑤运输管理。运输管理是指对危险品运输的管理方式。当不允许危险品运输车辆通行隧道时，需要在隧道入口前设置危险品检查站。当允许危险品运输车辆有限通行隧道时，需要设置停车场，以便引导定时通行。

⑥交通流的时间分布与空间分布。交通流的时间分布与空间分布特征，影响高峰小时交通量的确定，从而影响建设的分期实施与建设规模。靠近城市的隧道，其交通量在两个方向上的空间分布差异不大，高峰小时系数也较小，反之亦然。

(4)环境特征

环境特征主要包括海拔高度、温度与湿度以及空气质量三个方面。

①海拔高度。主要影响隧道通风系统的规模，是隧道需风量的计算参数之一。

②温度与湿度。温度包括年平均温度、最高温度和最低温度。温度是通风设计的参数之一。温度与湿度都是机电产品选型中应考虑的因素。

③空气质量。空气质量对通风设计与机电产品的防护性能要求影响很大。国外一些国家的通风规范中规定，在进行通风设计时，要进行空气质量检测，以便较准确地计算需风量。此外，水下隧道和靠近海边的隧道，由于腐蚀性气体含量较大，对隧道机电设施的防腐能力就要求较高。

(5)经济条件

经济条件是指工程的建设费用与运营管理费用。工程建设与运营管理费用的来源不同，资金的充足度不同，则系统规模与管理模式不同。

(6)功能地位

功能地位是指隧道是国道网的隧道，还是地方网的隧道；是山岭隧道，还是水下隧道；是城市隧道，还是公路隧道。国道网的隧道可能是军民两用隧道，地方网的隧道则大多是民用隧道；山岭隧道发生火灾后对结构的影响相对较小，水下隧道发生火灾后对结构的影响则相对较大；公路隧道一般没有行人，远离人口密集区，发生重大异常时二次危害相对较小，城市隧道则大客车多，人口密集，发生重大异常时二次危害则相对较大。

5.1.2 按独立性分类

1)人的因素

交通事故中的人一般有驾驶员、乘车人、骑车和行人。而由于高速公路隧道采取了全线封闭、全立交等一系列安全措施，从而排除了行人和非机动车辆对交通过程的干扰，因此人的因素主要指的是驾驶员和隧道管理者。

(1)驾驶员

驾驶员对隧道交通安全的影响主要表现在以下三点：

①视觉特性。当汽车驶近没有适当照明的隧道时，因隧道长度不同，驾驶员会产生不同的反应，分为暗适应和亮适应。其中，影响最大的为进入隧道的视觉暗适应。

②对隧道设施使用不当。由于驾驶员可能对隧道内有关安全设施，如标志、标

线、交通信号灯、火灾报警、消费与避难等设施缺乏相应的认识和理解，在发生紧急情况时对出现的某些灯光提示信号、报警声响等信息缺乏理解，以致延误时间、失去求援良机。

③驾驶员操作失误。驾驶员在高速公路隧道环境中发生行为失误的基本原因是驾驶员对外界条件有限的适应能力与现代交通工具不断提速之间的矛盾。这种矛盾使驾驶员在高速公路隧道环境中容易出现各种失误。此外，在隧道路段上驾驶员会产生烦躁的情绪和压抑的感觉，这些不良的心理反应也很容易导致驾驶员操作失误，从而诱发交通事故。

(2)隧道管理者

隧道管理者的行为是指隧道管理部门在隧道运营管理过程中因管理不善或操作失误而造成的交通事故，大致可以归纳成以下几个方面：

①隧道内某些附属设施损坏，但隧道管理部门忽视其对隧道运营的影响，未及时进行维修，因此发生隧道交通事故。

②在隧道养护作业过程中，养护人员安全意识淡薄，未摆放施工标志或标志不全以及未按照规定要求摆放安全施工标志，甚至长时间占用行车道，进而导致隧道内运行车辆驶入作业区而引发交通事故；此外，由于养护人员长时间在单一的环境下作业，常常产生麻痹大意、懒惰的思想及侥幸心理，不按要求作业，也容易引发交通事故。

④当隧道路段发生交通事故后，路政、交警部门未能迅速感到事故现场，交通事故得不到及时处理，导致隧道内发生交通拥挤，甚至可能引发二次交通事故。

2)车的因素

车的因素主要包括动力性、制动性、操纵稳定性、可靠性和舒适性等。根据高速公路隧道行车特点，这里主要考虑操纵稳定性、制动性和轮胎。

(1)操纵稳定性

车辆良好的操纵稳定性可以保证车辆在各种行驶条件下不会出现失稳现象，避免在高速行驶时受到来自路面的干扰而突然方向失控。

(2)制动性

车辆制动性是汽车的主要性能之一。通过对车辆行驶状况的分析可知，制动系统使用频率不高，则其制动强度较大；制动系统使用频率高，则制动力不足，容易发生追尾。

(3)轮胎

轮胎的功能是用来支承车辆自重、传递车辆和地面之间的作用力、缓冲、吸能等，它是车辆与路面接触的媒体。所以，轮胎的性能直接影响车辆运行状况及安全，而爆胎的发生将严重影响交通安全。

3)道路因素

道路因素主要包括隧道线形和隧道路面状况。

(1)隧道线形

公路隧道线形主要包括隧道的平面线形和纵断面线形，这两个方面相辅相成。

①隧道平面线形。平面线形主要对隧道交通安全的影响主要是隧道进出口的平曲线设计，详见5.4.1。

②隧道纵断面线形。纵断面线形主要表现为道路前进方向上坡、下坡的纵向坡度和在两个坡度的转折处插入的竖曲线。与公路隧道交通安全密切相关的纵断面线形因素主要是坡度和坡长，详见5.4.2。

(2)隧道路面条件

由于隧道处在相对封闭的环境中，其湿度较洞外路段大，有害气体浓度较高，这些因素对路面抗滑的耐久性都有一定的影响。一旦路面的抗滑性能下降，必将对隧道交通安全产生一定的影响。隧道路面抗滑性能下降的主要影响因素主要有以下几个方面。

①路面材料本身的性能缺陷。对于水泥混凝土路面来说，由砂浆形成的微观构造耐久性太差，使得砂浆层上由拉毛和刻槽形成的宏观构造被过早地磨平，其抗滑性能大大下降，这是大多数隧道所表现出来的明显特征。调查研究表面，在行车速度大于60km/h的高速公路，采用水泥路面的隧道，其交通事故发生率大大高于采用沥青路面的洞外路段。

②水的作用。公路隧道路面虽然不受降水的直接影响，但是水的来源比较丰富。与洞外路面相比，这些水很难排干和蒸发，它们聚集在路面表层使得隧道路面总是处于一种相对潮湿的状态。在这种状态下，面层细料在车辆的磨耗作用下其耐久性下降很快；而当隧道路面存在积水时，高速行驶的车辆，其轮胎其实并没有和路面接触，而是与水层接触而形成一层水膜，这时路面摩擦系数最低，路面抗滑性能最低，极易引发交通事故。

③隧道内部环境的作用。公路隧道为半封闭的管状构造物，隧道内部的湿度平均要比洞外高9%左右；隧道内部空间狭小，存在汽车排放废气、积聚等现象，这些废气、油烟、粉尘等在路面表面的黏附比洞外路段大；油渍对路面的污染，粉尘的黏聚等，使路面抗滑性能变差，且得不到天然降雨的冲洗。沥青材料和水泥砂浆长期处在这样一个不利的环境中，将严重影响路面的抗滑性能。

④施工工艺的缺陷。对隧道路面来说，由于其工作空间的限制，使得人工和机械的工作质量都受到了影响，从而使施工质量往往达不到洞外路面的效果。

4)环境因素

自然灾害对公路隧道土建和机电设施影响和破坏程度比较大,公路隧道周围地质情况对公路隧道管理影响也比较大,再加上公路隧道内光线差、空气质量低、环境噪声大等因素,造成公路隧道交通运行环境质量恶劣,事故率比较高。另外,公路隧道空间狭窄,使隧道事故和异常事件的处理较一般路段困难。

在进出隧道的普通道路与隧道连接处,在雨雪天普通路面的摩擦系数会发生显著变化,而进出隧道的驾驶员常常忽略这种变化。在干湿道路的连接处常是交通事故的高发地带。

5)安全设施因素

隧道安全设施种类繁多,主要包括隧道照明系统、隧道通风系统、隧道消防灭火系统、火灾自动检测及手动报警系统、紧急电话系统、隧道无线调度对讲系统、隧道有线/无线广播系统、隧道闭路电视监视系统、交通参数检测及交通控制和信号提供系统、隧道环境参数检测及供配电系统等。

上述安全设施各司其职,在隧道安全运营发挥着至关重要的作用,是影响隧道运营安全的主要因素之一,详见5.4节。

6)经济条件因素

宏观上,隧道所在区域的经济条件决定了公路隧道运营单位对安全投入的程度。一般情况下,安全投入与经济水平成正相关关系。通常,经济发达的地区,人均收入高,人们对于安全的要求也高,对安全设施的投入也高,吸引的高素质管理人才也多,公路隧道的期望安全度也相对较高。

微观上,相对洞外路段而言,隧道内被控设施多,运营费用控制方案复杂,使得隧道内运营维护工作量大,导致隧道的运营管理费用高(特别是通风与照明的运营维护费用)。因此,隧道的养护管理、运营费用等经济条件因素与安全设施可靠性、耐久性密切相关,从而对交通安全产生重要的影响。

7)管理因素

高速公路隧道交通安全管理的主要对象是人员、设施、车辆三个主体。良好的高速公路隧道交通安全管理能够起到明确系统管制职责、提高驾驶员心理对隧道环境适应度、优化安全设施的配置、提高设施使用效率、快速对各类灾害事故作出响应等作用,是保障隧道交通安全的关键内容。

5.1.3 按可控性分类

(1)可控因素

可由人为进行控制,并可以预见的因素为可控因素,如隧道土建设施、交通安全设施(道路交通标志标线与机电设施等)、运营管理体系等。

(2)不可控因素

无法由人为进行控制,并不可预见的因素为不可控因素,如交通异常事件(交通事故、危险品事故、火灾事故和交通堵塞等)、驾驶员的驾驶行为突变、自然环境的变化(突发的冰雪雨雾等恶劣天气)、车辆的机械故障等。

5.1.4 按重要度分类

(1)相对重要的因素

根据5.1.2的阐述,人的因素包含驾驶员和隧道管理者行为两个因素;而管理因素则是对人的管理和设施的管理。按重要度分类,人和管理因素起到重要的主导作用。

隧道突发事故的发生同时取决于驾驶员的不安全行为、车辆的不安全状态、隧道的不安全条件和管理四个因素。当此四个因素之间发生"不和谐"的作用达到某一临界点,交通事故就会发生。不论是国内还是国外,交通事故统计数据中,人的因素始终是交通事故诸多要素的最主要一环,几乎占到交通事故因素的80%以上。

(2)相对次要的因素

除去人和管理因素外,其他影响因素处于相对次要位置,如隧道土建设施、交通安全设施(道路交通标志标线与机电设施等)、隧道运营环境、交通特征等。

5.2 公路隧道环境条件对安全的影响

5.2.1 雾

雾是山区公路典型的一种灾害性天气,尤其是突发性的团雾对公路交通安全影响非常严重。雾对公路交通和公路隧道交通安全的影响主要表现在:

(1)雾天的道路能见度低,尤其是在浓雾时,严重妨碍了驾驶员的视线,产生判断失误,从而导致交通事故。在隧道进出的隧道事故高发段,如果出现雾灾害天气,将会叠加两者的不安全因素。

(2)在雾天条件下,驾驶员需要集中更多的精力驾驶,增大的驾驶强度易使驾驶员过早地出现生理疲劳,导致驾驶可靠性的降低。

(3)雾的流动性和分布的不均匀性,对驾驶员的驾驶操作要求提高,要求驾驶员根据不同的可见度来调整车速和车间距,否则极易发生交通事故。

5.2.2 雨、冰、雪

雨对于隧道交通安全的影响主要表现在:

(1)雨水会造成能见度的大幅下降以及驾驶员的视线障碍,使驾驶员产生视觉疲劳,无法正确判断前方车辆的行车趋向和障碍物之间的距离等,因驾驶员判断上的失误而造成交通事故。在隧道进出口处,雨水导致的能见度下降也会进一步增大事故风险。

(2)由于路面积水,机动车在其上行驶时,轮胎与路面之间的积水无法排除,水的压力会使车轮上浮,从而形成车辆在路面上产生高速水膜滑行的现象。机动车在这种状态下,轮胎和路面间附着力很小,摩擦力下降,制动、转向容易失效,车辆在制动时轮胎容易抱死,增加了发生侧滑和甩尾的可能性。在隧道进出口处,由于洞口附近的路面处于两种不同状态而使摩擦力突变,这种突变带来的车辆操控的不连续感易导致驾驶员操作失误,从而增加事故风险。

冰雪天气对隧道交通安全的影响主要表现在:

(1)冰雪和结冰路面比雨天的路面更滑,车辆制动、转向所受影响更大,操纵性更难保证,其危险性也更大。路面的附着系数降至0.07~0.1,车轮转速的突然变化会破坏车轮与路面的附着状态,从而使轮胎失去抗侧向力的能力,致使车辆产生侧滑、甩尾等,从而引发交通事故。而且在隧道桥隧相接路段,桥面更易在低温下结冰,造成隧道洞口内外的摩擦力突变,增加事故风险。

(2)飞舞的雪花会阻碍驾驶员的视线,雪花的强烈反射作用又会使驾驶员产生雪盲现象,使驾驶判断上发生失误,从而造成交通事故。在隧道路段,雪的视觉特性会进一步加强隧道的黑洞和白洞效应,增加事故风险。

(3)低温对机动车性能也会产生影响,车辆的技术状况下降,如汽车机械性能下降,车闸失灵,故障增多;低温使汽车燃油不易雾化,在汽缸内难以点燃;润滑剂也不易渗透到各个部位,使部位工作的可靠性下降等。

5.2.3 烟雾浓度

隧道是个半闭塞空间,一般只有进出口与大气相通,污染物不能很快扩散,所以隧道内污染空气的浓度会逐渐积累,从而影响能见度。含烟(尘)量达到一定程度后,即可使能见度下降到妨碍行车安全的程度。

公路隧道的烟雾包含光化学烟雾、柴油机烟雾和汽车行驶卷起的尘埃烟雾。光化学烟雾是由HC和NO_x转化而成的;柴油机烟雾的主要包含黑烟颗粒物(PM)、一氧化碳(CO)、氮氧化物NO_x、碳氢化合物(HC)、二氧化硫(SO_2)等。内燃机车排放的高浓度黑烟,是影响驾驶员视野的主要因素。汽车行驶还能携带尘土和卷起灰埃,这些物质也构成了对隧道内空气的污染,降低了能见度。

5.2.4 有毒气体

汽车所排出的废气，含有多种有害成分，如氮氧化物(NO_x)、一氧化碳(CO)、碳氢化合物(HC)、硫化物和微粒物(炭烟、铅氧化物等重金属氧化物和烟灰等组成)等，是气态和浮游固态微粒的混合物。

若这些有毒气体不能及时地由通风系统疏导，其浓度会逐渐增加，对人体产生危害，严重时会使人体产生不同程度的中毒症状，直至危及生命。

公路隧道空气污染造成危害的主要原因是氮氧化物(NO_x)和一氧化碳(CO)。

(1)氮氧化物(NO_x)

氮氧化物是隧道空气中有害污染物的重要组成部分。氮氧化物种类很多，包括：N_2O_5、N_2O_4、N_2O_3、N_2O_2、N_2O、NO、NO_2 等，总称 NO_x，大多数 NO_x 都有危害(N_2O 除外，又称笑气，掺入 20%O_2 后可作为麻醉剂)，污染隧道空气的主要是 NO 和 NO_2。NO 为无色无臭气体，很容易与血液中的血色素结合，造成血液缺氧而引起中枢神经麻痹；NO_2 的毒性是 NO 的 5～10 倍，是 CO 的 5 000～10 000 倍，对人体危害极大。值得注意的是，隧道内的 NO 不稳定，易氧化成 NO_2。NO_2 与空气比重为 1.448，大于空气比重，因此隧道内 NO_2 大多悬浮于隧道空间的下半部，而隧道内驾乘人员的呼吸高度恰是 NO_2 高浓度区。

公路隧道内的 NO_x 不仅可以造成人体呼吸道组织损伤及中毒等急性反应，更严重的是 NO_x 对人体可以产生慢性毒性效应。这种毒性效应是低剂量的、长期的、慢性的，以致对人体的呼吸系统、免疫系统、生殖系统以及心血管系统、中枢神经系统均产生深远的危害作用，甚至是不可逆转的。

(2)一氧化碳(CO)

一氧化碳为剧毒气体，极易与人体血红蛋白形成 CoHb，降低了血液的输氧能力，从而引起视力、听力下降、头疼、眩晕、动作迟钝、痉挛等症状。缺氧会导致隧道内驾驶员产生疲倦感，昏昏欲睡，反应速度降低，从而增加事故发生的风险。

5.3 公路隧道接线特征对安全的影响

调查显示，隧道进入口是隧道事故的高发段。山区公路中，公路隧道接线部分又存在不同的形式，如毗邻隧道、连续隧道、桥隧相接、路隧相连等。这些公路隧道接线特征也对交通产生着的不同的影响。下面对各类不同的隧道接线特征进行定义。

(1)隧道群(包括毗邻隧道和连续隧道)

结合通风、照明、交通安全、防火等因素统筹考虑，当两隧道间距 $L \leqslant 150\mathrm{m}$ 时，定义为毗邻隧道；当两隧道间距 $150\mathrm{m} < L \leqslant 1\ 000\mathrm{m}$ 时，定义为连续隧道。毗邻隧道和连续隧道统称为隧道群。

(2)桥隧相连

隧道进出口直接连接桥梁。

(3)路隧相接

隧道进出口直接连接路基。

5.3.1 毗邻隧道

毗邻隧道因相邻隧道间隔很近，导致在通风、照明、防灾控制、外部救援等各方面均对交通安全存在影响。

(1)通风对安全的影响

特长公路隧道出口毗邻下一隧道时，受地理和自然条件的影响，由特长公路隧道出口排出的污染物，受四周山体的阻挡，同时隧道内通风能力不足，污染物从隧道口排出后不能及时有效地扩散，部分污染物将聚集在两隧道之间，长期聚集在隧道口的烟雾，将给车辆行驶造成影响。同时，由于受自然风的影响，上游隧道污染物可能串流入下游隧道，影响下游隧道的通风。图5-1为毗邻隧道烟雾聚集示意图。

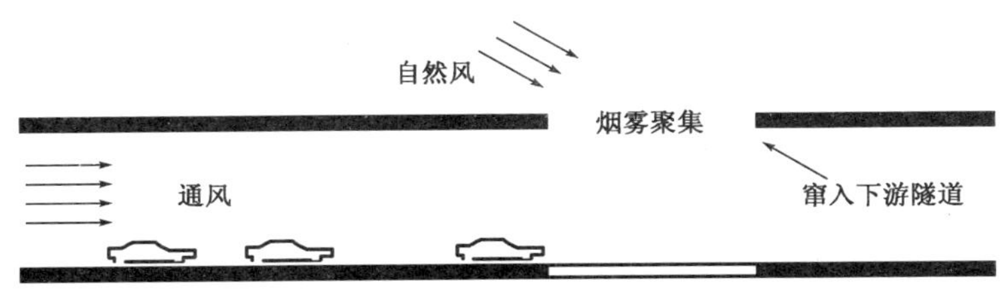

图5-1 毗邻隧道烟雾聚集示意图

(2)照明对安全的影响

车辆在高速公路隧道行车时，进、出隧道口存在明适应和暗适应视觉特征，当两隧道间距较接近时，驾驶员将经历明适应和暗适应特征的相互转换，给交通安全带来影响。在白天，驾驶员在上游隧道出洞时，将经历明适应现象，在短暂的行驶后，又将经历暗适应进入下一条隧道。这样驾驶员在过毗邻隧道时将出现明适应和暗适应两种视觉特征的快速转换。在夜间，情况相反，驾驶员在上游隧道出洞时，将首先经历“暗适应”，在短暂的行驶后，又将经历“明适应”进入下一条隧道，出现“暗适应”和“明适应”的快速转换。这两种情况，都给驾驶员的视觉带来不适应感，影响交通安全。图5-2为毗邻隧道照明对安全的影响示意图。

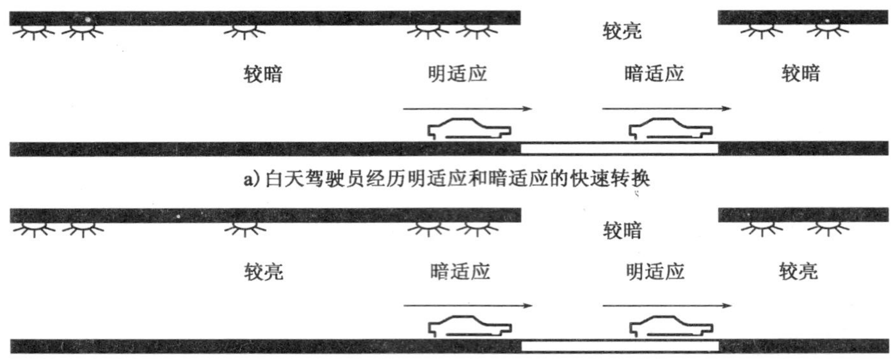

图 5-2 毗邻隧道照明对安全的影响示意图

(3)防灾控制对安全的影响

当相邻的两个隧道间距较小,上游隧道又是特长公路隧道时,在各隧道封闭的情况下,可能存在相邻两隧道间滞留的车辆长度大于隧道间距的情况。这样势必会造成车辆进入上游隧道等待交通事故处理,使车辆可能长期停留隧道,造成污染物浓度超标,给人员的健康带来威胁。同时,由于隧道内滞留车辆,还易引发二次事故。另外,在隧道发生火灾时,由于间隔很近,火灾产生的烟雾还会弥漫进入相邻隧道,造成能见度降低甚至火灾蔓延,从而影响交通安全。图 5-3 为毗邻隧道防灾控制对安全的影响示意图。

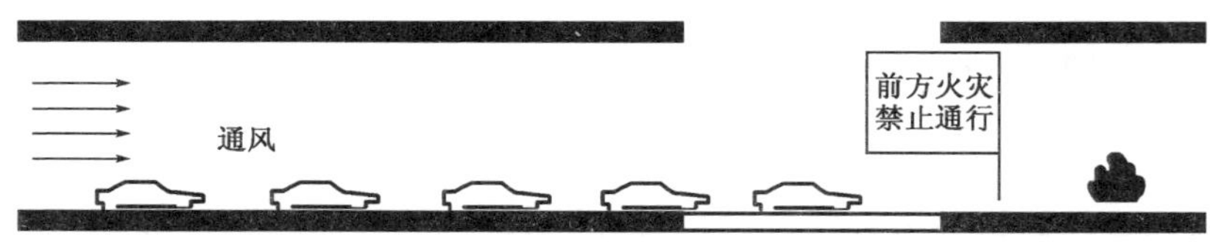

图 5-3 毗邻隧道防灾控制对安全的影响示意图

(4)外部救援对安全的影响

用数理统计方法,对隧道管理人员到达时间样本进行统计。统计分析表明隧道管理人员到达事故现场时间服从伽马分布。该分布的特点为概率在初始阶段显著上升,超出一定范围后又快速下降,随后尾部始终保持一定的概率,显现一个“尾巴”。这表明救援队伍能集中在一定时间内快速到达事故现场处理事故,防止灾害事故的扩大,但在某些时候救援队伍到达场的时间将较晚。因此,高速公路隧道群一般路线较长、隧道众多,如何设置外部消防救援队伍的位置对安全影响重大。

根据 4.1.3 的阐述,当隧道发生火灾时,消防灭火的黄金时间仅为 6min。按

最不利情况：假设双向隧道（单洞长度为 L）两端均设有消防救援车，设消防救援车的平均时速 v 为 60km/h；隧道的中点处发生难以用自动灭火系统扑灭的大型火灾，则消防车到达火灾发生点的时间 t 为：

$$T=\frac{L}{v},\text{其中 } T\leqslant 6\text{min} \tag{5-1}$$

到达时间 T 可以反映该隧道火灾外部救援安全程度。由式(5-1)易得，当隧道长度大于 12km 时，如果只配备洞外消防救援车时，该隧道的大型火灾基本处于无法救援状态（设不可救援状态的危险度为 1）。其示意图如图 5-4 所示。

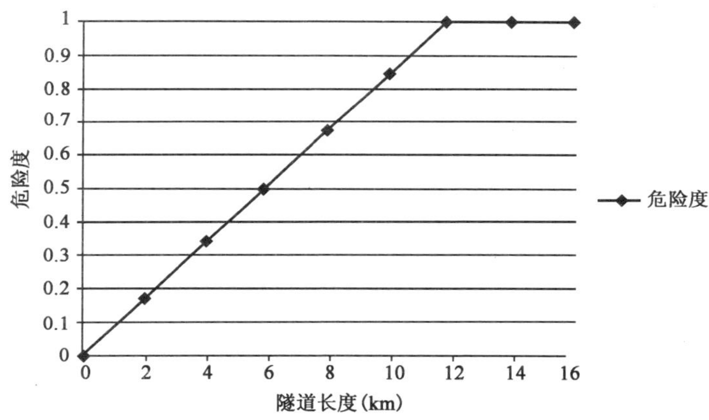

图 5-4　只配备洞外消防救援车时，危险度随隧道长度变化情况示意图

5.3.2 连续隧道

连续隧道间隔距离较大，可认为相邻隧道在通风、照明方面互相无影响。

(1)防灾控制对安全的影响

对于连续隧道，虽然隧道间距较远，烟雾的扩散不会影响到另一座隧道，但是一座隧道中的灾害事故引起的交通中断必然会对相邻隧道的交通流产生影响。如果灾情严重、处置时间较长，同时管理控制不得当，因灾害造成的车辆排队可能延至相邻的上游隧道，从而影响交通安全。

(2)外部救援对安全的影响

连续隧道的外部救援对安全的影响与毗邻隧道相似，可参见 4.2.1。

5.3.3 桥隧相接

桥隧相接路段在我国山区公路建设中较为常见，这种接线形式对交通安全的影响主要表现在：

(1)桥头跳车

处于营运中的桥梁普遍存在着搭板断裂及不均匀沉降,最终导致桥头跳车现象的产生。桥头跳车严重影响着行车的安全、速度、舒适性,同时也影响着车辆的使用寿命。因此,车辆在桥隧相接路段进出隧道口时易发生不同程度的颠簸,增加了驾驶员操作失误的可能性。其次,由于车辆在驶出隧道时一般都是加速行驶,车速比较高,有更大的事故风险。

(2)路面附着系数的变化

桥梁与隧道由于路面材料和暴露环境不同,路面附着系数也不同。如果附着系数相差较大,如在雨天和冰冻气候条件下,车辆在进出隧道口时,易发生车辆跑偏、甩尾等严重危害安全的现象。

5.3.4 隧道与纵坡相接

统计表明,当纵坡在0～2%时,上下坡事故率基本相同,且事故率较小;当纵坡大于2%时,下坡事故率开始大于上坡事故率,且下坡事故率曲线迅速上升。

隧道与上坡组合的形式,其事故率较低,其主要的安全隐患在于隧道处于坡底处。如果路面排水不畅,雨水易进入隧道,造成路面附着系数降低,增大事故风险。

本节主要讨论的对象是隧道与长下坡相接。

隧道与长下坡相接分为三种形式:隧道出口与长下坡组合,长下坡与隧道入口组合,长下坡、隧道、长下坡组合。

(1)隧道出口＋长下坡

一般,山区公路中由于隧道的高程都较高,因此,隧道出口＋长下坡的组合形式非常常见。这种组合形式对安全的影响主要表现在:

①隧道内压抑的行车环境使驾驶员高速驶离隧道,驶入长大下坡路段。如果此时路面湿度较大,路面附着系数较小,则制动距离增大。如果出口接线存在小半径平曲线路段,重载大型车等操控性差的车辆事故风险将大大提高。

②隧道驶出速度较高,重载大型车在驶入衔接的长大下坡时,很容易发生制动失灵的危险。

(2)长下坡＋隧道入口

车辆(尤其是大型车)在坡底的速度通常较高,以高速驶入隧道,由于道路摩擦系数的变化、驾驶员暗适应过程的减短等,事故风险增大。尤其是当隧道中已经发生灾害或者正在进行养护的情况下,极易导致二次事故的发生。

(3)长下坡＋隧道＋长下坡

由于地形原因,此种组合形式较为少见。但该组合属于上述两种情况的累加,事故风险也更大。

5.4　公路隧道土建和安全设施对安全的影响

5.4.1　隧道平面线形

隧道平面线形对安全的影响主要表现在：

(1)平曲线半径太小会影响到驾驶员的视距，增加事故风险。

(2)平曲线半径过小还会在隧道内产生较大的路面超高横坡，从而影响隧道结构断面的变异，使隧道内的路面扭曲严重，对行车安全产生不利的影响。

(3)平曲线半径过小还会导致隧道内装修复杂，增加通风阻抗，不利于自然通风，也会产生排水困难等影响交通安全的问题。

隧道内车辆的停车视距示意图如图 5-5 所示。

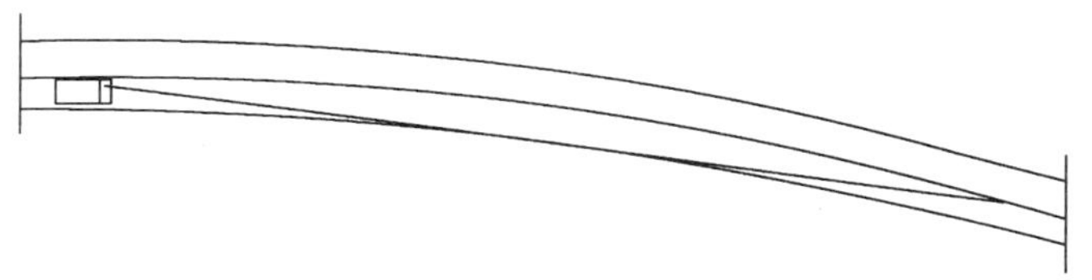

图 5-5　隧道内车辆的停车视距示意图

隧道内几种小半径曲线下车辆的停车视距见表 5-1。

隧道内几种小半径曲线下车辆的停车视距　　表 5-1

半径	驾驶员距离墙 4m	驾驶员距离墙 3m	驾驶员距离墙 2m	《公路工程技术标准》(JTG B01—2003)最小停车视距
R=800m	165.072m	154.319m	141.576m	100km/h 为 160m；80km/h 为 110m；60km/h 为 75m；40km/h 为 40m
R=700m	154.440m	144.377m	132.453m	
R=600m	143.020m	133.697m	122.653m	
R=500m	129.57m	122.087m	111.999m	
R=400m	115.61	107.34m	98.79m	
R=300m	99.85m	93.41m	85.78m	

(4)隧道洞口段平面线形。

①隧道洞口平面线形与路段平面线形的一致性对隧道出入口的交通安全影响较大。这是由于隧道出入口作为连续的道路线形的一部分，存在着行车环境的过渡，保持一定范围的线形一致性有利于驾驶员适应隧道的行车环境。

②在保证隧道洞口线形一致性的前提下，隧道洞口的平曲线要素点应与洞门的距离保持一定的长度。这个长度过小也会导致驾驶员在操作上出现失误。所

以，隧道洞口的进洞线形一般应设置为平曲线或直线。

③如果隧道洞口平曲线半径较小，但隧道进出口纵坡却较大，这类弯坡组合路段出现在隧道进出口，易造成驾驶员视线不良，也会导致事故风险增加。

5.4.2 隧道纵面线形

与公路隧道安全密切相关的纵断面线形因素主要是坡度和坡长。

1）隧道纵坡坡度对交通安全的影响

（1）下坡对安全的影响

一般情况下，下坡行驶发生的交通事故数量要比上坡行驶发生的交通事故数量多1～2倍，下坡行驶制动比上坡制动具有较大危险，因为在必须进行紧急制动时，下坡行驶的制动距离要比上坡长。若此时车辆制动器发生故障，则将引发严重的交通事故。据调查，由此而发生的隧道交通事故占车辆故障引起事故总量的40％以上。

（2）坡度变化对安全的影响

隧道中的变坡点不宜过多，否则易造成驾驶员的错觉而增加事故风险。当汽车驾驶员在封闭的隧道中行车时，看不到外界景物，因此无法判断路面坡度的变化，总以为是在水平路面上行驶。这样，在超过中部最高点以前，车速将逐渐减慢，车间距离也随之逐渐缩短。当交通量较大时，隧道入口处常发生交通阻塞现象，有时甚至发生追尾撞车事故。这与隧道前半段的路面坡度有一定关系。当越过隧道中部之后，路面成为下坡路段，车辆又会在不知不觉间加快行驶速度。由于在隧道内行车很难产生速度感，所以驾驶员对道路坡度引起的车速变化往往并无察觉，这又增大了引发事故的可能性。表5-2反映了公路隧道上、下坡和水平路段与隧道事故率的关系。

不同隧道纵断面线形下的事故频率 表5-2

隧道事故频率	上坡路段	水平路段	下坡路段
车辆故障	4×10^{-6}次/(veh·km)	6.7×10^{-6}次/(veh·km)	7.5×10^{-6}次/(veh·km)
车辆损坏	2×10^{-6}次/(veh·km)	1×10^{-6}次/(veh·km)	1.5×10^{-6}次/(veh·km)
意外	2×10^{-7}次/(veh·km)	1×10^{-7}次/(veh·km)	1.5×10^{-7}次/(veh·km)

2）坡长对安全的影响

因为在连续上坡路段，机动车（主要是大型车）在较长的坡道上行驶时，水箱易沸腾、气阻，尾气排放增加，行驶缓慢无力，增加速度差，造成安全隐患；在长下坡时，由于需减速制动，大型车也往往容易因制动器发热失效或烧坏而发生交通事故，小型车也更易发生超速行驶等危及行车安全的问题。

5.4.3　隧道长度

在国外隧道近年来发生的 33 起事故中，特长、长大隧道的事故发生率高于中短隧道，且多为重特大事故。根据表 5-3××高速××段 4 个隧道交通事故的统计及对表的分析可知，隧道长度与隧道内交通事故的发生频率有密切的关系。通过下面 4 个隧道的交通事故频数来看，随着隧道长度的增加，隧道交通事故频数逐渐减少，但是当隧道长度增加到一定长度后，交通事故频数又急剧增加。总体来说，随着隧道长度的增加，隧道事故发生率呈上升趋势，且极易引发二次事故。

××高速××段 4 个隧道交通事故统计　　表 5-3

×××隧道	长度(km)	2.389
	事故次数	50
	事故频数(次/km)	20.93
×××隧道	长度(km)	3.55
	事故次数	20
	事故频数(次/km)	5.63
×××隧道	长度(km)	6.33
	事故次数	59
	事故频数(次/km)	9.32
×××隧道	长度(km)	0.8
	事故次数	5
	事故频数(次/km)	6.25

5.4.4　隧道宽度

隧道宽度取决于车道数和车道宽度，它们对安全的影响主要表现在以下方面。

(1)车道数

一般来说，行车安全性随车道数的增加而提高，即车道数越多，行车越安全。但是对三车道的公路，只有当交通量很低时才是比较安全的。当交通量增加时，交通事故相对数也会随着交通量的增加而迅速提高，因为此时利用中间车道实现超车非常困难，且非常危险。

隧道作为公路的特殊路段，车道数对行车安全的影响与公路有所不同。当隧道采用单孔双向的交通形态时，车道数对安全的影响与一般公路相似. 但当隧道采用多孔形式将不同方向交通流分离时，随着车道数的增加，事故发生的风险呈下降趋势。这是因为在隧道中，由于光线和环境原因，相对于路段行驶来说，驾驶员更为谨慎，其变道超车意愿减弱。

(2)车道宽度

一般来说，较宽的路面有利于行车安全，当双向车道的路面宽度大于 6.5m 时，其事故率将比宽为 5.5m 的路面低得多，因此道路交通事故率随路面宽度的增加而降低。图 5-6 为美国双车道公路事故率与路面宽度的关系。总体来看，事故率与路面宽度基本上呈线性关系，路面越宽，事故率越小。

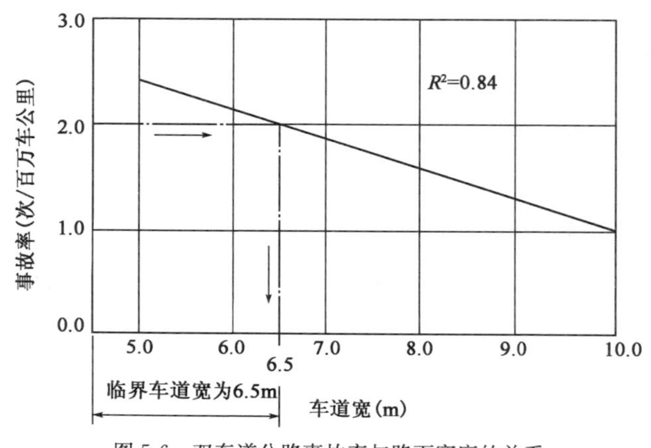

图 5-6 双车道公路事故率与路面宽度的关系

5.5 公路隧道机电设施对安全的影响

隧道机电系统是保障公路隧道安全运营的基础设施。各子系统各司其职，任何子系统或子系统的设备出现问题，都会影响公路隧道的安全等级。

5.5.1 诱导设施

交通诱导设施是交通诱导与控制系统的设备组成部分，该系统有两个功能：在正常交通条件下为驾驶员提供路线走向等诱导信息；在异常交通条件下通过车辆检测、火灾报警、通风、照明等系统获得信息后，对隧道交通流、人流等提供路线诱导信息，确保安全行驶和人员疏散。

诱导设施对安全的影响主要表现在：

(1)诱导设施在正常条件下，提供主动安全引导，提示驾驶员采取正确操作行驶。它是主动安全保障措施的主要手段之一。

(2)在异常条件下，诱导设施能帮助车流、人流走向正确、快速地疏散，是避免二次事故和更严重灾害的重要手段。

5.5.2 控制设施

控制设施同样是交通诱导与控制系统的设备组成部分，但相对于诱导设施，控制设施则是发布指令性信息的设施，如交通信号灯、可变限速标志、可变信息标志、隧道洞口栏杆机等。

控制设施对安全的影响主要表现在：

(1)控制设施在正常条件下，提供主动安全性控制信息，达到隧道运行效率和安全平衡的目的。

(2)控制设施在异常条件下，对道路车辆发布指令性信息，可以关闭、开放或改变隧道运行方式，达到减少事故、防止二次事故的目的。

5.5.3 通信设施

通信设施用于隧道信息监测设施、控制设施、信息提供设施等的通信。目前，隧道通信均有自己专用的通信网，以满足图像、语音、数据的传输要求。该设施是隧道机电系统的运行基础之一，该设施的可靠性与公路隧道交通安全密切相关。

5.5.4 消防设施

消防设施主要包括灭火器、消火栓、固定式水成膜泡沫灭火装置、隧道消防给水及管道等。消防设施用于隧道内发生火灾时的灭火和救援，以减少火灾造成的损失，保护人身和财产安全。

消防设施的完好、有效、可靠对隧道火灾的减灾起到至关重要的作用。

5.5.5 监测设施

隧道交通监测设施主要包括车辆检测器、摄像机、视频监视控制设备等。交通监测设施主要用于检测隧道内交通信息，监视隧道运营状况。

监测设施不间断地为隧道监控系统提供隧道状况信息，其可靠性、可控性、稳定性是保障隧道交通安全的基础。

5.5.6 通风与照明控制设施

通风与照明控制设施主要包括环境检测及通风控制设施、亮度检测及照明控制设施。通风照明控制设施的可靠性、可控性和稳定性也是保障隧道交通安全的重要方面，它们对于安全的影响主要表现在：

(1)环境检测和通风控制设施是控制隧道内空气质量的主要手段,空气质量又直接影响驾驶员的驾驶状态和身心健康。

(2)视觉信息占驾驶员获取信息来源的80%以上,而隧道亮度检测和照明控制设施对驾驶员在隧道内的视距和视觉过渡起到了最重要的安全保障作用。

5.6 公路隧道交通特征对安全的影响

5.6.1 车速

(1)车速绝对值对安全的影响

车速是诱发隧道交通事故的重要因素。根据调查,在隧道内所有与事故相关的因素中,车速的重要性排在第二位,由此可见速度对安全行车的重要程度。

车速越高,发生交通事故的危险性就越大,且事故造成的后果就越严重,但是危险性与车速并不呈线性关系。表5-4为国外一些国家对公路路段或隧道路段的车速限制值调整后所产生的统计结果表。

国外一些国家限速值调整后的统计结果表 表5-4

速度限制	国家	限制值变化	结果
降低	瑞典	110~90km/h	平均速度降低了14km/h,重大事故率降低了21%
	英国	100~80km/h	平均速度降低了4km/h,事故率降低了14%
	丹麦	60~50km/h	死亡交通事故下降了24%
	美国22州	速度下降8~32km/h	无明显变化
	澳大利亚	下降5~20km/h	无明显变化(与限速值未改之前上升了4%)
	德国	60~50km/h	交通事故下降了20%
	瑞士	130~120km/h	平均速度降低了5km/h,重大事故率降低了12%
提高	美国	89~105km/h	重大事故率增加了21%
	澳大利亚	100~110km/h	受伤事故增加了25%

由表5-4可以看出,车速的变化对交通事故的影响较大。交通事故(特别是重大交通事故)发生率随着车速的降低而降低,随着车速的提高而增加,但是两者并不呈线性关系。根据澳大利亚RTA(2000)的研究表明,速度与事故危险性的关系如表5-5所示。

车速与交通事故危险性的关系　　表 5-5

行车速度(km/h)	相对交通事故危险性	行车速度(km/h)	相对交通事故危险性
60	1.00(基数)	75	10.60
65	2.00	80	31.81
70	4.16	85	56.55

由表 5-5 可得,速度每增加 5km/h,发生交通事故的危险性基本是原来的 2 倍,微小的速度变化会对隧道内的行车安全带来显著的影响。

(2)车速的离散性对安全的影响

车辆的车速与平均车速的差值越大,即车速分布越离散,事故发生率越高。从事故发生的机理来说,车辆间的速度差是导致侧向事故和追尾的主要因素。

目前,国内外的同类调查和研究均表明,平均速度离散度越大,事故率越高(图 5-7)。

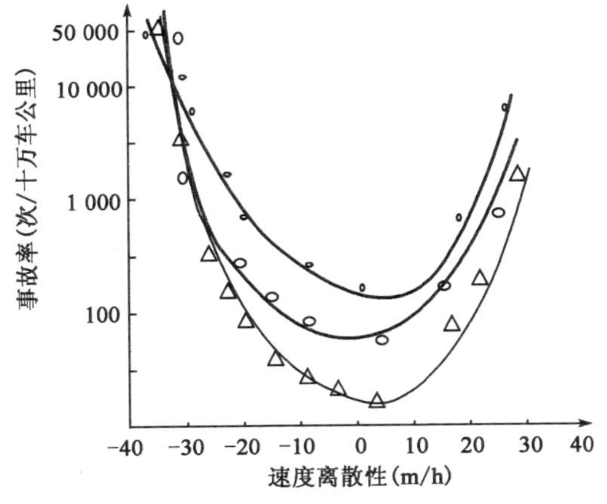

图 5-7　车速离散性与事故率关系图

5.6.2　交通量

公路隧道内交通量的大小对交通事故的发生有着直接的影响。交通量与交通流饱和度直接相关,而交通流饱和度影响交通事故的频率和严重程度。

图 5-8 为交通事故率与交通饱和度的关系。从图中可以看出,交通量对事故的影响可以分为以下几种情况:

(1)交通量很小时,车辆之间的间距较大,驾驶员基本上不受同向行驶车辆的干扰,可以根据个人习惯选择行车速度。绝大多数驾驶员都能保持符合车辆动力性、经济性、制动性和安全性的行驶车速,只有当个别驾驶员忽视行驶安全而冒险高速行车，遇到视距不足、车道狭窄或其他紧急情况时，来不及采取措施才会发生交通事故。

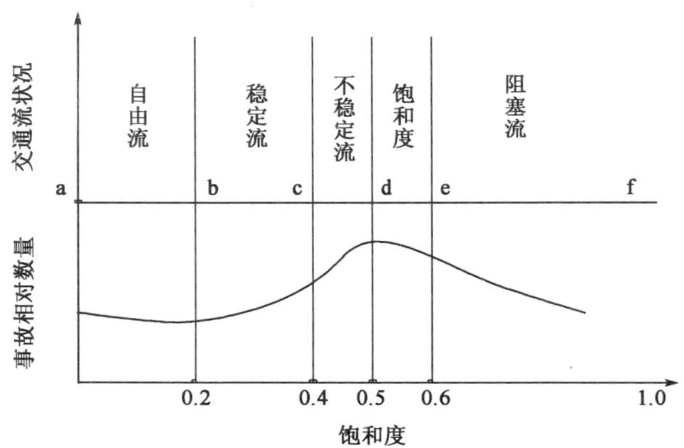

图 5-8 交通饱和度与事故关系

(2)当交通量逐渐增加时，驾驶员不再单凭自己的习惯驾车，必须同时考虑与其他车辆的关系。而且由于对向来车增多，使得驾驶行为更加谨慎，因而交通事故相对数量有所下降。

(3)当交通量继续增大时，在道路上行驶的大部分车辆尾随前车行驶，行成稳定流。在这种情况下，超车变得比较困难，从而与超车有关的事故也有所增加。

(4)当交通量进一步增大，形成不稳定流。此时，超车的危险性越来越大，交通事故相对数量也随着交通量的增加而增大。

(5)当交通量增加到使超车成为不可能时，车辆间距大大减少，交通流密度增大，形成饱和交通流。由于饱和交通流的平均车速低，因此事故相对数量也降低。

(6)如果交通量进一步增加，则产生交通堵塞。这里，车辆只能尾随前车缓慢行驶，使道路的服务水平大幅度下降的同时，交通事故也大为减少。

5.6.3 交通组成

公路隧道交通事故的多少，与交通组成密切相关。混合车流是我国公路运营的基本特征，因此我国道路上车型的组成较为复杂且随时间的变化呈现随机性。

由于混合车流中各车之间车身尺寸和动力特性的差异(如大型车比小型车占用更多的道路空间，并且运行性能比小型车差)，在许多情况下大型车不能与小型车保持紧随状态，形成非连续、离散的车队，即在交通流中形成了许多难以由超车运行填补的大空隙。这就产生了道路空间在使用上的无效，这种空间损失随车型比例的变化而变化。这种不稳定的交通组成严重干扰了有序的交通流，同时大型

车会遮挡紧随其后行驶的小型车驾驶员的视距，容易导致交通事故的发生。与此类似，当交通组成中货车比例增加时，由于客车与货车的动力性能存在差异，导致车速分布更为离散，车速方差变大，也容易导致交通事故的发生。

一般来说，车型比例与事故率之间呈现出一种近似抛物线的发展趋势。当小型车比例大于80%时，即交通组成以小型车为主，交通流趋于稳定，同样事故率也趋于稳定；当小型车比例小于80%且大于20%时，此时交通组成比较复杂，大型车与小型车之间的相互摩擦增大，交通参数离散程度大，事故率增大；当小型车比例小于20%，即大型车比例大于80%，交通组成以大型车为主，交通流再次趋于稳定，使原本分布比例比较离散的交通参数趋于均匀，事故率也相应趋于稳定。

5.6.4 交通状态

公路隧道交通状态与一般路段的交通状态相同，可分为：自由流行驶状态以及非自由流行驶状态。

1)自由流行驶状态

在自由行驶条件下，车速将对高速公路运营安全产生重要影响，主要表现为以下两个方面。

(1)车辆稳定行驶车速

车辆稳定行驶车速指曲线路段车辆安全运行的最大稳定车速，该稳定车速同高速公路的线形条件，车辆构造、性能等密切相关。行车动力学给出了不同车辆车速和半径之间的关系：

$$R=\frac{v_{85}^{2}}{127(\mu+i)} \tag{5-2}$$

式中：R——路段运行速度要求的平曲线半径，m；

v_{85}——运行速度计算值，km/h；

μ——横向力系数；

i——路拱横坡度。

横向力系数μ与车辆行驶安全和旅行舒适性有很大关系。该公式表明，在同一道路条件下，速度值决定的行车所需的横向力系数超出道路提供的横向力系数时，事故风险将大大增加。

(2)期望车速

车辆在高速公路上行驶，驾驶员根据前方道路、交通、环境等实际情况产生的速度期望，并即将付诸实施的驾驶行为。在车辆运行过程中，受各种道路、环境和交通条件的影响，驾驶员为保持安全而采取相应的措施，最终车辆的行驶速度表现为实际运行车速。期望车速与实际运行车速的差异越大，尤其是超出期望车速，出现紧急情况时，驾驶员所采取的紧急避让措施而产生的行车影响就越大，车辆运行危险性也就越高。在隧道路段，由于我国当前规范等限制，公路隧道的限速值一般都低于路段限速值，实际车速一般均低于期望车速。这时，如果有个别车辆超速行驶，则会加大车流速度离散性，相对一般道路而言，事故风险更大。

2)非自由流行驶状态

非自由流行驶状态分为跟驰行为状态和换车道行为状态。

(1)跟驰行为状态

隧道交通流跟驰行驶状态对安全的影响主要表现在：

①跟驰的制约性。车辆在跟车过程中，需满足紧急停车情况下车辆不发生碰撞，即车间距大于安全停车间距。因此，跟车的车速应保持在前车车速一定范围内，避免前后车速差引起车间距减小。同时，在跟车过程中，后车驾驶员为防止邻近车道车辆驶入而紧随前车行驶。这些影响因素制约着车辆安全跟车行驶。跟车与前车行为的一致性如图 5-9 所示。

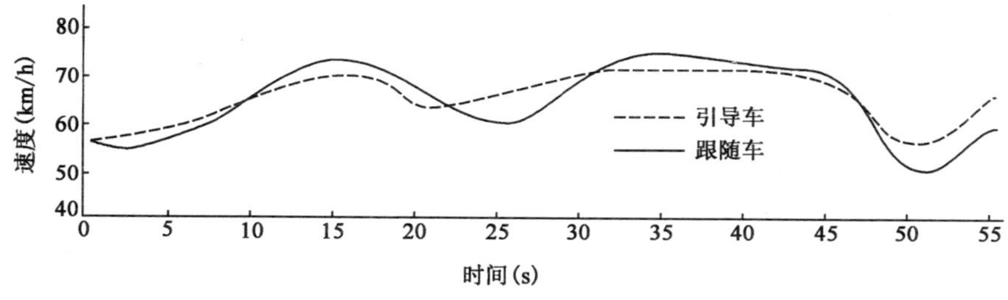

图 5-9　跟驰车辆与前车行为一致性

②跟驰的延迟性。驾驶员的操作反应过程是由感知阶段、认识、判断和操作四个连续阶段组成的。这四个阶段所需的时间称为反应时间。当前车运行状态发生改变(如突然紧急制动、减速等)时，跟车驾驶员产生反应，随后进行驾驶操作，此时前后车运行状态的改变不是同步的，而具有一定的延迟性。

③跟驰的传递性。跟车行驶的一列车队，车辆之间总是相互影响的，第一辆车的运行状态影响着第二辆车的运行状态，第二辆车又影响第三辆车，依此类推。当第一辆车紧急制动时，随后第二辆车也将紧急制动，第三辆车随后也采取紧急措施。这样就形成了向后传递推移的阻尼波。由此可见，车队中任何一辆车运行状态的改变都将影响其跟随车辆的运行状态。

(2)换车道行为状态

在车道变换过程中，存在着三种可能危及行车安全的危险情形：

①换车道车辆由于减速造成原车道上后车不适应而与之发生追尾；

②换车道车辆由于对目标车道后行车辆的车速判断不准造成进入目标车道时机不当而与目标车道后车相撞；

③进入目标车道后换道车辆与目标车道上的前车追尾。

在对非自由流交通状态分析后可知，在该交通状态中，车间距控制不佳往往是事故发生的主要因素。但在隧道中，由于特殊的环境关系，在隧道能见度不足、照度不足等负面因素的共同作用下，事故风险会大幅增加，甚至会导致多车相撞和二次事故等恶性事故，同时也会增加救援难度。

5.7 公路隧道运营管理对安全的影响

5.7.1 运输管理

公路运输管理，一般是指超限运输管理和危险品运输管理。它们对公路隧道的安全影响主要表现以下几点。

(1)超限运输管理

公路上的超限货物是指货物外形尺寸和质量超过常规车辆装载规定的大型货物，以及超过桥梁、隧道、路基等结构物的限界和承载能力的货物。

由于尺寸和质量的原因，超限车辆会对隧道路基路面结构、隧道结构、安全设施、交通流产生一定影响。但超限运输是公路运输中不可避免的现象，良好的超限运输管理会使超限车辆对交通的影响尽可能地降低。

(2)危险品运输管理

隧道危险品运输管理对隧道安全运营至关重要，因为隧道运送危险品的风险大大高于一般路段(表5-6)。总结国内外关于危险品车辆通行公路隧道的管理规定，可以概括为以下几种措施。

(1)禁止类：包括隧道禁止所有危险品车辆通行、隧道禁止部分危险品车辆通行。

(2)限制类：包括对危险品车辆通行时间有所限制、通行方式限制不能自由通行(需要引导车护送通行)。

(3)允许类：对危险品车辆通行隧道不采用任何限制，自由通行。

据统计，每年公路运输危险品货物为1亿～2亿t左右，仅易燃易爆的油类品基本达到1亿t，使得危险品车辆通过隧道的数量和频率比较高。危险品通过隧道的过程中，一旦发生泄漏，可能会引发毒气泄漏、火灾、爆炸、严重交通事故等灾害事件，其救援本身难度极大，对隧道本身的结构也有很大影响，最终造成巨大的人员、经济损失。

隧道运送危险品的风险　　表 5-6

事　　件	车辆抛锚	车辆翻覆	车辆碰撞
可能后果	隧道暂时或局部封闭	隧道暂时或局部封闭；危险品外泄；火灾；爆炸；毒气	隧道暂时或局部封闭；危险品外泄；火灾；爆炸；毒气

5.7.2　维修养护管理

公路隧道维修养护管理对安全的影响主要表现在：

(1)维修养护施工组织计划的周密性、养护作业区的合理性对隧道交通流的影响较大，易发生交通拥堵等事件。

(2)养护作业区的作业人员的安全教育和作业规程必须培训、要求到位，否则易出现突发性的人员伤亡事故。

(3)隧道内的有害气体的浓度及能见度会影响施工安全，进而影响到交通安全。

(4)养护施工时相应的安全设施的配置合理性、施工标志的设置规范性对交通安全的影响较大。

5.7.3　管理技能

由于隧道管理工作岗位的特殊性，管理人员应经专门培训，并熟练掌握业务技能后方可持证上岗，同时要具备相应的应变能力和处理突发事件的能力。为了确保各项工作的顺利开展及其效果，还应建立严格的管理制度及各工种的工作岗位职责，从而规范各班组工作程序，使各工种之间既有分工又有合作，各司其职，各负其责。当隧道内发生突发性事故时，各班组应按照联动救援方案，建立完善统一的紧急救援系统。

如果管理人员管理技能不足，可能会在灾害事件发生时，出现恐慌、决策和操作失误等情况，将导致灾害的扩大。

土建养护班负责隧道土建结构日常检查、小修保养及病害处治工作；机电设施维修班负责隧道机电设施检修工作；监控班负责监视控制隧道运行，对通风系统、无线电连接系统、照明系统、交通信号及诱导系统、紧急避难设施等系统进行有秩序的监控，掌握隧道的运营状况，及时向隧道管理单位反馈信息，并对隧道管理各基层单位下达指令，监督其实施情况。安保消防中心负责隧道内的消防安全及紧急救援工作。其工作重点是预防事故发生和处理潜在的安全隐患，以确保隧道安全运营。

5.7.4　管理决策

公路隧道安全管理决策由数据采集模块、数据分析处理与决策模块和信息发

布模块三部组成，运营安全影响因素的动态信息经采集处理后，制订相应的控制策略，由信息发布设施对外发布。

管理决策是公路隧道安全管理的核心内容，它对灾害事件下的救援行为进行调度指挥，并直接作用于隧道交通流控制，避免灾害的扩大和蔓延。因此，公路隧道安全管理决策的及时性、有效性、前瞻性、正确性对公路隧道运营安全产生巨大的影响。

5.8　公路隧道灾害致灾机理与成因

5.8.1　致灾机理

公路隧道安全事故是由火灾爆炸事故、交通事故、危险品泄漏事故等所造成的巨大损失组成的，主要包括安全事故造成大量的人员伤亡、财产损失（车辆的损坏、隧道结构的破坏）以及交通阻塞影响人们的出行效率等方面。公路隧道事故致灾机理是指导致事故发生的各原因事件之间的逻辑关系。不同的安全事故类型导致不同的灾害程度，但是从系统工程的角度分析所有的公路隧道安全事故均与“人—车—路—环境”这一大系统密不可分，各种因素相互关系如图 5-10 所示。

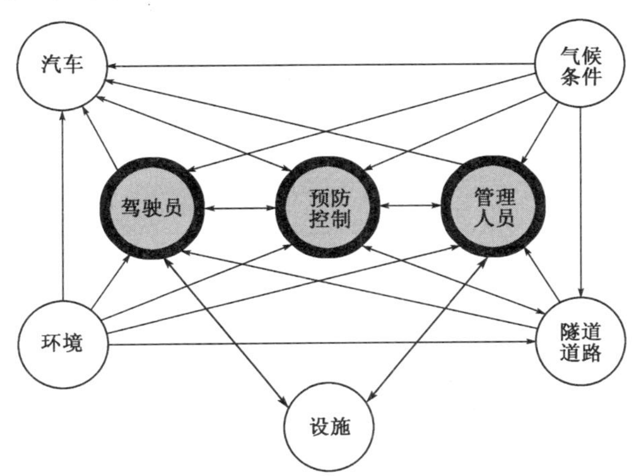

图 5-10　“人—车—路—环境”系统结构图

图 5-10 表示了各个因素之间的相互关系，如气候条件和地理环境均为客观存在的自然因素，同时影响着隧道道路的使用情况、管理人员的管制措施、驾驶员的心理素质以及预防控制调节，所以它们之间为单向影响关系；预防控制器与汽车之间的关系是预防控制器需要得到汽车的相关信息，如速度大小等，而预防控制器需要调整汽车的速度大小，所以两者相互间为双向影响关系。由图 5-10 中

各因素影响箭头分析可知，影响隧道安全运营的因素是错综复杂、相互影响的，有时涉及多个因素，每种类型的隧道安全事故也是由一个或多个因素相互作用发生的。

由图 5-10 可得不同类型的隧道安全事故的致灾成灾特征关系。

1)隧道火灾爆炸事故的致灾成灾特征

火灾爆炸事故的发生主要由“汽车、驾驶员、隧道道路、管理人员”等可能因素造成。为清楚形象地分析隧道火灾爆炸事故的致灾特性，引入安全系统工程中的事故树分析法(FTA)进行分析。FTA 是以系统不希望发生的重大或较大事件(顶上事件)作为分析目标，层层分析其发生的各种可能的原因。一般是将特定的事故和各层原因(危险因素)之间用逻辑门符号连接起来，得到形象、简洁地表达其逻辑关系的逻辑图形，称其为事故树。建立“隧道火灾爆炸”为顶上事件的隧道火灾事故树，以此来描述隧道火灾事故的致灾成灾特征，如图 5-11 所示。

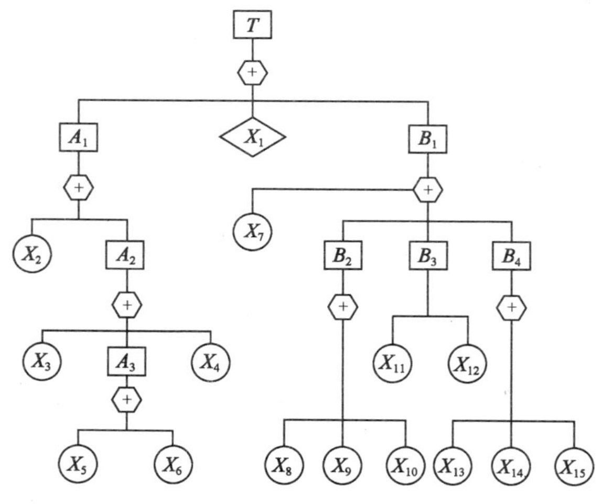

图 5-11 隧道火灾爆炸事故树

T-隧道火灾爆炸事故；A_1-隧道中的可燃烧物；A_2-隧道外界带入的可燃烧物；A_3-车辆运输的可燃烧物品；B_1-隧道中火源；B_2-隧道中的电气设备起火；B_3-人为纵火；B_4-车辆发生交通事故起火；X_1-空气；X_2-隧道内装的可燃烧物；X_3-机动车辆的燃料；X_4-行人带入的可燃烧物品；X_5-一般可燃烧物品；X_6-易燃易爆物品；X_7-车辆发动机起火；X_8-雷击起火；X_9-两电气设备短路起火；X_{10}-电线电负荷过大起火；X_{11}-故意纵火；X_{12}-非故意纵火；X_{13}-车辆对撞起火；X_{14}-车辆追尾起火；X_{15}-车辆撞中隧道内结构物起火

以上隧道火灾爆炸事故树中，所有的基本事件可以包含重复事件，但这些事件都是互相独立统计的。用布尔代数可以表示事件之间的逻辑关系；再求出事故树的最小割集，即隧道火灾致灾成灾的事故模式。由于全部最小割集反映了系统的

全部事故模式，所以全部最小割集的集合又称为系统的事故谱。通过对事故谱的分析，可以找出导致事故发生的基本因素，从而提高隧道火灾应急救援预案编制的准确性与可靠性。

2)隧道交通事故的致灾成灾特征

交通事故的发生主要由“汽车、驾驶员、隧道道路、管理人员、气候条件”等可能因素造成。各种因素的关系可用事故树中的条件或门的逻辑关系表示如图5-12所示。

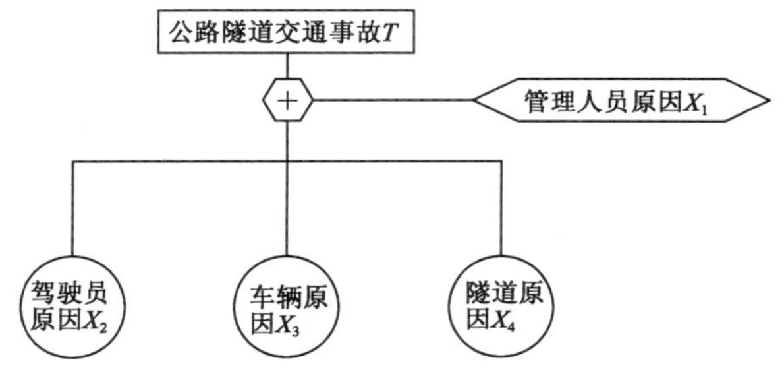

图 5-12　公路隧道交通事故树

根据隧道交通事故树，运用布尔代数原理可得下式：

$$T = X_1 \cdot (X_2 + X_3 + X_4) = X_1 \cdot X_2 + X_1 \cdot X_3 + X_1 \cdot X_4 \qquad (5\text{-}3)$$

式中：T——公路隧道事故；

X_1——隧道事故的管理原因；

X_2——隧道事故的驾驶员原因；

X_3——隧道事故的车辆原因；

X_4——隧道事故的硬件原因。

由图 5-12 和式(5-2)可知，隧道内发生交通事故的原因虽然具有复杂性和多样性等特点，但综合抽象出来的原因，就是“人—车—路—环境”系统结构图中的汽车、驾驶员、隧道道路、管理人员四个因素之间关系不和谐导致的出乎人们意料的破坏性事件，四者共同决定着隧道内的交通事故发生。隧道交通事故的产生机理可由图 5-13 来描述。

隧道交通事故产生的机理可以由图 5-13 中的 V、H、E、M、A、B、C、D 八个区域所示的内容来表示。V 区是由于车辆的内在性能缺陷而导致的交通事故；H 区是单纯由于人的因素而造成的隧道交通事故；E 区是单纯由于隧道条件而造成的隧道交通事故；M 区是由于管理不善所带来的隧道交通事故，管理对象包括对人、车辆和隧道条件以及交叉区域的管理；A 区是由于车辆性能的不良和人为操纵错误而导致的隧道交通事故；B 区是由于车辆的因素对隧道条件的破坏以及由隧道条件所造成的隧道交通事故；C 区是由于车辆、人、隧道条件三者综合的因素所导致的隧道交通事故；D 区是由于隧道条件的不良与人的错误行为而带来的隧道交通事故。

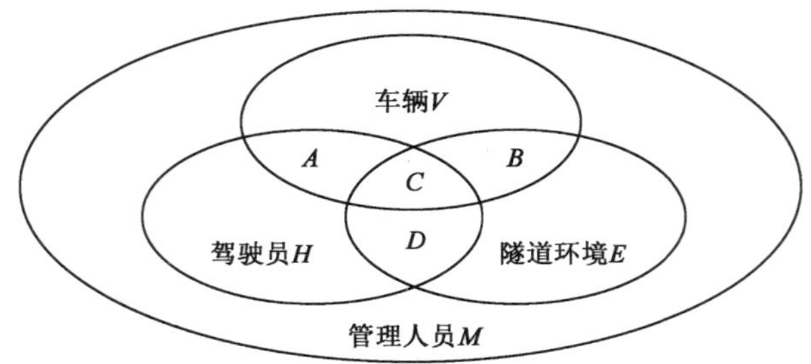

图 5-13　公路隧道交通事故致灾结构模型图

3)隧道危险化学品泄漏事故的致灾成灾特征

隧道危险化学品泄漏事故的发生主要由“汽车、驾驶员、管理人员”等可能因素造成。化学品运输危险性分析中最关心的是运输事故引起的氯泄漏，在此过程中主要是由于汽车和驾驶员的原因造成储存危险化学品储罐破裂，从而导致氯泄漏。运输事故引起的氯泄漏的主要原因包括：事件撞击导致储罐破裂；尖锐物体将储罐击穿；事故挤压导致储罐破裂。由此可得到如图 5-14 所示的危险化学品泄漏事故树。

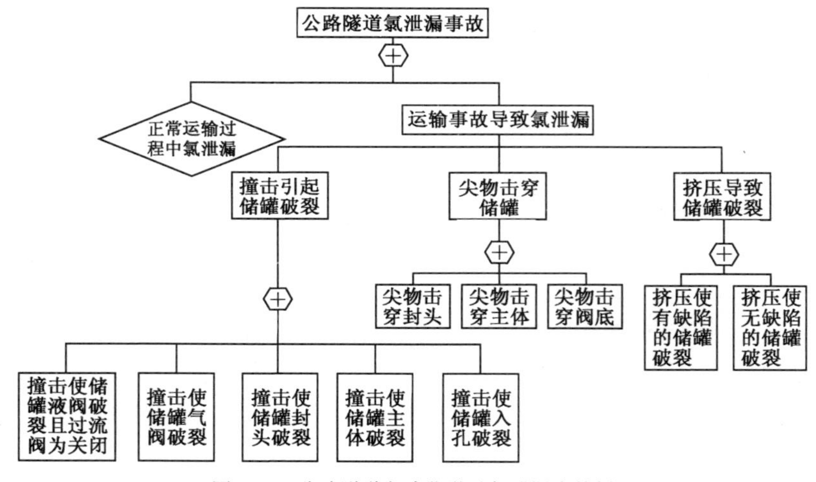

图 5-14　公路隧道危险化学品氯泄漏事故树

由图 5-14 可以看出公路隧道危险化学品泄漏事故，主要是由于汽车将危险化学品带入隧道，在运输过程中发生泄漏造成的。通过对事故树的分析，可以找出事故产生的特征，从而能快速制订防灾救灾预案。

4)隧道工程应急养护事故及自然灾害事故的致灾成灾特征

隧道工程应急养护事故的发生主要由“隧道道路、管理人员”等可能因素造成。

由于隧道内交通管理设施的维修或者道路路面养护管理，而造成隧道入口的封闭或者对进入隧道车辆进行交通管制，或者由于工程应急养护过程中，施工安全措施不当造成的严重安全事故。

隧道自然灾害事故的发生主要由“气候条件、地理环境”等可能因素造成。气候条件因素主要是指降雨、风、空气温度和湿度等天气现象，直接影响行车的能见度和道路条件；地理环境因素主要是指由于自然条件的变异，造成洪水、山崩、地震、泥石流、山体滑坡、沙害等自然灾害，从而造成对隧道的影响。

5.8.2　事故成因

灾害不同，引起灾害的原因亦不同。明晰灾害原因，有利于制订相应的防治措施。表 5-7 给出了不同灾害的主要成因。

隧道安全事故分类及成因分析　　表 5-7

事故类型	事故名称	事故成因分析
I类	火灾爆炸事故	车辆自身故障引发火灾（如自身故障引发火灾的主要原因是车辆发动机及电气线路短路起火、汽化器起火、载货汽车传动系统起火等）。 车上货物自燃引发火灾（隧道内通过的各种车辆所载的货物有些是可燃或易燃易爆物品，遇明火或高温及路面跳动货物摩擦发生燃烧或自燃）。 交通事故引发火灾爆炸（由交通事故引起的汽车起火乃至爆炸事故）
II类	交通事故	人的原因：驾驶员在隧道口或隧道内超速行驶、隧道内随意停车等违规现象而导致事故；隧道内行驶的车辆间距不够，紧急情况下不能及时停车而导致追尾；驾驶员对进入隧道的“黑洞（长隧道）”“黑框（短隧道）”、驶出隧道的“亮洞”（白天），“黑洞”（晚上）等现象不适应而导致事故；驾驶员疲劳驾驶、隧道段行驶紧张、隧道内车辆释放出的有毒气体引起驾驶员非正常动作等导致事故；驾驶员无视隧道控制标志以及隧道信息标志显示内容而出现的事故。 车辆的原因：车辆本身设计缺陷，如油箱设计位置、制动部件油管的走向等；发动机动力不够、发动机故障熄火、发动机过热起火或被引燃起火；车辆制动失灵；车辆轮胎爆裂；车辆前灯、后灯不亮；车辆超载或货物倾斜而翻车。 隧道条件原因：隧道内路面材料不合理，没有考虑到各种环境下的使用情况，如水泥路面，在雨天或水泥路面灰尘多时，路面摩擦系数减小引起交通事故比较多；隧道内避难设置与路线衔接处的棱角易引发撞击交通事故，如路面打滑、制动失灵等车辆易撞到棱角处；隧道内坡度过大，对于长隧道或特长隧道而言坡度不易过大、过长，对于上坡段行驶的车辆尤其是大货车将释放大量的烟和有毒气体，对于下坡路段的车辆尤其是大货车易造成超速或制动失灵；隧道内设施不完善，如横洞指示标志、避难逃生指示标志、紧急情况下需使用的设备的指示标志、安全设施等；隧道内通风、照明设备设置不完善，如风力不够、照明亮度不够等。 运营管理的原因：隧道内引导、指示设备故障引起交通事故；隧道内检侧、消防设备故障、延误使得事故扩大；消防、抢救、交警等部门协调不及时、响应不快使得事故后果更严重；运营管理人员在紧急情况下操作不正确（如火灾时通风控制不正确、对车辆人员引导不正确、隧道显示设备控制不正确等）引起事故更严重；隧道内照明不够引发事故

续上表

事故类型	事故名称	事故成因分析
III 类	危险化学品泄漏事故	主要是由于运输车辆运载有危险品，在驶入隧道过程中发生危险化学品泄漏。危险品泄漏事故危险性分析中最重要的还是运输事故引起的氯泄漏，运输事故引起的氯泄漏的主要原因包括：事件撞击导致储罐破裂；尖锐物体将储罐击穿；事故挤压导致储罐破裂
IV 类	工程应急养护事故	由于隧道内交通管理设施的维修或者道路路面养护管理，而造成隧道入口的封闭或者对进入隧道车辆进行交通管制； 由于工程应急养护过程中，施工安全措施不当造成的严重安全事故
V 类	自然灾害事故	气象因素：包括降雨、风、空气温度和湿度等天气现象，直接影响行车的能见度和道路条件(如暴雨容易造成洪水、泥石流、山体滑坡等自然灾害；大风容易引发沙害；热带空气气旋和大风容易造成台风和海啸；空气湿度大、环境污染重容易造成大雾或团雾等灾害)。 地理因素：主要是由于自然条件的变异，在众多自然条件中，山川分布、地形地势等自然地理地貌条件是自然灾害发生的重要条件之一。 地质因素：自然灾害中的洪水、山崩、地震、泥石流、山体滑坡、沙害等灾害的分布规律、活动频率、规模强度都与隧道地质环境及其动态变化有关

第 6 章 公路隧道安全标准

6.1 公路隧道安全分级的目的和意义

公路隧道的安全等级，是指根据隧道在区域交通网中的重要性和灾害对隧道的危害程度，将公路隧道按一定的安全标准进行划分。目前，我国和公路隧道安全相关的标准主要有《公路隧道设计规范》(JTG D70—2004)、《公路隧道交通工程设计规范》(JTG/T D71—2004)、《公路隧道通风照明设计规范》(JTJ 026.1—1999)、《公路隧道施工技术规范》(JTG F60—2009)和《公路隧道养护技术规范》(JTG H12—2003)，但没有公路隧道安全分级方面的标准。

不同安全等级的公路隧道，其结构设计与设施和防灾救灾对策也不同，合理确定公路隧道的安全等级，有利于科学合理地进行隧道土建结构设计、配套隧道机电与安全设施以及配置隧道管理机构，在不减少隧道运营安全度的前提下，达到减少工程投资与运营费用的目的。

6.2 公路隧道安全分级考虑的主要影响因素

影响隧道安全分级的因素，主要有隧道的土建特征(山岭隧道与水下隧道、离岸隧道与非离岸隧道、短隧道与特长隧道、多车道隧道与双车道隧道、单体隧道与隧道群)、交通特征、安全附属设施、环境特征以及运营管理。

6.2.1 土建结构

隧道土建结构主要包括隧道长度、坡度、车道数与车道宽度。隧道长度越长、坡度越大，隧道安全性越低，反之亦然；低交通量时，车道数越多，隧道安全性越高，反之亦然；而车道宽度与事故率呈线性关系，路面越宽，事故率越小，见图 6-1。

6.2.2 安全附属设施

公路隧道安全附属设施包括机电系统、标志标线及反光诱导设施。机电系统由通风、照明、监控、消防和供配电 5 个子系统组成，其构成连接与功能见图 6-2、

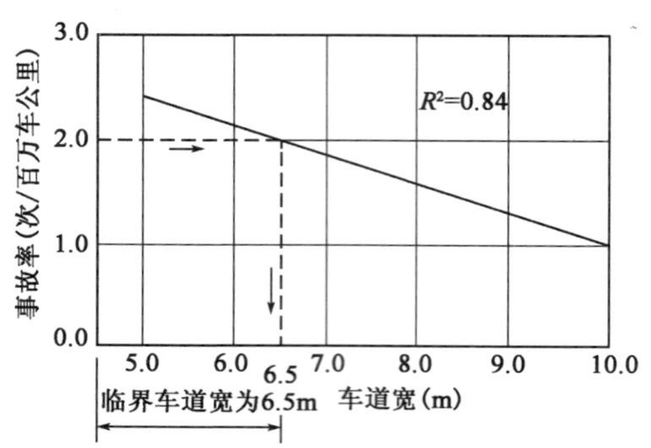

图 6-1　双车道公路事故率与路面宽度的影响关系

图 6-3及表 6-1。其规模取决于安全等级，对运营安全的影响取决于设计的合理性以及管理与养护水平。

隧道机电系统功能　　表 6-1

机电系统子系统名称	功　能
通风、照明系统及横通道(短隧道无)控制系统	用于为道路使用者提供满足规范要求的环境条件及火灾与交通阻塞时的交通组织
交通与环境信息检测系统	为交通控制、通风控制、照明控制提供依据
交通控制与诱导系统	通过这些外场控制设施，实现交通流诱导与阻塞排除
有线(无线)通信系统	用于隧道信息检测设施、控制设施、信息提供设施等之间的通信
广播系统	包括有线广播与无线广播，用于交通信息发布、事故或火灾时现场管理等
紧急电话系统	用于提供异常的交通、火灾等语音信息
中央控制管理系统	用于中央调度、控制、管理
火灾自动报警系统	用于探测火灾，以便及时采取措施救援
闭路电视监视系统	用于监视隧道的交通状态，确认是否有阻塞、事故、火灾等异常发生
消防系统	用于发生火灾时的灭火、救援
供配电系统	为整个机电系统提供电力，是机电系统正常运营的基础保障
防雷接地系统	保护整个机电系统在雷电过压情况下仍能安全运营

6.2.3　环境特征

环境特征包括自然环境、隧道内的空气质量与接线环境。前两者对安全虽有影响，但主要体现在运营管理方面，与安全分级相关的主要是接线环境。山岭隧道与水下隧道、离岸隧道与非离岸隧道、短隧道与特长隧道、多车道隧道与双车道隧道、单体隧道与隧道群这些不同特征的隧道，在隧道出入口的接线环境不同，对隧道安全的影响也不同。

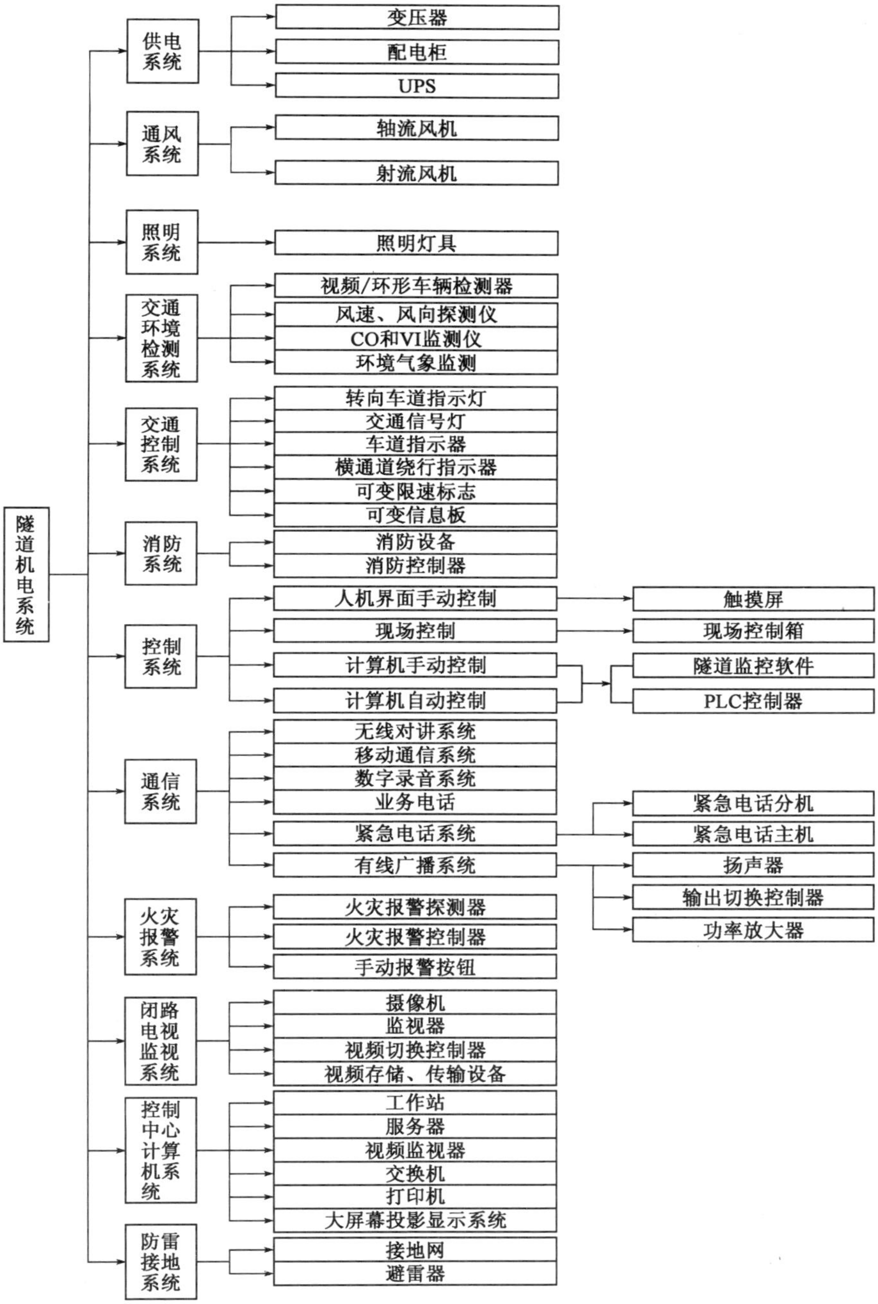

- 隧道机电系统
  - 供电系统
    - 变压器
    - 配电柜
    - UPS
  - 通风系统
    - 轴流风机
    - 射流风机
  - 照明系统
    - 照明灯具
  - 交通环境检测系统
    - 视频/环形车辆检测器
    - 风速、风向探测仪
    - CO和VI监测仪
    - 环境气象监测
  - 交通控制系统
    - 转向车道指示灯
    - 交通信号灯
    - 车道指示器
    - 横通道绕行指示器
    - 可变限速标志
    - 可变信息板
  - 消防系统
    - 消防设备
    - 消防控制器
  - 控制系统
    - 人机界面手动控制
      - 触摸屏
    - 现场控制
      - 现场控制箱
    - 计算机手动控制、计算机自动控制
      - 隧道监控软件
      - PLC控制器
  - 通信系统
    - 无线对讲系统
    - 移动通信系统
    - 数字录音系统
    - 业务电话
    - 紧急电话系统
      - 紧急电话分机
      - 紧急电话主机
    - 有线广播系统
      - 扬声器
      - 输出切换控制器
      - 功率放大器
  - 火灾报警系统
    - 火灾报警探测器
    - 火灾报警控制器
    - 手动报警按钮
  - 闭路电视监视系统
    - 摄像机
    - 监视器
    - 视频切换控制器
    - 视频存储、传输设备
  - 控制中心计算机系统
    - 工作站
    - 服务器
    - 视频监视器
    - 交换机
    - 打印机
    - 大屏幕投影显示系统
  - 防雷接地系统
    - 接地网
    - 避雷器

图 6-2　隧道机电系统构成图

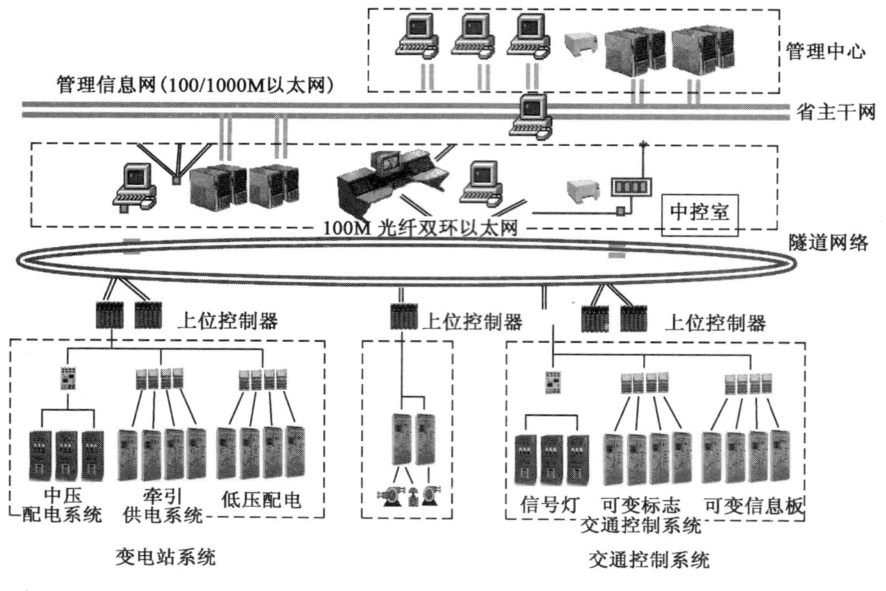

图 6-3　机电系统网络连接简图

6.2.4　交通特征

交通特征主要包括交通量、交通组成和车速。在相同的道路条件下,交通组成不同,会引起交通事故的不同;交通量的大小会引起事故类型、事故率的变化;车速的快慢对交通事故发生的可能性及严重性有直接的影响;车速的离散性对事故发生率有着显著的影响。

(1)交通量

公路隧道内交通量的大小对交通事故的发生有着直接的影响。交通量与交通流饱和度直接相关,而交通流饱和度影响交通事故的频率和严重程度。

国外许多学者对交通量与事故的关系进行了研究,发现交通量较低时事故率非常高,当V/C接近1.0时,事故率也较高,并回归出一条U形曲线模型来表示交通量与事故率的关系。图6-4为交通事故率与交通饱和度的关系。从图6-4中可以看出,交通量对交通事故产生的影响可以分为以下几种情况。

①当交通量很小时,车辆之间的间距较大,驾驶员基本上不受同向行驶车辆的干扰,可以根据个人习惯选择行车速度。绝大多数驾驶员都能保持符合车辆动力性、经济性、制动性和安全性的行驶车速,只有当个别驾驶员忽视行驶安全而冒险高速行车,遇到视距不足、车道狭窄或其他情况时,来不及采取措施才会发生交通

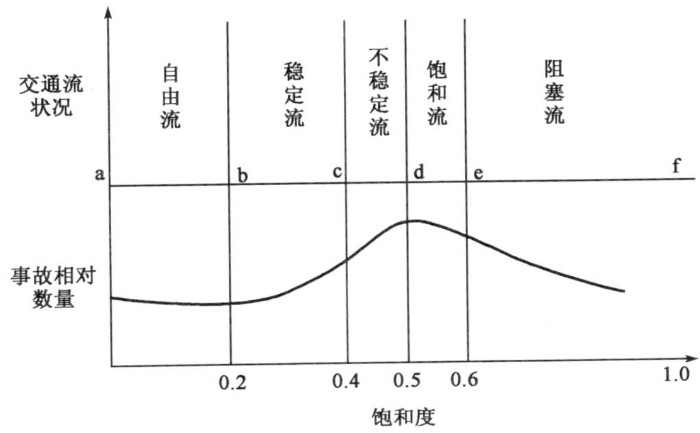

图 6-4 交通流饱和度与事故的关系

事故。

②当交通量逐渐增加时，驾驶员不再单凭自己的习惯驾车，必须同时考虑与其他车辆的关系。而且由于对向来车增多，使得驾驶行为更加谨慎，交通事故相对数量有所下降。

③当交通量继续增大时，在道路上行驶的车辆大部分尾随前车行驶，行车流稳定。在这种情况下，超车变得比较困难，与超车有关的事故也有所增加。

④当交通量进一步增大，形成不稳定流时，超车的危险性越来越大，交通事故相对数量也随交通量的增加而增大。

⑤当交通量增加到使超车成为不可能时，车辆间距已大大减小，交通流密度增大，形成饱和交通流。由于饱和交通流的平均车速低，因此事故相对数量也降低。

⑥当交通量进一步增加，产生交通堵塞时，车辆只能尾随前车缓慢行驶，使道路的服务水平大幅度下降，交通事故也大为减少。

(2)交通组成

公路隧道交通事故的多少，与交通组成密切相关。混合车流是我国公路运营的基本特征，因此我国道路上车型的组成较为复杂且随时间的变化呈现随机性。

由于混合车流中各车之间车身尺寸和动力特性的差异(如大型车比小型车占用更多的道路空间，并且运行性能比小型车差)，许多情况下大型车不能与小型车保持紧随状态，形成非连续、离散的车队，即在交通流中形成了许多难以由超车运行填补的大空隙。这就产生了道路空间在使用上的无效，这种空间损失随车型比例的变化而变化。这种不稳定的交通组成严重干扰了有序的交通流，同时大型车会遮挡紧随其后行驶的小型车驾驶员的视线，容易导致交通事故的发生。与此类似，当交通组成中货车比例增加时，由于客车与货车的动力性能存在差异，导致车速分布更为离散，车速方差变大，也容易导致交通事故的发生。

一般来说，车型比例与事故率之间呈现出一种近似抛物线的发展趋势。当小型车比例大于80%时，即交通组成以小型车为主，交通流趋于稳定，同样事故率也趋于稳定；当小型车比例小于80%且大于20%时，此时交通组成比较复杂，大型车与小型车之间的相互摩擦增大，交通参数离散程度大，事故率增大；当小型车比例小于20%，即大型车比例大于80%时，交通组成以大型车为主，交通流再次趋于稳定，使原本分布比例比较离散的交通参数趋于均匀，事故率也相应趋于稳定。

(3)车速

①车速绝对值。车速是诱发隧道交通事故的重要因素。根据调查，在隧道内所有与事故相关的因素中，车速的重要性排在第二位，可见速度对安全行车的重要程度。车速越高，发生交通事故的危险性就越大，且事故造成的后果越严重，但是危险性与车速并不呈线性关系。

②车速的离散性。车辆的车速与平均车速的差值越大，即车速分布越离散，事故发生率就越高。从事故发生的机理来说，车辆间的速度差是导致侧向事故和追尾的主要因素。

6.2.5 运营管理

公路隧道运营管理有两方面的含义：一是指日常运营管理，即非事故时的运营管理；二是指应急状态下的运营管理，即发生事故时的运营管理。非事故时的运营管理是为了保障车辆运营的安全性，预防或降低事故的发生率；发生事故时的运营管理则是为了在事故发生后尽量将事故的影响降到最低水平。因此，无论从哪一方面看，公路隧道运营管理都对隧道安全等级有重要的影响。

6.3 公路隧道安全等级评价体系

6.3.1 安全等级评价指标选取原则

一般来说，公路隧道安全等级评价指标范围越宽，指标数量越多，则方案之间的差异越明显，有利于判断和评价，但确定指标的大类和指标的重要程度也越困难，处理和建模过程也越复杂，因而歪曲方案的本质特性的可能性也越大。公路隧道安全等级评价指标体系要全面地反映出所要评价的系统的各项目标要求，尽可能地做到科学、合理且符合实际情况，并基本上能为有关人员和部门所接受。为此，制订评价指标体系需在全面分析系统的基础上，首先拟定指标草案，经过广泛征求专家意见，反复交换信息，统计处理和综合归纳等，最后确定系统的评价指标体系。

建立公路隧道安全等级评价指标体系时，一般应遵循以下原则。

(1)目的性原则

对公路隧道安全等级评价的目的在于分析公路隧道整体及各子系统的安全性能，从而发现存在的问题与不足，有针对性地提出今后的发展方向与整改措施，最终达到降低隧道运营中的事故发生率、减少事故所造成的损失的目的。

(2)指标间的独立性

为了得到隧道的综合安全等级，需要将各专项指标加权求和。同样，为了得到隧道内某专项的安全性能，需要将影响该专项的各指标加权处理。因此，各指标间的独立性十分重要，指标间应尽量避免包容、耦合关系，对隐含的相关关系，应在评价中以适当方法消除，否则就会给权重的确定带来不必要的困难，并可能造成综合评价的失真。

(3)指标的可测性原则

选取的指标必须满足可测量的要求，以保证在指标体系建立之后有一个客观的测评依据。

(4)可操作性和实用性原则

评价指标应该含义明确，收集评价指标数据、资料方便，便于统计和量化计算。指标值能准确、快速获取且方法易于掌握。

(5)科学性和可靠性原则

评价标准和理论必须建立在科学的基础上，才能反映客观实际并对实践具有指导作用。评价指标必须可靠、起实际作用，才能构成评价标准的基础。如果指标本身很不可靠，那么评价标准就失去了意义。

(6)系统性原则

公路隧道是一个复杂的系统，涉及土建、机电、管理等诸多方面，因而在分析问题时要从全局出发，把评价对象当作一个整体或大系统来加以考虑。评价指标应广泛、系统，能充分反映评价对象的优劣水平。不仅要尽可能考虑到每一个要素，而且力求以最少的指标概括系统的全貌，避免片面性。

(7)定型指标和定量指标先后结合使用的原则

定量指标有利于进行准确、科学、合理的评价。对于有些难以量化的内容，采用定性的评价指标，这样既可用数学模型使评价具有客观性，又可弥补单纯定量评价的不足及数据资料本身存在的问题。

(8)评价指标具有可比性

建立评价体系时应考虑到隧道运营管理的发展过程，选取在一段时间内统计上通用的指标，同时指标尽量选用相对值。这样既便于同一隧道不同时期的指标进行比较，又便于同一时期不同的隧道进行比较。

(9)指标设置要有重点、有层次

重要指标可以设置得细密些,次要指标可设置得稀疏些,以简化工作。指标的层次性为衡量方案的效果和确定指标的权重提供方便。指标的数量应以说明问题为准,同时保证指标的公正性。

6.3.2 安全等级评价指标

本书在对影响公路隧道安全等级的因素较全面分析的基础上,根据评价指标体系的建立原则,初步列出了公路隧道安全等级评价的备选指标集 U。

公路隧道安全等级综合评价指标集 $U=\{U_1,U_2,U_3,U_4,U_5\}=\{$土建结构,机电系统,运营管理,交通环境,隧道重要度$\}$。

土建结构备选指标集 $U_1=\{U_{11},U_{12},U_{13},U_{14},U_{15},U_{16},U_{17},U_{18},U_{19},U_{110},U_{111},U_{212},U_{113}\}=\{$平曲线半径,纵向坡度,隧道洞口接线环境,路面摩擦系数,洞门结构,隧道孔数,隧道长度,隧道内壁,车道数,车道宽度,紧急停车带布设间距,横通道布设间距,防排水系统$\}$。

机电系统备选指标集 $U_2=\{U_{21},U_{22},U_{23},U_{24},U_{25},U_{26},U_{27},U_{28},U_{29},U_{210},U_{211},U_{212},U_{213}\}=\{$通风及其控制系统,照明及其控制系统,供配电系统,交通与环境检测系统,火灾检测与报警系统,消防系统,交通控制与诱导系统,通信系统,闭路电视监控系统,紧急电话系统,广播系统,中央控制与管理系统,防雷接地系统$\}$。

运营管理备选指标集 $U_3=\{U_{31},U_{32},U_{33},U_{34},U_{35},U_{36},U_{37},U_{38},U_{39},U_{310},U_{311},U_{312}\}=\{$日常管理,隧道内设施的养护维修,机构与岗位的设置,规章制度的制订,巡逻方案,应急预案,危险品运输车辆管理,信息发布,救援设施与队伍,隧道管理人员培训,宣传教育,速度管理$\}$。

交通环境备选指标集 $U_4=\{U_{41},U_{42},U_{43},U_{44},U_{45},U_{46},U_{47},U_{48},U_{49},U_{410},U_{411},U_{412},U_{413},U_{414}\}=\{$交通组织,交通量,大型车比例,平均运行速度,平均运行速度差,气候状况,CO 浓度,照明亮度,可吸入颗粒物 PM10 浓度,等效声级,隧道内能见度(VI 浓度),道路与隧道洞口 3s 运行速度行程内的线形一致性,隧道洞口接线环境,相邻隧道的间距$\}$。

隧道重要度备选指标集 $U_5=\{U_{51},U_{52},U_{53}\}=\{$用途,功能,地理特征$\}$。

6.4 公路隧道安全等级划分

公路隧道安全等级划分的目的是可以按照隧道安全级别科学、合理地配备相应的安全设施、管理措施和事故预防措施,既能保证隧道运营安全性,又能节约建设成本和运营成本。一般,安全设施经济投入与隧道运营安全性的关系如图 6-5

所示。在初期，随着隧道安全设备经济投入的增加，隧道运营安全性会随之增加。当达到某一高度时，安全设备的经济投入就不会对隧道运营安全性有提高作用。

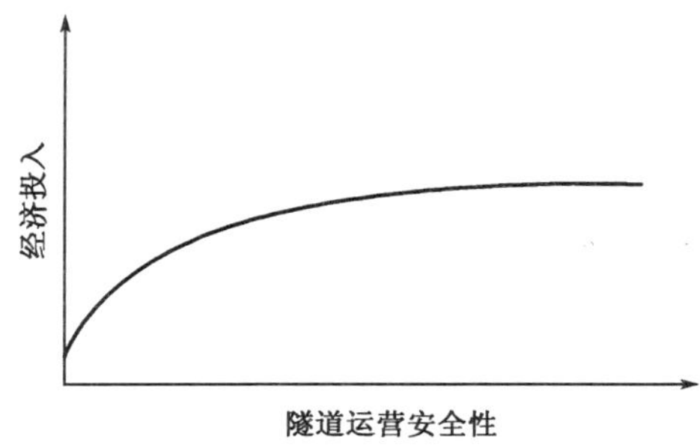

图6-5　安全设施经济投入与隧道运营安全性的关系

根据目前我国公路隧道建设的实际状况和技术水平，公路隧道安全等级一般从高到低分为Ⅰ、Ⅱ、Ⅲ、Ⅳ、Ⅴ5个安全等级；依据我国的公路隧道长度分类，确定隧道防火等级的最小长度为0.5km，不同等级划分的特征长度为1.0km、3.0km、5.0km、10.0km；断面交通量按照高速公路的最低要求为10 000veh/d，如图6-6所示。

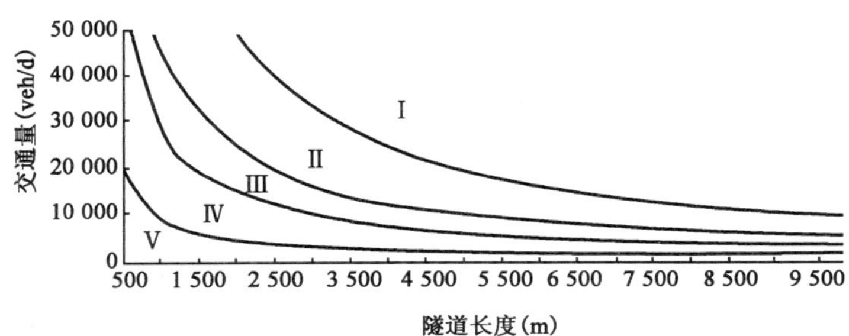

图6-6　我国常用的隧道安全分级方法

在图6-6中，隧道长度只是等级划分的基础，而交通量的大小才起着决定性的作用。如某隧道，虽然长度可能超过10.0km，但如果交通量不足1 000veh/d，那么它的安全等级只能是Ⅴ级。如果某隧道长度不到1.0km，但交通量达50 000veh/d，那么它的安全等级应该划定为Ⅱ级。又如某隧道虽然很长，开通之初若交通量不大，安全等级可以定得低一些，随着后续交通量的上升，安全等级必须相应提高。

实际上，公路隧道安全等级划分标准不仅与隧道长度、交通量及交通组成相关，还与隧道的防火规模，隧道内是否有主动灭火设施有关。同时，隧道长度在安全等级划分中起到了与交通量大小同等重要的作用。为了说明隧道长度在安全等级划分中的作用，下面引入隧道洞内大型火灾“消防盲区”的概念。

众所周知，隧道洞内发生火灾后，由于有害废气物将快速充满隧道洞内各处角落，被困人员在洞内最易被救的有效时间仅有 6min。在这仅有的“黄金 6min”时间内，若隧道洞内无主动灭火设施，根据隧道长度情况，洞内可能存在“消防盲区”。

假设隧道两端均预设消防车，消防车从发生火灾时刻起，以速度 v(km/h)同时从两端向洞内行驶。“黄金 6min”时间内，消防车最多可以到达隧道洞内的距离合计 $0.2v$(km)，消防车在此时间内未能到达的地方则称为消防盲区，长度为 $(L-0.2v)$km，如图 6-7 所示。当隧道长度 L 大于 $0.2v$(km)时，隧道洞内存在消防盲区，安全级别降低；当隧道长度 L 小于或等于 $0.2v$(km)时，隧道洞内无消防盲区，安全等级较高。对于隧道单方向设有消防车的情况，消防盲区的长度为 $(L-0.1v)$km。

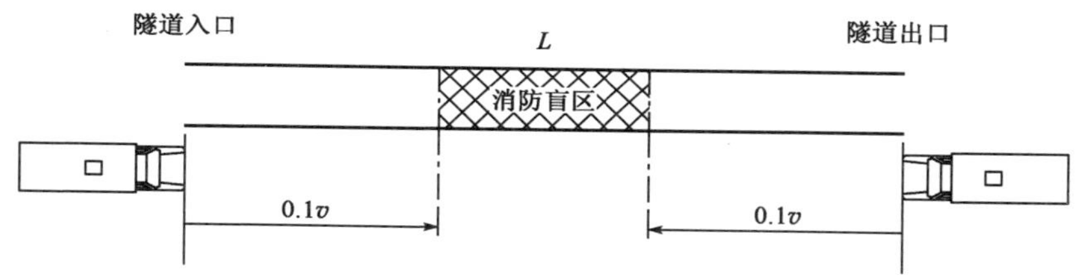

图 6-7 公路隧道消防盲区示意图

基于以上分析，本书将综合考虑交通量、隧道长度、是否有消防盲区、是否设有消防车及隧道防火规模等因素，确定公路隧道安全分级标准，从高到低分为Ⅰ、Ⅱ、Ⅲ、Ⅳ、Ⅴ5 个安全等级，如表 6-2 所示。

公路隧道安全分级标准 表 6-2

安全分级	Ⅰ级	Ⅱ级	Ⅲ级	Ⅳ级	Ⅴ级
安全等级函数 F (m·veh/d)	$F \geqslant 1\times10^8$	$1\times10^8 > F \geqslant 5\times10^7$	$5\times10^7 > F \geqslant 3\times10^7$	$3\times10^7 > F \geqslant 1\times10^7$	$1\times10^7 > F$
隧道长度 L (m)	$L \geqslant 10\,000$	$10\,000 > L \geqslant 3\,000$	$3\,000 > L \geqslant 1\,000$	$1\,000 > L \geqslant 500$	$500 > L$
消防盲区	有	可能有	无	无	无
消防箱	有	有	有	有	有
消防车	两端配置	根据需要配置	无	无	无
主动灭火	配置	根据需要配置	无	无	无
防火规模(MW)	≥20	20	20	20	20

注：表中安全等级判别函数 $F=N\cdot L$(m·veh/d)，其中 N 为隧道断面交通量，veh/d；L 为隧道长度，m。

不同安全等级下隧道安全设施配置情况见表 6-3。

公路隧道安全设施配置表 表 6-3

公路隧道安全设备配置标准		公路隧道安全等级				
		I	II	III	IV	V
消防设施	灭火器	●	●	●	●	●
	消防水源	●	●	●	○	
	普通消火栓	●	●	●	○	
	给水栓(外部)	●	●	●	○	
	给水栓(内部)	●	●	○		
	消防车	●	○			
	主动灭火	●	○			
检测设施	火灾探测器	●	●	●	●	○
	异常事件视频检测系统	●	●	●	○	
	限高门架	●	●	○		
	气象检测器	●	●	○		
通报设施	紧急电话系统	●	●	●	○	○
	手动报警按钮	●	●	●	○	○
	声光报警器	●	●	●	●	
警报设施	可变信息板(内部)	●	●	●	●	○
	可变信息板(外部)	●	●	●	●	○
	闪光灯	●	●	●	○	
导向设施	疏散指示灯	●	●	●	●	○
	有线广播	●	●	●	○	
	无线广播	●	○	○		
其他设施	车行横洞	●	●	●	●	○
	人行横洞	●	●	●	●	○
	紧急停车带	●	●	●	●	○
	诱导灯	●	●	○	○	
	应急电源设施	●	●	●	○	
	应急照明设施	●	●	●	○	
	防排烟设施	●	●	●	○	
	避难洞室	○				
	建筑材料防火	●	○	○	○	○
	联络通道	●	●	●	○	
	栏杆机	○	○	○		
	危险品运输车辆检测器	●	○			
	隧道(群)管理中心	●	●	○		

第7章　公路隧道防火技术

火灾是隧道运营中最严重的交通异常。引起火灾的原因很多，除了减少交通事故有利于防火外，其他因素引起的火灾都不可预警，因此，防火应重在及时报警。本章在分析火灾特点的基础上，主要阐述火灾分级、防火标准、结构防火、火灾报警及其设计方法。

7.1　公路隧道火灾特点

7.1.1　时间特点

火灾的时间特点包括火情成灾特点与人员逃生需要的时间特点。

隧道火灾一般成灾时间短，失火爆发成灾的时间一般为5～10min，较大火灾的持续时间与隧道内的环境有关，一般在30min和几个小时之间。

人员逃生疏散时间一般包括以下三个部分。

(1)火灾报警时间

即从火灾发生到发现火情这段时间间隔，一般是通过人员或火灾探测器发现火情并报警。火灾探测器种类繁多，不同类型的探测器其影响因素也都不一样，一般与火灾发生的位置、探测器的安装位置以及周围环境等因素有关。

(2)人员反应、确认时间

即从发现火情到开始疏散的这段时间。隧道内发生火灾时，对火灾确认时间的长短在很大程度上又随着交通工具内的人员特性、隧道内的报警及管理系统的不同而变化。

(3)人员疏散行为时间

即人员从开始疏散至到达安全地点的时间，主要受以下因素的影响：

①隧道的特性。包括隧道长度、逃生通道、避难场所、隧道宽度、疏散标志、隧道照明、通风排烟等。

②火灾特性。包括火灾规模、火灾的温度场及烟雾场分布。

③人员特性。包括对隧道内环境的熟悉程度，人员的身体条件以及行为特征，

人员的数量、组成以及分布等集群因素，疏散路线的选择，个人的活动能力、性别、角色意识与责任感等。

7.1.2 温度场特点

隧道火灾发生后，由于高温烟气流动快，高温会迅速沿隧道蔓延。研究表明，顺风向时空气温度可达1 000℃，炽热的空气在它的经过途中可把热传递到任何易燃或可分解材料上，从而使火能从一个燃料的火源“跳跃”相当多的隧道长度，传到下一个燃料点。

火灾时，隧道内纵向温度分布随着远离火区温度逐渐降低，通风风速和火灾规模对温度的纵向分布有很大影响。同等火灾规模下，风速越小，温度扩散长度越短，温度的变化梯度越大；风速越大，温度扩散长度越长，但温度的变化梯度越小；同等风速下，火灾规模越大，温度的扩散长度越长，火灾规模越小，温度的扩散长度越短。在同等条件下，随着通风风速的增大，火灾区附近的温度下降，而沿程温度上升，温度纵向分布曲线变得平缓。

当通风风速小于2.0m/s时，隧道内温度的横向分布规律是拱顶最高，拱腰、边墙次之，底部最低。当通风风速大于或等于2.0m/s时，火区温度横向分布呈底部高、拱顶最低的规律。火区下游横向分布变为拱顶最高，拱腰、边墙次之，底部最低。随着远离火区，横断面上温度的分布渐趋均匀。

7.1.3 烟雾场特点

由于隧道空间小，近似处于密闭状态，不可能自然排烟，因此烟雾比较大。在隧道内任何地方发生火灾时，由燃烧产生的含高毒性一氧化碳气体都会由通风气流传播到整个风道，造成烟雾地带长，在很短的时间内(20～30s)即充满整个隧道断面，使得隧道内的能见度降到1m左右。在纵向通风情况下，整个隧道内烟雾弥漫，烟雾在不到1min的时间内即充满整个断面；在不通风情况下，烟雾的纵向扩散速度为1～2m/s，温度越高，其纵向扩散速度越快，烟雾在厚度方向的扩散速度为2～4cm/s。

7.1.4 交通特点

隧道火灾过程可以分为火灾初期阶段、灭火救援阶段和车辆疏散阶段。隧道发生火灾后，在交通方面具有以下特点：

①在火灾初期阶段，由于火势较小或处于阴燃状态，后续车辆大多从着火车辆旁驶离逃生，容易操作失误，造成二次事故。

②在灭火救援阶段，无论是单向行驶隧道，还是双向行驶隧道，救援车辆都不

易进入，火灾隧道现场混乱，交通组织、救援指挥、车辆调度困难，车辆和人员难以逃生，火灾事故危害大、损失大。若是单向行驶隧道，另一方向的非火灾隧道，也处于封闭状态，造成交通堵塞与延误，又可能影响其他道路的交通运营。

③在车辆疏散阶段，由于有大量车辆滞留，隧道、路段以及相邻出入口的协调控制、信息提示诱导与调度指挥能力，是能否尽快疏散滞留车辆与人员的关键。

7.2 公路隧道防火灾标准

7.2.1 国内外发展现状

(1)国外防火灾技术标准

在隧道结构防火方面，国际隧协 WG6 发布了《公路隧道结构耐火指南》(《Guidelines for Structural Fire Resistance for Road Tunnels》)，对公路隧道衬砌结构防火中隧道分类、衬砌材料高温性能、火灾场景的确定、防火保护措施等提供了相应的建议和要求，该指南没有体现性能化设计的思想。

国际道路协会 PIARC 于 1999 年发布了《公路隧道火灾与烟雾控制 05. 05. B》(《Fireand Smoke Controlin Roadunne 1s05. O5. B》)，2002 年发布了《PIARC 关于公路隧道结构火灾耐久性设计标准的建议》(《PIARC Proposal on the Design Criteria for Resistance to Firefor Road Tunnel Structures》)，2004 年发布了《公路隧道火灾与烟雾控制系统与设备》(《Systems and Equipment for Fireand Smoke Controlin Road Tunnels》)等指南，在隧道火灾场景确定、烟流控制、火灾与烟雾控制设备、结构耐火设计准则等方面提高了详细的要求和建议。

欧洲联盟委员会对欧洲的公路、铁路隧道发布了指导性文件，主要包括：

①《隧道小型安全设备在欧洲公路网中应用指南 2004/54/EC》(《Directive 2004/54/EC Minimum Safety Requirements for Tunnels in the Trans-European Road Network》)；

②《欧共体铁路安全指南 2004/49/EC》(《Directive 2004/49/EC Safety on the Community's Railways》)；

③《Directive 1995/18/EC 铁路事业许可证(修订版)》(《Directive 1995/18/EC The Licensing of Railway Undertaking》)；

④《铁路基础设施容量、使用铁路基础设施的费用征稽与安全保障的配置指南 2001/14/EC》(《Directive 2001/14/EC The Allocation of Railway Infrastructure Capacity and the Levying of Charges for the use of Railway Infrastructure and safety Certification)。

2001年,世界经济合作与发展组织OECD(Organization for Economic Cooperation and Development)与国际道路协会PIARC发布了《Safetyin Tunnels-Transport of Dangerous Goods through Road Tunnels》,对危险品通过隧道建立了风险评估和决策支持系统。

德国于1985年制订了《RABT公路隧道设施及运行准则》(《RABT Guidelines for Equipment and operation of Road Tunnels》),并于1994年进行了第一次修订,2003年进行了第二次修订,其中对隧道中的火灾规模作出了规定。1995年,制订了《关于公路隧道建设补充技术条款及准则》(《ZTV-Tunnel Additional Technical Conditions for the Construction of Road Tunnels》)。其中,第10章"建筑防火"规定了隧道内的升温曲线以及建筑结构及其内部系统所应采取的防火措施。1997年,德国制订了《EBA—Rail Structural and Operational Demands for the Protection against Fire and Catastrophes in Railway Tunnels》,对隧道内逃生通道、紧急出口、照明、信号指示、紧急通信等进行了规定。地铁隧道方面,德国1987年制订了《Guidelines for Construction and operation of Tramsand Subways》,1991年制订了《BOStrab-Tunnel Construction Guidelines》,对隧道出口、紧急通道、紧急照明、供电等进行了规定。

荷兰编制了《TNO报告98-CBV-Rl161隧道防火》(《TNO98-CVB-Rl161 Fire Protection for Tunnels》)以及TNO测试标准《隧道防火测试方法》(《TNO Bl-86-64/00.65.8.0020 Specifications for Temperature Resistance of B00Sters and Description of Testing Method》),对隧道的火灾场景确定方法与相关消防安全工程设计方法以及隧道结构的耐火测试方法进行了规定。

英国制订了《公路及桥梁设计手册》(BD 78/99)(《Design Manual for Roads and Bridges》),用于指导运用消防安全工程方法对隧道进行消防设计。

法国于2002年制订了《Risk Studies for Road Tunnels,Methodology Guideline(Preliminary version)》,给出了典型火灾的热释放率、CO、CO_2生成量及氧消耗量。

瑞士联邦公路办公室ASTRA(Swiss Federal Roads Office)制订了《Guidelines for the Design of Road Tunnels》以及《Ventilation of Road Tunnels,Selection of system,Design and operation(2001)》。

挪威于2000年发布了《隧道火灾风险分析导则》(《Risk Analysis of Fire in Road Tunnels(Guideline for NS 3901)》),给出了用于风险分析的隧道火灾场景。

瑞典制订了《Tunnel99》,其中第四节对隧道防火做了专门规定,包括火灾探测、烟流控制、逃生救援等内容。

美国消防协会制订了NFPA130《固定导轨运输和有轨客运系统标准》和NF-

PA502《公路隧道、桥梁及其他限行公路标准》(《Standard for Road Tunnel, Bridges, and other Limited Access Highway》)。其中,NFPA130 规定了地下铁道的消防安全设计、运营管理、应急以及车辆消防要求等;NFPA502 对不同类型隧道的消防要求进行了规定,包括火灾探测、火灾通风、火灾消防设备;美国联邦公路管理局 FHWA(1984)发布了报告《Prevention and Control of Highway Tunnels Fires (FHWA/RD-83/032)》,对既有、新建隧道的火灾逃生、火灾风险分析及控制、火灾损害以及火灾救援等提供了建议。

澳大利亚制订了《基于性能化设计的工程标准》《BSS 02 Engineering Standard Design and Installation-Tunnel Fire Safety-New Passenger Railway Tunnels》,对电气化铁路新建隧道及既有隧道改扩建中的防火设计(通风、照明、结构、消防、报警等)进行了详细的规定。

日本制订了《日本建设省道路隧道紧急用设施设置标准》。该标准按公路隧道长度及其交通流量将隧道进行分级,并根据不同级别规定了公路隧道的消防要求。

(2)国内防火灾技术标准

自 20 世纪 80 年代以来,我国组织制订了有关铁路隧道、公路隧道和地下铁道的设计标准。如 1985 年铁道部发布的《铁路隧道设计规范》(TBJ3—85),1990 年交通部发布的《公路隧道设计规范》(JTJ 026—90)[2004 年对其进行了修订(JTG D70—2004)]以及 1992 年发布的国家标准《地下铁道设计规范》(GB 50157—92)[2003 年对其进行了修订(GB 50157—2003)]。这些标准分别对地铁、铁路隧道和山岭公路隧道的防火与疏散做了部分规定,但均不够完善,也未对城市市区内的交通、观光游览隧道的防火设计作出规定。

目前,国家标准《建筑设计防火规范》(GB 50016—2006)已增补了除地铁外的城市交通隧道的有关防火设计要求,《地下铁道设计规范》(GB 50157—2003)在地铁消防安全方面也主要参考美国 NFPA130 固定导轨运输和有轨客运系统,补充了较多内容,特别是在建筑防火和防排烟方面。

交通部于 2000 年发布的《公路隧道通风照明设计规范》(JTJ 026.1—1999),对公路隧道火灾时的通风做了规定,要求通风设计时必须考虑火灾对策,长度大于 1 500m且交通量较大的隧道应考虑排烟措施。火灾时排烟风速可按 2~3m/s 取值。排烟按长度分区,推荐可取 1 000m,各区应有相应的火灾排烟要求及人车逃离方案。火灾时半横向和全横向通风方式应通过主风道排烟;纵向通风应视隧道内火灾点的位置确定风机的正反转,应尽量缩短火灾烟雾在车道内的行程。设置横洞的隧道,横洞门应有防烟功能。同时,规定运送易燃易爆危险品的车辆通过长或特长隧道时,应有引导车在规定时间内引导通过。规范条文说明中指出,隧道排烟风速 2~3m/s,是按一般隧道火灾,产生 20MW 的热量控制的排烟风速取值。

对汽油车相撞产生 500MW 以上热量的火灾，排烟风速要求 5m/s 以上，如此设计很不经济，建议特殊车辆通过隧道时，可定时并由引导车开道。

交通部于 2004 年发布的《公路隧道交通工程设计规范》(JTG/T D71—2004)，对隧道火灾报警、消防与避难设施做了详细规定。对火灾报警设施、消防设施种类、安装位置、设置间距作出了规定。对避难设施设置标准、净空尺寸、避难设施的疏散功能作出了规定。这些标准的建立使得火灾设计与预防有据可依。

7.2.2 火灾分级的主要影响因素

(1)火灾规模对隧道结构的影响

火灾时温度高达 1 300℃以上，会造成隧道结构的承载力降低或完全丧失，隧道防水体系被破坏，造成隧道不同程度的渗漏水，以致影响隧道的正常运营及功能的发挥。如 1979 年日本大阪隧道火灾，持续时间达 159h，造成隧道 1 000 多米顶部崩裂脱落；1999 年奥地利陶恩隧道火灾，造成隧道顶部 300m 坍塌。

(2)火灾规模对机电设施的影响

受到不同规模大小火灾影响的隧道机电设施主要包括通信设施、监控设施、照明设施、通风设施、供配电设施以及其他电气设备与元器件。主要表现在以下几个方面：

通信、监控、消防等设施遭受损害，导致监控中心无法对隧道进行正常的运营管理。

照明系统受到破坏，使隧道内能见度大大降低，增加了灭火、救援及逃生的难度。

火灾时产生的火风压会极大地影响整个通风系统的正常运转，导致隧道内正常的通风系统发生紊乱，致使灾害扩大。如果火灾生成的火风压是正值，则在风机停止运转后，在火风压的作用下，火烟仍继续向各个区域蔓延，引起人身伤亡事故。

供配电设施受到破坏，电气设备、元器件及电气线路受损，无法正常提供动力、照明供电，导致救援难度增大。

火灾使隧道内的电气设备与元器件及线路损坏，导致动力、照明用电失供，通信、通风及给排水设备无法运转，致使救援难度增大。

此外，交通标志、标线受到破坏，导致无法正常诱导车辆和人员疏散。

(3)火灾规模与交通流

隧道火灾发生时影响交通流的因素主要有以下两点：

①热流通量。火灾往往会造成隧道内车辆的堵塞，邻近火区的车辆，由于受到火焰及上层热烟气的热辐射，有可能被引燃，从而影响车辆疏散。根据研究结果，

汽车着火的临界热通量可取为 16kW/m^2 时，在中等规模的隧道火灾中，汽车只有距离火区非常近(＜5m)并长时间停留时，其受到的热通量才可能达到这个值，汽车才有可能被引燃。当汽车受到的热辐射小于 16kW/m^2 时，汽车将不会被点燃。

②能见度。车辆是由人操控的，当隧道内能见度达到影响人员视线的极限值时，此时车辆疏散已经非常困难，因此可以根据各火灾场景下的烟气蔓延结果与隧道内的车辆疏散过程对比，分析隧道内车辆疏散过程的安全性。

根据相关研究分析，取影响车辆疏散的能见度极限值为 10m。因为汽车在隧道进行疏散时，一般距离火源较远，热流因素对隧道中的绝大部分汽车疏散的影响可以忽略，因此车辆的安全疏散主要考虑行车道内 10m 能见度因素的影响。

7.2.3 火灾分级

根据隧道发生火灾的原因、参与燃烧的物质种类、火灾规模等，可对隧道火灾进行分类与分级，见表 7-1。应该指出，实际隧道火灾过程是相当复杂的，确定火灾种类的各种因素往往交织在一起，且随着火灾的发展而不断变化。比如，火灾过程中只有一种可燃物燃烧的情况是很少的，大部分火灾都是几种可燃物同时燃烧。带电设备在起火后，如果切断电源，则可视之为不带电火灾。同时，在火灾初期，一般为明火灾；随着火灾的发展，烟气逐渐充满隧道，明火与阴燃状态共存。此外，火灾规模受隧道运营管理制度、发生火灾的车辆数和类型、装载货物的种类和数量、燃烧程度等的影响。而描述隧道火灾规模的参数除了释热率和火源类型外，还包括火源面积、高度、烟气释放速率。

隧道火灾分类与分级　　表 7-1

项　目	类　型	定义或特征
按可燃物种类分类	A 类火灾	一般指由含碳固体可燃物燃烧引起的火灾，又可分为表面火灾和深位火灾两大类
	B 类火灾	由甲、乙、丙类液体燃烧引起的火灾，可分为极性有机溶剂和非极性油品火灾两大类
	C 类火灾	由可燃气体燃烧引起的火灾，可燃气体有甲类和乙类之分，分别指爆炸下限小于和大于 10%的可燃气体
	D 类火灾	可燃的活泼金属燃烧引起的火灾
	E 类火灾	带电火灾称为 E 类火灾，系指电气元件与设备燃烧时仍带电的火灾
按起火原因分类	内因火灾	由于可燃物经长时间氧化、积蓄热量，发展到自燃引起的火灾
	外因火灾	由于外部热源引燃可燃物而发生的火灾，隧道火灾通常为外因火灾

续上表

项　　目	类　　型	定义或特征
按燃烧状态分类	阴燃火灾	燃烧处于阴燃状态，无明显火焰的火灾。阴燃火灾的烟流中CO气体含量高，烟流具有可爆性和可燃性，危险性大
	明火火灾	燃烧时具有较长火焰的火灾
按火灾规模分类	小型火灾	一般为客车着火，释热率3～5MW
	中型火灾	一般为货车或公共汽车着火，释热率10～20MW
	大型火灾	一般为载货汽车或油罐车着火，释热率50～100MW

7.3 公路隧道结构防火

7.3.1 隧道结构防火考虑的主要因素

针对火灾高温对隧道结构影响的特点，隧道结构防火考虑的主要因素分为以下几个方面：

①混凝土爆裂；

②混凝土耐久性降低、力学性能劣化；

③钢筋强度、弹性和黏结性能弱化；

④高温作用下的衬砌结构体系内力变化及承载力降低；

⑤衬砌结构体系的变形等。

7.3.2 隧道结构防火等级

通过对隧道衬砌结构混凝土在火灾高温后的剩余强度、弹性模量以及表面状况等的分析，可将各种温度量级对衬砌混凝土产生的损伤状况及隧道结构防火等级作以下归纳：

(1)当温度小于400℃时，衬砌结构无损伤，抗压强度无损失，抗拉强度略有损失(约损失10%)，但可认为衬砌结构的整体承载力不会受到影响。

(2)当温度量级在400℃时，衬砌结构的损伤层约为2cm，损伤层内的混凝土组织结构基本保持原状，截面抗压强度降低约20%，受火表面因烟熏而呈黑色，属轻度烧伤，对衬砌结构的整体承载力不会产生显著的影响，可不需采取任何修补措施。

(3)当温度量级在600℃时，衬砌结构的损伤层上升到6cm左右，损伤层内的混凝土组织结构已部分发生变化，截面抗压强度损伤约30%，受火面呈浅红色，属中度烧伤，对衬砌结构的整体承载力会产生较为显著的影响，需采取局部修补措施。

(4)当温度量级在800℃时，衬砌结构的损伤层达10cm左右损伤层内的混凝土组织结构发生较大变化，表面出现约2cm的浅黄色酥松层，轻轻敲击会有散粒或小块掉下，截面剩余抗压强度约为50%，即强度损失接近1/2，属严重烧伤。衬砌结构的整体承载力会严重下降，需采取有效的加固补强措施。

(5)当温度量级在1 000℃时，衬砌结构的损伤层为11～15cm，损伤层内的混凝土组织结构已发生质的变化，表面出现约2cm的剥落层和4cm的酥松层，表面颜色为灰白色，并可看到粗集料已成灰化状，截面的抗压强度损伤达70%以上，即衬砌结构的整体承载力已临近但还未完全达到失效状态，属极度烧伤，需对衬砌结构采取大规模的凿除修补措施。

衬砌结构在火灾高温后，采用上述的非破损和局部破损法进行衬砌结构损伤检测，检测衬砌混凝土的外观、强度以及弹性模量，综合分析衬砌结构的整体承载力，初步确定衬砌结构的损伤级别。同时，结合上述各种温度量级对衬砌混凝土产生的损伤状况综合确定衬砌结构的损伤级别。衬砌结构火灾损伤等级划分见表7-2。

衬砌结构火灾损伤等级划分表 表7-2

损伤程度	损伤指标		损伤特征			
	烧蚀温度(℃)	烧损深度(cm)	剩余抗压强度(%)	烧伤区混凝土组织结构	表面颜色	损伤层颜色
轻火区(1度)	<350	<1	>95	无变化	烟熏所致的黑色	无变化
轻度损伤(2度)	350～450	1～3	80～95	基本原状	烟熏所致的黑色	呈浅红色
中度损伤(3度)	450～650	3～5	70～80	部分发生变化	浅红色	呈褚红色—浅红色
严重损伤(4度)	650～850	5～10	50～70	发生较大变化，有2～3cm的酥松层	浅黄色	呈褚红色—浅红色—浅黄色
极度损伤(5度)	850～1 050	10～15	<50	发生质变，有2～3cm的剥落层和4～5cm的酥松层	灰白色	呈褚红色—浅红色—浅黄色—灰白色

7.3.3 隧道结构防火措施与方法

本节通对提高公路隧道衬砌结构耐火性能的不同方法进行了总结分析，提出了利用防火材料隔热、喷水(雾)降温以及改善衬砌混凝土性能和增加隧道衬砌结

构混凝土厚度等方法来提高隧道衬砌结构耐火性能的方法。

1)利用防火材料隔热防护的方法

利用防火材料隔热防护是利用防火板、防火喷涂料等隔断或者减弱施加到衬砌结构上的热荷载。防火材料隔热防护的方法根据隔热材料布置的不同,可以有多种形式。防火材料隔热防护主要是其本身导热系数降低混凝土受火面与热烟气流的综合换热系数,达到隔断或者减弱热荷载的目的,这是目前国内外隧道工程中应用最普遍的方法。

单就对隧道衬砌结构的保护而言,防火板、防火喷涂料是非常有效的方法,当达到合适的厚度后,可以降低混凝土表面的温度、避免爆裂。当火灾温度升高到1200℃时,其相关研究成果表明:

没有对隧道衬砌施加耐火措施时,混凝土发生了严重的爆裂,爆裂深度达到60mm,超过了钢筋保护层的厚度,钢筋出露。

没有对隧道衬砌施加耐火措施时,混凝土表面温度与火灾温度接近,钢筋的温度远远超过了防火保护的限值。

没有对隧道衬砌施加耐火措施时,由于高温的作用,混凝土单轴抗压强度降到了未受火时的1/2,而弹性模量则降到了未受火时的1/4。

当采取了耐火措施后,衬砌混凝土没有发生爆裂,而且衬砌表面温度低于260℃,达到了衬砌防火保护的要求。

当采取了耐火措施后,衬砌混凝土的单轴抗压强度几乎没有变化。

2)利用喷水(雾)降温防护的方法

在隧道火灾初期,为了控制火势和降温,可以采用在隧道内安设喷水(雾)的方法来保护隧道衬砌结构和隧道内的附属设备。这种防火措施在日本使用的比较广泛。国内使用的案例有上海外环沉管隧道等。

此外,Roelands提出了采用后喷射水喷淋来保护隧道衬砌的方法(图7-1),并进行了试验验证。试验中火源采用燃烧丙烷来模拟,水喷淋流量设计为10L/(min·m^2)。试验结果表明:

隧道衬砌混凝土没有发生爆裂,且衬砌内温度(距表面2mm)低于100℃。

水喷淋的流量需要精确控制:当流量下调0.5L/(min·m^2)时,混凝土温度迅速升高到了100℃,混凝土开始发生爆裂;而当水量恢复到10L/(min·m^2)时,爆裂又立即停止了。这表明如果水量充足,则后喷射式水喷淋能够保护混凝土衬砌。

由于水喷淋的降温效果,试验炉内温度从1100℃降到了850℃。这表明采用后喷射式水喷淋系统能够有效降低隧道衬砌表面的温度,防止混凝土的爆裂(无须安装防火保护层)。

尽管喷水(雾)这种降温防护措施对于隧道早期灭火和隧道内降温效果较好,

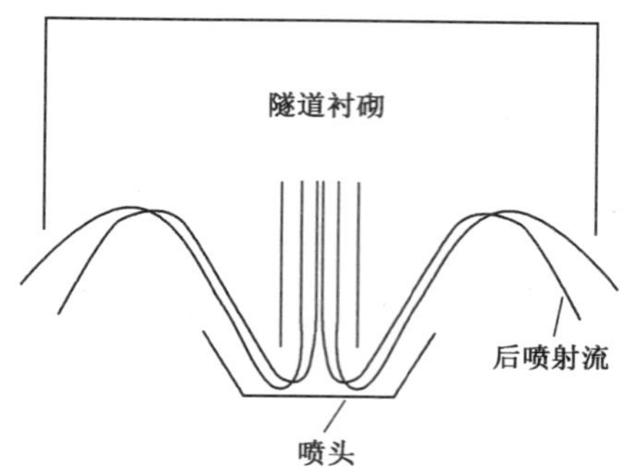

图 7-1 后喷射式水喷淋示意图

但是其功能的发挥需要有可靠、充足的水源作为保证。此外，造价及维护费用也相当高，限制了其使用范围，目前主要在经济较发达的日本使用。喷水(雾)防护措施的致命缺陷在于会破坏隧道内的逃生环境，表现在：

喷水(雾)的降温作用使得隧道内烟气下沉，能见度降低，影响人员的逃生和消防救援。

喷射出的水遇热形成蒸汽会损害隧道内的人员和设备。

对于隧道内常见的油类火灾而言，喷水(雾)喷射出的大量水不仅会导致油的蔓延和火势扩大，同时可能会引起爆炸。

鉴于上述原因，目前是否使用喷水(雾)防护措施仍然是一个有争议的问题，大多数国家一般都不推荐在公路隧道内使用喷水(雾)系统。

3)改善混凝土性能的防护方法

要提高隧道衬砌结构的耐火性能，除了对隧道衬砌结构施加隔热降温防护措施外，从混凝土自身出发，也是一个重要的研究方向。在火灾高温时，为了减弱(消除)混凝土的高温爆裂，提高隧道衬砌结构的耐火性能，国内外研究机构从掺加纤维、改变混凝土配合比、钢筋布置等各个方面进行了研究。

(1)掺加聚丙烯纤维的方法

目前，改善混凝土抗爆裂性能，提高衬砌结构耐火比较有效的方法是在混凝土中掺入聚丙烯纤维，其抗爆裂的机理是：当混凝土遭受高温时，一旦温度超过了聚丙烯纤维的熔点 160℃，混凝土内高度分散的聚丙烯纤维就会熔化逸出，在混凝土中留下相当于纤维所占体积的相互连通的孔隙，使得混凝土内部的渗透性显著增大，减缓了内部蒸汽压的积聚，从而避免了隧道衬砌的爆裂。与普通混凝土、钢纤维混凝土相比，当受火温度低于聚丙烯纤维的熔点(所用聚丙烯纤维熔点为 160℃)时，三种混凝土的渗透性基本接近，甚至聚丙烯纤维混凝土的渗透性偏小。而当受火温度超过了聚丙烯纤维的熔点后，聚丙烯纤维混凝土的渗透性急剧增大，

分别增大为普通混凝土、钢纤维混凝土的15.1倍和1.8倍。这表明聚丙烯纤维的熔融温度是决定其抗爆裂性能的关键因素。因此，降低纤维的熔点可以增强其抗爆裂的能力。

国内外的研究表明，聚丙烯纤维的含量越高，混凝土的抗爆裂性能越好。同时，由于聚丙烯纤维抗爆裂的性能依赖于纤维熔化后形成的孔隙的连通性，因此，纤维越长，越能够产生更多的相互连通的孔隙，抗爆裂性能也越好。

虽然在混凝土中掺加聚丙烯纤维能够有效地避免混凝土的高温爆裂，提高衬砌结构的耐火性能，但是同时也会严重降低混凝土高温后的抗渗耐久性。此外，聚丙烯纤维的造价相对较高，大量的使用聚丙烯纤维会较多的增加工程造价。因此，该方法在工程中的应用受到了相应的限制。

(2)掺加钢纤维(钢纤维＋聚丙烯纤维)的方法

与聚丙烯纤维不同，对于钢纤维抗爆裂的效果，人们的看法并不一致。有的学者认为钢纤维可以有效地抑制混凝土爆裂的发生，其理由是：

①钢纤维的掺入可以抑制混凝土内由于快速温度变化而产生的体积变化，从而减少了材料内部微裂缝的产生及发展，特别是长径比大、高含量的钢纤维，不仅阻止裂缝发展的范围及能力强，而且能明显增加混凝土的抗拉能力，从而可以有效抑制爆裂的发生。

②钢纤维具有良好的热传导性，其热传导系数是混凝土的20～30倍，因此在混凝土内分散分布的钢纤维能够减少混凝土内部由于不均匀温度而产生的热应力，减弱混凝土的内部损伤。而有的学者则认为，由于钢纤维储存的额外应变能，会加重混凝土的爆裂。

(3)增设钢筋(钢筋网)的方法

研究表明，在衬砌受火侧增加额外的钢筋能够限制爆裂的扩展，减轻爆裂的损伤，提高衬砌结构的耐火性能。德国ZTV技术标准Parts(Section2)也建议在衬砌受火侧增加额外的钢筋，以限制混凝土爆裂，确保受力主筋的温度不超过300℃。

此外，通过在受火侧布设适当的钢筋网也可以限制爆裂的发展。为了避免由于钢筋网与混凝土间的热不相容性而导致增加混凝土的爆裂，应选用较细的钢丝网。其原因是：钢材与混凝土间热膨胀率不一致，会使得钢丝网和混凝土的界面上产生裂缝，裂缝的存在有利于集聚的水汽的扩散，从而可以降低混凝土内部的蒸汽压力，减弱了爆裂。此外，钢丝网的存在也在一定程度上抑制了混凝土的剥落。

(4)改善混凝土材料组成、配合比的方法

混凝土高温爆裂及力学性能的劣化除了受外部的升温速度、最高温度、荷载状况的影响，也与混凝土自身的含水率、集料（水泥基体）特性、孔隙结构、添加料等密切相关。因此，通过优化混凝土的材料组成和配合比，能够有效改善衬砌混凝土的抗爆裂性，提高衬砌结构的耐火性能，降低力学性能的劣化。

根据国内外的研究成果，能够改善混凝土抗爆裂性能及力学性能劣化的措施如下：

①集料选择方面。选用热稳定性好的集料。相关研究成果表明，不同种类集料的热稳定性从低到高依次为：燧石、石灰石、玄武岩、花岗岩、辉长岩。例如，花岗岩在 600℃时仍能够保持热稳定性。此外，轻集料也能够改善混凝土的抗爆裂性能；选用热膨胀小的集料，以减弱集料与水泥基体间的热不相容性；选用表面粗糙、多棱角的集料，以提高集料与水泥基体间的结合力；选用含活性硅的集料，以改善集料与水泥基体间的化学黏结力；减小集料的尺寸。

②水泥拌和料方面。因为 $Ca(OH)_2$ 在温度超过 400℃时会分解成 CaO 和 CO_2，而 CaO 再水化时体积会膨胀，因此应降低水泥凝胶中的 C/S（Cao/SiO_2）比，这可通过在水泥拌和料中添加炉渣、硅灰等来实现。

4）增加衬砌混凝土厚度的防护方法

火灾高温时，除了上述各方法可以提高隧道衬砌结构的耐火性能外，也可以通过增加隧道衬砌混凝土厚度（包括增加钢筋保护层厚度）的方法来提高隧道衬砌结构的耐火能力（包括抗爆裂及承载力），即假定增加的混凝土厚度可以用作牺牲层，以维持其结构的整体性，从而阻止隧道衬砌在火灾高温中的失效。

根据对梁、柱的研究成果，当温度达到 400℃后，保护层厚度较大（大于 20mm）的试件的变形明显小于保护层厚度较小（10mm）的试件，因此，适当的加大保护层厚度可以提高钢筋混凝土梁的耐火性能。对不同保护层厚度、不同截面尺寸柱的数值计算表明，增加截面尺寸和保护层厚度能够有效提高钢筋混凝土柱的防火承载力。

数值模拟（二次衬砌分别厚 70cm 和 50cm）结果表明，当火灾持续时间达 160min 时，衬砌内温度高于 400℃的厚度，拱顶、拱腰部位约为 11cm。那么，可以适当的增大衬砌厚度，用来作为火灾高温中的牺牲层，以保护衬砌结构整体承载力，保证隧道在火灾高温中不至于垮塌。

但是，需要注意的是，上述结论是在不考虑混凝土爆裂的情况下得出的。实际上，由于爆裂会不断地持续下去，因此在设计时并不能预测到实际的爆裂深度。这样，即使加大了截面尺寸或者增加了保护层的厚度，由于不断的爆裂仍可能会使钢筋暴露在火灾高温中，也会导致结构的失效。

7.4 公路隧道设备耐火

7.4.1 隧道设备耐火考虑的主要因素

1)隧道火灾危险环境分区

隧道火灾危险环境根据火灾事故发生的可能性和后果以及危险程度及物质状态的不同,按下列规定进行分区。

(1)21区:具有闪点高于环境温度的可燃液体,在数量和配置上能引起火灾危险的环境。

(2)22区:具有悬浮状、堆积状的可燃粉尘或可燃纤维,虽不可能形成爆炸混合物,但在数量和配置上能引起火灾危险的环境。

(3)23区:具有固体状可燃物质,在数量和配置上能引起火灾危险的环境。

2)隧道火灾危险环境对设备耐火的要求

①在隧道火灾危险环境内,正常运行时有火花的和外壳表面温度较高的设备,应远离可燃物质或保证与可燃物质间的隔离。

②在隧道火灾危险环境内,应根据区域等级和使用条件,按表7-3选择相应类型的设施设备。

③电压为10kV及以下的变电所、配电所,与隧道火灾危险环境之间的墙体应是密实的非燃烧体。管道和沟道穿过墙处,应采用非燃烧性材料严密堵塞。

④在隧道火灾危险环境内的设备的金属外壳应可靠接地。

⑤接地干线应有不少于两处与接地体连接。

3)隧道火灾危险环境下设备线路耐火的设计和安装要求

①在隧道火灾危险环境内,可采用非铠装电缆或钢管配线明敷设。

②在隧道火灾危险环境内,电力、照明线路的绝缘导线和电缆的额定电压,不应低于线路的额定电压,且不低于500V。

③在隧道火灾危险环境内,当采用铝芯绝缘导线和电缆时,应有可靠的连接和封端,但一般应采用铜芯绝缘导线。

④消防用电设备的配电线路应穿管保护。暗敷时,应敷设在非燃烧体结构内,其保护层厚度不应小于3cm;明敷时,必须穿金属管,并采取防火保护措施。

⑤采用绝缘和护套为非延燃性材料的电缆时,可不采取穿金属管保护,但应敷设在电缆沟内。

7.4.2 隧道设备耐火等级

隧道内电气设备的耐火及防护结构等级的选型见表 7-3。

电气设备的耐火及防护结构等级选型表 表 7-3

<table>
<tr><th colspan="2">火灾危险区域
防护等级
电气设备</th><th>21 区</th><th>22 区</th><th>23 区</th></tr>
<tr><td rowspan="2">机电设备</td><td>固定安装</td><td>IP44</td><td rowspan="2">IP54</td><td>IP21</td></tr>
<tr><td>移动式、携带式</td><td>IP54</td><td>IP54</td></tr>
<tr><td rowspan="2">电器和仪表</td><td>固定安装</td><td>充油型、IP54、IP44</td><td rowspan="2">IP54</td><td>IP44</td></tr>
<tr><td>移动式、携带式</td><td>IP54</td><td>IP44</td></tr>
<tr><td rowspan="2">照明灯具</td><td>固定安装</td><td>IP2X</td><td rowspan="4">IP5X</td><td rowspan="4">IT2X</td></tr>
<tr><td>移动式、携带式</td><td rowspan="3">IP5X</td></tr>
<tr><td colspan="2">配电装置</td></tr>
<tr><td colspan="2">接线盒</td></tr>
</table>

注：1. 在隧道火灾危险环境 21 区内固定安装的正常进行时有滑环等火花部件的电器和仪表，不宜采用 IP44 结构。

2. 移动式和携带式照明灯具的玻璃罩，应有金属网保护。

3. 表中防护等级的标志应符合《外壳防护等级（IP 代码）》（GB 4208—2008）的规定。

7.4.3 隧道设备耐火的措施与方法

隧道消防应急设施中的用电设备、隧道监控设施及其用房的用电负荷均应确定为一级供电负荷。

隧道应急电源是隧道应急用电设备正常工作的基本条件，所以，设备应由两个电源供电。其中一个电源损坏时，另一个电源仍能承担全部用电负荷，继续正常供电。为此，隧道应急用电设备应由两个独立电源供电，每个电源均应能承担火灾时所有应急用电设备的全部负荷。

两个独立电源应优先从隧道周围的独立电网中获得。考虑到隧道特殊的地理位置和沿线供电条件的限制，如确实不能以两个独立电网获得双电源，可采用柴油发电机组作为备用电源，同时还应采用 UPS 对监控、应急照明等不能停止供电的设施进行不间断地供电。

对于火灾应急照明、自动报警系统等不允许中断供电的设备，必须采用自动控

制的方式进行主、备电源切换，对于UPS装置，可在出线柜直接切换；对于消防水泵等允许短暂中断供电的设备，应根据其设置位置和运行时间要求，采用自动或手动控制方式。

为避免其他机电设备启动时产生的对应急用电设备的干扰，防止设备受其他用电设备的影响而损坏或使火灾报警系统出现误报等情况发生，应急用电设备必须采用单独的供电回路进行供电，以保证火灾时应急用电设备能够独立、有效、正常的运行。为确保应急供电回路的独立性，应在配电箱、供电回路末端等处设置明显的标志。

消防设备用电设备只有在火灾情况下才会运行，运行时间较短，运行环境恶劣，可能出现暂时的过载或漏电现象。由于短时间的过载或漏电，不会对设备造成严重危害，为防止火灾时由于暂时过载或漏电，而使保护装置发挥作用停止供电，消防设备不能正常运行的情况发生，所以，重要的消防用电设备(如消防泵、防烟排烟风机等)允许不加过载保护及漏电保护装置。

隧道供电距离长，为防止隧道特殊工作环境对电缆造成的腐蚀，以及鼠、蚁等对电缆的损坏，提高电缆的防护能力、载流量和耐火性能，要求消防用电设备供电电缆采用钢带铠装铜芯电缆或矿物绝缘电缆。在选用电缆时，要充分考虑回路的电压损失，电压损失超过允许值，会使用电设备端电压低于设备额定电压，而造成电气设备烧毁或损坏。对于消防水泵等消防应急用电设备，其电动机端电压为额定电压的95%时，仍能保证电动机温升符合有关规定，且堵转转矩、最小及最大转矩均能满足传动要求。所以，电动机端电压可低于95%，但不得低于90%；对于其他用电设备，其允许电压降应符合用电设备制造标准的规定，根据一般运行经验，当采用220V电源供电时，电压降不应超过5%，当采用380V电源供电时，不应超过10%。

7.5 公路隧道火灾检测

7.5.1 火灾报警系统分类

1)常用火灾探测器的分类

火灾的不同阶段具有不同的特点，相应火灾自动检测设备的探测参数也不同，火灾探测器大体上可以划分为感温、感烟、感光、气体和复合式等几大类(表7-4)。

火灾探测器分类表　　表 7-4

<table>
<tr><th>序　号</th><th colspan="4">名称及种类</th></tr>
<tr><td rowspan="8">1</td><td rowspan="8">感温探测器</td><td rowspan="4">点型</td><td rowspan="4">差温
定温
差定温</td><td>双金属型</td></tr>
<tr><td>膜盒型</td></tr>
<tr><td>易熔金属型</td></tr>
<tr><td>半导体型</td></tr>
<tr><td rowspan="4">线型</td><td rowspan="4">差温
定温</td><td>管型</td></tr>
<tr><td>电缆型</td></tr>
<tr><td>半导体型</td></tr>
<tr><td>光纤型</td></tr>
<tr><td rowspan="5">2</td><td rowspan="5">感烟探测器</td><td rowspan="4">光电感烟型</td><td rowspan="2">点型</td><td>散射型</td></tr>
<tr><td>逆光型</td></tr>
<tr><td rowspan="2">线型</td><td>红外光束型</td></tr>
<tr><td>激光型</td></tr>
<tr><td>离子感烟型</td><td></td><td></td></tr>
<tr><td rowspan="2">3</td><td rowspan="2">感光探测器</td><td>紫外光型</td><td rowspan="2"></td><td rowspan="2"></td></tr>
<tr><td>红外光型</td></tr>
<tr><td rowspan="2">4</td><td rowspan="2">可燃性气体探测器</td><td>催化型</td><td rowspan="2"></td><td rowspan="2"></td></tr>
<tr><td>半导体型</td></tr>
<tr><td>5</td><td>复合型探测器</td><td colspan="3">感温型、感光型、感烟型的组合</td></tr>
</table>

(1)感温火灾探测器

这是一种响应异常温度、温升速率和温差的火灾探测器。它又可分为定温火灾探测器——温度达到或超过预定值时响应的火灾探测器;差温火灾探测器——升温速率超过预定值时响应的感温火灾探测器;差定温火灾探测器——兼有差温、定温两种功能的感温火灾探测器。感温火灾探测器,由于采用不同的敏感元件,如热敏电阻、热电偶、双金属片、易熔金属、膜盒和半导体等,又可派生出各种感温火灾探测器。

(2)感烟火灾探测器

这是一种响应燃烧或热解产生的固体或液体微粒的火灾探测器。由于它能探测物质燃烧初期所产生的气溶胶或烟雾粒子浓度,因此,有的国家称感烟火灾探测器为“早期发现”探测器。气溶胶或烟雾粒子可以改变光强,减小电离室的离子电流以及改变空气电容器的解电常数及半导体的某些性质。由此,感烟火灾探测器又可分为离子型、光电型、电容式和半导体型几种。其中,光电感烟火灾探测器按

其动作原理的不同，还可以分为减光型(应用烟雾粒子对光路遮挡原理)和散光型(应用烟雾粒子对光散射原理)两种。

(3)感光火灾探测器

感光火灾探测器又称为火焰探测器。这是一种响应火焰辐射出的红外、紫外、可见光的火灾探测器，主要有红外火焰型和紫外火焰型两种。

(4)气体火灾探测器

这是一种响应燃烧或热解产生的气体的火灾探测器。在易燃易爆场合中主要探测气体(粉尘)的浓度，一般调整在爆炸下限浓度的1/6～1/5时动作报警。用作气体火灾探测器探测气体(粉尘)浓度的传感元件主要有铂丝、铂钯(黑白元件)和金属氧化物半导体(如金属氧化物、钙钛晶体和尖晶石)等几种。

(5)复合式火灾探测器

这是一种响应两种以上火灾参数的火灾探测器。主要有感温感烟火灾探测器、感光感烟火灾探测器、感光感温火灾探测器等。

(6)其他火灾探测器

有探测泄漏电流大小的漏电流感应型火灾探测器，有探测静电电位高低的静电感应型火灾探测器，还有在一些特殊场合使用的，要求探测极其灵敏、动作极为迅速，要求探测爆炸声产生的某些参数的变化(如压力的变化)信号，来抑制消灭爆炸事故发生的微差压型火灾探测器，以及利用超声原理探测火灾的超声波火灾探测器等。

另外，按火灾探测器的结构造型分类，可以分成线型和点型两大类。线型火灾探测器是一种响应某一连续线路周围的火灾参数的火灾探测器，其连续线路可以是“硬”的，也可以是“软”的。点型探测器是一种响应某一点周围的火灾参数的火灾探测器。

2)典型火灾探测器的原理简介

(1)感温火灾探测器

①定温探测器。定温式探测器的主要特点是:有较高的可靠性和稳定性;保养维修方便，灵敏度较低。根据其工作原理，定温式探测器可分为双金属定温火灾探测器、易熔合金定温火灾探测器、热敏电阻定温火灾探测器、玻璃球定温火灾探测器和缆式线型感温火灾探测器五种。前四种为点型定温火灾探测器。下面简单介绍双金属片定温探测器工作原理。

a.利用双金属片的弯曲变形，达到温度报警的目的。它的结构示意图如图7-2a)所示。主要部件由热膨胀系数不同的双金属片和固定触点组成。当环境温度升高时，双金属片受热，膨胀系数大的金属向膨胀系数小的金属方向弯曲，如图7-2a)中虚线所示，使触点闭合，输出报警信号。当环境温度下降后，双金属片复位，探测器又自动恢复原状。

b. 利用双金属片的反转，达到报警的目的。反转方式如图 7-2b）所示。双金属片圆盘反转后位置如图 7-2b）虚线所示，圆盘反转使触点闭合。

c. 利用金属膨胀系数的不同，达到报警的目的如图 7-2c）所示。用膨胀系数大的金属外筒和膨胀系数小的内部金属板组合而成，由于外筒的膨胀系数大于金属板，根据其膨胀系数的差使触点闭合。

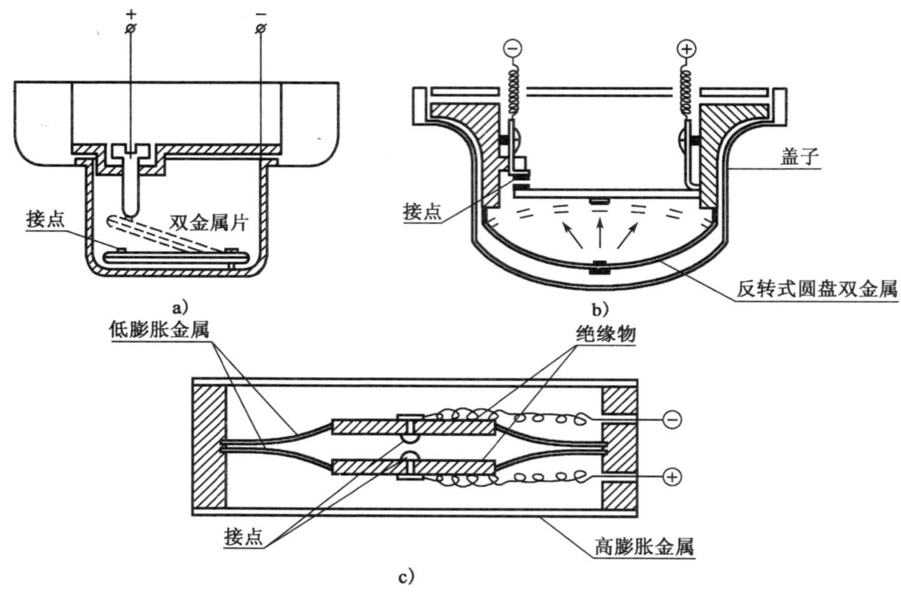

图 7-2 双金属片定温探测器

②差温探测器。差温火灾探测器指升温速率超过预定值时就能响应的火灾探测器。根据其工作原理，差温火灾探测器可分为双金属差温火灾探测器、膜盒差温火灾探测器、热敏电阻差温火灾探测器、半导体差温火灾探测器和空气管线型差温火灾探测器五种。当火灾发生时，室内局部温度将以超过常温数倍的异常速率升高，这就是差温探测器的动作参数。

a. 膜盒差温火灾探测器。膜盒式差温火灾探测器是一种点型差温探测器，当环境温度达到规定的升温速率以上时动作。它以膜盒为温度敏感元件，根据局部热效应而动作。这种探测器主要由感热室、膜片、泄漏孔及触点等构成，其结构示意图如图 7-3 所示。感热外罩与底座形成密闭气室，有一小孔（泄漏孔）与大气连通。当环境温度缓慢变化时，气室内外的空气对流由小孔进出，使内外压力保持平衡，膜片保持不变。火灾发生时，感热室内的空气随着周围的温度急剧上升、迅速膨胀而来不及从泄漏孔外逸，致使感热室内气压增高，膜片受压使触点闭合，发出报警信号。

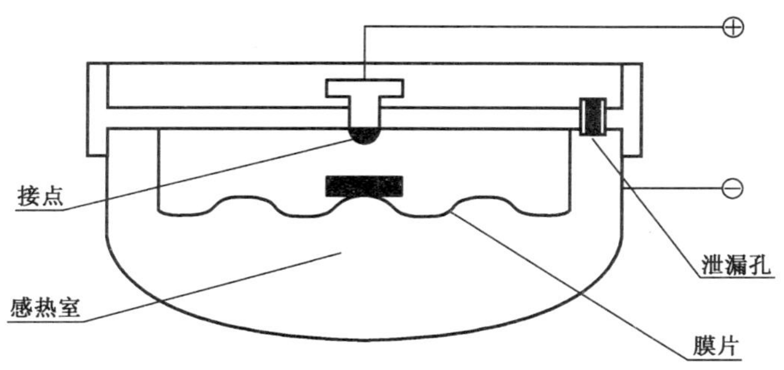

图 7-3 膜盒差温火灾探测器

b. 空气管线型差温火灾探测器。空气管线型差温火灾探测器是一种线型(分布式)差温探测器。当较大控制范围内温度达到或超出所规定的某一升温速率时即动作。它根据广泛的热效应而动作。这种探测器主要由空气管、膜片、泄漏孔、检出器及触点等构成，其结构示意图如图 7-4 所示。其工作原理是：当环境升温速率达到或超出所规定的某一升温速率时，空气管内气体迅速膨胀传入探测器的膜片，产生高于环境的气压，从而使触点闭合，将升温速率信号转变为电信号输出，达到报警的目的。

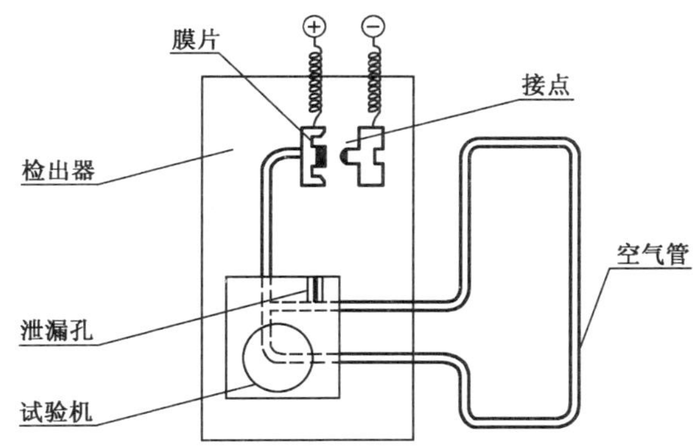

图 7-4 空气管线型差温火灾探测器

c. 热电耦式线型差温火灾探测器。其工作原理是利用热电耦遇热后，产生温差电动势，从而有温差电流，经放大传输给报警器。其结构示意图如图 7-5 所示。

③差定温探测器。以机械式差定温探测器为例，差温探测部件与膜盒式差温探测器基本相同，但其定温部件又分为双金属片式与易熔合金式两种。图 7-6 为差定温探测器的结构示意图。它属于膜盒一双金属片式差定温探测器，其定温探测部件的工作原理是：当温度升高时，双金属片由于热膨胀系数不同而产生弯曲变形，使得触点闭合，接通电源，发出报警信号。

(2)感烟探测器

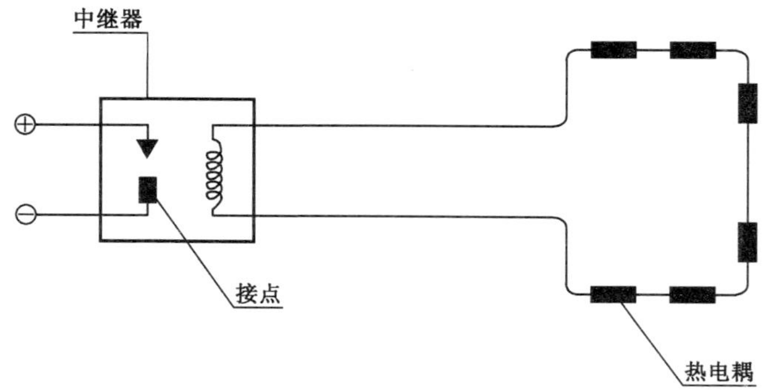

图 7-5 热电偶型差温火灾探测器

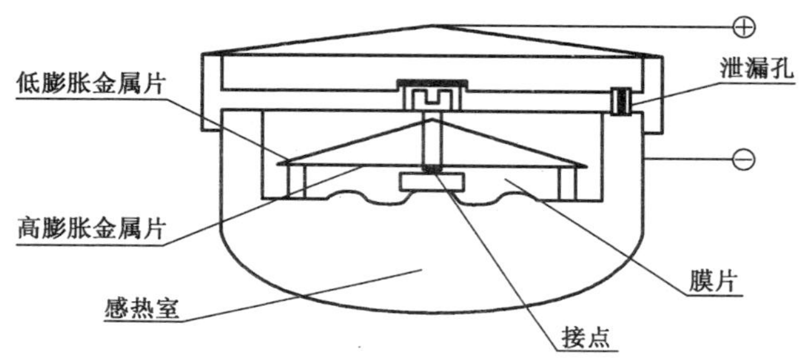

图 7-6 差定温探测器

①离子型感烟探测器。离子感烟探测器的原理是利用烟雾离子改变电离室电流。如图 7-7 所示，图中 P_1 和 P_2 是相对的电极，在电极间放有放射源镅-241，由于它持续不断地放射出粒子，粒子以高速运动撞击空气分子，从而使极板间空气分子电离为正离子和负离子(电子)，这样电极之间原来不导电的空气具有导电性。这个装置被称为电离室。当电离室加上直流电压后，就在电极空间产生电场。

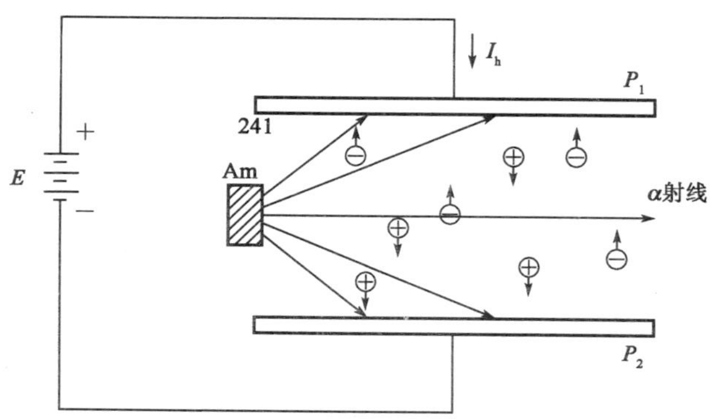

图 7-7 离子感烟探测器原理

电离室空气在放射源作用下发生电离，分成正负离子，在外加电场(E_1,E_2)作用下向两极迁移，即产生电离电流。电离电流的强度与离子的数量及迁移速度有关，离子在迁移中有部分离子又复合成中性分子。当外加电压一定时，离子的产生与复合达到动态平衡，这时就有一个对应的稳定电离电流值。当发生火灾时，烟微粒进入电离室空间，就有一些离子吸附在体积比离子大许多倍的烟微粒上，离子的迁移速度剧减。同时，烟微粒又会增加离子复合率，这样就使到达电极的有效离子数减少。另外，由于烟微粒的作用，α 射线被阻挡，电离能力降低，电离室内产生的正负离子数减少，使电离电流减小，相当于检测电离室的空气等效阻抗增加，从而引起施加在两电离室两端的分压比的变化。

②光电型感烟探测器。

a. 散射型光电感烟探测器。其结构示意图如图 7-8 所示。图中所示的光学暗室为一个迷宫式的暗箱，能阻止外部光线的射入，但烟雾粒子则可自由进入。暗室内有一组发光及光探测元件，分别设置在特定位置上。探测器利用红外光束在烟雾中产生散射光的原理，探测火灾初期阴燃阶段产生的烟雾，它由光学系统、信号处理电路、报警确认灯及外壳等部分组成。无烟时，受光元件不能直接接受发光元件射来的光束，无信号发出。当烟雾进入探测器光学暗室后，由红外光源发出的光束在烟粒子表面反射或散射而到达受光元件，受光器的光敏二极管接受到散射光，产生光敏电流，经电路处理、延时后，产生报警信号，同时点亮报警确认灯。

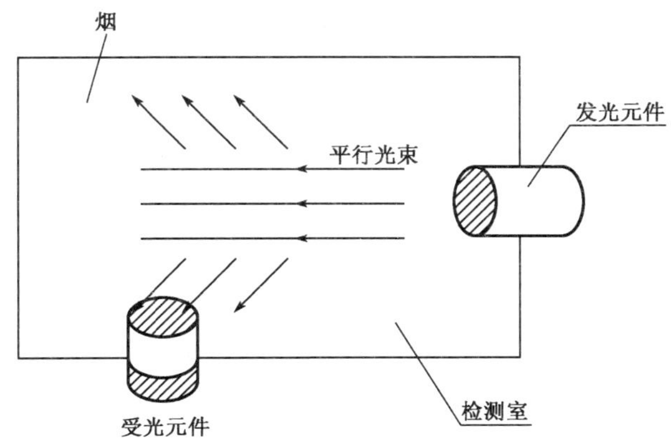

图 7-8 散射型光电感烟探测器

散射光式光电感烟探测方式只适用于点型探测器结构，其遮光暗室中发光元件与受光元件的夹角为 90°～135°，夹角越大，灵敏度越高。一般，散射光式光电感烟探测器中光源的发光波长约 0.94m，光脉冲宽度 10s～10ms，发光间歇 3～5s，对粒径为 0.9～10m 的烟雾粒子能够灵敏探测。

b. 点型遮光电感烟探测器。点型遮光探测器的结构原理如图 7-9 所示。它的主要部件也是由一对发光及受光元件组成。发光元件发出的光直接射到受光元件上，产生光敏电流，维持正常监视状态。当烟粒子进入烟室后，烟雾粒子对光源发出的光产生吸收和散射作用，使到达受光元件的光通量减小，从而使受光元件上产生的光电流降低。一旦光电流减小到规定的动作阈值时，经放大电路输出报警信号。

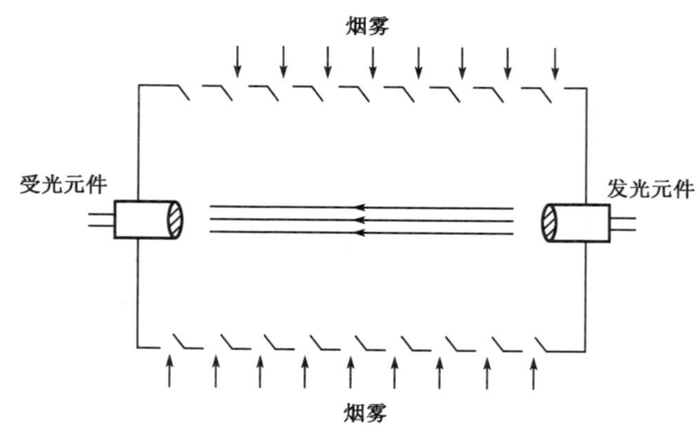

图 7-9 点型遮光感烟探测器

c. 线型遮光电感烟探测器。线型遮光探测器原理与点型相似，仅在结构上有所区别。线型遮光探测器的结构原理如图 7-10 所示。点型探测器中的发光及受光元件组合成一体，而线型探测器中，光束发射器和接收器分别为两个独立部分，不再有光敏室。作为测量区的光路暴露在被保护的空间，并加长了许多倍。发射元件内装核辐射源及附件；接受元件装有光电接收器及附件。按其辐射源的不同，线型遮光探测器可分成激光型及红外束型两种。

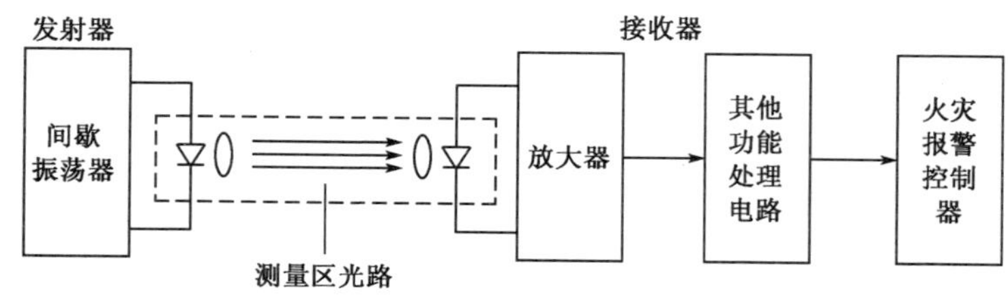

图 7-10 线型遮光感烟探测器

d. 激光型光电感烟探测器。图 7-11 为激光型光电感烟探测器的结构原理示意图。它是应用烟雾粒子吸收激光光束原理制成的线型感烟火灾探测器。发射机中的激光发射器在脉冲电源的激发下，发出一束脉冲激光，投射到接收器中光电接

收器上，转变成电信号经放大后变为直流电平。此电平的大小反映了激光束辐射通量的大小。在正常情况下控制警报器不发出警报。有烟时，激光束经过的通道中被烟雾粒子遮挡而减弱，光电接收器接收的激光束减弱，电信号减弱，直流电子下降。当下降到动作阈值时，报警器输出报警信号。

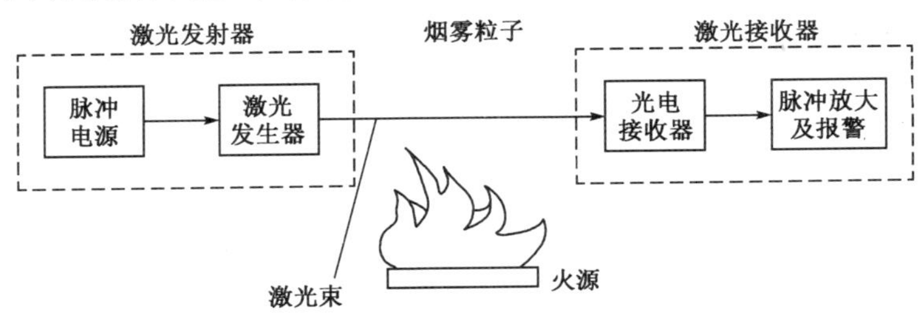

图7-11 激光型光电感烟探测器

(3)感光探测器

①红外感光探测器。红外感光探测器是利用火焰的红外辐射和闪烁效应进行火灾探测。由于红外光谱的波长较长，烟雾粒子对其吸收和衰减远比波长较短的紫外光及可见光弱。因此，在大量烟雾的火场，即使距火焰一定距离仍可使红外光敏元件响应，所以它具有响应时间短的特点。此外，借助于仿智逻辑进行的智能信号处理，能确保探测器的可靠性，不受辐射及阳光照射的影响，因比这种探测器误报少，抗干扰能力强，电路工作可靠，通用性强。

红外感光探测器的结构示意图如图7-12所示。在红玻璃片后塑料支架中心处固定着红外光敏元件硫化铅(PbS)。在硫化铅前窗口处加一可见光滤片——锗片，鉴别放大和输出电路在探头后部的印刷电路板上。

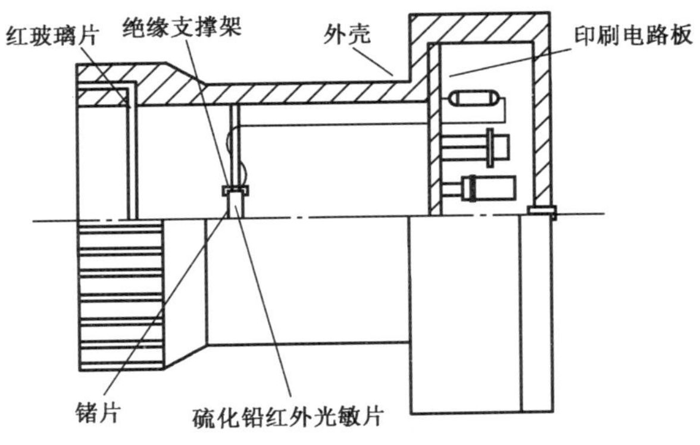

图7-12 红外感光探测器

由于红外感光火灾探测器具有响应快的特点，因而它通常用于监视易燃区域的火灾发生，特别适用于没有熏燃阶段的燃料(如醇类、汽油等易燃气体)仓库火灾的早期报警。

②紫外感光探测器。紫外感光探测器又称紫外火焰探测器，它以紫外光电管作为火焰传感元件。紫外光电管是一种灵敏度高、抗干扰能力强、受光角度宽、响应速度快的紫外线传感器，又称火焰传感器。

它能对火焰中波长为 1 850～2 900A 的紫外辐射响应，可以检测 8m 外一般打火机的火焰。但对可见光源（如太阳光，普通灯光等）均不敏感。这是因为阳光中虽有强烈的紫外辐射，但被大气中的臭氧层大量吸收，到达地面的紫外辐射量很低；而人工照明中的气体放电灯也会产生强烈的紫外光，但这些电光源的石英玻壳对 2 000～3 000A 的紫外光吸收力很强。因此，紫外感光探测器对阳光及上述电光源均不敏感。而对易燃、易爆物（如汽油、煤油、酒精、火药等）引起的火灾则很敏感，因为这些有机化合物燃烧时，它的氢氧根在氧化反应中有强烈的紫外辐射（波长为2 500～3 500A），火焰的温度越高，其紫外光辐射的强度也越高，因此对于易燃物质火灾，利用火焰产生的紫外辐射来探测火焰是十分有效的。紫外感光探测器应用于各种火灾消防系统及易燃易爆场所，用以监测火焰的产生，防止火灾蔓延，是一种远距离火焰探测器。

图 7-13 为其结构示意图。在紫外光敏管的玻壳内有两根高纯度的钨丝或钼丝电极。当电极受到紫外光辐射后立即发出电子，并在两电极间的电场中被加速。这些加速后的电子（动能携带者）与玻壳内的氢、氦气体分子发生碰击而被离化，发生连锁反应，造成“雪崩”式的放电，使紫外光管由截止变为导通输出报警信号。

紫外感光火灾探测器的最大特点是对强烈的紫外辐射响应时间极短（最少可达 15ms）。此外，它还不受风、雨及高气温等影响，可以在室内外使用，常用于飞机库、油井、输油站（管）、可燃气罐和液罐、易燃易爆物品仓库等，特别适用于火灾初期不产生烟雾的场所，如生产、储存酒精及石油的场所。

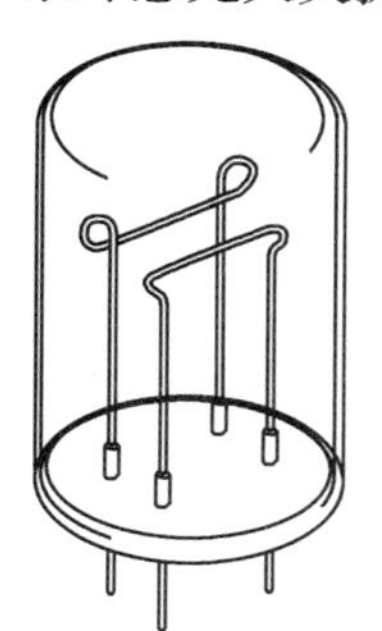

图 7-13 紫外感光探测器结构示意图

(4)气体探测器

可燃气体探测器利用对可燃气体敏感的元件来探测可燃气体浓度，当可燃气体浓度达到危险值（超过限度）时报警。在火灾事例中，常有因可燃性气体、粉尘及纤维过量而引起爆炸起火的。因此对一些可能产生可燃性气体或蒸汽爆炸混合物的场所，应设置可燃性气体探测器，以便对其监测。可燃性气体探测器有催化型及半导体型两种。

①催化型可燃性气体探测器。可燃性气体检测报警器由可燃性气体探测器和报警器两部分组成。探测器利用难熔的铂丝加热后的电阻变化来测定可燃性气体

浓度。它是由检测元件、补偿元件及两个精密线绕电阻组成的一个不平衡电桥。检测元件和补偿元件是对称的热线型载体催化元件(即铂丝)。检测元件与大气相通,补偿元件则是密封的。当空气中无可燃性气体时,电桥平衡,探测器输出为零;当空气中含有可燃性气体并扩散到检测元件上时,由于催化作用产生无焰燃烧,铂丝温度上升,电阻增大,电桥产生不平衡电流而输出电信号。输出电信号的大小与可燃性气体浓度成正比关系。当用标准气样对此电路中的指示仪表进行测定,即可测得可燃性气体的浓度值。一般取爆炸下限为100%,报警点设定在爆炸浓度下限的25%处。这种探测器不可用在含有硅酮和铅的气体中。为延长检测元件的寿命,在气体进入处装有过滤器。

②半导体型可燃气体探测器。它采用灵敏度较高的气敏元件制成。对探测氢、一氧化碳、甲烷、乙醚、乙醇、天然气等可燃性气体很灵敏。QN、QM系列气敏元件,是以二氧化锡材料掺入适量有用杂质,在高温下烧结成的多晶体。这种材料在一定温度下,遇到可燃性气体时,电阻减小,其阻值下降幅度随着可燃性气体的浓度变化。根据材料的这一特性可将可燃性气体浓度的大小转换成电信号,再配以适当电路,对可燃性气体浓度进行监测和报警。

3)公路隧道常用的火灾自动报警系统

公路隧道常用的火灾自动报警探测器主要有感温型和感光型两种。感温型有感温电缆、紫铜管、光纤、热敏合金线四种。前两种目前应用较少,主要因为感温电缆耐火温度低,紫铜管的应用效果不好,而感光型主要指双波长火焰探测器。此外,随着传感技术的不断发展,光纤光栅火灾探测器逐渐成为公路隧道火灾自动报警系统的主要应用设备。

(1)热敏合金线感温探测系统

该系统检测原理为将热敏合金线随温度的变化量,通过处理器转换成数字量,传送至火灾报警控制器,控制器再将接收到的数字量还原成温度值,实现报警和位置确定。

(2)双波长火焰探测器

双波长火焰探测器主要利用火焰燃烧放射的光按照周期变化的特性,通过探测器的电带状过滤器捕捉火焰特有的燃烧变化频率(1～15Hz),作为判断火灾发生的因素之一;通过对于不同波长带域各具灵敏度的两个检测元件,将各种人工照明灯光(环境光)和火灾时火焰辐射光的光谱分布情况进行比较、分析,捕捉火灾特有的光谱分布特性,作为检测火灾的另一判断因素。当两种判断因素同时满足时,发出火灾报警信号。

(3)光纤感温探测系统

该系统是利用光纤作为线性感温探测器的高新技术,其基本原理是利用光纤中石英分子键受温度上升而产生晶格振动导致在光纤中传输的光产生散射(喇曼散射及 Rayleigh 散射),散射量的大小可直接反应温度的高低。因此,光纤感温探测系统可以将环境温度以连续的线性方式表示出来。它的另一个特点是可以准确地定位温度变化的确切位置。系统通过 OTDR、OFDR(光时域及光频域反射测量法)及连续 FFT(快速傅立叶变换)对信息进行处理,将微小的时空差别以频率方式体现出来实现精确定位,从而构成一套精密的光纤线性感温探测系统。

(4)光纤光栅感温火灾探测器

这是一种新型的温度探测报警系统,利用光纤材料的光敏性在光纤纤芯形成均匀周期的光纤布喇格光栅,当宽带光进入光纤传输到光栅处时,光栅将有选择地反射一窄带光。反射窄带光的中心波长,即布喇格波长由光栅的条纹周期和光栅的有效折射率决定。当光栅的温度发生变化时,由于热胀冷缩效应,光栅的条纹周期会发生变化,同时由于热光效应,光栅的有效折射率也会发生变化,从而产生光栅布喇格信号的波长位移。光纤光栅布喇格波长的变化与环境温度的变化有着很好的线性关系。因此,通过监测布喇格波长的变化情况,即可获得光纤光栅周围温度的变化状况。

7.5.2 火灾自动报警系统的基本构成

(1)火灾自动报警系统的构成及原理简介

火灾自动报警系统一般是由火灾探测器或手动火灾报警按钮以及火灾报警控制器组成的。火灾探测器监视着环境中是否有火灾的发生。一旦有了火情,就将火灾的特征物理量,如烟雾、温度、气体和辐射光强等转换成电信号,并立即动作,向火灾报警控制器发送报警信号,由火灾报警控制器向监控中心发出报警(图 7-14)。

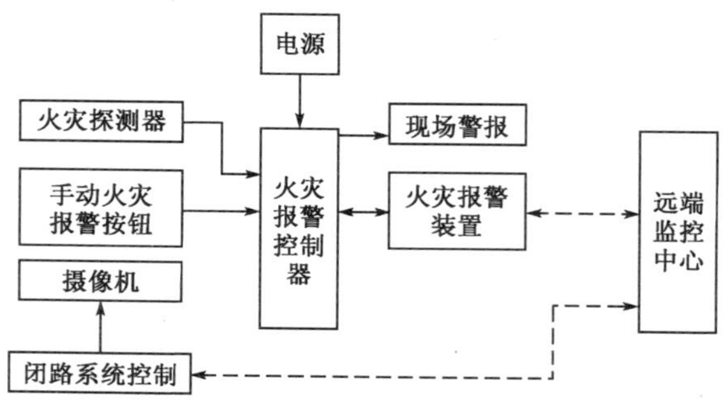

图 7-14　火灾自动报警系统原理框图

隧道火灾自动检测报警在隧道管理中通常与闭路电视监视系统结合使用,当系统接收到火灾报警信号(包括自动报警信号和手动报警信号)时,系统除发出必要的声光报警,同时监控管理系统自动切换闭路电视监视画面到对应报警点处的

画面，值班人员可以通过图像直观地对现场状态进行判定，并于第一时间确定火灾处理和救援方案。

(2)隧道火灾报警系统常用设备配置

根据《高速公路隧道监控系统模式》(GB/T 18567—2010)，当隧道内交通量和隧道长度的关系达到B级以上(日交通量达到40 000 辆以上或隧道长度5 000～10 000m)水平时，有必要在隧道内设置自动火灾报警检测系统。一般每一套火灾探测报警系统至少配置一台报警控制器，其他设备的选取见表 7-5。

火灾报警系统设备配置表 表 7-5

隧道部位 设备名称		隧道内	隧道工程建筑物内			配置要求
			中控室及设备房	配电房及地下风机房	发电机房备用	
室外下位机		▲				每 100m 一台
室内下位机			▲	▲	▲	在建筑物相应位置进行设置
手报按钮		▲	▲	▲	▲	隧道内 50m 一个，与消防设备同址设置，建筑物内按需设置
探测器	线型感温	▲				沿隧道长度分段(50m)连续布设
	点型感烟		▲	▲	▲	按 GB 50116—2008 设计规范设置*
	点型感温				▲	按 GB 50116—2008 设计规范设置*
光端机及光纤						隧道口距控制器大于 1 200m 时选用
中继器						系统采用电缆传输而隧道口距控制器大于 600m 且小于 1 200m 时选用
分支器						传输线路有多个分支时选用

注：*《火灾自动报警系统设计规范》(GB 50116—2008)：9.1.1.2 对火灾发展迅速，可产生大量热、烟和火焰辐射的场所，可选择感温探测器、感烟探测器、火焰探测器或其组合；9.1.1.3 对火灾发展迅速，有强烈的火焰辐射和少量的烟、热的场所，应选择火焰探测器。

火灾报警系统设备必须有中国国家消防电子产品质量监督检验中心的检验合格证明，并符合我国国家相关标准、规范的规定。引进自国外的火灾报警系统设备，无论其取得国际防火联合会认可与否，均需办理中国国家消防电子产品质量监督检验中心认可证明。

7.5.3 火灾自动报警系统试验

目前，在公路隧道内应用较多的火灾探测设备主要有三种：点式双波长火焰火灾探测器、光纤光栅感温火灾探测器和分布式光纤感温探测器。现结合上海长大隧道全比例火灾试验，对上述三种火灾自动报警系统试验的布置要求、试验步骤进行介绍，并根据其试验结果对其性能特点进行分析对比。

1)火灾探测器的布置要求

(1)双波长火焰探测器

隧道现场安装两套双波长火焰探测器,单侧侧墙上间隔 50m 设置,共设置两套,安装高度为探测器中心距隧道地面 1.8m。火灾报警分区设定为 25m,与水喷雾区间对应(图 7-15)。

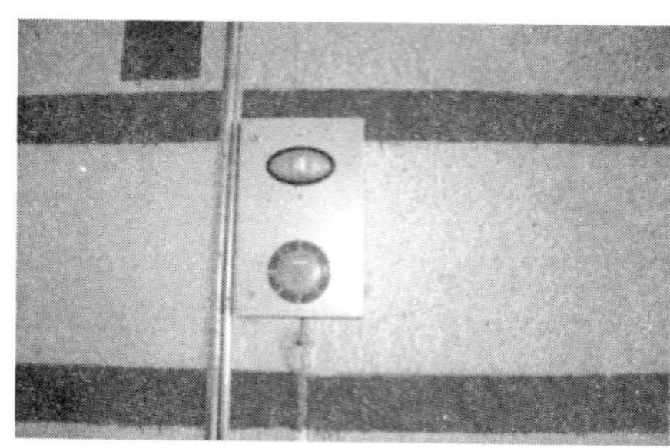

图 7-15 双波长火焰探测器的布置

(2)光纤光栅探测器

沿隧道顶部纵向敷设一路光纤光栅感温探测器,在隧道顶部采用 U 形布置。火灾报警分区设定为 25m,与水喷雾区间对应(图 7-16、图 7-17)。

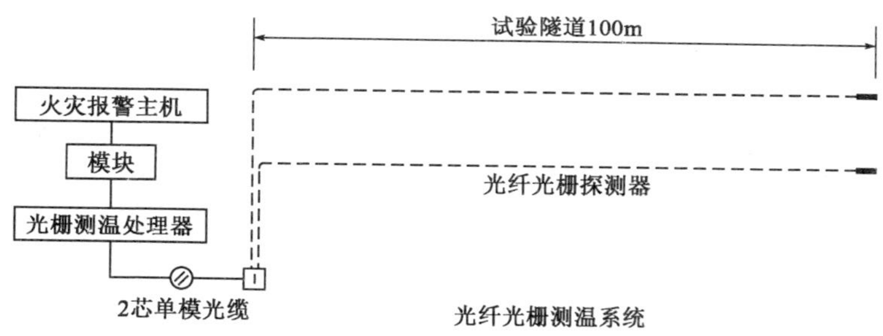

图 7-16 光纤光栅布置方案

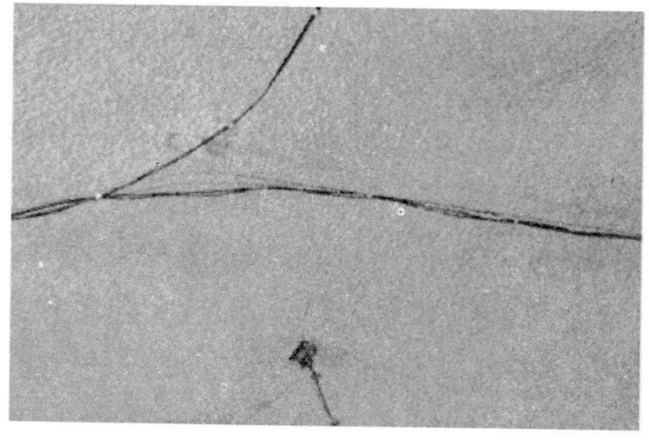

图 7-17 光纤光栅探测器

(3)感温光纤探测器

沿隧道顶部纵向敷设一路分布式光纤拉曼感温探测器,并采用U形布置;火灾报警分区设定为25m,与水喷雾区间对应(图7-18、图7-19)。

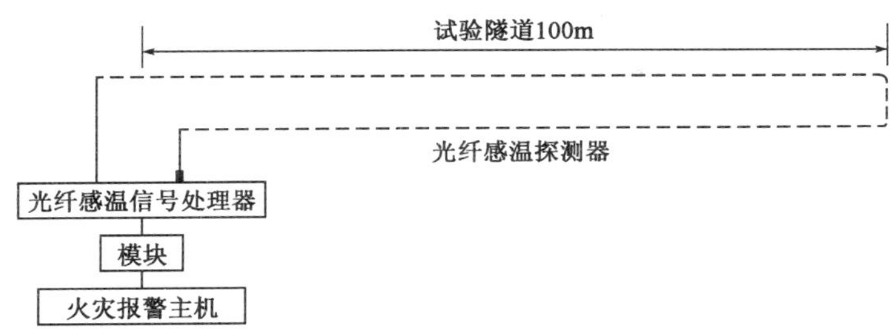

图7-18 分布式光纤布置方案

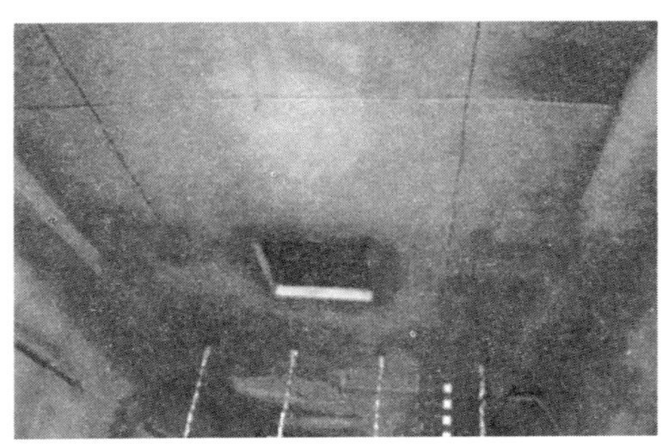

图7-19 分布式光纤探测器

(4)其他设备布置

隧道内还安装了两套消防模块箱。控制室内设置一台火灾探测器、一台光栅测温主机、一台拉曼光纤测温主机(单回路)及一台消防监控终端。配置计时秒表一只。隧道内三种探测器的总体布置如图7-20、图7-21所示。

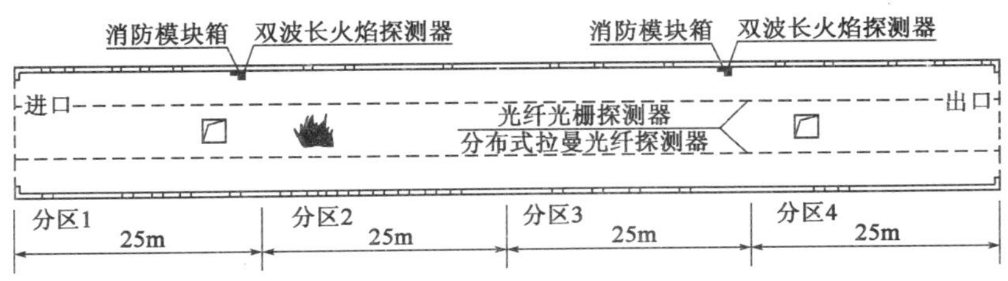

图7-20 隧道平面内探测器布置图

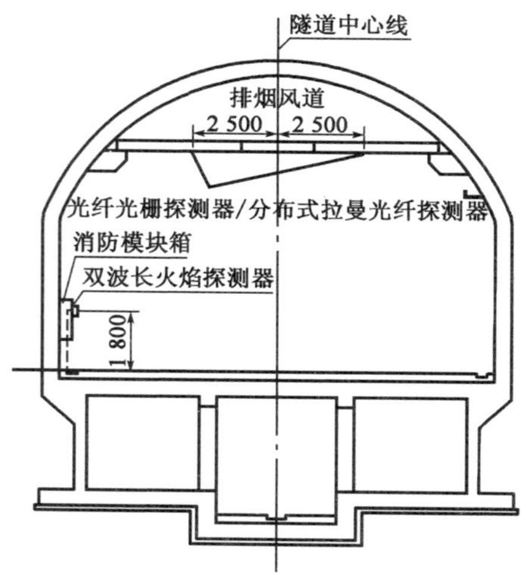

图7-21 隧道纵断面内探测器布置图(尺寸单位:mm)

2)火灾报警试验步骤

在试验中,火灾报警主机联动控制开关均置于手动状态。隧道内采用机械通风,光纤光栅、分布式光纤感温探测器定温动作温度设定为40℃,差温动作温度为10℃/min。对双波长火焰探测器、光纤光栅感温探测器和分布式光纤拉曼感温探测器同时进行试验。

试验中,火灾报警系统的控制按照以下试验步骤进行:

①启动数据采集系统,使其处于正常工作状态,录像机开始摄录。

②记录试验环境基本参数,包括点火时间、环境温度、风速等。

③点火后按下秒表开始计时,记录火灾报警主机、光纤光栅测温主机、分布式拉曼光纤测温主机报警时间、报警温度、报警地址,并与采集系统数据进行对比。

3)试验结果分析

在隧道全比例火灾试验中,共进行了三次火灾报警试验,其试验工况的火源分别是0.5MW的油池火、10MW木垛火和10MW油池火。

(1)报警试验/0.5MW油池火

试验工况的火源是0.5MW的油池火,采用一个小汽油池(0.7m×0.7m)。火灾报警系统单独测试。各探测器的火灾报警时间见表7-6。

试验的点火时间为13:54:38,双波长火焰探测器、光纤光栅测温系统和分布式拉曼光纤测温系统分别在点火后8s、12s和24s进行了报警响应;同时双波长火焰探测器2和分区2的光纤光栅和分布式拉曼光纤,相比其他分区的探测器,较先发生响应。

0.5MW 油池火灾报警时间表 表 7-6

测试项目	试验设备					
	双波长火焰探测器		光纤光栅测温系统		分布式拉曼光纤测温系统	
报警时刻	2号	13:54:46	分区 2	13:54:50	分区 2	13:55:02
			分区 1	13:55:38	分区 3	13:55:02
	1号	13:54:50	分区 3	13:55:38	分区 1	13:55:42
			分区 4	13:55:46	分区 4	13:59:20
报警响应时间 t(s)	8		12		24	
试验环境	风速 1m/s 环境温度 13℃,试验点火时间 13:54:38,0.5MW 油池火					

(2)报警试验/10MW 木垛火

试验工况的火源是 10MW 木垛火,火灾报警系统是配合测试的项目之一。各探测器的火灾报警时间见表 7-7。

试验的点火时间为 15:03:43,双波长火焰探测器、光纤光栅测温系统和分布式拉曼光纤测温系统分别在点火后 14s、27s 和 31s 进行了报警响应;同时双波长火焰探测器 2 和分区 2 的光纤光栅和分布式拉曼光纤,相比其他分区的探测器,较先发生响应。

10MW 木垛火灾报警时间表 表 7-7

测试项目	试验设备					
	双波长火焰探测器		光纤光栅测温系统		分布式拉曼光纤测温系统	
报警时刻	2号	15:03:57	分区 2	15:04:10	分区 2	15:04:14
			分区 1	15:04:31	分区 3	15:04:32
	1号	15:04:13	分区 3	15:04:31	分区 1	15:04:39
			分区 4	15:04:32	分区 4	15:04:51
报警响应时间 t(s)	14		27		31	
试验环境	风速 1m/s 环境温度 15℃,试验点火时间 15:04:43,10MW 木垛火					

(3)报警试验/10MW 油池火

试验工况的火源是三个油池(1.5m×1.5m),火灾报警系统是配合测试的项目之一。火灾报警时间见表 7-8。试验中,通过分布式光纤火灾报警系统所采集的温度数据曲线,反映了所测得的最高温度与光纤分区的对应情况,并可根据温度的最高区段确认着火点位置。试验的点火时间为 14:08:42,双波长火焰探测器、光纤光栅测温系统和分布式拉曼光纤测温系统分别在点火后 3s、12s 和 16s 进行了报警响应;同时双波长火焰探测器 2 和分区 2 的光纤光栅和分布式拉曼光纤,相比其他分区的探测器,较先发生响应。

10MW 油池火灾报警时间表 表 7-8

<table>
<tr><td rowspan="2">测试项目</td><td colspan="6">试验设备</td></tr>
<tr><td colspan="2">双波长火焰探测器</td><td colspan="2">光纤光栅测温系统</td><td colspan="2">分布式拉曼光纤测温系统</td></tr>
<tr><td rowspan="4">报警时刻</td><td rowspan="2">2 号</td><td rowspan="2">14:08:45</td><td>分区 2</td><td>14:08:54</td><td>分区 2</td><td>14:08:58</td></tr>
<tr><td>分区 1</td><td>14:08:54</td><td>分区 3</td><td>14:09:08</td></tr>
<tr><td rowspan="2">1 号</td><td rowspan="2">14:08:53</td><td>分区 3</td><td>14:09:02</td><td>分区 1</td><td>14:09:14</td></tr>
<tr><td>分区 4</td><td>14:09:10</td><td>分区 4</td><td>14:09:26</td></tr>
<tr><td>报警响应时间 t(s)</td><td colspan="2">3</td><td colspan="2">12</td><td colspan="2">16</td></tr>
<tr><td>试验环境</td><td colspan="6">风速 1m/s 环境温度 14.2℃,试验点火时间 14:08:42,10MW 油池火</td></tr>
</table>

(4)试验结果分析

①试验数据表明,在相同的试验环境下,三种火灾探测器均可在 30s 内完成报警,基本符合规范要求。

②双波长火焰探测器安装于侧墙上方,由于其感光的探测原理,火盆点燃后,在无遮挡的前提下最先发出报警信号;距火盆较近处的探测器(距火盆 20m)先发生报警,几秒钟后较远处的探测器(距火盆 30m)也发生了报警。

③光纤光栅和分布式光纤感温探测器安装在隧道顶部,在试验火点燃后的数秒内,火盆周围的空气被迅速加热,而位于着火点上方的空气温度上升最快;对应着火点区域的探测器第二探测分区在点火后 20s 发生了差温报警。

④由于风速较低,光纤光栅和分布式光纤感温探测器均未出现明显的温度漂移现象。

7.5.4 火灾自动报警系统的比较

从检测原理上可以看出上述三种常见的公路隧道火灾检测报警系统各有优缺点。本节从五个方面对在公路隧道火灾报警系统设计中,应该采用什么样的系统进行综合比较研究。为不失一般性,将传统的热敏合金金属线探测器也列入本次比较。

(1)检测原理与条件(表 7-9)

检测原理与条件比较表 表 7-9

比较项目	双波长火焰探测器	光纤火灾探测器	光纤光栅火灾探测器	合金金属线探测器
探测类型	火焰光谱	环境温升	环境温升	环境温升
检测条件	有明火,不能检测出非明火性质的火灾	需要燃烧物体散发较多热能,可检测出浓烟类火灾	需要燃烧物体散发较多热能,可检测出浓烟类火灾	需要燃烧物体散发较多热能,可检测出浓烟类火灾

从双波长火焰探测器、光纤火灾探测器、光纤光栅火灾探测器、合金金属线探测器的工作原理分析可知：

①双波长火焰探测器检测的是火焰光谱，的检测条件是有明火，不能检出非明火性质的火灾。

②光纤光栅探测器、光纤火灾探测器、合金金属线探测器均是检测隧道内环境温度，根据温度的变化来判断火灾，其检测条件是需要燃烧物体散发较多的热能，在短时间内使火灾点附近的环境温度迅速升高。

(2)灵敏度与可靠性(表7-10)

灵敏度与可靠性比较表 表7-10

比较项目	双波长火焰探测器	光纤火灾探测器	光纤光栅火灾探测器	合金金属线探测器
探测灵敏度	高	一般	较高	较高
报警可靠性	几乎无误报，可能漏报	可能误报，火灾不严重时可能漏报	可能误报，其精度与区间设置有关	可能误报，火灾不严重时可能漏报

①双波长火焰探测器检测的是火焰光谱，它不能检测出非明火性质的火灾。在有明火的情况下，尽管火源(火势)很小，也可以很快报警，这对于在火灾初期及时报警有较好的效果。对于某些纯化学物质燃烧时，若其光谱不符合汽油火焰燃烧的频谱特征，其检测灵敏度可能受到影响。当检测器的感光窗污染时，其灵敏度会下降。特殊情况下，检测器被停靠的车辆或其他物体遮挡住火灾源的光线时，可能会漏报或延迟报警时间。

②光纤光栅探测器、光纤火灾探测器和合金金属线探测器检测环境温度的变化，需要燃烧体释放出大量的热量，不利于发现早期的火灾。若为了提高检测灵敏度，需要降低报警温度或温度变化速度的阀值，但这可能导致增加系统误报警的机会。对于浓烟型的火灾，当浓烟的温度与环境温度相比温差大时，可以触发报警。

(3)系统结构(表7-11)

系统结构比较表 表7-11

比较项目	双波长火焰探测器	光纤火灾探测器	光纤光栅火灾探测器	合金金属线探测器
系统结构	复杂，传输方式为电缆传输，传输距离受限，一般在2km范围内需要使用中继设备，电缆用量大，由于接线工作量大，需要熟悉的专业人员安装调试	简单，传输方式为光缆传输	较简单，传输方式为光缆传输	较复杂

①双波长火焰探测器由于其检测范围的限制，在隧道中一般按 50m 间距设置，安装在隧道侧壁。因其探头是开关信号，需要通过实线电缆连接到报警主机，电缆用量较大。当隧道超过一定长度时，需要加中继设备来传输信号。一般来说，2km 范围内的检测器可以直接传输，超过 2km 范围外的系统应增加中继设备。为了减少电缆用量，可以根据分区来配置中继器。

②光纤火灾探测器在隧道中只需要在拱顶安装一条感温光缆，系统结构简单。由于隧道的拱形结构，温度较高的气体会集中在拱顶，一条光缆即可覆盖整个隧道断面。由于光缆的衰耗小，感温光缆的长度可达到 5～10km。在这个范围内，只需要在监控室安装 OTS 主机就可完成监测。系统结构的简单除施工方便外还可以增加系统的可靠性，减少维护量。需要说明的是，由于感温光缆结构的特殊性，光缆的接续工作需要专业的处理。

③光纤光栅火灾探测器之间的间隔一般为 6m、10m 或 12.5m。布线方式一般采用分支形方式。光源分别耦合进多芯光缆，从多芯光缆分拆出一芯连接到安装在隧道顶部的光纤光栅火灾探测链路，探测链路反射的信号经由同一多芯光缆传回到信号处理器。其所有探测链路的信号需经由传输光缆与光纤光栅信号处理器连接，每个通道负责一套光纤光栅火灾探测链路的分析处理。

④合金金属线探测器需要在隧道拱顶安装探测线，其系统结构需要分段安装，并为每个检测段配置下位机，其分段长度一般为 50m，下位机安装在隧道侧壁。随着隧道长度的延长，其下位机数量跟着增加。下位机通过总线电缆与位于控制室的报警主机连接。当隧道长度超过总线的传输距离时，其总线需要进行中继。

(4)环境要求与限制(表 7-12)

环境要求与限制比较表 表 7-12

比较项目	双波长火焰探测器	光纤火灾探测器	光纤光栅火灾探测器	合金金属线探测器
环境影响	不受风速影响，探头前不能有阻挡物	受风速影响较大	受风速影响较大	受风速影响较大
测量定位	传感器的安装间距一般为 50m，定位准确；不能提供温度信号	隧道拱顶连续安装，报警点定位精确，但受风速影响，报警点与着火点存在偏差；可提供温度分布信号	隧道拱顶连续安装，报警点定位精确(与分区设置有关)，但受风速影响，报警点与着火点存在偏差；可提供温度分布信号	隧道拱顶分段安装，一般段长 50m，但受风速影响，报警点与着火点存在偏差；可分段提供温度分布信号

根据探测器的工作原理，我们可以推出以下结论：

①双波长火焰探测器不受风速影响，探头前不能有阻挡物，报警点定位准确。

②光纤光栅火灾探测器、光纤火灾探测器和合金线金属探测器受风速影响较大，由于自然风、活塞风以及机械通风的影响，报警点与火灾点存在不同的偏差。由于它能监测到隧道内的温度分布，可由此了解到整个隧道内受火灾影响的范围和程度。

(5)投资与可维护性(表7-13)

投资与可维护性比较表 表7-13

比较项目	双波长火焰探测器	光纤火灾探测器	光纤光栅火灾探测器	合金金属线探测器
系统造价	较高	较高	较高	较低
可维护性	简单定期维护	免维护	基本免维护	基本免维护

系统造价是工程应用的重要方面。隧道长度不同，系统的规模随之变化，其投资、可靠性、可维护性有着微妙的变化。以下分析中的工程投资包括施工安装的费用。

①双波长火焰探测器是日本能美公司的专利产品，其设备报价较高，国内工程的投标报价通常在每台12 000～14 000元，报警主机根据型号的不同在8万～10万元。但是，当隧道超过2km时，需要另外增加中继设备。双波长火焰探测器需要定期维护，擦拭感光窗，维护工作简单，维护间隔在1～3个月。但大量的探测器均匀分布在隧道内，其维护工作量较大，特别是超长的隧道，维护工作的问题越出显得突出。实线电缆的使用也是一笔不小的投入。

②光纤火灾探测器的感温光缆国内工程的投标报价通常在每米80～100元，但其OTS主机造价昂贵，通常每台接近50万元。但光纤系统几乎不需要其他的连接电缆，对于长隧道来说经济指标更合理一些。光纤系统一旦安装调试完成，基本上可以做到免维护。

③光纤光栅火灾探测器的光纤光栅探测链路国内工程的投标报价通常在每米100～150元，信号处理器根据通道路数不同价格有所不同，通常在60万元左右。总体系统成本相对光纤火灾报警系统较高一些。

④合金金属线探测器是国产设备，其探测线造价在每米20元左右，每套下位机在1 000元以下。配合国产的报警主机，主机的造价在1万元以下。由于采用了总线技术，电缆的用量相对较少。但是，当隧道长度超长时，大量下位机的使用、传输线的延长使得系统机构复杂，降低了系统的可靠性。合金金属探测线本身几乎免维护，但由于大量下位机的使用，其系统本身的技术指标漂移和设备的离散性，需要定期校正。

(6)综合比较一览表(表7-14)。

几种火灾检测报警器综合比较表

表 7-14

比较项目	双波长火焰探测器	光纤火灾探测器	光纤光栅火灾探测器	合金金属线探测器
探测类型	火焰光谱	环境温升	环境温升	环境温升
检测条件	有明火，不能检出非明火性质的火灾	需要燃烧物体散发较多热能，可检出浓烟类火灾	需要燃烧物体散发较多热能，可检出浓烟类火灾	需要燃烧物体散发较多热能，可检出浓烟类火灾
探测灵敏度	高	一般	较高	较高
报警可靠性	几乎无误报，可能漏报	可能误报，火灾不严重时可能漏报	可能误报，其精度与区间设置有关	可能误报，火灾不严重时可能漏报
系统结构	复杂，传输方式为电缆传输，传输距离受限，一般在2km范围内需要使用中继设备，电缆用量大，由于接线工作量大，需要熟悉的专业人员安装调试	简单，传输方式为光缆传输	较简单，传输方式为光缆传输	较复杂
环境影响	不受风速影响，探头前不能有阻挡物	受风速影响较大	受风速影响较大	受风速影响较大
测量定位	传感器的安装间距一般为 50m，定位准确；不能提供温度信号	隧道拱顶连续安装，报警点定位精确，但受风速影响，报警点与着火点存在偏差；可提供温度分布信号	隧道拱顶连续安装，报警点定位精确（与分区设置有关），但受风速影响，报警点与着火点存在偏差；可提供温度分布信号	隧道拱顶分段安装，一般段长 50m，但受风速影响，报警点与着火点存在偏差；可分段提供温度分布信号
系统造价	较高	较高	较高	较低
可维护性	简单定期维护	免维护	基本免维护	基本免维护

根据以上分析比较，双波长火焰探测器适用的隧道长度在 5km 以下，有较高的可靠性和技术经济指标。光纤火灾探测器适用于较长的隧道，隧道越长，其技术经济指标越佳，而其可靠性与隧道长度不敏感，即在长隧道的应用中其可靠性与短隧道相当。光纤光栅探测器在报警响应时间、灵敏度、可靠性等方面都较有优势，但其系统经济指标较高。合金金属线探测器工程造价较低，当隧道长度不超过系统的传输要求时，有最好的技术经济指标。但当隧道超长时，系统的结构较复杂，降低了系统的可靠性。

7.6 公路隧道火灾报警系统设计

7.6.1 设计范围

根据公路隧道交通工程设计规范，公路隧道火灾报警系统的配置规模（表7-15）应根据隧道交通工程分级（按隧道长度与交通量划分）进行设计。

公路隧道交通工程设施配置表（火灾报警系统及消防） 表7-15

设施名称		隧道交通工程分级			
		A	B	C	D
火灾报警、消防与避难设施	火灾探测器	●	■	▲	—
	手动报警按钮	●	●	▲	—
	灭火器	●	●	●	●
	消火栓	●	●	▲	—
	固定式水成膜泡沫灭火装置	●	■	▲	—

注：●表示必选设施；■表示应选设施；▲表示可选设施；—表示不做要求。

根据《高速公路隧道监控系统模式》(GB/T 18567—2010)，当隧道内交通量和隧道长度的关系达到B级以上（日交通量达到40 000辆以上或隧道长度在5 000～10 000m）水平时，有必要在隧道内设置自动火灾报警检测系统。

火灾自动报警系统（FAS系统）的设计范围主要包括：火灾报警控制器、火灾探测器、手动报警按钮、声光报警器、各种输入输出模块及控制模块等组成。一旦火灾探测器探测到火警，就将火警信号发送给火灾报警控制器确认。当确认火灾形成时，报警控制器就发出火灾警报信号；当系统有消防联动控制要求时，环境与设备监控系统（BAS）就启动相应的防火、排烟及灭火设备，FAS同时将火灾模式指令发送给主控系统（MCS），MCS收到指令后，将正常运行模式转为火灾运行模式。

7.6.2 设计要求

1）系统的设置及设备配置

公路隧道火灾报警系统的设计应符合GB/T 18567—2010的相应规定。

每一公路隧道火灾报警系统应至少配置一台火灾报警控制器，其余设备的选取见表7-16。

公路隧道火灾自动报警系统设备配置　　表 7-16

设备名称		隧道内	隧道部位			配置要求
			中控室及设备房	配电房及地下风机房	发电机房备用	
室外下位机		√				每 100m 一台
室内下位机			√	√	√	在建筑物相应位置进行设置
手报按钮		√	√	√	√	隧道内不大于 50m 一个，与消防设备同址设置，建筑物内按需设置
探测器	线型感温	√				沿隧道长度分段布设
	点型感烟		√	√	√	按 GB 50116—2008 设计规范设置
	点型感温				√	按 GB 50116—2008 设计规范设置

注：有“√”的设备宜设置。

2）系统设备认证

（1）火灾报警系统设备应有具备资质的检测机构出具的检验合格证明，并符合国家相关标准、规范的规定。

（2）国外引进的火灾报警系统设备，无论其是否取得国际防火联合会的认可，均需办理中国国家消防电子产品质量认可证明，并符合国家相关标准、规范的规定。

3）系统设计

（1）火灾报警系统的设计应符合《火灾自动报警系统设计规范》（GB 50116—2008）的相关规定及表 7-16 中的配置要求，传感器宜选择线缆式感温传感器。

（2）连接各设备的所有缆线，除铠装电缆及线型感温探测器外，应穿管保护并封堵。

（3）装于隧道壁上设备，若无特殊规定，应暗装。

（4）火灾报警系统应采用一级负荷，并采用单独的配电回路。

4）功能

（1）实时温度监测

在控制器计算机显示器上应以汉字、数字、图形等多种形式不间断地显示被监测现场的温度、温升速率等信息。

（2）报警温度设定

线型感温探测器的定温报警温度及差温报警温升速率，应由相应级别的人员根据应用场所的要求进行设定或修改设定。

（3）传输介质

火灾报警系统应满足传输介质为光缆与电缆的要求，导电线芯最小截面积不应小于表7-17的规定。

铜芯绝缘导线和铜芯电缆线芯最小截面面积 表7-17

序号	类别	线芯最小截面面积(mm^2)
1	穿管敷设的绝缘导线	1.00
2	线槽内敷设的绝缘导线	0.75
3	多芯电缆	0.50

(4)通信

火灾报警系统(含手动报警与自动报警)的数据通信应正常、可靠，同时应具备与中央控制计算机、PLC或其他设备进行数据通信与联动控制的能力，并具有以太网接口。

(5)系统软件

火灾报警系统的软件应满足《火灾报警控制器》(GB 4717—2005)中相关规定的要求。

5)工作环境

如应用场所无特殊要求，安装在隧道内的火灾自动报警系统设施应满足以下环境要求：

(1)温度：－15～45℃。

(2)相对湿度：35％～90％。

6)性能

(1)绝缘性能

火灾报警系统设备电源接点(接地点除外)与设备外壳间应能耐受1 500V、50Hz交流电压，历时60s±5s的耐压试验。试验期间设备不应发生表面飞弧、扫掠放电或击穿现象。

(2)接地

火灾报警系统接地装置的接地电阻值应符合下列要求：

①采用专用接地装置时，接地电阻值应不大于4Ω；

②采用共用接地装置时，接地电阻值应不大于1Ω。

7)系统指标

(1)火灾报警

①发生火灾时，火灾控制器须同时进行声、光报警，火灾自动报警响应时间应不超过60s；

②火灾报警区间应不大于100m。

(2)故障报警

火灾报警系统发生下列故障之一时,控制器应发出声、光报警信号,报警响应时间不超过100s:

①主电源故障:主电过压、欠压、断路;

②无应答故障:下位机电源断路或通信线缆断路;

③探测器、手报按钮断路、短路。

(3)防护等级

装入隧道内的火灾报警系统设备,如下位机、火灾探测传感器、手动报警按钮等应符合《低压电器外壳防护等级》(GB/T 4942.2—93)中IP65的要求。

(4)寿命

①火灾探测传感器:在工作环境下,连续正常工作寿命(未发生过火灾)应不少于10年。

②下位机:在工作环境下,隧道内下位机连续正常工作寿命(未发生过火灾)应不少于5年;安装在室内的下位机连续正常工作寿命(未发生过火灾)应不少于10年。

7.6.3 设计方法

(1)隧道火灾探测器的选型要则

火灾探测器是火灾信号的传感元件,是整个火灾自动报警系统最基本组成单元。根据火灾发生的特点,目前常用及成熟的有感烟、感温、感光等传感技术。实际工程中,应根据不同的环境情况选用合适的探测器种类,以达到报警及时、减少误报的目的。

隧道内不宜选用感烟探测器。隧道是一种特殊的建筑物,终年阴冷并保持一定的风速,并且一年四季的季节变换,环境温度变化较大,若选择感温线型探测器安装于隧道的顶部,应选择响应时间短的感温探测器。误报和漏报率低、响应时间短、抗污染强、维修方便是隧道内选择火灾探测器的基本要则。

对于隧道变电所电缆及设备的火灾探测器,应根据其探测环境特点,结合工程实际选择。

(2)选用火灾报警系统的比较分析

应根据隧道的实际情况选用火灾报警系统的形式,选用与实际环境相适应的火灾探测器。本书已在前面章节中对目前常用的几种火灾自动报警系统及其试验情况进行了介绍,并结合试验结果,针对检测原理与条件、灵敏度与可靠性、系统结构、环境要求与限制、投资与可维护性等几个方面,做了详细的比较分析。

在隧道火灾自动报警系统的设计过程中,应根据隧道的实际情况(如隧道长

度、交通流大小等)，合理地选择适用的火灾自动报警系统，建议选用抗干扰性好、误报漏报少、响应时间较短的光纤光栅火灾报警系统或感温光纤火灾报警系统。

7.6.4　火灾自动报警系统的安装要求

火灾自动报警系统的安装须满足相关规范要求，现以光纤光栅火灾报警系统为例，介绍火灾报警系统的具体安装注意事项。

(1)光纤光栅火灾探测链路的安装注意事项

①光缆保持松弛，不可张紧；

②探测器保持悬空状态；

③安装完成前后，避免接触探测器；

④探测器安装的各点一定要牢固；

⑤安装完成后，测试探测器的显示温度是否与当时的气温一致，如一致，可确认传感器处于正常工作状态。

(2)传输光缆

光纤光栅测温火灾自动报警系统所需的传输光缆一般采用铠装阻燃的通信光缆，一般沿隧道侧面底部的电缆沟敷设，经由光纤熔接包与光纤光栅火灾探测链路连接。

(3)信号处理器安装

光纤光栅信号处理器一般采用架装式，安装在仪表控制柜上，采用交流 220V 供电，一般输出信号为 RS232/485 和无源接电开关信号。

(4)手动报警按钮的安装

按照规范，在隧道内一般每隔 50m 安装一个手动报警按钮，安装在隧道侧面，安装位置距地面高度一般为 1.4m 左右。连接线使用 RVP 阻燃双绞线，穿管敷设至设备洞，与火灾报警控制器相连接。

(5)火灾报警控制器的安装

放置在监控中心的火灾报警控制器与光纤光栅信号处理器以开关量信号 RS232/485 连接，接收来自光纤光栅信号处理器的信号，同时与手动报警按钮通过阻燃双绞线连接，并将报警、故障、定位等信息以通信方式传送至监控中心的计算机系统上进行显示和指示后续的操作。

第8章　公路隧道消防技术

消防是减少隧道火灾损失与危害的主要措施之一。本章主要阐述消防分级、消防设施、水喷淋灭火、水成膜灭火及避难逃生与消防系统设计。

8.1　消 防 标 准

影响公路隧道消防的因素主要有火灾规模、消防响应时间以及消防设施的配置。

8.1.1　消防响应时间

消防响应时间指的是发现火灾到完成灭火的全过程的总时间，包括发现火灾、中心处警、接警出动、行车到场、开水出水、灭火救援六个阶段的时间。其中，第一出动时间 T_F 是指消防队从接到出动命令到行车抵达火灾现场的这段时间，见图8-1。

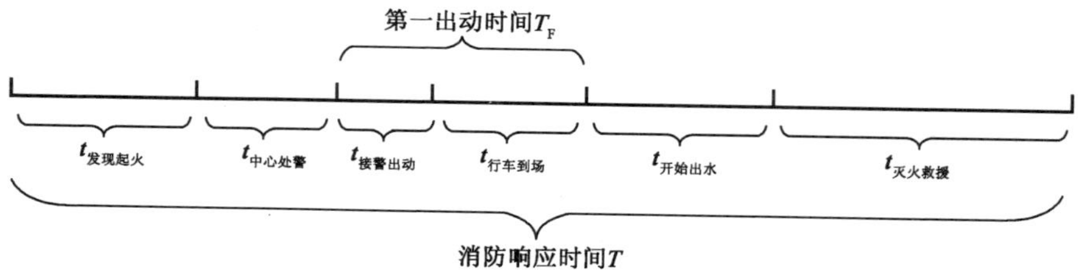

图8-1　消防响应时间示意图

根据我国消防条例“15min消防时间”的要求，消防队接警出动1min，行车到场4min，即原则上消防第一出动时间应不该超过5min。一些经济发达国家所确定的消防第一出动时间，美国、英国均为5min，日本为4min。然而，受各种因素的影响与制约，实际的出动时间往往会超过上述原则性的规定。

中国消防统计数据中对消防出动时间的记录不够完整，根据1995～2003年日本全国城市火灾数据进行分析，发现出动时间的频次符合对数正态分布。

根据日本城市火灾第一出动时间的统计数据进行分析，得到了第一出动时间的实际频数特征。图 8-2 是 1995～2003 年日本第一出动时间的频数分布，第一出动时间基本在 5min 左右，呈现偏态正态分布特征。

消防第一出动时间统计规律，对于消防站的建设规划、布局选址以及消防资源的合理配置，有重要的参考价值。

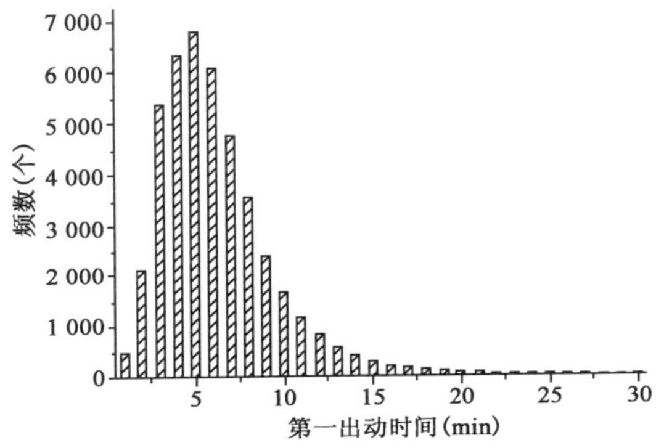

图 8-2　1995～2003 年日本城市火灾消防第一出动时间频次分布图

8.1.2　火灾分类与规模

(1)火灾分类

《火灾分类》(GB/T 4968—2008)根据可燃物的类型和燃烧特性，将火灾分为 A、B、C、D、E、F 六火灾类。

①A 类火灾：指固体物质火灾。这种物质通常具有有机物质性质，一般在燃烧时能产生灼热的余烬，如木材、煤、棉、毛、麻、纸张等引起的火灾。

②B 类火灾：指液体或可熔化的固体物质火灾，如煤油、柴油、原油、甲醇、乙醇、沥青、石蜡等引起的火灾。

③C 类火灾：指气体火灾，如煤气、天然气、甲烷、乙烷、丙烷、氢气等引起的火灾。

④D 类火灾：指金属火灾，如钾、钠、镁、铝镁合金等引起的火灾。

⑤E 类火灾：带电火灾，指物体带电燃烧引起的火灾。

⑥F 类火灾：烹饪器具内的烹饪物(如动植物油脂)引起的火灾。

(2)火灾规模

按火灾危害分级，火灾可分为特别重大火灾、重大火灾、较大火灾和一般火灾四个等级。

①特别重大火灾，指造成 30 人以上死亡，或者 100 人以上重伤，或者 1 亿元以上直接财产损失的火灾。

②重大火灾，指造成 10 人以上 30 人以下死亡，或者 50 人以上 100 人以下重伤，或者 5 000 万元以上 1 亿元以下直接财产损失的火灾。

③较大火灾，指造成 3 人以上 10 人以下死亡，或者 10 人以上 50 人以下重伤，或者 1 000 万元以上 5 000 万元以下直接财产损失的火灾。

④一般火灾，指造成 3 人以下死亡，或者 10 人以下重伤，或者 1 000 万元以下直接财产损失的火灾(注："以上"包括本数，"以下"不包括本数)。

按热释放率(HRR)分级，火灾规模可分为小、中、大型火灾三级。其对应的场景见表 8-1，不同车辆燃烧产生的热释放率见表 8-2 和表 8-3。

纵向通风隧道的火灾热释放率及场景 表 8-1

火灾规模	热释放率(MW)	火灾场景	备注
小型火灾	6.1	一1 辆小轿车完全燃烧； 一估计火灾持续时间：25min； 一火源几米内烟雾温度低于 150℃； 一风速为 1.5m/s； 一如果增压机火灾时完好，小修理就可使用； 一火源几米内就可进行灭火； 一对隧道内部损坏不大； 一墙壁呈煤烟色的很少	
中型火灾	100	一装载木材的货车完全燃烧； 一距火源 50m 处的烟雾温度约为 800℃； 一风速 1.5m/s； 一穿着消防服能在距火源 20m 处灭火； 一隧道内部有损坏，呈烟灰色； 一预计火灾下游 150～300m 处有增压机掉落	城市隧道或禁止危险货物运输的二级公路隧道
大型火灾	300	一装有 50m³ 汽油的油罐车完全燃烧； 一估计火灾持续时间：2h； 一当风速增至 3m/s、且穿着消防服能在距火源 10～20m 处灭火； 一可考虑使用水枪； 一火灾下游 20m 处烟雾温度高达 1 400℃； 一火灾下游 300～500m 处的增压机都受到损坏； 一火灾下游很大距离的隧道内部受到较大的损坏，当风速增大时，距离更长	用于危险货物运输隧道的普通标准

热释放率的测量和推荐值 表 8-2

火灾类型	HRR(MW)						
	社会机构推荐值				火灾测试		专家报告
	PIARC 布鲁塞尔 1987	RABT(D) 1994	CETU(F) 推荐 1996/1997	NFPA502 (USA) 1998	EUREKA 研究：实际火灾	Memorial：采用的火灾规模	Oresund 隧道 1994
小轿车	5		2.5	5	1.5～2		2.5
大轿车			5				
厢式客车					5～6		
1～2 辆小轿车							
2～3 辆小轿车			8				
1 辆厢式车			15				
1 辆公共汽车					29～34		
1 辆巴士或载货汽车(无危险货物)	20	20～30	20	20		20	15
载重卡车			30		100～130		
有泄漏的油罐车	100	50～100	200	100			120(LPG：高达 150)
燃烧 400L 油料						50	
燃烧 800L 油料或危险货物						100	
2844kg 混杂货物(木材、轮胎、塑料制品)					15～17		

不同类型车辆在隧道内燃烧可达到的最高温度及最大热释放率 表 8-3

车 辆 类 型	最高温度(℃)	最大热释放率(MW)
小汽车	400～500	3～5
公共汽车/载货汽车	700～800	15～20
载货汽车	1 000～1 200	50～100
油罐车	1 200～1 320	300

8.1.3 火灾影响因素

通过相关文献、历史记录、网络和实地的调研，共获得隧道火灾案例 157 起，按照二维表格进行归类。其中，公路隧道火灾为 55 起，铁路隧道火灾 31 起，地铁火灾 34 起，还有 12 起隧道用途情况不详。对公路隧道火灾起因、隧道长度、损失情况、起火车型等方面进行分析，见表 8-4。

不同因素下火灾频率　　表 8-4

起火类型		隧道火灾次数（起）	不同因素所占比例（%）	隧道火灾频率（次/km）
车型	载有危险品货车	3	11.1	
	油罐车	2	7.4	
	普通货车	15	55.6	
	公共汽车	4	14.8	
	小汽车	3	11.1	
使用	电路故障	5	18.5	
	紧急制动	1	3.8	
	碰撞	8	29.6	
	货物	5	18.5	
	漏油	1	3.7	
	其他过失	3	11.1	
	其他	4	14.8	
长度	≤500m	4	25.0	0.003 10
	500～1 000m	1	6.25	0.001 30
	1 000～3 00Cm	3	18.75	0.00 045
	>3 000m	8	50	0.000 11

由表 8-4 统计分析，可以得出以下结论：

(1)在车型影响因素中：普通货车引起的火灾比例高达 15.6%，小汽车和公共汽车分别为 11.1%和 14.8%。危险品和油罐车由于本身车流量就小，故发生的频率也相对较低。因此，在日常的隧道运营中应该加强对普通货车的管理，同时应该对危险品和油罐车进行疏导控制。

(2)在使用影响因素中：碰撞引起的火灾比例高达 29.6%，车载货物和电路故障引起的火灾比例(为 18.5%)次之。可能的原因是隧道内车辆速度较高，驾驶员安全意识缺乏。

(3)在长度影响因素中：火灾次数基本上随着隧道长度的增加而增大，3 000m 以上的特大隧道发生的火灾比例高达 50%。

根据火灾案例分析，结合我国国情考虑，我国公路隧道的防火目标是：隧道内防火设施的设定只能限定在车辆自身油箱火灾水平以下的范围内以及车载普通货物的火灾，那些能导致发生恶性爆炸和火灾的车辆，则应杜绝进入隧道或采取管制措施。因此，参考表 8-2、表 8-3 确定，在进行隧道结构防火设计时载货汽车火灾所需要考虑的最危险火灾，其最高温度为 1 000～1 200℃，最大热释放率为 50～100MW，对于 300MW 以上的危险品车辆考虑专门的交通管制手段。

8.1.4 消防分级与标准

参照隧道安全等级划分标准进行消防分级，分级配置情况见表 6-2、表 6-3。

8.2 避难逃生通道设置

8.2.1 人员在隧道内的生存条件

在公路隧道中，烟气是威胁人员安全的主要因素。当烟气层某些参数增大到一定值时，便会对人员生存构成危害。因此，可以根据影响人员疏散安全的参数，如烟气层温度、CO 浓度、NO_x 浓度、可见度等，确定人员在隧道内的生存条件。

综合研究资料，隧道内人员在隧道内的生存条件可按以下情况确定：

(1)由于人在烟气中的能见度下降，使人们被迫在高温和含有毒气体的环境中延长疏散时间。当烟气层面下降到人眼特征高度时，对于隧道这种狭长大空间，可取 10m 作为人眼特征高度处烟气危险临界能见度。

(2)当烟气界面下降到人眼特征高度时，对人的危害将是直接烧伤或吸入热气体引起的。当温度小于或等于 80℃时人员有生存可能性，当温度大于 80℃时具有潜在危险甚至死亡，因此可用 80℃作为人眼特征高度处烟气危险临界温度。

(3)当界面低于人眼特征高度时，也可根据其中有害燃烧产物的临界浓度判定是否达到了危险状态，如当 CO 浓度达到 800ppm($1ppm=10^{-6}$)，就会对人构成严重危害。一氧化碳浓度对人体健康的影响见表 8-5。

一氧化碳浓度对人体健康的影响 表 8-5

CO 浓度(ppm)	影响人体健康的生理特征或症状
200	经 2～3h 后有轻度头痛
400	1h 后有头痛和恶心
800	45min 时出现头晕、头痛、恶心
1 300	有强烈的头晕，皮肤呈樱桃红色
1 600	30min 时头痛、头晕、恶心、超过 2h 引起死亡

续上表

CO浓度(ppm)	影响人体健康的生理特征或症状
2 000	1min后危险或引起死亡
3 200	5～10min即产生头痛、头晕,30min后死亡
6 400	在10min内会死亡
>10 000(1%)	超过3min会死亡

以上三个临界条件哪一项先达到就取该项作为隧道灾危险临界条件判据,取1.5m为人眼特征高度平均值。

8.2.2 避难逃生通道设置

(1)避难逃生通道设置原则

隧道发生火灾后,人员能否安全疏散主要取决于两个时间。一是火灾发展到对人构成危险所需的时间(即危险时间)T_f,二是人员疏散到安全场所需要的时间(即疏散时间)T_e。如果人员能在火灾达到危险状态之前全部疏散到安全区域,即可认为该隧道对于火灾中人员疏散是安全的。T_f可通过隧道火灾模型FDS模拟得到;T_e则可通过模拟分析人员疏散行为综合计算得到。人员疏散并不是伴随着火灾的发生而进行的,从火灾发生到人员疏散结束,一般来说要经过三个时间段:探测时间T_1、反应时间T_2、行动时间T_3。所以,从火灾发生到人员全部疏散为止。

总的疏散时间为:

$$T_e = T_1 + T_2 + T_3 \tag{8-1}$$

人员疏散的安全性基本判据为:

$$T_f > T_e \tag{8-2}$$

在隧道中每个可能受到火灾威胁的区域都应满足式(8-2)。T_f越大,T_e越小,则人员安全性越大。反之,安全性越小,甚至不能安全疏散。

(2)避难逃生通道设置方法

关于避难逃生通道的设计应满足以上基本原理,世界各国对隧道的具体逃生通道的设置各不相同。目前,国内外隧道建设中,经常采用的逃生救援通道有以下四种类型:

①以双管隧道间的联络横通道作为逃生救援通道;

②在隧道车道板下设置逃生通道;

③以服务隧道作为逃生救援通道;

④以竖井作为逃生通道。

国内外对于横通道的设置有一些推荐值。各国对横通道的规定见表8-6。水

下公路隧道逃生方式见表8-7。

各国对横通道设置的规定　　表8-6

国　家	年　份	横通道间距	备　注
美国	—	100～300m	
日本	—	350m	
德国	1984	350m	根据最新RABT曲线，连接通道间距将调至300m，资料来源：RABT
法国	—	对城市隧道200m，非城市隧道400m	
瑞士	2000	300m	资料来源：Tunnel Task Force
奥地利	1989	500m	资料来源：RVS9.28/9.282，最大允许值可达1 000m
中国	2004	250～500m	资料来源：《公路隧道设计规范》(JTG D70—2004)

水下公路隧道逃生方式汇总表　　表8-7

案　例	直径(m)	水下段长度(m)	设计时速(km/h)	车道数	最大坡度(%)	逃生方式	间距(m)
大连路隧道	10.04	1 253	40	2	4	2条联络通道＋紧急逃生通道(路中央)	400＋30
翔殷路隧道	10.4	1 523	80	2		2条联络通道＋滑梯式逃生通道(侧面)	500＋80
复兴东路隧道	10.04	1214	40	2＋1		4条联络通道＋底部安全通道	432＋60
上中路隧道	13.3	1 250	80	2＋2	4.50	逃生楼梯	60
上海长江隧道	13.7	7 500	80	3	2.90	8条联络通道＋逃生滑梯＋排烟通道	830
军工路隧道	13.3	1 475	80	2＋2	4.11	4条联络通道＋疏散楼梯	500＋80
武汉长江隧道	10	2 321	50	2	4.50	10个横通道＋隧道侧壁逃生楼梯	230
钱江隧道	13.7	3 340	80	3	3	车道板右侧设逃生滑梯(主要)＋人行横通道＋盾构井内设置车行横通道	80～100＋669
南京长江隧道	13.3	3 825	80	3	4.50	逃生滑梯	80
厦门翔安隧道	11.8	4 000	80	3	2.9	17条联络通道＋服务隧道	250～400

续上表

案　例	直径(m)	水下段长度(m)	设计时速(km/h)	车道数	最大坡度(%)	逃生方式	间距(m)
中国台湾坪林隧道		12 900				横通道	350
中国香港东区隧道	9.75	1 700		2		26 横通道	65
中国香港九龙的红堪海底隧道	6.7	1 602		2	6.00	横通道	每管段 100 上设 6 个横通道
日本东京湾海底隧道	12.3	9 500	80	2		逃生滑梯＋通风竖井	300
英国的 Kingsway Tunnel		2 200		2		3 条横通道	350
奥地利的 Strenger Tunnel		5 700		2		横通道	500

(3)各种避难逃生通道对比分析

①横向联络通道作为逃生救援通道。横向联络通道逃生救援方式可视作服务通道逃生救援方式的一种简化。火灾发生时，两主隧道应及时封闭禁止通行，疏散人员由横向联络通道进入另一主隧道，至安全区。横通道疏散效率高、速度快，而且通风较顺畅。与服务通道相比，联络横通道的造价低，但在火灾发生时对相邻隧道通行有较大影响，见图 8-3。

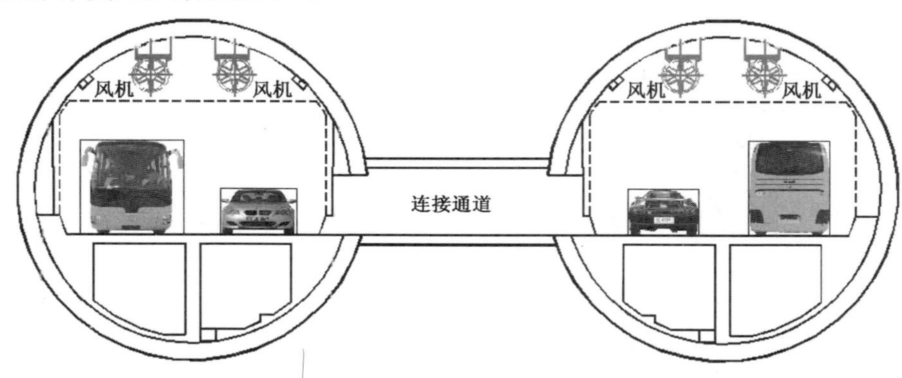

图 8-3　横向联络通道示意图

②车道板下式逃生救援方式。车道板下式逃生救援通道则利用隧道车道板下富余空间建造逃生救援通道，火灾发生时，通过滑梯、楼梯等方式进入逃生通道疏散。人员可从安全口，经安全通道进行长距离疏散。入口通行量较小，疏散能力、通道空间尺寸受隧道直径影响较大，通风条件略差，逃生路径长，占用一定侧向宽

度。不过，火灾发生时，人员疏散对相邻隧道没有影响，如图8-4所示。随着隧道直径的增大与双层隧道的应用，原本受隧道直径所制约的疏散能力也随着空间尺寸的增大而得到改善，且施工难度低、建造成本低，逐渐被大量应用在隧道设计中。日本东京湾隧道设计过程中，考虑到隧道在软土中的埋深达到60m，地震工况下两管隧道会由于变形不一致，在连接通道与圆隧道的交接位置产生应力集中而导致结构损坏，因此取消了连接通道，采用了车道板下式逃生救援方式，隧道内每隔300m设置逃生滑梯，充分利用盾构法隧道车道层下的空间，形成人员疏散通道。同时，疏散通道内有救援车，可将乘行人员送至安全区域。

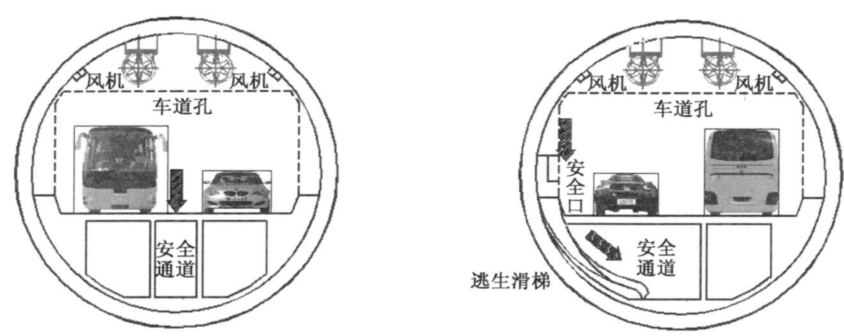

图8-4 车道板下式逃生通道示意图

③服务通道逃生救援方式。服务隧道在特长公路隧道的施工期间可作为了解地质情况，预先处理不良地质、超前排水及涌水的通道。在运营时期，服务隧道通过横向联络通道与相邻双管主隧道相连通，可作为躲避火灾的紧急避难坑道。此外，还可以作为检修车道，便于管理人员日常维护。由于其需要增加大量工程费用，结构相对其他方式比较复杂，目前厦门翔安隧道采用这种方式。服务通道逃生救援方式，如图8-5所示。

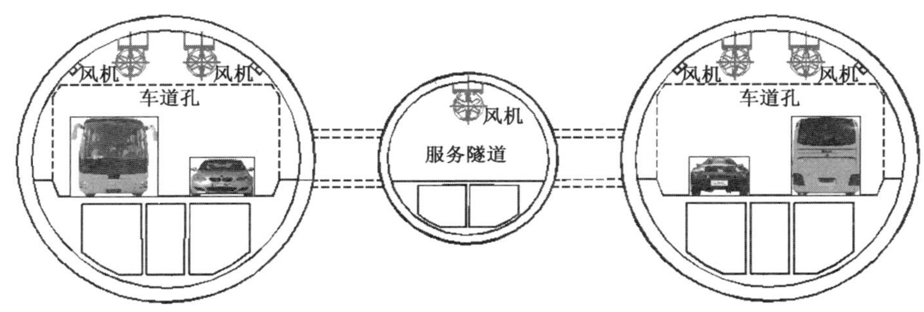

图8-5 服务通道逃生通道示意图

④隧道竖井逃生救援方式。隧道逃生竖井主要应用在覆土较薄的城市隧道或山岭隧道中，可直接向地面疏散，一般与隧道通风井同时修建，根据一定的间隔建设数个竖井，便于在特长隧道中迅速撤离危险区，不过通行量较小，疏散速度慢。此外，竖井施工过程对周围环境影响较大，排出的废土、废渣也需妥善处理。法国A86公路隧道设置了体外避难室，间距400m，还设置了直接到地面的疏散楼梯，间距1 200m，如图8-6所示。在隧道设计中，常采用以上四种逃生救援通道中的一种或多种混合设计。1997年建成的日本东京湾隧道采用了车道板下逃生救援通道与通风竖井逃生通道混合设计。在建的钱江通道也同时采用了联络横通道与车道板下逃生救援通道两种逃生方式的混合设计。

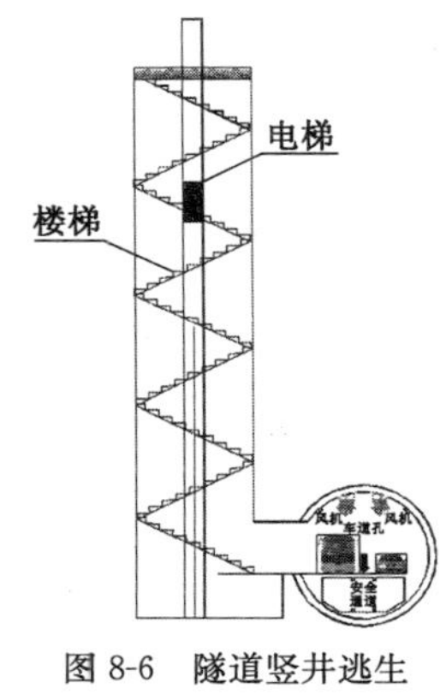

图8-6　隧道竖井逃生通道示意图

四种逃生方式各有利弊，也各有其适用条件。服务隧道通行能力最佳，不过由于工程造价高，应用限制较大。隧道联络横通道的疏散能力较强，目前在设计中采用这种逃生通道设计的隧道最多。不过，开横通道对原隧道的受力结构不利，在结构上形成缺陷，地质条件较差的情况下应慎重选择。而随着隧道直径增大与双层隧道应用，原本受隧道直径所制约的车道板下式通道的疏散能力也得到了改善，而且其施工难度低、建造成本低，逐渐被大量应用在隧道设计中。通风口式逃生通道由于其通行能力制约，而较少被采用，只能作为辅助逃生方式。四种逃生方式的对比情况见表8-8。

四种逃生方式对比表　　表8-8

逃生方式	通行能力	逃生路径	施工难度	造价	对相邻隧道的影响	通风效果	设置间距
服务隧道	最高	短	一般	高	较小	较好	
联络通道	较高	短	在水下软土地区施工有难度	较高	较大	较好	100～500m
车道板下式通道	较低	较长	无	最低	无	差	60～80m
隧道竖井	最低	最长	较易	较高	无	差	1 000m以上

8.3　隧道消防给水及灭火系统

8.3.1　隧道灭火器配置

隧道内应配置能扑救A、B、C类火灾的手提式干粉灭火器。灭火器应成组配

置在灭火器箱内，每个灭火器箱内的灭火器数量不应少于两具，不宜多于五具。灭火器箱应安装在隧道侧壁上，应采用嵌墙型开门式灭火器箱，其尺寸和质量应符合现行行业标准《灭火器箱》(GA 139—2009)的规定。灭火器箱设置间距不应大于50m，灭火器箱上应有明显的反光标志，并宜具备箱门启闭信号反馈功能。每个灭火器材箱内的灭火器数量按照式(8-3)计算：

$$N=\frac{L\cdot W\cdot K\cdot K_{\mathrm{L}}}{U\cdot Q_{\mathrm{m}}} \tag{8-3}$$

式中：N——每个灭火器材箱内的灭火器数量；

L——灭火器材箱的设置间距，m；

W——单孔隧道横断面的建筑限界净宽，m；

U——隧道灭火器的配置基准，$\mathrm{m^2/B}$，建议取值 7.5 $\mathrm{m^2/B}$；

Q_{m}——拟选用灭火器所对应的配置灭火级别，单位 B，建议取值 10B；

K——灭火设施修正系数，未设置消火栓系统的，K 取 1.0，设置消火栓系统的，K 取 0.7；

K_{L}——隧道长度修正系数，长度不超过 1 000m 的隧道，K_{L} 取 1.0，长度超过 1 000m 的隧道，K_{L} 取 1.3。

8.3.2 隧道消火栓配置

(1)隧道外消火栓

隧道每个出入口外应设置室外消火栓。室外消火栓宜采用地上式。严寒地区隧道宜采用地下式消火栓时，应有明显标志。

(2)隧道内消火栓

隧道内宜采用双口双阀室内消火栓，应保证隧道内的任何部位应有两个消火栓的水枪充实水柱同时达到。消火栓的水枪充实水柱应通过水力计算确定，但不应小于13m。消火栓箱应安装在隧道侧壁上，应采用双开门暗装消火栓箱，其尺寸和质量应符合现行国家标准《消火栓箱》(GB 14561—2003)的规定。消火栓箱设置间距不应大于50m，应设置明显的反光标志，宜具备箱门启闭信号反馈功能。距隧道出入口最近的消火栓应设置压力显示装置。消火栓应采用同一型号规格。消火栓的栓口直径应为65mm，水带长度宜为25m，水枪喷嘴直径不应小于19mm，并应选用多功能型水枪。消火栓栓口距检修道地面高度宜为1.10m，栓口出水方向宜与隧道侧壁垂直。消火栓栓口出水压力应确保喷雾水枪充分雾化要求。消火栓栓口的出水压力大于0.50MPa时，消火栓处应设减压装置；消火栓栓口的静水压力大于1.0MPa时，应在给水管道的相应管段上设置静压减压装置。

8.3.3 水成膜泡沫灭火装置

隧道汽车燃油火灾宜采用水成膜泡沫灭火，其设置应符合下列规定：水成膜泡沫灭火装置的设计应符合《低倍数泡沫灭火系统设计规范》(GB 50151—2001)的规定。水成膜泡沫混合液浓度宜为3%，喷射时间不应小于22min。水成膜泡沫灭火装置应安装在隧道侧壁的箱体内，其箱体尺寸和安装高度应与消火栓箱协调。水成膜泡沫灭火装置的设置间距不应大于50m，与隧道内消火栓同址设置，并应设置明显的反光指示标志；宜具有箱门启闭信号反馈功能。水成膜泡沫灭火装置主要设计参数应满足表8-9要求。

水成膜泡沫灭火装置主要设计参数 表8-9

泡沫液型号	混合液量(L/min)	混合比	喷射距离(m)	喷射时间(min)	供水压力(MPa)	软管长度(m)
3%	≥25	6%	≥6	≥22	0.4～0.8	≥25

8.3.4 自动喷水灭火系统

(1)水喷雾灭火系统

水喷雾灭火系统是利用水雾喷头在一定水压下将水流分解成细小水雾滴进行灭火或防护冷却的一种固定式灭火系统。该系统是在自动喷水系统的基础上发展起来的，不仅安全可靠，经济实用，而且具有适用范围广、灭火效率高的优点。水喷雾系统与自动喷水系统相比较具有以下几方面的特点：

①保护对象：系统的保护对象主要为火灾危险性大、火灾扑救难度大的专用设施或设备。

②适用范围：该系统不仅能够扑救固体火灾，尚可扑救液体火灾和电气火灾。

③水喷雾不仅可用于灭火而且可用于控火和防护冷却。

由于具备以上特点，水喷雾系统在世界上工业发达国家的应用很普遍，尤其是在工业领域中的石化、交通和电力部门获得了十分广泛的应用，这充分说明了该系统的应用已经很普及。我国20世纪60年代开始研究水喷雾系统，并于70年代将研究成果应用在变压器的保护等方面。为进一步推动水喷雾系统的应用，针对应用中存在缺乏配套产品和工程应用技术薄弱这两个环节，公安部天津消防科研所与有关单位协作，按照公安部下达的科研计划，从1982年开始对水喷雾系统进行了全面深入的研究，先后完成了“自动喷水雨淋系统的研究”、“液化石油气储罐火灾受热时喷水冷却试验的研究”和“液化石油气储罐区固定式水喷雾消防系统工程应用技术的研究”三个部级重点课题研究任务，实现了系统产品的配套和工程应用技术的基本完善，使水喷雾系统的应用出现欣欣向荣的局面。我国《建筑设计防火规范》(GB 3016—2010)、《高层民用建筑设计防火规范》(GB 50045—95)以及石化、电力部门的有关规范均对应设置水喷雾系统的场所做出了明确规定，为水喷雾系统的应用提供了依据。十几年来，我国各省市均已有不同行业的单位设置了水喷雾系统，保护对象包括油浸式电力变压器、液化石油气储罐、输煤装置等，其应用范围和数量正在逐步扩大。

隧道水喷雾灭火系统的设计，应符合《水喷雾灭火系统设计规范》(GB 50219—95)的相关规定。

(2)泡沫—水喷雾联用灭火系统

针对隧道火灾的原因及特点，国内外专家普遍认为，常规的喷水不仅无效，而且有助于火灾的传播或加重火灾的危害，主要理由有：

①典型的火灾通常发生在车辆下部或车厢内部，顶部喷水没有灭火效果。

②如在火灾开始和喷头动作之间发生延误，在巨热火焰上喷一层薄水雾，实质上压不住火焰，反而将产生大量过热蒸汽，蒸汽比烟雾更具有危害性。

③隧道是狭长的，其横向和纵向有坡度，且是强制通风，又无防火分隔，因此热量不会局限于火。

④因为热气层流沿着隧道顶部运动，喷头动作可能不会固定在火焰上，如此大量的动作喷头将远离火场，产生冷却效果，致使烟雾层下降，影响逃生及消防人员视线。

⑤喷水会引起烟雾层分层，导致紊流，将空气和烟雾混合，威胁隧道中人员的安全。

而泡沫—水喷雾联用灭火系统可用于向包括火源在内的固定范围喷水，能够压制火势，冷却热气流、车辆及车上装载的货物，防止火势蔓延，大幅度提高其对B类火灾和A类火灾(如汽车轮胎和其他车载固体可燃物)的灭火效能，同时使扑救活动顺利进行。由于我国目前尚无泡沫—水喷雾联用灭火系统的配套规范，在已经投入运行和正在设计施工的系统均存在较多问题，其中包括产品质量、施工质量和管理不善等问题，目前设计中按照《公路隧道设计规范》(JTG D70—2004)相关规定执行。

8.3.5　喷淋系统的设置条件

对于特长隧道，发生大型火灾后，消防车如果在黄金救援六分钟之内，救火失去了最佳时间，那么火灾就极有可能得不到控制进而演变成灾难。隧道内消防车在黄金六分钟内到达不了的这段区域就是隧道的大型火灾盲区(图8-7)。其中 $S=v/10$，v 是消防车的设计速度，单位 km/h；L 是隧道长度。

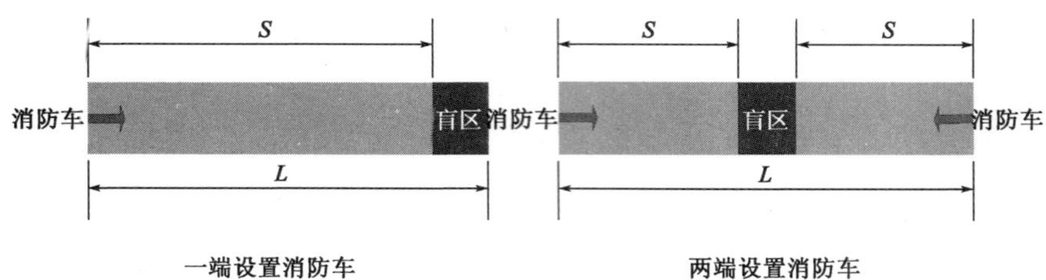

图 8-7　大型火灾盲区

为了消除大型火灾的消防盲区，此时可采用主动灭火装置，见表 8-10。

大型火灾消防车以及主动灭火系统的配置　　表 8-10

隧道长度	消防车配置	大型火灾主动灭火系统的最低配置
$L<S$	单端布设	在风机和机电洞口附近布设主动灭火系统
$S<L<2S$	双端布设	在风机和机电洞口附近布设主动灭火系统
$2S<L$	双端布设	在隧道中间长度为 $L-2S$ 的盲区以及风机和机电洞口附近布设

8.3.6　隧道消防给水管道

隧道消防给水管道应布置成环状。环状管网的进水管不应少于两根。当其中一根发生故障时，其余的进水管或引入管应能保证消防用水量和水压的要求。隧道消防给水管道基本要求如下：

(1)隧道内给水管道应采用阀门分成若干独立段，阀门宜采用普通闸阀或具有启闭信号反馈功能的信号阀门。

(2)隧道内给水管道的直径应经水力计算确定。管道宜敷设于检修道下的管沟内，管道敷设应有可靠的固定措施。

(3)隧道内给水管道应在最高部位设置自动排气阀，应根据需要设置管道伸缩器。泡沫灭火装置的给水管道上，应设置管道过滤器。

(4)消防给水管道应采用内外壁热镀锌钢管或符合现行国家或行业标准的其他给水管道。管道的连接应采用螺纹、沟槽式管接头或螺纹法兰连接。直径大于或等于 100mm 的管道，应分段采用螺纹法兰或沟槽式管接头连接。

(5)严寒地区消防管道可采取以下防冻措施：

①将管道埋于冻土层以下；

②管道采用保温材料包裹及电伴热；

③对管道保温材料，应选择能提供允许使用温度、导热系数、重度、机械强度和不燃性、难燃性、吸水性、吸湿性、憎水性检测证明的产品。

8.3.7　消防水源

消防用水可由市政管网、深井或天然水源供给，采用深井取水方式时应与施工用水充分结合。利用天然水源，应确保枯水期最低水位时的消防用水量，并应设置可靠的取水设施。如洞口附近无法找到合适的水源，还应配备运水车，消防补水时间可适当延长。隧道消防给水宜设置高位消防水池，利用重力流供水；当无条件设置高位水池时，可采用自动加压供水。当消防用水量达到最大时，其水压应满足隧道内最不利点灭火设施的要求。

8.3.8　消防用水量

隧道消防用水量应按隧道内、外消防用水量之和计算。隧道内设有消火栓和其他水系灭火系统时，其消防用水量应按需要同时开启的灭火系统用水量之和计算。隧道室外消火栓用水量不应小于表8-11的规定，隧道内消火栓用水量不应小于表8-12的规定。其他水系灭火系统消防用水量根据对应的规范执行。

隧道室外消火栓用水量　　表8-11

隧道长度 L(m)	消火栓用水量(L/s)	隧道长度 L(m)	消火栓用水量(L/s)
$500 \leqslant L < 1\,000$	20	$L > 3\,000$	30
$1\,000 \leqslant L \leqslant 3\,000$	25		

隧道室内消火栓用水量　　表8-12

隧道长度 L(m)	消火栓用水量(L/s)	每支水枪最小流量(L/s)	同时使用水枪数量(支)
$500 \leqslant L \leqslant 1\,000$	10	5	2
$1\,000 \leqslant L \leqslant 3\,000$	15	5	3
$L > 3\,000$	20	5	4

8.3.9　消防水池

消防水池的有效容积应满足火灾延续时间内隧道消防用水量的要求。I级长隧道和特长隧道的火灾延续时间不应低于3.0h，其余隧道的火灾延续时间不应低于2.0h。消防应设置水位显示控制装置，消防水池的水位数据应能反馈到隧道消防控制中心；消防水池外应能进行现场水位观测。重力供水消防水池，其设置高程应能保证隧道最不利点消火栓灭火时的压力和流量要求。

8.3.10 消防水池

消防水池设置在山体上时，其选址和结构设计应考虑地震、山体滑坡等自然灾害和地质条件的影响，应确保其安全性和稳定性；严禁将消防水池设置在滑坡体和地震断裂带上。寒冷地区的消防水池应有防冻措施。消防水池参见标准图集《矩形钢筋混凝土蓄水池》(05S804)及《圆形钢筋混凝土蓄水池》(04S803)。

设置间距较近的隧道群，可共用消防水池，但应确保可靠供水。消防水池的有效容积应满足火灾延续时间内消防用水量最大的隧道的灭火要求。

当消防用水与其他用水共用水池时，应采取确保消防用水量不为他用的技术措施。

取用天然水源的消防水池，必须设置净化水、取水、给水设施，应符合《给水排水工程构筑物结构设计规范》(GB 50069—2002)的规定。当消防水池与给水设施之间设置有中间水池和泵房时，其水池容积和水泵流量应能满足 48h 内补足消防水池贮水量的要求。

8.3.11 消防水泵房

消防水泵房应与其他附属用房综合考虑设置，应设置直通室外的安全出口。泵房内应设置消防水泵应急控制装置、火灾应急照明和消防对讲电话，配置移动式灭火器。消防水泵、稳压泵应具有降压启动的控制功能。消防水泵的选用应满足隧道内最不利点消火栓灭火时的流量和压力要求，并应设置备用消防水泵，其工作能力不应小于其中最大一台消防工作泵。消防水泵、稳压泵应采用自灌式吸水，其吸水管应设闸阀或带有锁定装置的蝶阀。出水管上应装设试验和检查用压力表和放水阀门。一组消防水泵的吸水管不应少于两条，当其中一条损坏或检修时，其余吸水管应能通过全部水量。消防水泵与隧道给水管网相连的供水管不应少于两条。隧道组共用消防水泵时，消防水泵的供水压力和流量应按各隧道中的最大设计压力和最大设计流量确定。

8.3.12 隧道附属用房灭火系统

二氧化碳灭火系统、卤代烷灭火系统、干粉灭火系统仅适用于隧道附属用房的灭火救援。隧道附属用房消防设计应符合《二氧化碳灭火系统设计规范》(GB 50193—93)、《卤代烷 1301 灭火系统设计规范》(GB 50163—92)及《卤代烷 1211 灭火系统设计规范》(GBJ 110—87)、《干粉灭火系统设计规范》(GB 50347—2004)的相关规定。

8.3.13 移动灭火设备

长大隧道的消防设计、管理应与当地消防部门结合，综合隧道特点考虑配置消防救援设施。特长隧道现场可设置中型消防摩托车、泡沫及清水消防车。长度大于1 500m的高速公路隧道现场可设置消防摩托车、轻型泡沫及清水消防车。配置消防车的隧道与隧道管理中心或收费站房较近时，宜综合考虑设施与人员配置。

8.4 隧道消防联动控制系统

8.4.1 一般要求

消防联动控制器应能按设定的控制逻辑发出联动控制信号，控制各相关的受控设备，并接受相关设备动作后的反馈信号。消防联动控制器的电压控制输出应采用直流24V。各受控设备接口的特性参数应与消防联动控制器发出的联动控制信号的特性参数相匹配。消防水泵、防烟和排烟风机的控制设备除采用自动控制方式外，还应在消防控制室设置手动直接控制装置实现手动控制。

8.4.2 消火栓系统的联动控制

(1)高位水池供水方式

在设置高位水池的隧道，消防联动控制应满足以下要求：

①自动控制方式，应由高位水池液位传感器动作信号，作为系统的联动触发信号，由消防联动控制器联动控制消防泵的启动，自动完成高位水池的补水。

②手动控制方式，应将消防泵控制箱的启动、停止触点直接引至设置在消防控制室内的消防联动控制器的手动控制盘，利用手动控制盘，手动完成高位水池的补水。

(2)消防水泵加压供水方式

①自动控制方式，应由消火栓按钮的动作信号作为系统的联动触发信号，由消防联动控制器联动控制消火栓消防泵的启动。

②手动控制方式，应将消火栓消防泵控制箱的启动、停止触点直接引至设置在消防控制室内的消防联动控制器的手动控制盘，实现消火栓消防泵的直接手动启动、停止。

③消火栓干管水流开关的动作信号或消火栓消防泵控制箱接触器辅助接点的动作信号作为系统的联动反馈信号，应传至消防控制室，并在消防联动控制器上显示。

④在未设置火灾自动报警系统的保护对象中，消火栓按钮的动作信号应直接联动启动消火栓消防泵。消火栓消防泵启动的联动反馈信号应在动作的消火栓按钮上显示。

8.4.3 自动喷水灭火系统联动控制

自动喷水灭火系统的联动控制设计，应符合下列规定：

①自动控制方式，应由同一防护区域内两个及以上独立的火灾探测器或一个火灾探测器和一个手动报警按钮等设备的报警信号作为雨淋阀开启的联动触发信号，由消防联动控制器联动控制该防护区域的雨淋阀、雨淋消防泵或泡沫消防泵的启动。

②手动控制方式，应将分区阀雨淋阀和雨淋消防泵或泡沫消防泵控制箱的启动、停止触点直接引至设置在消防控制室内的消防联动控制器的手动控制盘，实现分区雨淋阀和雨淋泵或泡沫泵控制箱的直接手动启动、停止。

③雨淋消防泵或泡沫消防泵控制箱接触器辅助接点的动作信号作为系统的联动反馈信号应传至消防控制室，并在消防联动控制器上显示。

8.4.4 防火门联动控制设计

车行横洞宜设置电动防火门，应由设置在防火门任一侧的火灾探测器的报警信号，作为系统的联动触发信号，联动控制防火门的关闭。防火门开启及关闭的工作状态信号应传至消防控制室。防火卷帘系统的联动控制设计，应符合下列规定：

①车行横通道上设置的防火卷帘，其自动控制方式，应由设置在防火卷帘两侧中任一组火灾探测的报警信号作为系统的联动触发信号，联动控制防火卷帘的下降。

②手动控制方式，应由在防火卷帘两侧设置的手动控制按钮，实现手动控制防火卷帘的升降。

③防火卷帘的动作信号作为系统的联动反馈信号应传至消防控制室，并在消防联动控制器上显示。

8.4.5 应急广播系统的联动控制设计

应急广播系统的消控台的应急广播联动主机发出。火灾应急广播的单次语音播放时间宜在10～30s，并应与火灾声警报器分时交替工作，可连续广播两次。应急广播主机应显示处于应急广播状态的广播分区和预设广播信息。应急广播应手动或按照预设控制逻辑自动控制选择广播分区，启动或停止应急广播系统。

8.5 公路隧道灭火设施设计

8.5.1 设计目标

为了防止和减少公路隧道火灾危害，保护人身和财产安全。隧道工程的消防设计、消防专项工程施工及验收、运营消防安全管理等，必须贯彻“预防为主，防消结合”的方针，消防设计应针对隧道的火灾特点，立足于自防自救，采用相应的防火措施，做到安全适用、经济合理、技术先进。

8.5.2 设计原则

(1)隧道消防系统设计原则为尽早报警、准确定位、控制火势、及时救援、减少损失。

(2)消防设备应为符合国家有关准入制度的产品。

8.5.3 火灾扑救基本原则

扑救A类火灾可选择水型灭火器、泡沫灭火器、磷酸铵盐干粉灭火器、卤代烷灭火器。

扑救B类火灾可选择泡沫灭火器(化学泡沫灭火器只限于扑灭非极性溶剂)、干粉灭火器、卤代烷灭火器、二氧化碳灭火器。

扑救C类火灾可选择干粉灭火器、卤代烷灭火器、二氧化碳灭火器等。

扑救D类火灾可选择粉状石墨灭火器、专用干粉灭火器，也可用干砂或铸铁屑末代替。

扑救F类火灾可选择干粉灭火器。

8.5.4 设计方法

(1)资料调查与收集

①设计前应调查隧道洞口地形、环境，初步明确隧道高位水池、拦水坝、沉淀池、消防泵房位置及洞外管道走向。

②设计前应调查地表水、地下水种类、流量(枯水季节、丰水季节)、水质等；城市附近隧道还应调查城市给水管道布置、管径、最大供水量等，并确定采用何种给水方式。

③应收集隧道当地年平均温度、年最低温度、年降水量等气象资料。

④应了解距离隧道最近的市、县消防部门建制。

(2)设计界面

①消防设备预留预埋洞室:消防专业提供洞室尺寸、位置及预留预埋要求,由土建专业完成洞室结构设计。

②消防管沟:消防专业提供隧道内消防给水管道的规格、尺寸及安装位置,土建专业完成消防管沟设计。

③高位水池水位显示由消防专业设计,并传输至管理所或最近的隧道监控系统控制器处,由监控系统完成在管理所内的系统集成。

④消防水泵由消防专业设计,供配电系统在低压屏出线处提供电源。

(3)性能化设计方法

目前,我国进行公路隧道消防系统配置时,通常采用的方法是统一设计、统一安装,追求所有设备配置一步到位。设计人员只需按照规范条文的要求按部就班地进行设计,不用考虑所设计的隧道具体达到什么样的安全水平。这种隧道机电系统配制方法可概括为"处方式"配置法,也有的人称之为"规格式"、"规范化"或"指令性"配置方法。

"处方式"配置方法是长期以来总结出来的经验,同时也综合考虑了当时的科技水平、社会经济水平以及国外的相关经验,主要参考相关的设计规范。这种规范清楚明了、简单易行,对设计和验收人员的要求不高,能够满足大多数规模或功能等要求较简单的设计与检测的需要。

但随着科学技术和经济的发展,各种复杂、大断面的公路隧道迅速增多,新材料、新工艺和新技术不断涌现,对隧道机电系统配制提出了新的要求。"处方式"配置方法存在以下问题:

①"处方式"配置方法,使得设计人员以满足规范要的各项设计指标或参数为目的,缺乏创造性,设计千篇一律,限制了新技术的合理应用。

②尽管规范的规定是按照高速公路等级、车速、交通量、路面形式等方面进行要求与区分,但是不能否认这只是在某一范围内比较粗的划分,在规范应用中也会出现一些偏差。

③规范中的一些内容来自于经验,缺乏科学的定量的论据。另外,参考国外的做法可能不完全适合我国的情况,更何况我国幅员辽阔,各地区具有较大的差异。

④规范的制订或修订过程的周期较长,因此执行现有的规范与实际的设计需要之间存在时间上的滞后,在一定程度上限制了新技术、新材料、新工艺的应用和发展。

⑤难以达到"安全性"和"经济性"的合理匹配。"处方式"配置方法一般不明确指出合理的安全目标或标准是什么,而是给出设计的最低标准。因此,这种设计很难做到既经济,又合理。

而"性能化"消防系统配置方法是以安全为设计目标，基于综合安全性能分析和评估的一种工程方法。性能化设计是建立在火灾科学和消防工程学基础之上的，它运用消防安全工程学的原理与方法，根据隧道的土建结构、交通条件与运营环境等方面的具体情况，对隧道的火灾危险性和危害性进行定量的预测和评估，从而得出隧道防灾等级，根据防灾等级进行消防专项设计。性能化消防设计流程如图 8-8 所示。

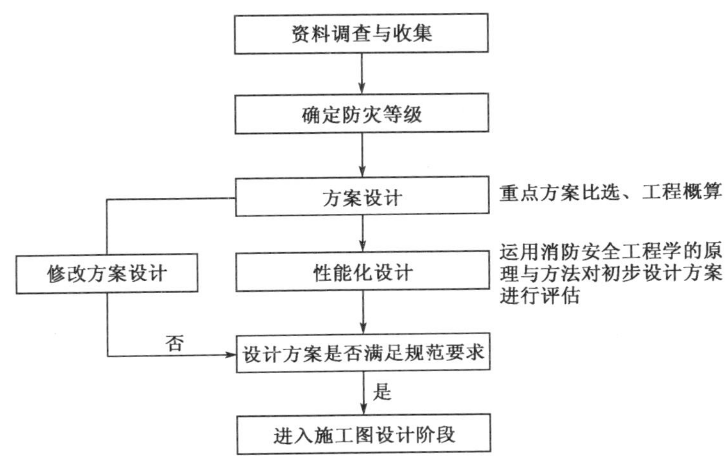

图 8-8　性能化设计流程图

(4)设计计算

消防系统设计计算主要为水利损失计算，计算方法有两种：舍维列夫公式、海澄一威廉公式。

①舍维列夫公式：

$$I=0.0\,000\,107v^2/d_j^{1.3} \tag{8-4}$$

式中：I——管道的沿程水头损失，MPa/m；

v——管道内水的流速，m/s；

d_j——管道的计算内径，m。

查阅相关规范可知，舍维列夫公式是建立在对旧钢管研究的基础上的，并要求管道内水的平均流速，符合 $v \geqslant 1.2$m/s 的条件，即该公式仅适用于旧钢管的水力计算。

②海澄一威廉公式：

$$I=105C_k^{-1.85} \cdot d_j^{-4.87} \cdot q_g^{1.85} \tag{8-5}$$

式中：I——损失，kPa/m；

d_j——管道计算内径，m；

q_g——设计流量，m^3/s；

C_k——海澄一威廉系数。

我国建筑给水管道由于过去多使用镀锌钢管和铸铁管，因此其水力计算采用以旧钢管、旧铸铁管为研究对象建立的舍维列夫公式。近年来，铜管、不锈钢管的使用日趋普遍，各种塑料管的使用也日趋成熟。多种管材的使用，分别采用各自的水力计算公式很不方便。经分析研究，设计中建议采用海澄－威廉公式作为各种管材水力计算公式（包括涂塑钢管）。

由于目前国内消防专业规范尚未对涂塑钢管的水力计算作出具体的规定，参考更加权威的美国消防协会标准《Standard for Water Spray Fixed Systems for Fire Protection》（NFPA15）和《Standard for the install of Sprinkler Systems, 2010Edition》（NFPA13）的相关规定，NFPA15 第 22.4.2.1.2 条规定使用 Hazen－Williams 公式：

$$P_m = 6.05 \times 10^5 Q^{1.85} / (C^{1.85} \cdot d_j^{4.85}) \tag{8-6}$$

式中：P_m——每米管道的沿程水头损失，bar；

Q——管道内水的流量，L/min；

C——管道摩阻系数，见表 8-13；

d_j——管道的计算内径，mm。

管道摩阻系数 C 值表 表 8-13

管道类型	C 值	管道类型	C 值
无内衬铸铁或球墨铸铁管	100	塑料管	150
钢管（焊接或无缝）	130	铜管	150

注：本表内容摘自《Standard for Water Spray Fixed Systems for Fire Protection》（NFPA15）的相关内容。

管道的摩阻系数反映的是管道内壁的粗糙度，其大小主要与管道的材质有关，即与管道的使用年限、腐蚀程度等有关。根据美国消防协会（NFPA13）的要求，随着使用年限的增加，受结垢和腐蚀的影响，金属管道的摩阻系数 C 值会产生逐年减小，即发生衰减，管道的水头损失会逐年增加。表 8-14 为各种管道使用前后的 C 值对比，设计 C 值即为使用后的 C 值。

管道摩阻系数 C 值对比表 表 8-14

管道类型	新管 C 值	设计 C 值	衰减率（%）
钢管（焊接或无缝）	140	120	14
无内衬球墨铸铁管	130	100	23
塑料管	150	150	0
铜管	150	150	0

注：表中数据摘自 Automatic Sprinkler System Handbook，2007 Edition。

(5)系统配置

系统配置按照 8.1 节、8.3 节和 8.4 节相关要求执行。

(6)设计说明

在设计的不同阶段,设计侧重点不同,各阶段设计说明要求见表 8-15。

各阶段设计说明要求 表 8-15

设计阶段	初步设计阶段		施工图设计阶段
	方案设计	性能化设计	
设计说明要求	工程概述、设计依据、设计原则、设计内容、方案比选、设计估算等	工程概述、设计依据、设计原则、设计内容、设计方案、主要设备技术指标等	工程概述、初步设计意见执行情况、设计依据、设计原则、设计内容、设计方案、主要设备技术指标、施工注意事项、运营管理注意事项等

(7)设计图纸

设计不同阶段,设计侧重点不同,各阶段设计图纸要求见表 8-16。

各阶段设计说明要求 表 8-16

设计阶段	初步设计阶段		施工图设计阶段
	方案设计	性能化设计	
设计图纸要求	工程数量表、隧道消防系统图、隧道火灾报警系统图、消防泵房系统图(各方案应配相应系统图及工程量表)	工程数量表、隧道消防系统图、隧道火灾报警系统图、防灾救援系统图、消防泵房系统图、消防箱设计图、消防泵房设备布设图、相关预留(预埋)图等	工程数量表、隧道消防系统图、消防设施安装断面尺寸图、隧道火灾报警系统图、火灾报警设施安装断面尺寸图、消防泵房系统图、消防箱设计图、防灾救援系统图、消防泵房设备布设图、消防泵房安装工艺图、相关设备接线图等

第9章　公路隧道交通状态识别技术

交通状态识别是安全预警、控制诱导与管理决策的基础。本章重点阐述交通状态识别的直接检测法、间接检测法以及交通状态识别系统设计。

9.1　概　　述

交通事故在公路隧道运营期间的发生具有偶然性和不可确定性，同时又是必然的。进行交通状态识别，是为了尽早发现交通异常，达到及时采取正确措施、减少事故与损失的目的。

公路隧道交通状态识别技术包括交通信息采集与融合处理技术与交通异常状态判别技术。

目前，我国交通异常状态识别方法主要分为直接检测和间接检测两类。直接检测包括人工现场巡查和CCTV视频检测两种方式；间接检测主要应用环形线圈等感应器检测设备检测采集交通流参数，分析判断交通异常状态的发生。

9.2　公路隧道交通信息采集

公路隧道交通信息的内容很广泛，包括交通流运行信息、车辆运行信息、交通设施运行信息、突发交通事件信息四大部分。从时间属性上说，交通信息又可分为历史信息、实时信息和预测信息三大类。在诸多的交通信息中，交通速度和交通流量是实现交通控制和交通诱导的两种重要的基础交通信息，这两种交通信息的自动采集是实现交通系统智能化的关键。本书提到的交通信息主要指这两种交通信息（包括它们的实时的、历史的和预测的信息）。

交通信息自动采集主要有车辆检测器技术、车辆定位检测技术、自动车辆识别技术等方法。

9.2.1　车辆检测器技术

交通车辆检测器是交通管理系统的主要组成部分之一，是交通流信息的主要

采集设备。国外，如德国、意大利、美国、法国等国家在这方面起步较早，我国大规模使用车辆检测器是近十多年的事情。车辆检测器的种类很多，最具有代表性的分法是按检测器的工作方式及工作时的电磁波波长范围，将检测器划分为三大类：磁性车辆检测器、波谱车辆检测器和视频车辆检测器。

1)磁性车辆检测器

(1)感应(环形)线圈检测器

该检测器坚固耐用，是全球公认的、可全天候精确监控车辆通过与存在状态的可靠的方法，也是目前国内外使用最为广泛的车辆检测装置。这种检测器由埋在路面下的线圈和能够测量该线圈电感变化的电子设备组成，对通过线圈或存在于线圈上的车辆引起的电磁感应变化进行处理而达到检测的目的。当车辆通过线圈时产生电感量的变化引起相位的变化，通过相位比较器获得一个相应的信号。环形线圈检测的范围很广泛，属于复合型的检测器。它可用来检测交通流量、占有率和近似点速度等。环形线圈检测器的缺点是线圈会伴随路面变形(沉降、裂缝、错移等)而损坏，因此其使用效果及寿命受路面质量的影响甚大。另外，环境的变化和环形线圈的正常老化对检测器工作性能的影响较大，可使检测器材谐振回路失谐而不能判断车辆存在产生的频率变化。

(2)磁性检测器

该检测器工作原理也是在检测磁场变化的基础上进行工作的。这种检测器由装在护套内的小线圈和位于控制箱中的电子放大器组成，使用时将具有高磁导率的线圈埋在路面下。当车辆靠近或通过线圈时，线圈的磁场发生变化，从而在线圈内产生感应电压，使放大器发出车辆通过的信息。该检测器具有设计简单、安装容易、不易损坏和价格便宜等优点。其缺点是仅能检测车辆的通过且对车速有下限限制，属通过型检测器，不适用于需要检测车辆存在的地方。

(3)地磁检测器

自从出现了用于监控和观测道路交通的磁感应技术后，地磁检测器的发展非常迅速。该检测器在原理上与磁性检测器相似，但在功能上有很大不同。这种检测器可以检测车辆经过时引起的地磁场变化，它能检测车辆存在或通过时引起的磁场强度的变化，属复合型检测器。该检测器与其他检测技术相比，更稳定、可靠、易于维护。其灵敏度很高，既可小范围的使用，也可由多个检测器组成用于大范围的检测静态车辆，同时也是非常好的计数检测器。

(4)微型线圈检测器

该检测器在设计上类似于地磁检测器，但需要和标准的感应线圈检测器的处理装置相连。使用时微型线圈探头将磁场强度的变化转换为线圈电感量的变化，从而驱动环形线圈放大器输出信号。它的优点之一是每条通道可以比地磁检测器安装更多的传感器，因而检测灵敏度很高，但由于需要车辆运动来驱动检测器的触发电路，故属于通过型检测器。

(5)磁成像检测器

该检测器是由近期研究成功的磁成像技术为基础的。它测量由于车辆的出现而引起的电磁场扰动或变化，通过与已记录的不同结构车辆的磁纹相比较，不仅能将货车和小汽车分离开来，而且可以测出车辆的构造、车型及速度。

(6)摩擦电检测器

该检测器的探头部分是封装在一块人造橡胶中的屏蔽电缆内，橡胶块永久地固定在路面的切槽中。其工作原理是车辆通过时，电缆上的压力使电缆芯和屏蔽之间产生低电压，该电压可用适当的放大电路来检测并输出信号。此检测器响应快、恢复时间短，可用来精确地测量车轴数。当它与环形线圈检测器一起使用时，还可以测量车型、车速和车距等交通参数。

(7)压电式检测器

压电式检测器是将动能转换成电能的检测装置，它由金属编织芯线压电材料和金属外壳制成同轴结构，其中的压电材料在受机械力冲击或震动时产生电荷(电压)。当汽车轮胎经过检测器时，产生一个与施加到检测器上的压力成正比的模拟信号，并且输出的周期与轮胎停留在检测器上的时间相同。每当轮胎经过检测器时，就会产生一个电子脉冲，因此一条压电式检测器只能观测车轴数。为了获得更多的交通流参数，可在每条车道上安装两条检测器，这样就可获得车辆运行的速度、车型、到达时间及所在车道、交通流量、车辆间隔及车头时距等其他交通流参数。该种检测器可靠性与精度较高，可检测自行车。其独特的优势在于它还可以动态称重，即测量正在行驶车辆的质量、每辆车的轴重及轴距、相同标准轴载等数据，为违章超载的处罚提供准确依据，还可以作为闯红灯照相机的触发器。压电检测器的优点是性能良好、可靠性高、安装简单，缺点是不能检测静止车辆。

2)波谱车辆检测器

(1)雷达(微波)检测器

微波检测器按工作原理分为两种：一种是按照多普勒效应原理工作的微波检测器，它由发射天线和发射接收器组成。它由检测器部件在路面上向下发射一微波束，车辆通过这些波束时，引起波束反射回发送部件(天线)，利用车辆进入检测区域和离开时产生的两个短脉冲或产生的频移，即可换算成交通流参数。显然，检测器需要运动的车辆驱动，且车速缓慢或静止时多普勒系统会失效，故属通过型检测器。该检测器对定位非常敏感，且微波检测随着车辆的大小、形状及材质而变化，从而导致信号的偏差。另一种是真实再现式多车道检测器——RTMS(远程交通微波检测器)雷达，是一种低成本通用的全天候交通传感器。新型的远程交通微波检测器最多可同时检测八个检测区域的车辆存在，同时可检测交通量、车速（点速度）和占有率等信息，而且可检测静止车辆的排队状况。RTMS是工作在微波波段的小范围雷达传感器。RTMS发射一束低功率收敛型的微波，在路面形成椭圆形投影。当车辆经过检测区域时，会将信号反射回RTMS，RTMS由此检测到车辆的存在，提供车辆现场情况、流量、占用率、速度和分类情况。RTMS检测器的输出信号与一般常见的检测器兼容，可通过数据接口与控制系统相连或直接替代传统的多个感应圈检测器。RTMS的特点如下：可同时观测八条车道的交通流参数；能真实再现静止或移动的交通流状况，检测精度较高；较长的波长和定位搜索能力使它免受天气的影响和车辆的互相遮挡；价格较低，易于扩展升级。

（2）超声波检测器

其工作原理是通过接收由超声波发生器发射的超声波束经车辆反射的超声回波来检测车辆，它由车道上方的超声波探头向下反射一束超声波，车辆通过这些波束时，引起波束反射回发送部件，通过判断信号与原反射回波信号在时间上的差异来检测车辆数、车辆类型、占有率和排队长度，而且可以使用数字（声波）测距技术确定所有被检车辆的位置。如将探头成组安装于道路上方，每个车道上相距L的两个探头同时工作，则还可进行车辆高度、速度、长度的检测以及车辆分型的判别。由于超声波检测器采用悬挂式安装，与路面埋设式检测器（如环形线圈）相比有许多优点。不足之处是其检测范围呈锥形，受车型、车高变化的影响，检测精度较差，特别是在车流严重拥挤的情况下。另外，检测精度易受环境的影响，尤其是受大风、暴雨等的影响，探头下方通过的人或物也会产生反射波，造成误检。超声波检测器是目前使用量仅次于环形线圈的一种检测器。

（3）光电检测器

该检测器利用光电管或红外线束来接收中断或反射光束，常见的是由位于道路一侧的发光器和位于道路另一侧的光电探测器组成。当车辆通过时，即中断光束并由探测器产生输出信号，从而记录被检车辆，它是一种良好的计数检测器。

（4）红外线检测器

该检测器是具有良好应用前景的悬挂式或路侧式车辆检测器，有被动式和主动式两种基本类型。被动式采用检测热辐射红外线的工作原理，当车辆通过时，接受到热物体的红外线增量驱动探测器向控制系统输出信号。主动式工作原理与光电检测器类似，采用红外光源指向测量车道，驶近车辆将红外线反射回检测器，具有快速准确、轮廓清晰的检测能力。红外检测器能采集车辆流量、点速度和占用率信息。其缺点是工作现场的灰尘、冰雾会影响系统的正常工作。

3)视频车辆检测器

基于视频图像处理的交通检测技术是近年来在传统的电视监视系统基础上逐步发展起来的一种新型的车辆检测方法,其使用灵活,比其他检测技术能收集更多和更全面的数据。视频检测处理技术通过数码照相机或摄像机来进行现场数据采集,采用图像识别技术分析交通数据。其基本原理是在很短时间间隔内,由半导体电荷耦合器件(CCD)摄像机连续摄得两幅图像,而这种图像本身就是数字图像,很容易对两幅图像的全部或部分区域进行比较,如有差异,则说明有运动物体。视频检测技术能够采集的数据很广,一个摄像机能够采集几个车道的数据,使得检测交通动态行为和各种空间交通参数成为可能,包括交通流量、车型分类、占有率、速度、排队规模等,还可以获得车辆的外形三维数据甚至车辆的轴数、轴距、轮距和车辆组成等交通参数。这是以前传统的车辆检测器所不能做到的。

除此之外,视频检测能提供辅助信息,如路肩交通、停车交通、车道变化、速度差异和其他方向的交通拥堵的现场场景。视频检测的优点有:能在任何路况系统正常工作;检测器易于安装和调试;视频信号能通过同轴电缆、光纤、双绞线、无线射频或微波等多种方式进行传输;系统维护费用低;系统可提供现场录像,供专家事后分析;可进行多车道检测,能检测更大的交通场景面积。视频检测的缺点是:采用可见光进行检测时易受现场光明条件限制;图像处理的实时性较差;车辆的检测精度受整个系统软、硬件的限制;价格较高。

9.2.2 车辆定位技术

自20世纪50年代由美国防部建立罗兰C(LoranC)系统以来,无线电定位技术得到了广泛的重视,特别是全球卫星定位系统(GPS/GLONASs)的出现,极大地促进了该技术的应用。从理论上讲,无论采用何种系统,如果某一终端能够同时接收多个来自已知位置的无线电信号,那么均可以通过相对位置矢量的解算确定该终端的当前位置信息。

从目前发展情况来看可用于移动车辆定位的主要方法有以下几种。

(1)GPS定位

GPS是近年来发展迅速且应用广泛的一种定位技术,利用GPS可测量车辆的实时位置、速度、运行时间和空间平均车速等。如GPS的行程时间采集法是将车辆装配上GPS装置,以一定的采样间隔——记录日期、时间、车辆位置和车辆速度,将数据传入计算机并与地理信息系统(GIS)的电子地图重叠分析,计算行程时间和行程速度。

(2)GLONASS定位

GLONASS(Global Navigation Satellite System,全球导航卫星系统)是前苏

联从20世纪80年代初开始建设的与美国GPS系统相类似的卫星定位系统，由卫星星座、地面监测控制站和用户设备三部分组成，现在由俄罗斯空间局管理。

(3)GNSS定位

(4)组合定位(如GPS/GLONASS,GPS/DRS,GPS/INS等)

(5)GSM定位

(6)北斗星卫星导航定位

(7)地图匹配(Map Matching)技术

地图匹配是一种通过软件方法，校正无线导航或推测航迹定位误差的技术。该技术以模式识别理论为依据，基于“车辆始终行驶在道路上”的假设，通过电子地图找到车辆所在的道路，计算出准确的车辆位置。

(8)信号杆SP(Signal Pole)

这包括安装在街道上(通常是交通信号站)的红外线、微波、RF仪器，这些信号站和信号标杆就是所要求的定位数据。标杆定位技术原理上十分简单，在需要获取数据的位置安装探测设备。当车辆行驶到该位置时，探测设备即可探测到车辆的位置和经过的时间，在理论上不存在时间和位置的误差。车辆用电子标签可靠性高，成本低和无须维护。始发站、终点站和沿途站设备可以复用。所以，采用标杆定位方式更适合于城市公交系统的动态数据信息采集。

(9)无线电确定的卫星服务RDSS(Radio Deciding Star System)

这是非GPS卫星跟踪系统用来进行定位和通信的定位技术。RDSS有三种基本类型，即通信同步卫星、中地轨道卫星和低地轨道卫星。

在实际应用中利用车辆定位技术采集交通信息时，可借助装备车辆定位与通信装置的商业车队或专用浮动车来实现有代表性的交通流信息检测，如装备GPS/GSM的出租车队、公交车队等。

9.2.3 自动车辆识别技术

自动车辆识别技术(Automatic Vehicle Identification，AVI)是将一种小的电子标签装置在车窗上，标签中有一个微型无线电发射器，它可发射出车辆自身特征信息码，在道路两侧装有高灵敏度的天线及终端识别器，终端识别器能识别车辆自身特征码，并将信息送入计算机进行处理后可得出流量、空间平均速度、行程时间和车辆分类。目前最主要的一种实现方式是利用射频(或微波)技术使车载电子标签和车道天线进行无接触双向数据交换。这种方式具有抗干扰能力强、不受天气影响、体积小、结构灵活、电子标签可读可写等优点。当然，采用视频检测车牌的方法也是一种AVI技术。

9.3 公路隧道交通状态间接检测法

9.3.1 检测原理

交通异常间接检测主要应用环形线圈等感应器检测设备，检测采集交通流参数，分析判断交通异常事件的发生。交通异常间接检测的原理主要通过监测隧道交通流参数（交通量、速度、占有率）的变化情况，进行交通异常状态的识别来检测判断隧道内是否发生了交通异常事件。

公路隧道交通状态可分为顺畅、拥挤两类：顺畅指平均行驶速度不明显低于隧道规定的最高速度限制的交通状况；拥挤指平均行驶速度明显低于隧道规定的最高速度限制的交通状况。交通拥挤可分为常发性交通拥挤和偶发性交通拥挤。根据交通量的大小，交通拥挤又可分为一般性拥挤和严重性拥挤。图 9-1 和图 9-2 分别给出了常发性交通拥挤和偶发性拥挤情况下交通流三个基本参数的变化过程。

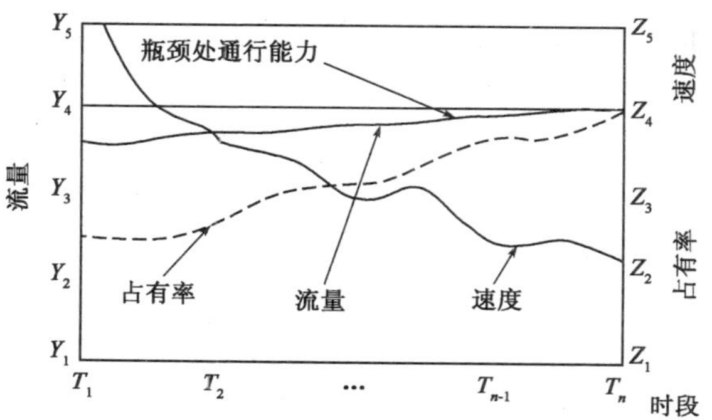

图 9-1　常发性拥挤的交通状态模式

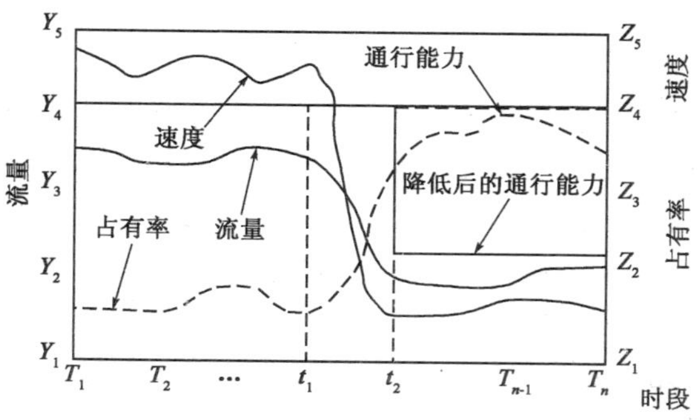

图 9-2　偶发性拥挤的交通状态模式

由图 9-1 和图 9-2 可知，常发性交通拥挤是由于该路段通行能小于上游通行力，并且交通需求超过了道路通行能力而产生的拥挤，从不拥挤到拥挤需要一个过程，因此拥挤前后的交通流三个参数(交通量、速度、占有率)的变化是连续的；偶发性拥挤是由于突发交通异常事件造成道路通行能力暂时下降而引起的，因而反映拥挤前后交通流三参数的变化呈不连续状态，并且前后的差值随事件的严重性而增大。无论是常发性拥挤，还是偶发性拥挤，都表现为车流密度的渐增、车速的降低，从而导致交通流量的减少。

交通异常间接检测系统通过隧道沿路设置的交通检测器动态地采集各路段区域的交通流参数数据(交通量、速度、占有率)，通过一定的检测算法进行交通异常情况识别。当发现符合交通异常事件的交通流参数时，发出交通异常事件警报。整个交通异常间接检测流程如图 9-3 所示。

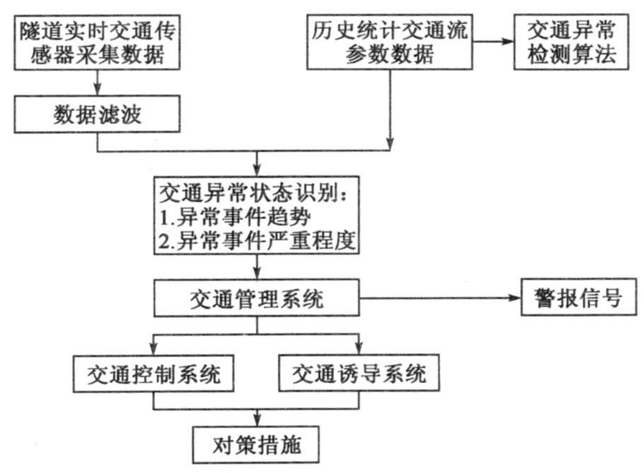

图 9-3　公路隧道交通异常间接自动检测流程图

9.3.2　统计算法

统计算法是将实时交通信息与预测数据进行比较，采用时间序列数据。该算法可以模拟实际的交通运行模式，也能预测数值的变化范围。与预测交通流相比较，交通流中任何非期望的变化都被视为异常。该算法的一个优点就是在运用算法之前不必收集大量数据。HIOCC 算法、ARIMA 算法、SDN 算法、SSID 算法都属于这种算法。

HIOCC 算法是由 TRRL 开发的，它与 PATREG 算法联系紧密。HIOCC 算法的一个前提条件是：如果有事故发生，交通要么停止，要么减速。该算法本身的特点是，在轻微交通拥挤交通中，它的性能肯定会下降。工作人员在长为 2mile 的路段上进行了 18 个月的检测，从检测站的数据可以看出：该算法对 11 起事故检测到了10起，出现了130次误报，其中7起与交通流没有明显的减速相关，由于慢速行驶的车辆导致了1/3的误报。

ARIMA(Auto Regressive Integrated Moving Average)检测算法用来计算95%的置信区间内德短期交通占有率，通过采用先前3个时间间隔中的观测数据，并且预测交通流情况。如果交通流情况超出了由模型预测的范围，系统就发出报警。该算法在中等及严重拥挤的交通中效果明显，但在轻微拥挤交通中略显不足。由于算法的模拟性能过于简单，因此不能用来计算复杂的交通行为。该算法每天都假设处于稳定状态，根据现场的一组数据对参数进行设置，变化的交通流、气候条件、施工及其他变量都会降低这种算法的性能。由于这些局限，这种算法不常用，人们在尽力完善它的不足之处。这些改良措施包括：对物管数据点和多元时间序列模型进行测试，而不是采用单一变量的装置。

SND(Standard Normal Deviate)检测算法是于1994年TTI开发的。这种算法采用简单的统计分析来测算标准差，就是当前控制变量减去平均值，然后除以标准差。控制变量的平均值和标准差由历史数据决定。如果占有率计算出的SND超出了预先设置的临界状态，就会发出警报。该算法的关键是临界状态的设置以及检测器的分布间距。这也是制约该算法的因素。

SSID(Single Station Incident Detection)检测算法采用T形统计测试来分析每个检测器的临时占有率的差值。对前10min的占有率取平均值，这样就可以计算出标准差。T形测试就是要在平均值附近找到一个置信区间，如果最新平均值与最大允许平均值的比值大于1.015或者最新平均值与先前平均值的差值大于标准方差的75%，就发出警报。用该算法在Minneapolis高速公路上进行了测试，但综合效率不高。

9.3.3 模式识别法

模式识别算法是交通异常检测中使用较多的方法。它利用感应环式车辆检测器收集车道占有率、交通密度、交通速度等交通信息，通过这些检测信息，按照设计的算法，鉴别出异常数据模式，识别潜在的交通事故。这种方法要求预置临界状态，超出临界状态的任何交通状况被识别为异常事故。

常见的模式识别算法包括California算法、APID算法、PATREG算法等。

California算法是交通异常检测中最早开发的算法之一，也是比较其他算法的基础，现已发展成为一个系列的加利福尼亚算法。尽管California算法非常直截了当，但要对数据采集的临界点进行大量计算，对于大型路网，要分别计算不同几何线性公路的临界分离点。此外，该方法很简单(考虑因素较少)，所以检测精度和效率较差。

APID(All Purpose Incident Detection)检测算法是 Compass 软件的组成构件，曾用在 Toronto's ATMs 中。APID 算法结合了几种 California 算法，同时采用了压力波测试和持久度测试的技术方案。该算法的期望是采用平滑的占有率作为观测变量以降低误报率。算法的期望是能在各种条件下提供准确的数据，因此也被叫做“全目标算法”。该算法在交通量较大时，准确度较高；在交通量较小时，作用不大。离线的测试表明：事故检测率 DR 达到了 66%，检测时间 TTD 达到了 2.55s。误报率 FAR 为 0.05%，但该算法从没在线运用过。

PATREG(Pattern Recognition)检测算法是于 1979 年英国道路研究室(TRRL)开发的，这种模式识别算法设计的初衷是将其与密集车道占有率算法(HIOCC)结合使用，在中小流交通中准确度较高。由于自 20 世纪 80 年代以来，该算法没有取得新的进展，现在已经过时。

9.3.4 人工智能算法

在上述早期经典算法的基础上，随着数学理论和人工智能等高新技术的不断发展，一系列人工智能算法相继出现。人工智能检测算法检测交通事故主要通过两种方法：准则为基础的算法，学习鉴别的智能方法，神经网络和模糊逻辑是两个主要应用。

人工神经网络算法是 20 世纪 80 年代 California 大学的学者们发现采用人工神经网络可以用来检测事故发生的概率。在 20 世纪 90 年代早期，California 等大学就开始筹建用于 AID 算法的神经网络。在 Orange 县城进行的测试表现出比 California 算法更好的性能。从 California 观测站收集的 800 组数据可以看出：该算法要优于 California 算法，0.075%的误报率意味着每 11 小时才有一次误报。神经网络近年来正开始发展，但它的在线性能还没有得到测试。

模糊逻辑算法不会给出有或者没有事故的明确信号，只会指出事故的可能性。当数据遗失或不完整时，可以用该算法来粗略推理。这种算法可作为 California 算法的一种补充。尽管早期的测试让人鼓舞，但它不能给出确切的结果。模糊逻辑算法需要广泛的测量以便定义出逻辑临界状态。该算法还需要进行大量的研究工作，以便完善发展，并进行应用验证。

此外，随着计算机技术的发展，人工免疫系统、支持向量机算法等一系列人工智能算法都在高速公路隧道交通异常事件检测中得到了研究和应用，大大提高了交通事件的检测效率与效果。

9.3.5 EED 识别法

EED 车辆识别法指在隧道入口与隧道出口设置图像识别与传感设施，根据进入隧道的车辆标志与行驶速度，通过与预设车辆正常安全通过隧道时间与实际行驶时间比较，判别隧道洞内交通状态及隧道内行驶车辆数，为交通控制与预案决策提供依据。

(1)车辆检测设备布置情况

交通信息检测传感设施(包括感应环形线圈、磁性检测器、地磁检测器等检测设备)采集进出隧道车辆的行驶速度，为判别车辆进入隧道后的运行情况提供依据；视频监视系统用于监视出入隧道的交通流状态，识别车辆标志。隧道出入口摄像机一般设在距隧道出入口外 100～350m 处，若双管隧道二洞口相距不远，其间地势平坦，则可设置在二洞口中间地带，同时监视二洞口交通流状况。感应设施布设在离隧道出入口外 100～350m 处，车辆行驶在道路中间。两种检测设备的布置情况如图 9-4 所示。

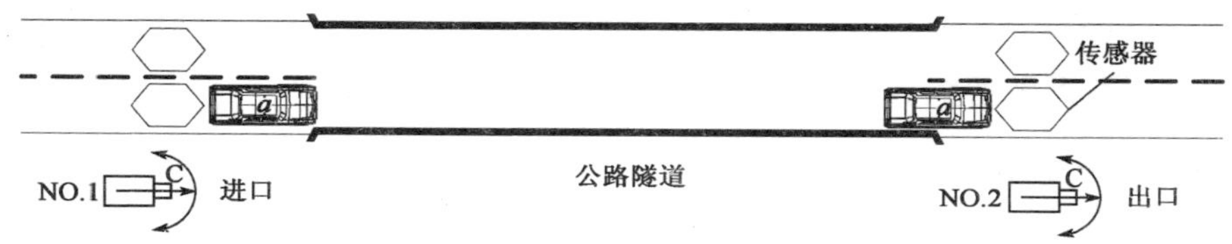

图 9-4　EED 车辆识别法检测设备布置示意图

(2)EED 车辆识别法基本流程

步骤一：布置车辆检测设备。摄像机设在距长度为 1km 的公路隧道出入口外 100～350m 处，若双管隧道二洞口相距不远，其间地势平坦，则可设置在二洞口中间地带，同时监视二洞口交通流状况。感应设施布设在离隧道出入口外 100～350m 处，车辆行驶道路中间。

步骤二：通过视频检测设备和传感设施标志进入隧道的车辆 a，并采集车辆进入隧道行驶车速 v_{a1} 和驶出隧道行驶速度 v_{a2}，同时记录车辆 a 驶入隧道时刻 t_1 及驶出隧道时刻 t_2。

步骤三：若时间 $T_0=\frac{l}{30(\text{km/h})}$之后，出口视频检测设备未标识出车辆 a 出隧道，则发出隧道异常事件警报，否则转步骤四。

步骤四：求得车辆 a 通过隧道的实际行驶时间 $T_1=t_2-t_1$，根据 v_{a1}、v_{a2} 计算车辆通过隧道的理想平均行驶速度 $\bar{v}=(v_{a1}+v_{a2})/2$ 。

步骤五：根据理想平均行驶速度 $\bar{v}$，设定车辆 a 正常安全通过隧道行驶时间阈值范围，$T_s\in\left(0,\frac{L}{\bar{v}-\bar{v}\times 30\%}\right)$。

步骤六：车辆 a 通过隧道的实际行驶时间 T_1 与车辆 a 正常安全通过隧道行驶时间临界值 $T_2=\frac{L}{\bar{v}-\bar{v}\times 30\%}$ 进行比较。若 $T_1>T_2$ ，则判断隧道洞内发生交通拥堵异常事件，转步骤七；若 $T_1 \leqslant T_2$，则转步骤二，继续检测下一辆进入隧道洞内车辆 b 的相关信息。

步骤七：根据视频摄像机和感应线圈等检测设备采集标志的车辆数据，计算车辆 a 通过隧道的实际行驶时间 T_1 内，洞内被困车辆数及平均排队长度，并发出交通异常事件警报。

9.3.6　AID 算法性能评估指标

常见的时间检测算法的评价指标主要有三个，即检测率、误报警率和平均检测时间。

(1)检测率

检测率是指使用某种事件检测算法时，在一定时间内，所检测的实际发生事件数与发生事件总数的比值，即：

$$\mathrm{TR} = \mathrm{DR}/S \times 100\% \tag{9-1}$$

式中：TR——检测率；

DR——正确报警次数；

S——实际发生的事件数。

现有事件检测算法在交通负荷较大时，检测率一般能达到 80%到 100%。

(2)误报警率

误报警率有两种计算方式：

$$\mathrm{FAR}=\mathrm{FN}/\mathrm{DN}\times 100\% \tag{9-2}$$

式中：FAR——误报警率；

FN——错误报警次数；

DN——无事件期间算法测试是否报警的次数。

在保证报警率较高的情况下，误报警率较高也一直是事件检测算法中存在的一个大问题。检测率在 80%以上时，现有算法的误报警率一般也在 30%～70%。

(3)平均检测时间

平均检测时间是指在一定时间内，从事件发生到被算法检测到的时间平均值，即：

$$\mathrm{MTD}=\frac{1}{n}\sum_{i=1}^{n}[\mathrm{TI}_i-\mathrm{AT}_i] \tag{9-3}$$

式中：MTD——平均检测时间；

TI_i——被算法检测到的事件 i 实际发生的时间；

AT_i——算法检测到时间 i 报警的时间；

n——算法检测到的真实事件数。

9.4 公路隧道交通状态直接检测法

9.4.1 检测原理

交通异常直接检测包括人工现场巡查和CCTV视频检测两种方式，由于我国目前建设的高速公路隧道一般安装了电视监控摄像机，CCTV视频检测已经基本取代人工巡察，使得管理人员可以在监控中心监视隧道洞内的交通运行情况。随着模式识别、数字图像处理和计算机视觉技术的发展，视频交通异常检测系统将大量应用于交通管理领域，成为智能交通系统准确可靠的数据来源。间接检测主要应用环形线圈等感应器检测设备，检测采集交通流参数，分析判断交通异常事件的发生。

对于特长隧道，公路隧道交通异常检测可根据隧道区段，分为隧道出入口、隧道洞内两部分，每部分区段分别采用不同的异常组合检测类型。在隧道出入口200m范围内采用无盲区的直接与间接相结合的交通异常自动检测。在其他洞内段落，根据危险潜势分析，分别采用以下四种组合类型：CCTV检测；CCTV＋间接检测；CCTV＋间接检测＋有盲区的视频事件检测；CCTV＋间接检测＋无盲区的视频事件检测。

CCTV视频直接检测及有无盲区的视频交通异常事件检测的基本原理和方法介绍如下。

9.4.2 CCTV视频检测

CCTV视频交通异常检测系统的工作原理是利用隧道内布设的摄像机采集视频图像，从图像序列的变化中选取目标信息进行计算处理，对车辆移动轨迹进行分析，然后根据图像处理算法产生交通异常事件(包括车辆停驶、交通拥堵、交通碰撞、抛洒物等异常交通行为)报警信息。这些信息随即被传送到交通管理中心的管理器上，原理如图9-5所示。

视频检测系统核心组成部分由前端系统、通信传输系统和中心系统三大部分构成，如图9-6所示。图9-6中，多路摄像机信号通过视频分配器进行分配，分别分配给交通异常检测仪及监控矩阵。交通异常检测仪可以看作一个网络设备，支持通过网络的H.264格式的视频流的输入，同时也可以通过模拟通道输入视频信号。交通异常检测仪和后台服务器通过网络进行通信，同时后台服务器可以通过网络对交通异常检测仪主机的工作模式和相关参数进行设置，并可对其的工作状

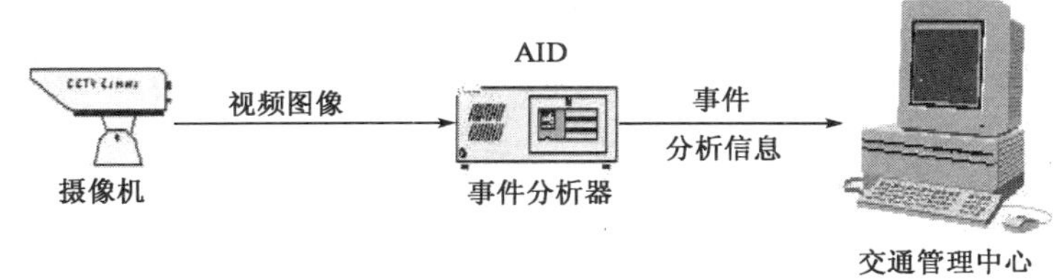

图 9-5　隧道交通异常视频自动检测系统原理

态进行实时监控。视频信号还可以通过视频矩阵切换器进行处理，然后在电视墙上分屏显示。

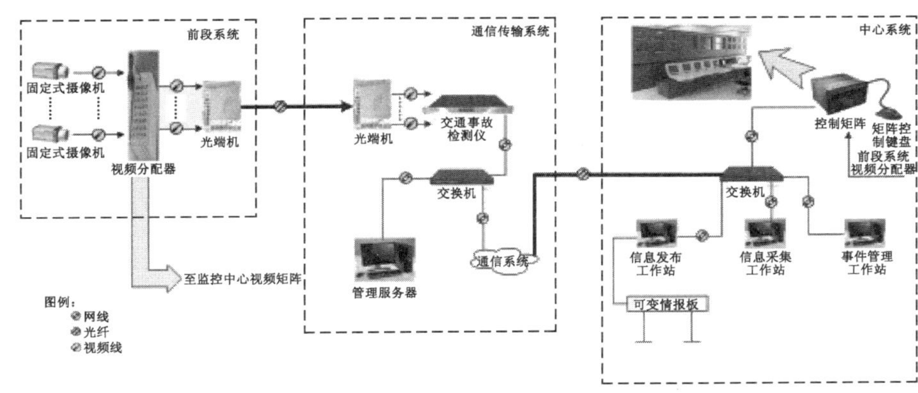

图 9-6　公路隧道交通异常视频自动检测系统构成图

9.4.3　有盲区的视频事件检测与无盲区的视频事件检测

我国目前建设的高速公路隧道洞内 CCTV 视频监控设备安装间距一般为 150～200m。摄像机布设间距大于摄像机的有效监控范围称为交通异常视频检测盲区，如图 9-7 所示。调整摄像机布设间距，排除摄像机监控范围以外的死角，使得隧道全区域内都在视频监控的有效范围内，称为无盲区的视频事件检测。

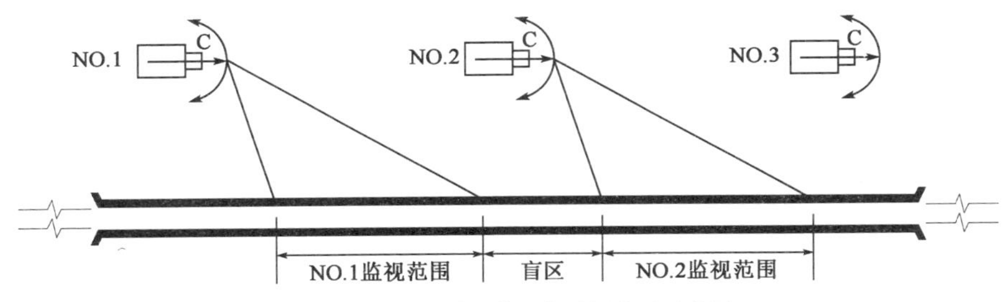

图 9-7　摄像机布设位置与监视盲区示意图

9.5 交通异常直接检测与间接检测结合方法

交通异常直接检测主要使用CCTV视频图像处理技术监测车辆行驶情况，通过分析车辆速度变化、车辆相对位置、车辆停驶、车辆转换行驶车道或方向等可能与事件相关的车辆行为特征，对交通异常事件进行检测，在交通量较低情况下具有良好的检测效果，但需要密集设置视频检测站，需要较高的资金投入才能保证检测的可靠性，而且在大交通量时检测效果没有间接检测好。如图9-8所示，当交通量较大，视频画面同时存在多辆车的情况下，在同一个车道上，后车遮挡前车，车辆轨迹几乎重合。对于这个情况，不能很好地作出正确判断。

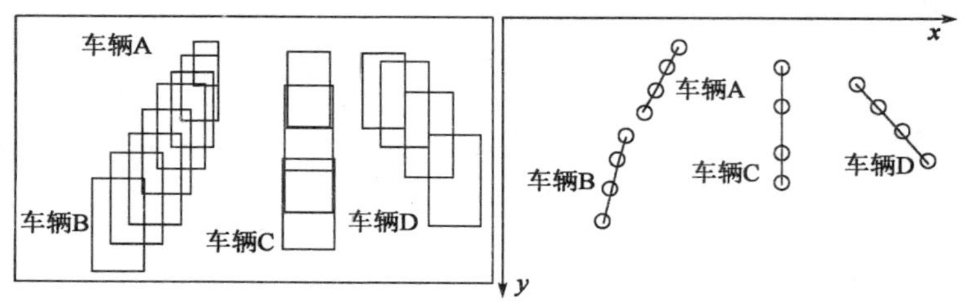

图9-8 多车辆运动轨迹示意图

交通异常间接检测主要基于交通流特征参数的检测，通过一定的检测算法，对交通异常事件进行警报，但是通常用于判别偶发性交通拥挤的交通异常，自动检测算法难以检测小流量交通异常事件的发生。因此，基于环形线圈的间接检测方法在交通流量比较大时易于识别出事件引起的流量、占有率或速度的显著变化，而CCTV视频直接检测方法在交通流量低时容易识别出停驶的异常车辆，将二者检测方法相结合，可以提高隧道交通异常检测系统的运行效果。

第10章 公路隧道安全预警技术

公路隧道运营安全预警管理是隧道安全运营的基础，本章将根据不同预警指标的监测频率，从隧道的长期预警、短期预警和瞬时预警出发，结合公路隧道运营安全动态评价模型，构建公路隧道运营安全预警体系，并重点阐述基于人工智能的安全预警方法。

10.1 预警原理、目的、内容与系统框架

10.1.1 原理与目的

公路隧道运营安全预警的原理是在系统非优理论中"非优思想"的指导下，研究系统中"非优"与"优"的演化规律，通过对现有系统信息的判读和分析，来实现对其未来安全状况的预测与评估，并针对未来可能出现的不安全状况采取相应对策防止各种安全事故的发生，从而保证公路隧道的运营安全。在数据的采集与分析过程中，由于公路隧道运营安全的影响因素众多且关系错综复杂，所采集到的系统信息中不可避免地存在伪信息和信息噪声，因此将以信息论为基础，采用适当的方法来处理信息、转化信息，把握信息运动的规律，滤除伪信息和信息中的噪声，使原始信息转化为可用于预警管理的有用信息。

公路隧道运营安全预警的最终目的是为了预控，因而控制是预警的落脚点。现有公路隧道运营安全管理体系中所采用的方法基本是控制论中的反馈控制法，如根据隧道运营环境的发展变化情况，对其安全管理对策进行相应调整。但单纯的反馈控制往往使隧道运营安全管理成为被动应战，要争取主动，就必须把控制论中的反馈控制与前馈控制结合起来，对公路隧道运营过程中的各类风险进行复合控制，以便及时把握机会，尽早化解风险。

10.1.2 内容

预警是对灾害或危险状态的一种预先信息警报或警告。安全预警体系是对孕灾环境中的不安全状况进行监测识别，通过现状分析与评价分析警情、警源的变

化，利用定量、定性结合的预警模型确定其变化的趋势和速度，以形成对突发性或长期性警情的预报，从而达到防范安全事故的目的。预警从逻辑上一般包括六个阶段：明确警义、寻找警源、分析警兆、研究警度、确定警限和探讨警级，具体内容如图10-1所示。

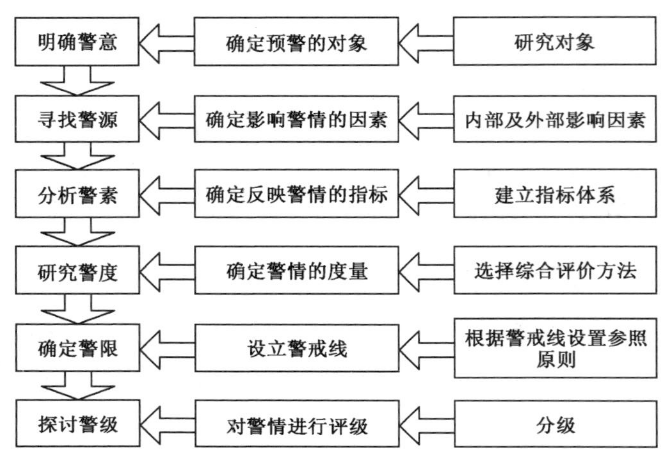

图10-1　预警逻辑过程

公路隧道运营安全预警理论将把公路隧道运营中交通事故、自然灾害、隧道病害等纳入研究框架，揭示隧道运营活动各种现象的发生机制，并讨论隧道运营安全事故的内在发展规律与预警预控对策。

10.1.3　系统框架

公路隧道运营安全预警管理系统是根据公路隧道运营安全管理活动状态，确定隧道运营安全状态（分为安全、准安全、准危险、危险四种），并由此做出相应对策的管理活动。它是对隧道运营安全状态进行监控、预测与警告，并在确认处于危险发生的状态下，采用规定的组织方法干涉和调控，使之恢复正常状态的管理活动。

由于公路隧道运营管理过程中，其针对不同指标的监测频率差别较大，如隧道结构病害的监测，其频率较小，一般1年监测1～2次；而针对交通指标和运营环境的监测，其频率很高，一般要求做到实时监测。因此，公路隧道运营安全预警管理体系应根据指标监测频率的不同，将预警指标分为长期预警指标（1个月～1年）、短期预警指标（1d～1周）和瞬时预警指标（0～1h）三类，从长期、短期和瞬时三个方面进行预警管理，其主要是综合考虑长期和短期预警信息来对隧道瞬时预警信息进行修正，然后针对所得到的瞬时预警信息来进行应急对策的决策分析，最后根据所得到的、最终的瞬时预警信息和决策分析结果来进行预警信息的发布。由此

便构成完整的公路隧道运营安全预警管理体系，其基本构成见图10-2。

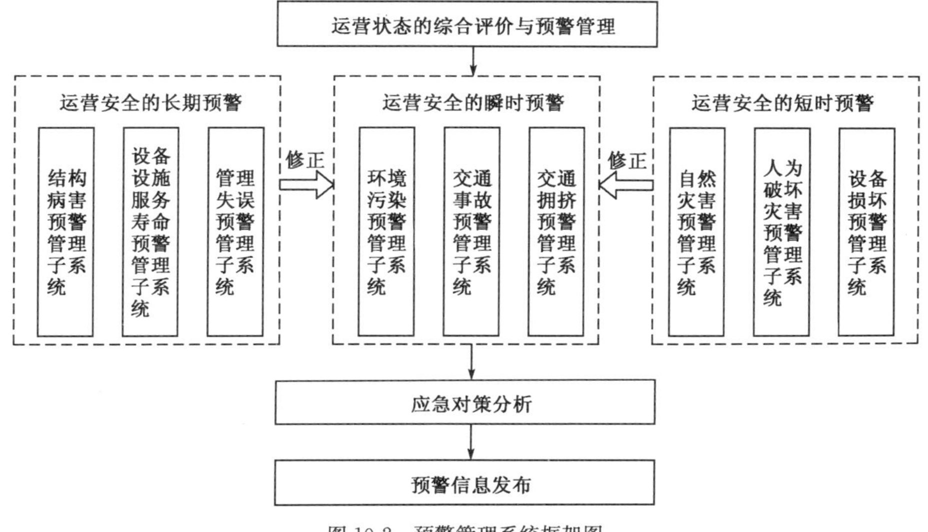

图10-2　预警管理系统框架图

10.2　公路隧道运营环境灾害预警

10.2.1　预警内容

公路隧道运营环境优劣，通过空气中CO、VI、NO_2等有害气体的含量来反映，当其含量超过规范规定值时，可称为运营环境灾害。

运营环境灾害的预警内容，按交通运营工况分类，包括正常工况、阻塞工况、维修工况及火灾与毒气泄漏工况共4种情形的有害气体超标预警；按预警参数分类，主要包括CO超标预警、VI超标预警以及NO_2超标预警。

10.2.2　预警原理

根据隧道交通量、交通构成与运行速度，预测废气排放量，根据隧道内的实时空气质量，预测隧道内未来的空气质量，根据相关标准要求及交通工况，进行隧道内空气质量预警。

10.2.3　预警参数与方法

独立隧道采用最大浓度法，公路隧道群有害气体含量采用总量控制法，即按照在隧道内的滞留时间与有害气体浓度之积进行控制。对于预警参数，CO、VI的参数取值按照《公路隧道通风照明设计规范》(JTJ 026.1—1999)执行，NO_2 可采用作者的研究结果，按照表 10-1 和式(10-1)确定。

$$NO_{2允}=0.1875\, v_{设}/L \tag{10-1}$$

式中：$v_{设}$——设计速度，km/h；

L——隧道长度，km。

NO_2 允许浓度建议值 表 10-1

v=120km/h	≤4.5km	5.0ppm
	4.5～9.0km	按式(10-1)计算
	>9.0km	2.5ppm
v=100km/h	≤3.8km	5.0ppm
	3.8～7.5km	按式(10-1)计算
	>7.5km	2.5ppm
v=80km/h	≤3.0km	5.0ppm
	3.0～6.0km	按式(10-1)计算
	>6.0km	2.5ppm
v=60km/h	≤2.2km	5.0ppm
	2.2～4.5km	按式(10-1)计算
	>4.5km	2.5ppm
v=40km/h	≤1.5km	5.0ppm
	1.5～3.0km	按式(10-1)计算
	>3.0km	2.5ppm

注：1ppm=10^{-6}。

10.3 公路隧道交通事故预警方法

10.3.1 交通事故识别预警系统理论原理

导致公路隧道交通事故产生的原因有直接因素和间接因素两大类。其中，间接因素有很多，如气候条件不良、能见度不够、交通设施损坏、车辆自身故障、驾驶员疲劳驾驶及酒后驾车等；直接因素主要是交通流发生异状，如交通流拥堵、车辆行驶速度过快、制动距离不够导致追尾碰撞等。但是诸如此类的影响因素导致发生交通事故的直观原因，是由于车辆行驶过程中，车辆与车辆之间或者车辆与隧道道路两侧的障碍物之间的制动距离小于危险估计的最小安全距离，从而发生摩擦或碰撞,并且随着碰撞车辆类型及行驶速度的不同,造成的交通事故灾害严重程度各异。

总之,公路隧道交通事故与车辆在隧道行驶过程中的运行状态有密切关系,这就为车辆制动距离、行驶速度、车辆类型等交通流参数用于公路隧道交通事故识别预警提供了可能性,即把车辆在公路隧道行驶过程中,在某种因素的影响下导致的异常行驶速度或者出现的异常制动距离作为识别信息的来源,通过对所测得的交通特征参量(如车头间距、行驶速度、制动距离等)进行各种分析处理,并借助一定的识别策略,对可能发生的交通事故作出判断,进而给出可能的交通事故出现部位及不良趋势等方面的信息。

公路隧道交通事故预警系统的工作流程如图10-3所示。

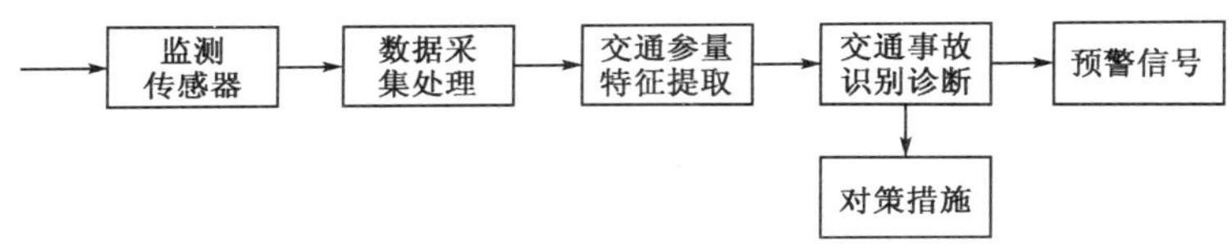

图10-3 公路隧道交通事故预警流程

交通事故识别预警系统服务于整个公路隧道安全运营管理系统,属于安全管理系统的反馈调控子系统。通过这种管理信息的“反馈”方式,管理者可以及时了解系统中车辆运行状态的变化情况,一旦发现运行状态及输出结果与正常运行状态目标有较大偏离时,可以及时采取预控救援措施,确保公路隧道安全运营目标的实现。

交通事故识别预警是预报并警示公路隧道运营系统发生交通事故“病态”的一种管理功能,不但要求能有效保证或提高其常规管理职能的作用,而且要求有其独特的功能:识别警报功能、预防控制功能及免疫功能。

(1)识别警报功能。预警系统能够识别出车辆在隧道及隧道群行驶过程中可能发生交通事故的征兆或危险信号,并得出诊断结果,发出警报。通过对交通特征参量指标值的监测和诊断,识别出发生的交通事故或可能发生的交通事故,并发出警告。识别警报功能的核心是它的交通特征参量识别子系统的建立与完善。

(2)预防控制功能。是指预警系统对公路隧道运营过程中发生的交通事故或可能发生的交通事故进行预防控制救援的一种功能。预警系统以未来可能出现的交通事故问题为导向,依照预警系统得出的诊断结果,及时查出交通事故发生的地点和事故发展趋势,并提出相应的应急预防管理措施,使公路隧道朝着健康、安全的方向发展。

(3)免疫功能。是指预警系统对同类、同性质的交通事故进行预测或迅速识别并具有有效对策的一种功能。当公路隧道运营管理过程中出现了过去曾经发生过的交通事故征兆或相同的致错事故环境时，它能准确地预测并迅速运用规范手段予以有效管理控制。

总之，公路隧道交通事故识别预警系统是以识别警报为导向，以预防控制为手段，以免疫为目的，实现公路隧道运营状态的动态监测，使安全运营管理由静态、被动状态走向动态、主动状态，实现系统自我调控的超前性，切实有效地保障公路隧道的安全运营。

根据公路隧道交通事故识别预警系统的功能分析，系统主要包括预警分析与预控对策两大模块的内容。根据预警系统的构建思想与目标，公路隧道交通事故预警系统可以按图 10-4 所示的内容体系来构造，图中各分块内容如下。

预警分析是对交通事故发生前的现象征兆，即公路隧道车辆运输中的交通流信息等进行监测、识别、分析、诊断，由此作出警示。预控是根据预警分析的结果，对交通事故征兆的不良趋势进行预防与控制的管理活动。

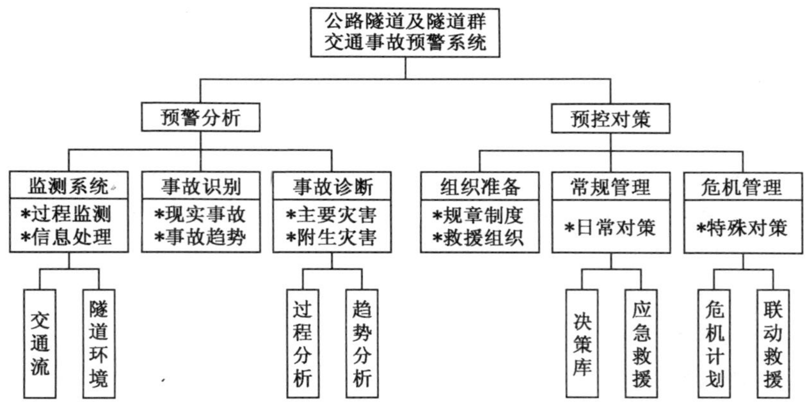

图 10-4　公路隧道交通事故预警内容体系

交通事故诊断是对处于警戒和危机状态的监测指标进行会诊，分析交通事故的发生过程及发展趋势，得出诊断结论，为下一步救援组织提供对策依据。交通事故诊断的主要任务是根据检测的数据指标值，通过诊断工具，对交通事故的发展过程及发展趋势进行定量描述。

组织准备指根据上一阶段的交通事故诊断结果，采取相应的应急事故救援预案，它包括制订与实施救援组织活动的制度、标准、规章，服务于预警系统的组织管理过程。组织准备有两个特定任务：一是规定交通事故预警系统的组织结构（机构、职能设定）和运行方式；二是为公路隧道处于交通危机状态下的救援管理工作提供对策准备，即决策库。

常规管理指对预警诊断结果确定的一般性交通事故灾害现象进行特别监视与控制的管理活动。此类交通事故一般危害性不大,没有造成较大人员伤亡的可能性,同时不会造成进一步的火灾爆炸事故。采取单一的交通事故救援预案即可。

危机管理指对预警诊断结果确定的严重性交通事故灾害现象进行特别监视与控制的管理活动。此类情况下,同时出现异常情况的车辆较多,或者出现异常情况的车辆载有化学危险品,除了会造成一般交通事故外,还可能产生化学品泄漏、火灾事故等连锁反应,需要同时启用多个应急救援方案,必要时进行交通管制,封闭隧道及隧道群两端的出入口。

10.3.2 基于人工免疫机理的公路隧道交通安全预警模型

1)基于"黑箱模型"的识别预警方法

由本章前部分析可知,公路隧道交通事故识别预警系统既具有自适应能力又具有很强的鲁棒效应,然而系统涉及多种复杂因素,影响系统状态变量因素较多,在时间、空间上的变化又呈现随机不确定的特点,要想建立起全面准确描述系统的模型进行严密分析,确定其系统结构,并不容易。基于此分析,本书将识别预警系统作为一个黑箱来处理,提出一种以输入输出增量式一元线性回归模型为基础的自适应控制策略,通过进入黑箱和离开黑箱的特征参量数值及诊断结果进行分析。为了研究和把握,必须确定一组输入与所要观测的输出,并研究其动态过程。

黑箱方法作为控制论中系统状态辨识的理论技术,需要解决如何通过建立动态系统数学模型的问题,而采用的主要方法是确定输入输出数据,然后通过这些数据确定系统的结构和参数,从而求得定量描述系统的数学模型,其中系统的输入、输出数据包含了系统结构的信息。本书研究的公路隧道交通事故识别预警模型,输入输出关系函数如下:

$$y = f(x) \cdot F(u) \cdot \varphi(y) \tag{10-2}$$

式中:x——输入特征参量;

y——输出诊断结果;

u——影响因素;

f——转换函数。

基于"黑箱模型"的公路隧道交通事故识别预警系统,是由系统外部变化规律来判断系统内部状态。这种分析方法的基本模型如图10-5所示。

(1)输入部分

输入部分主要实现特征参量数据的采集输入与处理。根据预警的目标以及检

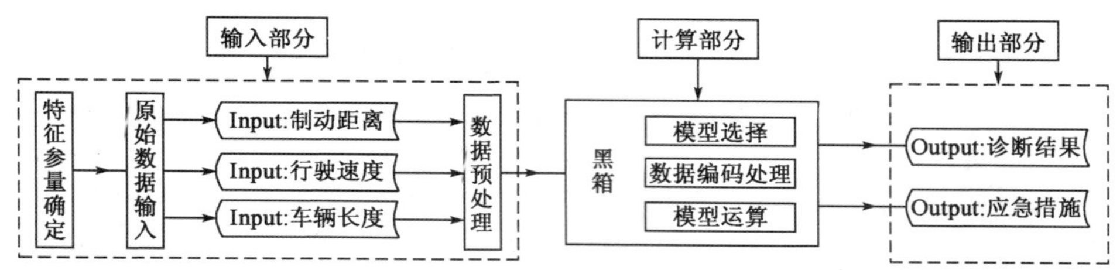

图 10-5　公路隧道交通事故预警系统黑箱模型

测设备可采集的信息数据，由需要识别的目标确定直观、可测反应交通事故特征的数据作为输入信息，剔除其他间接因素及检测设备不可采集的数据，从而达到科学刻画、分析对象的目的。

(2)计算部分

计算部分主要实现模型运算的功能。首先根据需要科学合理地选择数学模型，然后对选定的特征参量进行编码处理后，进行模型运算，对公路隧道交通流的安全状态，即是否可能发生交通事故进行警情预报分析。

(3)输出部分

输出部分主要得到交通事故的诊断结果，以及根据诊断结果所应对的救援措施。诊断结果主要包括交通事故发生严重性及未来发展趋势变化情况，然后发出预警信号；应急措施主要是根据预警系统发出的预警信号，对策库分析出对应的应急救援措施，对交通事故进行救援或控制。

2)交通事故识别诊断标准及数据预处理

(1)特征数据采集与处理

交通事故特征数据采集与处理即是从监测数据信息中，研究分析选择出对交通事故征兆反应最敏感、最直观的特征参量，为交通事故识别提供有效的识别参数。预警系统建立的前提是确定“适宜”监测特征数据指标，所谓“适宜”标准主要有以下三个原则：

①特征数据能够直观反映交通流的安全状态或者即将发生交通事故的非安全状态；

②特征数据能够通过检测设备进行采集；

③为了减少预警系统数据分析复杂程度，采用的特征数据尽可能少而精，剔除不必要的因素。

基于此，本章采取交通流“制动距离、行驶速度、车辆长度”作为特征参数，其中制动距离包括车辆与车辆之间的车头间距，以及车辆与障碍物之间的距离。数据采集与处理即是通过监测设备采集各特征参量的实际数据，然后通过预处理，以备交通事故识别诊断环节使用。

(2)确定判断标准

交通事故识别诊断的主要目的之一就是根据监测器给出的监测数据，判断有无异常信息。常用的判别标准有绝对判断标准、相对判断标准两类：

①绝对判断标准：将被测量的特征值与事先设定的"安全状态标准值"相比较，以判定车辆运行状态是否有可能发生交通事故。

②相对判断标准：连续地监测某典型公路隧道交通流的运行情况，取得完整的运行历程数据记录，并将其安全状态值作为原始基值，需被测公路隧道交通流实测特征值与其比较，判断其安全性。

由于采用相对判断标准需要的时间周期较长，人力财力耗费较大，故本书采取绝对判断标准进行识别。制动距离采用车辆之间的最小安全距离 L_s 作为判别标准；行驶车速采用公路隧道期望行驶平均车速 v_q 及实际平均行驶速度 v_s 作为判断标准；车辆长度主要分为大型车辆长度 l_d 和小型车辆长度 l_x 两种，其中制动距离作为主要识别交通参量，行驶速度及车辆长度作为辅助识别交通参量。根据目前我国车辆类型划分标准，大型车辆长度 $l_d \geqslant 10$m，小型车辆长度 $l_x \leqslant 6$m。通特征参量的确定在下一节作详细介绍。

公路隧道交通事故判别标准如表10-2所示。

公路隧道交通事故判断标准 表10-2

交通事故类型	警度	制动距离 L	行驶速度 v	异常车辆长度	救援响应等级
危险事故	重警	$L<L_s$	$v>v_q$	l_d,l_d	I级响应
应急事故	中警	$L<L_s$	$v_q \geqslant v>v_s$	l_d,l_x	I级响应
一般事故	轻警	$L<L_s$	$v \leqslant v_s$	$l_d,l_x;l_x,l_x$	II级响应
安全状态	安全	$L \geqslant L_s$	—	—	—

表10-2中，交通事故预警救援响应等级，主要依据交通事故可能造成的危害程度、波及范围、影响力大小、人员及财产损失、危害程度等情况划分为两级。

I级：发展迅猛、危害严重、影响面大，除需启动交通事故应急救援预案外，还需启动多个专项应急预案共同应对，同时上报上级政府统一组织协调，调度各方面资源和力量进行应急处置的紧急事件。

II级：除I级事件外，可能造成人员伤亡和财产损失，启动单个预案能够应对的突发事件。

(3)最小安全制动距离分析

公路隧道交通事故不是非均匀分布，也不是随机分布，而是集中在隧道入口处200～400m路段范围内，且雨雪天交通事故较平时明显增加，刚开始下雨时几乎没有事故发生，1h以后开始发生事故，雨后6～10h形成事故高峰期；在交通事故形态中，车辆先发生侧滑，后造成追尾、碰撞、刮擦的事故形态占了事故总数的绝大部分；发生事故的车辆类型中，小型车辆事故数最多，占所有事故的绝大部分；在所发生事故的区段中，大部分事故都是发生在“上坡＋下坡”、“下坡＋桥梁”、“下坡＋隧道”、“桥梁＋隧道”、“隧道＋桥梁”、“隧道＋隧道”六类范围内。因此，本项目以公路隧道出入口为重点防范区域，以车辆追尾为核心建立公路隧道交通事故预警模型，跟随车和目标车相对位置如图 10-6 所示，各参数意义如下。

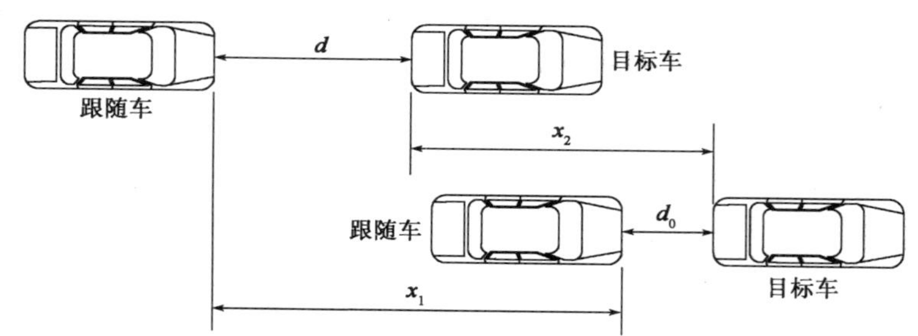

图 10-6　跟随车和目标车相对位置示意图

v_1、v_2——跟随车、目标车车速，m/s；

v_{rel}——跟随车对目标车的相对速度，m/s；

φ_1——跟随车的路面摩擦系数；

φ_2——目标车的路面摩擦系数；

t_r——驾驶员反应时间，s；

t_a——制动器协调时间，s；

t_s——制动减速度增长时间，s；

t_v——持续制动时间，s；

x_1——跟随车行驶的距离，m；

x_2——目标车行驶的距离，m；

d_0——安全间距，m；

d_z——制动距离，m；

d_y——预警距离，m。

①目标车静止或者前方为障碍物

由于 $d+x_2=x_1+d_0$，此时 $x_2=0$，故 $d=x_1+d_0$，因此：

制动距离
$$d_z=v_1\left(t_a+\frac{t_s}{2}\right)+\frac{v_1^2}{2\varphi_1 g}+d_0 \tag{10-3}$$

预警距离
$$d_y=v_1\left(t_r+t_a+\frac{t_s}{2}\right)+\frac{v_1^2}{2\varphi_1 g}+d_0 \tag{10-4}$$

②目标车匀速行驶

此时，$x_1 = s_1 + s_2 + s_3$，其中，s_1、s_2、s_3 为跟随车在 t_a、t_s、t_v 时间内行驶过的距离。$s_1 = v_1 t_a$。

在 t_s 末，跟随车的速度 $v_1' = v_1 - \frac{\varphi_1 g t_s}{2}$。

a. 当 $v_1 - v_2 \leqslant v_1 - v_1'$ 时，跟随车的制动减速度不用达到最大值就可以比目标车的速度低，设此时的制动减速度增长时间为 t_s'，则：

$$s_2 = \int_0^{t_s'} v_1 - \frac{\varphi_1 g}{2t_s} t^2 \mathrm{d}t = v_1 t_s' - \frac{\varphi_1 g}{6t_s} t_s'^3 \tag{10-5}$$

其中

$$t_s' = \sqrt{\frac{2v_{rel} t_s}{\varphi_1 g}}$$

$$x_1 = v_1 t_a + v_1 t_s' - \frac{\varphi_1 g}{6t_s} t_s'^3$$

$$x_2 = v_2 t_a + v_2 t_s'$$

因此：

跟随车制动距离
$$d_z = v_{rel}(t_a + t'_s) - \frac{\varphi_1 g}{6t_s} t_s'^3 + d_0 \tag{10-6}$$

跟随车预警距离
$$d_y = v_{rel}(t_r + t_a + t'_s) - \frac{\varphi_1 g}{6t_s} t_s'^3 + d_0 \tag{10-7}$$

b. 当 $v_1 - v_2 \geqslant v_1 - v_1'$ 时，跟随车的制动减速度将会达到最大值并存在持续制动时间才能减至前车速度，设此时的持续制动时间为 t_v'。

由：
$$v_1 - \frac{\varphi_1 g t_s}{2} - \varphi_1 g t'_v = v_2$$

可求得：
$$t'_v = \frac{2v_{rel} - \varphi_1 g t_s}{2\varphi_1 g} \tag{10-8}$$

$$x_1 = v_1\left(t_a + \frac{t_s}{2}\right) + \frac{2v_1 v_{rel} - v_{rel}^2}{2\varphi_1 g} \tag{10-9}$$

$$x_2 = v_2(t_a + t_s + t'_v) = v_2\left(t_a + \frac{t_s}{2} + \frac{v_{rel}}{\varphi_1 g}\right) \tag{10-10}$$

因此：

跟随车制动距离
$$d_z = v_{rel}\left(t_a + \frac{t_s}{2}\right) + \frac{v_{rel}^2}{2\varphi_1 g} + d_0 \tag{10-11}$$

跟随车预警距离
$$d_y = v_{rel}\left(t_r + t_a + \frac{t_s}{2}\right) + \frac{v_{rel}^2}{2\varphi_1 g} + d_0 \tag{10-12}$$

③目标车减速行驶

$$x_1 = v_1(t_a + \frac{t_s}{2}) + \frac{v_1^2}{2\varphi_1 g} \tag{10-13}$$

$$x_2 = v_2 \frac{t_s}{2} + \frac{v_2^2}{2\varphi_2 g} \tag{10-14}$$

因此：

跟随车制动距离 $$d_z = v_1 t_a + v_{rel} \frac{t_s}{2} + \frac{\varphi_2 v_1^2 - \varphi_1 v_2^2}{2\varphi_1 \varphi_2 g} + d_0 \tag{10-15}$$

跟随车预警距离 $$d_y = v_1 (t_r + t_a) + v_{rel} \frac{t_s}{2} + \frac{\varphi_2 v_1^2 - \varphi_1 v_2^2}{2\varphi_1 \varphi_2 g} + d_0 \tag{10-16}$$

以上各式参数取值如下：

a. 车速 v：我国规定高速公路上行驶的小型载客汽车最高速度不得超过120km/h，其他机动车不得超过100km/h，各种汽车最低车速不低于60km/h；规定高速公路隧道行驶的小型客车最高速度不得超过80km/h（有些隧道限速60km/h），其他机动车最高车速不得超过60km/h。

b. 驾驶员反应时间 t_r：一般为0.3～1.2s，为安全起见，取1.2s较为合适。

c. 制动协调时间 t_a 与制动减速度增长时间 t_s：按照欧洲共同体的规定，小轿车车速为80km/h时，制动协调时间与制动减速度增长时间的一半之和应小于0.36s。制动减速度增长时间 t_s 通常为0.2s，因此制动协调时间 t_a 可取0.1s。

d. 路面附着系数 φ：路面附着系数与天气状况、车速、路面材料类型（沥青或混凝土路面）、隧道使用时间的长短等因素密切相关，公路隧道内路面附着系数一般在0.25～0.65之间，但由于隧道内相对封闭的特殊环境，理论上应根据实测数据而定，但是考虑到操作上的可行性，在此分别对洞外沥青路面和洞内水泥混凝土路面在晴天、雨天和冰雪路面各自的摩擦系数给出一个统计平均值，如表10-3所示。

隧道洞内外路面摩擦系数平均值 表10-3

隧道路面	晴天	$\bar{\varphi}$	雨天	$\bar{\varphi}$	积雪	$\bar{\varphi}$
洞外沥青	0.55～0.70	0.625	0.40～0.65	0.525	0.20～0.35	0.275
洞内水泥	0.35～0.75	0.55	0.25～0.65	0.45	—	—

(4)特征参量数据处理及检测器训练

①数据编码

为了构建无纲量特征数据检测器集 R，首先应该对“自己”安全空间和表征“非己”交通事故空间的采集数据进行编码处理，编码可采用十进制、二进制编码形式。采用十进制编码方式简单、搜索快捷、占用计算机内存少；而采用二进制编码方式则易于理解、易于用模式定理进行交叉和变异等计算操作，但是存在映射误差、求解高维问题时二进制编码很长、搜索效率低、计算机难于操作等问题。本章仍采用二进制编码方式，先求出所采集“自己”空间和“非己”空间（发生交通事故异常非安全状态空间）的信号数据中的最小值和最大值，根据所要求的诊断精度选择编码位数 n，然后把最小值和最大值区间等分成 $2n$ 个子区间，根据信号数据所落入的区

间不同分别取不同的整数值(图10-7),并用n位二进制编码表示。数据处理时,若采集数据的幅值小于规定的最小值,则取0;若采集数据的幅值大于最大值,则取最大值。

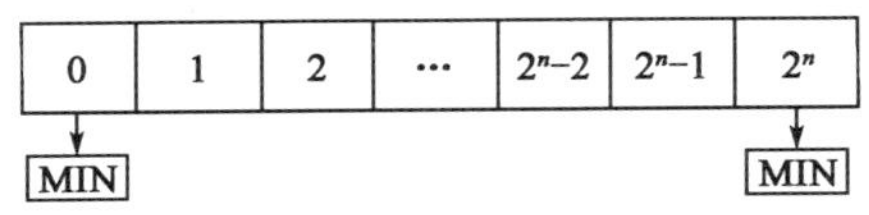

图10-7　二进制编码方式

②自己空间串和交通事故状态空间串的定义方法

自己空间串和交通事故状态空间串的定义可采用将各自的所有二进制编码的特征数据按时间顺序连接在一起,作为正常模式和交通事故模式串,但这种定义方法使模式串太长,使产生检测器的操作复杂。故一般采用加窗并移动窗口的方法将每个模式分成相等的子串,即$S=\{S_1,S_2,\cdots,S_n\}$;$M_i=\{M_{i1},M_{i2},\cdots,M_{im}\}$,然后按子串进行编码,该方法涉及如何选择窗宽$L_w$及移动步长$L_s$两个参数。例如,当$L_w=6$及$L_s=2$时,每个窗口的模式分别为$\{x_1,x_2,\cdots,x_6\}$,$\{x_3,x_4,\cdots,x_8\}$等,$x_i$为信号数据。

③检测器的产生及训练方法

为了产生与所有自己空间串S_i不相匹配的检测器集R,可选择不同的匹配准则:完全匹配准则和部分匹配准则。完全匹配准则是指两串的每一位都相同时才称为匹配,这种匹配方法使得检测所有非己空间模式的检测器数量增大。部分匹配准则是指规定两串至少有连续的r位相同时(r称为匹配阈值),才称为两串匹配。

检测器可由随机方式产生,如果检测器与自己空间任何子串相匹配,则取消该串,重复执行这个过程,直到所要求的检测器数量为止,检测器数量可根据实际问题的需要确定。将R中的检测器与交通事故状态空间的模式子串相匹配,根据匹配结果对R进行约简和聚类,形成新的检测器集R,使聚类结果是各独特空间的映射,每类检测器子集反映了交通事故异常状态最突出的特征。

本书采用部分匹配准则,否定算法中常用的匹配规则、检测器生成算法及本书对其作的相关改进,将在下面否定选择算法原理中作详细介绍。

(5)人工免疫系统在线监测交通事故异常状态处理流程

本课题应用改进的否定算法进行模型匹配运算,模型算法的具体详细处理流程如图10-8所示。

步骤一:收集序列数据,包括正常安全状态序列数据和检测采样新特征数据,并检验数据序列决定数据变化排列(MAX,MIN),选择根据期望精度编码特征参数数据。

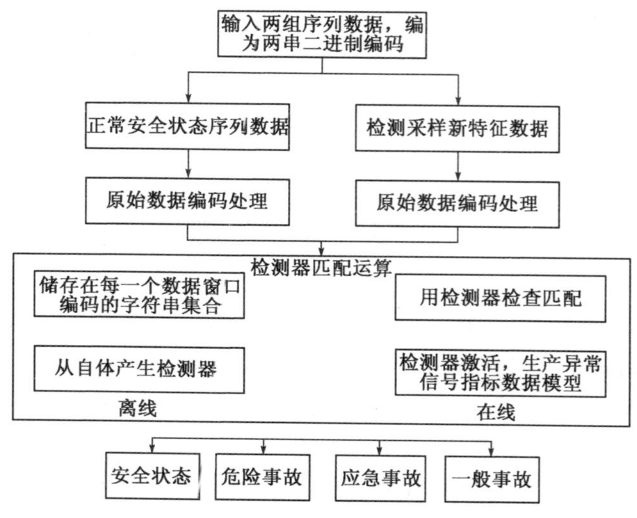

图 10-8　基于人工免疫的交通事故识别检测的处理流程图

步骤二：使用本书所述的编码机制对每一个特征参数值进行二进制编码，并考虑合适窗口大小能捕捉数据模式的含义。

步骤三：沿时间序列移动窗口并对每一个窗口存储编码字符串作为自体，由改进的否定选择算法处理。

步骤四：产生一组检测器，根据部分匹配规则，以合适的 r 不匹配任何自体字符串。充分散布期望检测器，以覆盖未匹配字符串空间（非自体），也需要估计检测器大小，确保在检测变化中的可靠性。

步骤五：若在正常数据库产生一个特殊检测器集合，则可在检测传感器数据模式中概率地检测任何变化（安全状态或异常非安全状态）。

步骤六：在检测系统中，使用同样预处理参数编码新数据模式（移动窗口），若一个检测器被激活（与目前模型匹配），则一个行为模型中发生变化并产生一个警告，认定异常，像产生检测器一样使用同样的匹配规则。

10.3.3　基于否定选择算法的人工免疫预警模型

（1）否定选择算法基本原理

人工免疫系统的模型算法种类较多，每一种算法都有其适用研究领域，比如：基于免疫网络学说的人工免疫网络模型（应用于人工智能方面，如多 Agents 自律机器人的研究）、基于否定选择机理的否定选择算法（计算机网络安全领域，如故障诊断）、基于接种疫苗及免疫多样性的免疫进化算法（作为优化的算法）。对于公路隧道交通事故预警系统，把其看做一个生命体，考虑到功能的相似性，选择否定选

择算法作为建立公路隧道交通事故预警模型的基本算法。

目前，否定选择算法已经成为人工免疫算法中使用最为广泛的一类算法模型，在此基础上可衍变出各类改进型的否定选择算法以适应不同的应用环境。抗原—抗体间的匹配过程为否定选择算法中最主要的一个方面，可用来识别并有选择性地消除外界入侵的有害元素。

在免疫系统中，T淋巴细胞和B淋巴细胞是主要的免疫细胞，它们分布于生物体全身，起着十分重要的免疫作用。在T细胞的产生过程中，受体通过伪随机遗传重组过程来形成，然后这些细胞通过一个耐受过程即否定选择过程，在胸腺的T细胞(未成熟的T细胞)对自身蛋白有反应的被破坏，只有那些不与自身蛋白结合的T细胞可以离开胸腺(成熟的T细胞)。此后这些成熟的细胞就在体内循环，完成免疫功能，保护身体不受外来抗原损害。因此免疫细胞必须只能对外部抗原产生免疫应答，而不能对自身抗原产生免役应答。在生物免疫系统中，通过否定选择来保证免疫细胞只对外部抗原产生免疫应答，否定选择过程如图10-9所示。

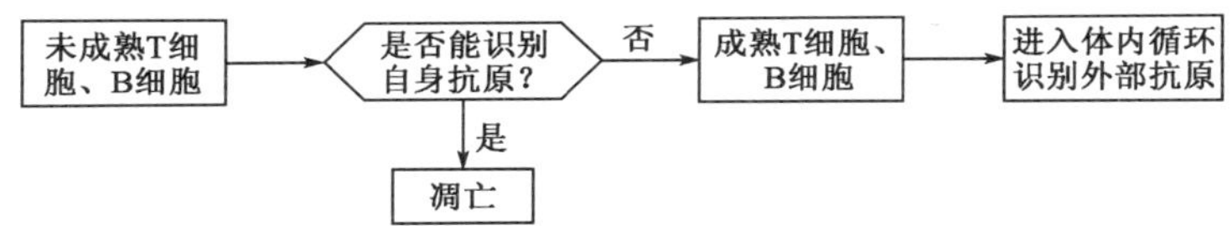

图10-9 免疫细胞的否定选择过程

步骤一：定义自体为需要受保护或者监督的一个长度为L的有限字符串集合S。例如，S可以是一个文件片段或者是某个系统与过程的活动模式。

步骤二：随机产生检测器集合R，R中每一个检测器与任何S中的字符串都不能相匹配。

步骤三：通过不断地将R中的检测器与网络数据比较来监控是否有入侵发生。采用部分匹配规则，其中两个字符串当且仅当至少r个连续位上一样时才发生匹配。r是一个选择合适的参数，如果任何有网络数据与检测器匹配，则一定有异常发生。

以上算法主要依赖于以下三个重要原理：每种检测算法是唯一的；检测是概率的；它是随机地检测任何异常活动，而不是寻找特定已知改变模式的鲁棒系统。算法流程图如图10-10所示。

(2)匹配规则原理

人工免疫系统进行隧道交通事故识别时，匹配规则十分关键，其中有两个阶段用到了匹配规则：①在产生检测器时，匹配规则是为了检测所产生的检测器是否适用；②在入侵检测时，匹配规则是用于判别是否有异常情况发生。所以匹配规则的好坏，直接影响到预警系统的检测识别性能。目前常用的匹配规则主要分为两大

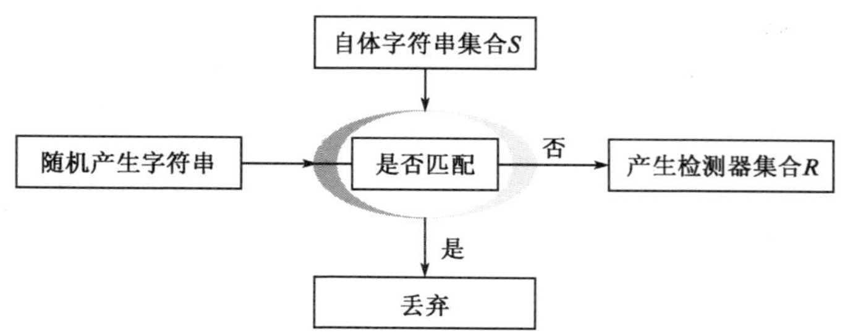

图 10-10 免疫细胞的否定选择算法流程

类：一种是基于二进制描述的匹配规则；另一种是基于向量描述的匹配规则。应用二进制描述的匹配规则中的 Hamming 距离匹配规则进行交通事故异常状态判断，基本原理介绍如下。

计算两个字符串对应位置的相似度，并将其与预先设定的判定阈值相比较来完成匹配过程。定义抗原 $x=x_1,x_2,\cdots,x_i(x_i\in\{0,1\})$，检测器 $d=d_1,d_2,\cdots,d_i$ $(d_i\in\{0,1\})$，抗原 x 与检测器 d 匹配的定义如下：

$$d\text{:matches } x\equiv\sum_i\overline{x_i\oplus \mathrm{d}_i}\geqslant r \tag{10-17}$$

式(10-17)表示抗原 x 和检测器 d 中相同对应位的个数大于等于 r 时，两者匹配；$r(1<r\leqslant l)$ 为静态匹配阈值。Hamming 匹配规则可以简单描述为：两个字符串相匹配，当且仅当在 r 位以上的位置上有相同的位数。例如，取 $l=8,r=4$，两个字符串取值如下：

A 例：
$\begin{matrix}\boxed{1}&0&\boxed{0}&1&\boxed{1}&0&\boxed{1}&1\\ \boxed{1}&1&\boxed{0}&0&\boxed{1}&1&\boxed{1}&0\end{matrix}$

B 例：
$\begin{matrix}1&0&0&\boxed{1}&1&0&1&\boxed{1}\\ 0&1&1&\boxed{1}&0&1&0&\boxed{1}\end{matrix}$

A 例中两字符串匹配，B 例中两字符串不匹配，B 例中只有当 $r\leqslant 2$ 时，两字符串才表现为匹配。

Hamming 距离匹配规则中，每个检测器最多能识别$(l-r+1)2l-r$ 种非自体；但仅仅统计对应位相同的个数，不考虑相同位之间的关系，存在较大的检测误差。

(3)检测器生成原理

基于二进制描述的检测器生成算法主要有线性检测器生成算法和贪心检测器生成算法。

线性检测器生成算法分为两个阶段。

第一阶段：进行一个有限的递归运算，以得到一定数量的不与自体匹配的字符串。

第二阶段：用枚举法从候选检测器中随机选出检测器。

线性检测器生成算法运行时间与自体和检测器集合的大小呈线性关系，但是其运行时间和 r 及 l 的关系仍然是指数关系。

贪心检测器生成算法通过消除冗余的检测器改进了线性检测器生成算法的效率，同时它保证生成的检测器能够尽可能多地覆盖非自体空间。算法分为两个阶段，第一个阶段是取自于线性算法中的处理阶段，第二个阶段是检测器生成阶段。该算法可消除部分冗余，但不能使检测器生成时间最小化。

(4)输出识别诊断结果与预警信号

根据输入交通事故识别诊断标准及数据预处理后，通过改进的否定选择算法的人工免疫预警模型进行计算，得到了诊断结果，并根据免疫预警算法中被激活的检测器来输出预警信号。

诊断结果主要表征公路隧道交通事故的不同严重程度，包括危险事故、应急事故、一般事故及安全状态四种情况，分别对应四个诊断预警区间，即重警、中警、轻警、无警。预警信号可以形象地采用交通灯形式，分别对应四个灯区：红灯、黄灯、蓝灯、绿灯，如表10-4所示。

公路隧道交通事故预警警报设置 表10-4

状态描述	危险事故	应急事故	一般事故	安全状态
警度	重警	中警	轻警	无警
警示灯	红灯	黄灯	蓝灯	绿灯
图例表示				

(5)人工免疫识别预警算法的仿真实现

利用MATLAB仿真实现公路隧道事故多发点不同工况下的预警检测方案，输出仿真的结果对人工免疫预警监测算法的平均检测时间(MTTD)、检测率(DR)及误报率(FAR)进行了评估，并和其他检测算法进行了比较分析，结果如表10-5所示。

同时输出了车辆在隧道行驶过程中，后车为了不与前车发生碰撞而需要采取的最小安全控制距离，结果如图10-11所示。

人工免疫检测算法与其他检测算法比较 表10-5

算法	重警			中警			轻警			无警		
	DR	FAR	MTTD	DR	FAR	MTTD	DR	FAR	MTTD	DR	FAR	MTTD
A	98.46	0.42	2.06	97.46	0.62	2.16	92.46	0.82	2.65	99.46	0.42	1.86
B	96.42	3.42	3.56	95.44	4.02	2.16	95.46	1.01	2.88	98.98	0.54	2.86
C	96.87	2.42	4.01	94.65	3.52	2.86	93.46	0.88	3.05	99.02	0.35	2.55

注：A为人工免疫检测算法；B为神经网络检测算法；C为遗传检测算法。

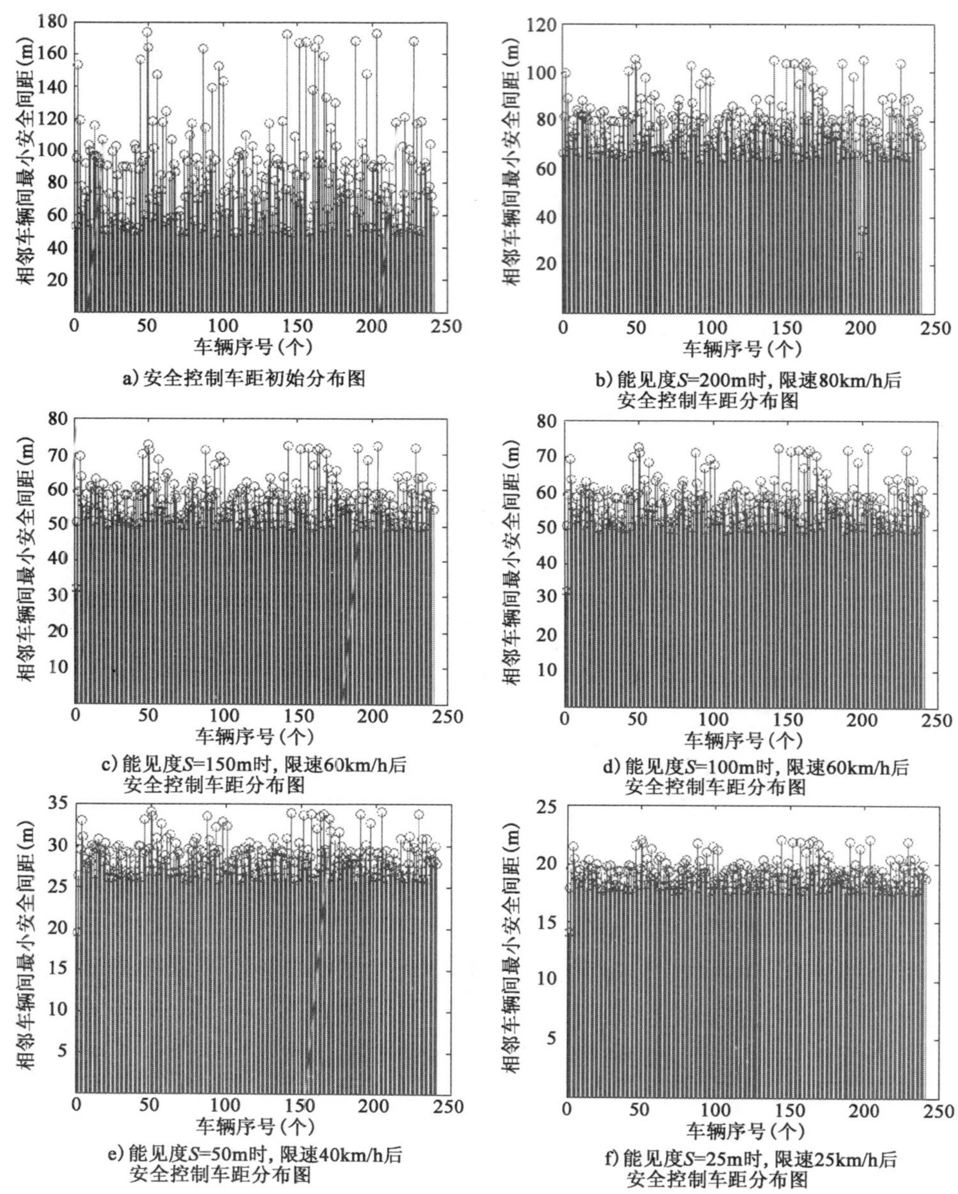

图 10-11　车辆安全控制车距初始分布图与不同能见度下仿真结果分布图

从表 10-5 中可以看出，人工免疫检测算法的平均检测时间及误报率均优于其他算法，且对重警检测率较高。

10.3.4 公路隧道安全预警系统算法设计流程

根据上述对公路隧道安全预警模型研究，设计公路隧道安全预警系统算法设计流程如图10-12所示。

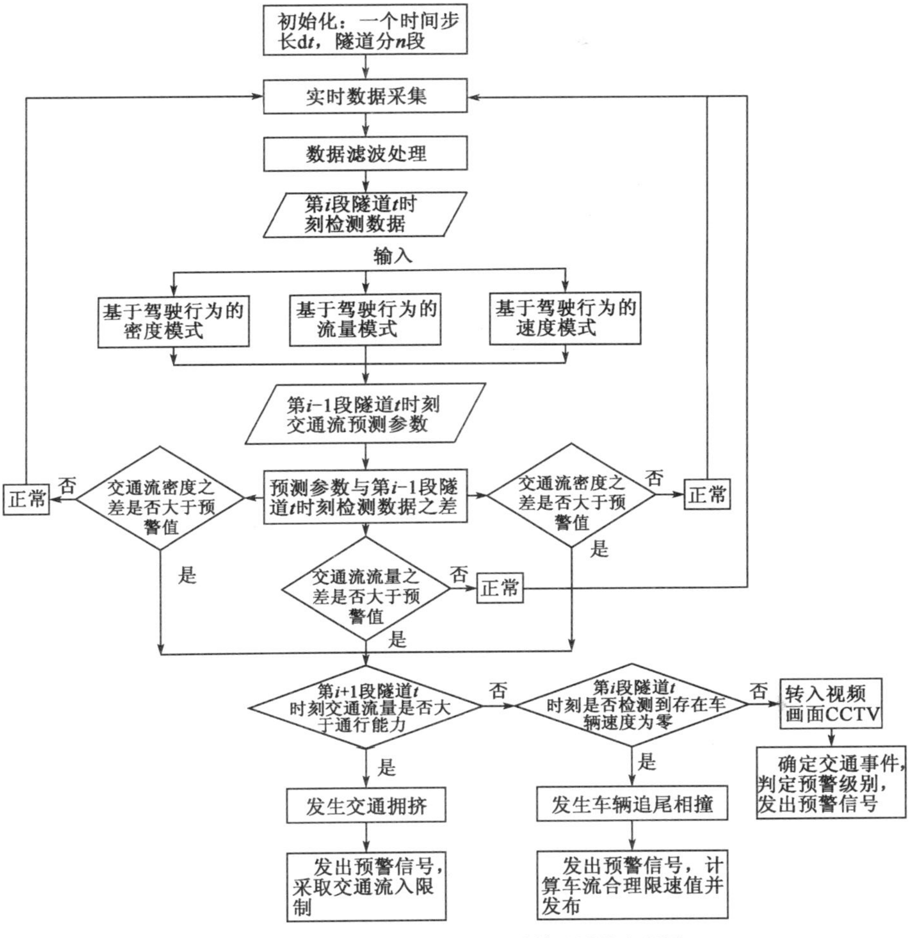

图10-12 公路隧道安全预警系统算法设计流程图

10.4 公路隧道安全预警系统设计

10.4.1 概述

中国是世界上交通事故最严重的国家之一，近年来，随着机动车辆保有量的增加，公路里程的延伸，交通愈趋复杂。公路交通安全(特别是公路隧道)成为全社会普遍关注的问题，交通事故不仅造成社会财富的极大浪费，同时也对社会的安定团结产生一定的消极影响。如何减少公路隧道交通事故的发生，提高公路交通安全水平，已经成为人类的迫切要求。人们要寻求提高交通安全的途径，就必须先深入研究公路交通事故的发生、发展、分布规律、成因特性，评价和预测的方法，才能提出科学有效的事故预防对策，为降低事故率及事故严重程度奠定理论和实践基础。

公路隧道交通事故是随机事件，它不仅受交通系统中各要素状态的制约，还受到社会诸多要素的影响，事故发生的时间、空间和特征等呈现出偶然性。表面上看，事故发生的随机性和偶然性似乎没有规律可循，其实交通事故的发生是受其内部规律所支配，这种规律已经被大量交通事故的研究结果所证实，它的存在是客观的。它揭示了交通事故相关要素之间的必然联系，这种联系不断重复出现，在一定条件下，决定着交通事故的发展变化。由此可见，认识并利用交通事故的客观发展规律，对交通事故的发展变化进行科学预测是可行的。

交通安全系统是一个复杂的大系统，影响系统安全的因素很多，但是通过有效的交通安全预测和评价方法，可以预先发现安全隐患，掌握交通事故的未来状况，从而便于及时采取相应的对策，避免工作中的盲目性和被动性，有效地控制各种影响因素，达到减少交通事故的目的。一些发达国家虽然机动车保有量很大，道路交通密度大，但其道路交通事故量、车辆事故率及里程事故率却很低，这都得益于他们先进的管理方式和技术手段。

进行公路隧道交通安全评价，按不同地区，不同经济、车辆保有量、人口构成背景的区域进行区划，然后在同类别区域内进行交通安全水平的评价和对比，对于更科学有效地评价公路交通安全水平，从而采取更有效的改善公路隧道交通安全现状的手段，具有极其重要的意义。

公路隧道交通安全预警技术的研究就是在对公路隧道的交通安全状况进行预测和评价的基础上，分析预测和评价结果，从而得出该公路隧道交通安全所处的状态，为及时采取有效的预防措施提供理论依据。

从我国的公路隧道交通安全现状分析，国民经济的高速发展固然可能带来交通事故率的提高，但交通事故的发生、发展有其固有的规律，许多密切相关的内在因素是导致事故的根本原因。因此，根据我国交通安全的实际特点，分析其内在规律，研究制订道路交通安全对策，完善公路隧道交通安全预警系统，是遏制事故、改善交通安全的重要途径。

总之，公路隧道交通安全预警技术的研究，将有效地为改善我国的公路交通安全提供帮助，对从根本上改善我国交通安全状况具有十分重要的理论意义和实际应用价值，对于具有类似特征的其他发展中国家也具有很高的参考价值。

10.4.2 预警参数

安全预警系统体系主要包含两大部分，隧道交通安全预测和交通安全评价。通过预测可以发现在现有交通基础条件下，未来的交通安全发展状况与趋势；而评价主要是对现有交通安全情况的一种分析。由此可见，预测和评价是安全预警系统的两大模块。

预警指标的构建在遵循一般原则的基础上，还应充分考虑以下五大原则。

(1)综合性原则

要求预警指标要有高度的概括性，能够及时、准确、敏感地抓住道路交通状态的信息。

(2)独立性原则

要求预警指标之间既有一定的相关性，又要具有相互独立性。根据具体情况对预警指标作相关性检验。

(3)因果性原则

在反映道路交通状态的本质要素被确定以后，指标体系的设计还应进一步研究各指标之间的逻辑关系。

(4)定量性原则

通过对指标之间函数关系的定量识别，力求使每一个指标能够以精确的数量来进行计算、表达和操作，对一些定性的指标进行规范化、权重化处理，使其定量化，从而大大增强指标体系的可操作性。

(5)阈值识别原则

构建一个完整的指标体系还要确定指标的差别原则，尤其要判别指标的初值、等分类原则、临界阈值等，以达到对道路交通状态等级进行划分的要求。

预警系统的构建关键在于指标的选取及临界值的设定，评价公路隧道交通安全发展态势的指标很多，但有些指标反映的内容是一样的，有些指标的数据很难收集，所以要对指标进行筛选，用适当的指标尽可能全面地评价公路隧道交通安全发展态势，当隧道交通安全发展偏离正常轨道时能够从指标值与临界值之间的比较体现，并及时发出警报。

本章对此从微观层面进行分析研究，借鉴路段车辆防追尾碰撞报警的思路，对公路隧道交通事故追尾碰撞及单车对障碍物的碰撞进行预警确定预警参数为车速 v 、隧道内路面附着系数为 φ。

10.4.3 系统构成

1)隧道交通安全预警系统框架

隧道交通安全预警系统框架，如图 10-13 所示。

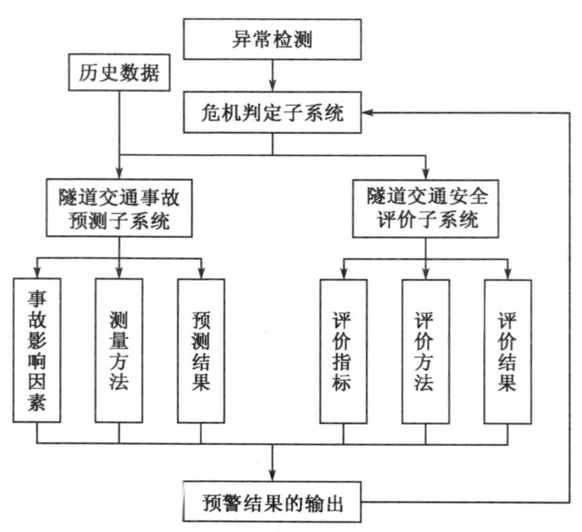

图 10-13　隧道交通安全预警系统框架图

该系统包括五个子系统：隧道交通异常检测、危机判定子系统、隧道交通事故预测子系统、隧道交通安全评价子系统和预警结果的输出。该系统的总体构建思路是：首先对隧道交通安全状况进行初步分析，然后利用历史数据及隧道交通异常检测预测未来的隧道交通发展趋势，同时对现有的隧道交通安全状况进行分析评价，形成对隧道交通安全预警知识库，结合预警指标得到隧道交通安全的预警结果。最后利用预警结果对危机判定子系统进行分析，按照实际情况进行修改和完善。

(1)异常检测子系统

该子系统利用隧道内的检测设施对隧道内各种交通及环境信息进行检测，并发现各种异常信息。

(2)危机判定子系统

该子系统主要完成对隧道交通安全状况的初步分析，确定影响隧道交通安全的主要因素。

(3)交通事故预测子系统

该子系统根据已确定的影响隧道交通安全的主要因素，从历史指标数据库中提取数据，通过选取合理的预测方法，得到预警指标未来时段的预测结果。预警指标的预测是进行预警的前提，这一步预测的有效性直接影响到最终预警结果的有效性。因此也可以根据具体的实际情况选用合适的模型进行指标预测，只要方法得当，并不会影响整个预警系统功能的实现。

(4)交通安全评价子系统

该系统将利用原始数据,依据确定隧道交通安全评价指标体系建立的原则,分析确定隧道交通安全评价指标,选用合理的评价方法,评价隧道当前的交通安全状况。

(5)预警结果的输出

预警结果的输出又称为报警,该子系统将预警指标的预测结果作为输入,并据此调用相应预警知识库中的文件进行推理,通过报警部件得到报警结果,从而得到隧道交通安全运行所处的等级。依据所处的等级,采取相应的预防对策。

2)警限区间设置

警限值的设定是建立预警系统的重要环节,当预警指标值偏离正常水平超过警限值时,就表明警情出现。国内应用比较成熟的是用系统化方法进行分析。所谓系统化主要是指根据各种合并的客观原则进行研究,主要有多数原则、半数原则、少数原则、均数原则、众数原则、负数原则和参数原则等,根据每一种原则确定一个警限值,之后根据各种原则确定的警限值加以综合平均,最后加以适当调整求出各指标的警限值。另一种方法是利用数理统计中的区间估计来确定单个指标的预警警限,区间估计一般假设指标处于各个预警状态区域的概率服从正态分布或t分布,用样本平均值来代替总体均值,用样本方差代替总体方差,根据各项指标处于不同区域的概率要求(置信度),求出各区域的区间估计值(置信区间),以区间估计值作为各项指标的警限值。

为了区分警兆的大小,可将每一指标的警限区间按"危险程度"分为五个等级,称之为警度。给"很安全"赋值为1,"很危险"赋值为0,中间再分为"较安全"、"一般"、"较危险"三个等级,并作如下赋值,如表10-6所示。

警度界限区间 表10-6

危险程度	很危险	较危险	一般	较安全	很安全
区间赋值	0~0.2	0.2~0.4	0.4~0.6	0.6~0.8	0.8~1

其中,0.2、0.4、0.6、0.8均为临界阈值,即当指标值或子块综合评价值跨越其中之一时,警度就发生了变化。

3)指标规范化处理及所属区间的确定

将指标分为:定量指标和定性指标两类,处理方法如下。

(1)定量指标处理

一般采用线性插值法处理,以正向指标为例说明。

①以历史经验或实际调查结果为依据,分别确定为"很安全"和"很危险"的值为A和B。

②作函数：$$f(x,A,B)=\begin{cases}1 & x\leqslant A\\ \dfrac{B-x}{B-A} & A<x\leqslant B\\ 0 & x>B\end{cases} \tag{10-18}$$

③将指标值 x_0 代入上述函数中，得到 $f(x_0,A,B)$，即为指标 x_0 的评价值。

④考查 $f(x_0,A,B)$ 在[0,1]中的位置，确定 x_0 的警度。

(2)定性指标的处理

采用问卷调查或者专家评价的方式统计出同意该指标所属警限区间的人数比重，分别为 A、B、C、D、E，然后用中值模型计算出定性指标的综合评价值，中值模型公式为：

$$Y=0.1A+0.3B+0.5C+0.7D+0.9E \tag{10-19}$$

其中，Y 为综合评价值，0.1、0.3、0.5、0.7、0.9 分别是五个警度的中值。最后据该定性指标的综合评价值落入的警度区间，就可以判断其危险程度。指标块和某个地区的隧道交通安全警度评价，可以采用 AHP 层次分析法确定每一级指标的权重，再采用线性综合加权的办法求出指标块的警度计算值及其所对应的区间，最后对整个评价体系进行加权综合得出总警度评价值。

第11章　公路隧道交通事故辐射分析技术

隧道发生交通事故，在空间上会影响相邻路段，在时间上会影响交通流的变化，影响程度又和交通状态相关。本章在进行交通状态划分与判别的基础上，阐述非自由流交通的安全性、发生交通事故后的时空容量变化、时空影响范围以及对交通流状态的影响。

11.1　交通行为与交通状态

11.1.1　概述

高速公路上车辆的行驶行为有自由行驶、跟驰行驶和变换车道行驶，交通流有自由流与非自由流。

自由流车辆间具有较大的车头时距（5s以上）或车头间距（180m以上），车辆间的行车干扰可以不计，此时，驾驶员根据道路条件、车辆条件及自身状态等选择合适的车道和速度运行，一般具有较高的运行车速；非自由流状态也即受限制状态，车辆运行要受到其他车辆的干扰，车速和车道选择都受到一定程度的限制，存在着频繁的加减速和变换车道的行为，运行车速与自由行驶相比有所降低。此时车头时距小于5s或车头间距小于180m。

非自由流状态的车辆行驶行为由于受其他车辆的影响而表现为跟驰行驶或变换车道行驶或是二者的结合，它以跟车和变换车道为行驶特征，对不同交通状态下高速公路路段交通流运行安全特征的分析有利于交通安全分析。

11.1.2　跟驰行驶的运行特征

跟驰行驶时车辆是以车队队列形式运行，车辆的驾驶行为主要由车队的整体运动特性决定，车辆特征和驾驶员个性的影响较小。通常驾驶员根据前车的速度、本车的速度、加速度以及车辆间距等状态，选择相应的驾驶行为，如加速行驶或减速行驶等。

跟驰行驶状态有以下三个运行特征：

(1)制约性。车辆在跟驰过程中,需满足紧急停车情况下车辆不发生碰撞,即车间距大于安全停车间距。因此,跟驰车的车速应保持在前车车速一定范围内,避免前后车速差引起车间距减小。同时在跟驰过程中,后车驾驶员为防止邻近车道车辆驶入将紧随前车行驶。这些影响因素制约着车辆安全跟车行驶。跟驰车辆与前车行为的一致性如图 11-1 所示。

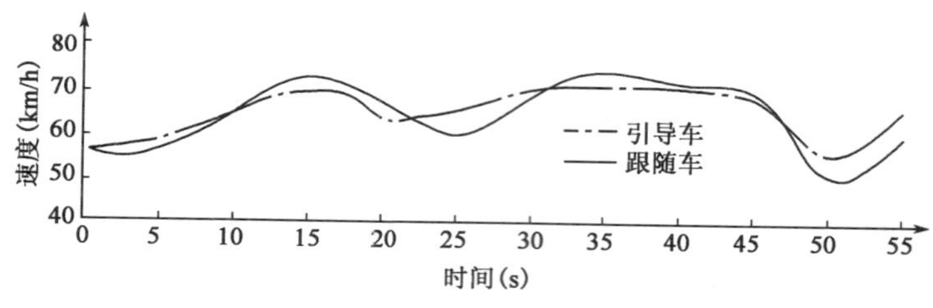

图 11-1　跟驰车辆与前车行为一致性

(2)延迟性。驾驶员的操作反应过程由感知、认识、判断和操作四个连续阶段组成。这四个阶段所需的时间称为反应时间。当前车运行状态发生改变(如突然紧急制动、减速等)时,跟驰车辆驾驶员产生反应,随后进行驾驶操作,此时前后车运行状态的改变不是同步的,具有一定的延迟性。

(3)传递性。跟车行驶的一列车队,车辆之间总是相互影响的,第一辆车的运行状态影响着第二辆车的运行状态,第二辆车又影响第三辆车,依此类推。当第一辆车紧急制动时,随后第二辆车也将紧急制动,第三辆车随后也采取紧急措施。

这样就形成了向后传递推移的阻尼波。可见,车队中任何一辆车运行状态的改变都将影响其跟随车辆的运行状态。

11.1.3　交通状态判别

交通状态的判别方法很多,在此阐述基于神经网络理论的判别方法。

1)自组织神经网络结构与原理

(1)自组织神经网络结构

自组织特征映射神经网络(SOM 网络)是一种竞争式学习网络,在学习中能无监督地进行自组织学习。

自组织特征映射神经网络结构如图 11-2 所示,它由输入层和竞争层组成。

输入层神经元数为 n,竞争层由 $M=m^2$ 个神经元组成,且构成一个二维平面阵列,输入层与竞争层之间实行全互连接,有时竞争层各神经元之间还实行侧抑制连接。网络中有两种连接权值:一种是神经元对外部输入反应的连接权值;另一种是神经元之间的连接权值,它的大小控制着神经元之间交互作用的大小。

自组织特征映射算法是一种无教师示教的聚类方法,它能将任意维输入模式

在输出层映射成一维或者二维离散图形，在竞争层将分类结果表示出来；此外，网络通过对输入模式的反复学习，可以使连接权矢量空间分布密度与输入模式的概率分布趋于一致，即连接权矢量空间分布能反映输入模式的统计特征。

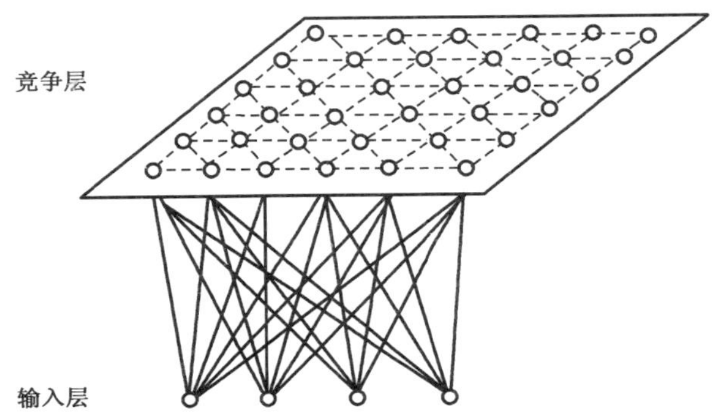

图 11-2　自组织特征映射神经网络结构图

(2)自组织神经网络原理

将图 11-2 所示的自组织特征映射网络结构中各输入神经元竞争层神经元的连接情况抽出，如图 11-3 所示。

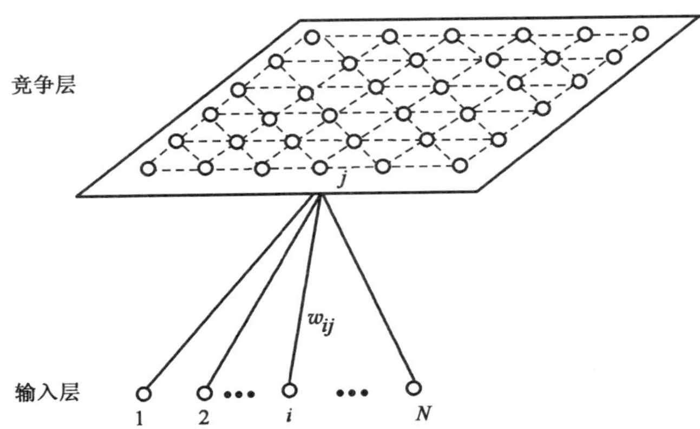

图 11-3　输入神经元与竞争神经元 j 的连接

设网络的输入模式为 $P_k=(p_1^k,p_2^k,\cdots,p_N^k)$，$k=1,2,\cdots,q$，竞争层神经元矢量为 $A_j=(a_{j1},a_{j2},\cdots,a_{jm})$，$j=1,2,\cdots,m$。其中，$P_k$ 为连续值，A_j 为数字量。竞争层神经元 j 与输入层神经元之间的连接矢量为 $W_j=(w_{j1},w_{j2},\cdots,w_{jN})$，$j=1,2,\cdots,M$。

采用 Kohonen 学习规则寻求一个评价函数确定输入矢量 P_k 与连接矢量 W_j 的最佳匹配，即决定竞争层中的获胜神经元 g，评价函数可以采用内积 $W_j^TP_k$，对于所有的 j 比较各个内积，其值最大者所对应的神经元，即为获胜神经元 g，其最大处正是由于神经元的不断交互作用所形成的“气泡”中心。同时，如果对输入矢量 P_k 与连接权矢量 W_j 进行归一化处理，则内积最大也等效于两个矢量的欧氏距离最小。这个最小的距离确定了神经元 g 在竞争中获胜。当网络训练好之后，如果同样的输入模式出现时，某个神经元就兴奋起来，表示该神经元已经认识了这个模式。

当某一输入与被选神经元 j 的权值 j_W 有差异时，除该权值修正外，被选神经元的邻域 j_N 中的其他神经元也将根据它们的误差以及按照距离的大小做适当的调整，越靠近 j 的神经元调整得就越多，这样形成的邻域关系使得输入模式相近时，对应的神经元在位置上也靠近，这就是 Kohonen 网络权矢量的自适应更新过程。

Kohonen 网络的自组织学习过程也可以描述为：对于每一个网络的输入，只调整一部分权值，使权向量更接近或更偏离输入矢量。这一调整过程，就是竞争学习，随着不断学习，所有权矢量都在矢量空间相互分离，形成了各自代表输入空间的一类模式，这就是 Kohonen 网络的特征自动识别的聚类功能。网络的学习及工作规则为：

①初始化。将网络的连接权$\{W_{ij}\}$赋予$[0,1]$区间内的随机值 $i=1,2,\cdots,N$；$j=1,2,\cdots,M$。确定学习率 $\eta(t)$的初始值 $\eta(0)(0<\eta(0)<1)$；确定邻域 $N_g(t)$的初始值 $N_g(0)$。邻域 $N_g(t)$是指步骤④确定的获胜神经元 g 为中心，且包含若干神经元的区域范围。这个区域一般是均匀对称的，最典型的是正方形或圆形区域。$N_g(t)$的值表示在第 t 次学习过程中邻域中所包含的神经元的个数；确定总的学习次数 T。

②任选 q 个学习模式中的一个模式 P_k 提供给网络的输入层，并进行归一化处理。

$$\overline{P}_k=\frac{P_K}{|P_K|}=\frac{(p_1^k,p_2^k,\cdots,p_n^k)}{[(p_1^k)^2+(p_2^k)^2+\cdots+(p_n^k)^2]^{1/2}} \tag{11-1}$$

③对连接权矢量 $W_j=(W_{j1},W_{j2},\cdots,W_{jN})$进行归一化处理，计算 $\overline{W}_{\mathrm{j}}$ 与 $\overline{P}_{\mathrm{K}}$ 之间的欧氏距离。

$$\overline{w_j}=\frac{w_j}{|w_j|}=\frac{(w_{j1},w_{j2},\cdots,w_{jn})}{[(w_{j1})^2+(w_{j2})^2+\cdots(w_{jn})^2]^{1/2}} \tag{11-2}$$

$$d_j=[\sum_{i=1}^{N}(\overline{p_i^k}-\overline{w_{ji}})^2]^{1/2}\qquad (j=1,2,\cdots,M) \tag{11-3}$$

④找出最小距离 d_g，确定获胜神经元 g。

$$d_g=\min[d_j]\qquad (j=1,2,\cdots,M) \tag{11-4}$$

⑤进行连接权的调整，对竞争层邻域 $N_g(t)$ 内所有神经元与输入层神经元之间的连接权进行修正。

$$\overline{w_{ji}(t+1)} = \overline{w_{ji}(t)} + \eta(t) \cdot [\overline{p_i^k} - \overline{w_{ji}(t)}] \tag{11-5}$$

$$j \in N_g(t) \qquad j = 1,2,\cdots,M \qquad (0 < \eta(t) < 1)$$

其中，$\eta(t)$ 为 t 时刻的学习率。

⑥选取另一个学习模式提供给网络的输入层，返回步骤③，直至 q 个学习模式全部提供给网络。

⑦更新学习率 $\eta(t)$ 及邻域 $N_g(t)$。

$$\eta(t) = \eta(0)(1 - \frac{t}{T}) \tag{11-6}$$

式中：$\eta(0)$——初始学习率；

t——学习次数；

T——总的学习次数。设竞争层某神经元 g 在二维阵列中的坐标值为 (x_g, y_g)。则邻域的范围是以点 $[x_g + N_g(t), y_g + N_g(t)]$ 和点 $[x_g - N_g(t), y_g - N_g(t)]$ 为右上角和左下角的正方形，其修正公式为：

$$N_g(t) = \mathrm{INT}\left[N_g(0)\left(1 - \frac{t}{T}\right)\right] \tag{11-7}$$

式中，INT 为取整函数；$N_g(0)$ 为 $N_g(t)$ 的初始值。

⑧令 $t=t+1$，返回步骤 2，直至于 $t=T$ 为止。

其他问题：

①关于学习率 η 的选择。

可以把网络学习过程分为两个阶段。第一阶段为粗学习和粗调整阶段。在这一阶段内，各随机方向的连接权矢量朝着输入模式的方向进行调整，并大致确定各输入模式在竞争层中所对应的映射位置。一般此阶段的 $\eta > 0.5$。一旦各输入模式有了相对的映射位置后，则转入精学习和细调整，学习率应随着学习的进行不断减小，一般此阶段学习率的初值选为 0.5。

②连接权矢量初始值的确定。

一般学习规则是将网络的连接权 $\{w_{ij}\}$ 赋予[0,1]区间内的随机值。但在实际应用中，这种初始化方法会出现网络学习时间过长，甚至无法收敛的现象，由于连接权矢量初始状态最理想的分布是其方向与各个输入模式的方向一致，因此在连接权初始化时，应该尽可能使其初始状态与输入模式处于一种相互容易接近的状态，常用的方法是将所有连接权矢量赋予相同的初值，这样可以减少输入模式在最初阶段对连接权矢量的挑选余地，增加每一个连接权矢量被选中的机会，尽可能快地校正连接权矢量与输入模式之间的方向偏差。

③邻域的作用与更新。

在自组织特征映射网络中，模拟人脑细胞受外界信息刺激产生兴奋与抑制的变化规律是通过邻域的作用来体现的，邻域规定了与获胜神经元 g 同时进行连接权调整的神经元范围，在学习初始阶段，$N_g(t)$包含的范围较大，一般为竞争层阵列幅度的 1/3～1/2，甚至可以覆盖整个竞争层，随着学习的深入，$N_g(t)$的范围逐渐减小，最后达到预定的范围。

④网络的回想。

自组织映射神经网络经学习后可以按照下式进行回想：

$$\begin{cases} a_g = 1, \text{当 } d_g = \min\limits_{j=1}^{M}[d_j] \\ a_i = 0, i = 1,2,\cdots,M, i \neq g \end{cases} \tag{11-8}$$

因此，将需要分类的输入模式提供网络的输入层，按照上述方法寻找出竞争层中连接权矢量与输入模式最接近的神经元 g，此时神经元 g 有最大的激活值 $a_g=1$，而其他神经元被抑制，a_i 取 0 值，这时神经元 g 的状态即表示对输入模式的分类。

2)输入参数的确定

从上面的分析可以看出，使用自组织神经网络可以对多种模式的输入进行分类模式的自动识别，而交通状态恰恰是一种反映道路运行特征的模式，因此可以使用自组织神经网络进行交通状态的划分。关键问题是使用自组织神经网络进行交通状态划分的模式输入元素 P_k 的确定。根据可测性原理，选取交通流量、占有率和平均速度作为输入参数。

3)输入参数的处理

在输入参数中，交通流量、占有率和速度的量纲不一致(分别为 pcu/h、无量纲和 km/h)，数值的范围差别也很大(交通流量 0～几千 pcu/h，占有率为 0～100%，速度为 0～100km/h)。在模式输入后各维度衡量标准不同，而对他们进行标准化有助于交通状态更好地区分。可以采用类似最小～最大标准化方法，如下式所示：

$$X(i) = \frac{\hat{X}(i) = \min\limits_{i=1}^{N}\{\hat{X}(i)\}}{\max\limits_{i=1}^{N}\{\hat{X}(i)\} - \min\limits_{i=1}^{n}\{\hat{X}(i)\}} \tag{11-9}$$

式中：$\hat{X}(i)$——交通流参数检测值；

N——检测值总数，通过式(11-9)将输入的各种交通流参数的取值范围统一到[0,100]。

11.2 交通事故的时空容量影响

11.2.1 广义道路最大服务交通量

就高速公路基本路段而言，只有当其所有断面的道路和交通条件都相同时，最大服务交通量的分析对道路服务水平的评价才有意义。交通事故的发生改变了公路路段的道路条件，而这种改变只发生在某一断面处，在这种情况下，不论用产生“瓶颈”断面处的最大服务交通量，还是未受到影响处的最大服务交通量，其对路段服务水平的评价结果都不能真实地反映整个路段车流的运行质量。因此，研究交通事故的影响，须另外定义道路最大服务交通量。

对某长度为L(m)、单方向行车道宽度为D(m)的高速公路基本路段，在T(h)时间内，它的时空总体容量C(m^2 · h)可记为：

$$C = L \cdot D \cdot T \tag{11-10}$$

设高速公路的单车道宽度为ω(m)，车辆行驶的安全车头间距为L(m)，车辆的行驶速度为v(m/h)，则每辆汽车行驶过该路段的时空消耗C_k可记为：

$$C_k = \omega \cdot l \cdot \frac{L}{v} \tag{11-11}$$

考虑连续车流，如果车辆的速度都相同，那么，所有车辆的时空消耗也均相等，v/l即为单车道的道路交通量Q，则式(11-11)变为：

$$C_k = \omega \cdot \frac{L}{Q} \tag{11-12}$$

对高速公路，在理想条件下，对应每一级服务水平，都规定了它的单车道最大服务交通量E_i，如果把这一分级指标转化为每辆车的时空消耗，即以单个车辆的时空消耗作为道路服务水平的分级指标，则服务水平的时空消耗分级指标C_i(m^2 · h/辆)为：

$$C_i = \omega \cdot \frac{L}{E_i} \tag{11-13}$$

那么，对某一长度为L(m)、单方向车道数为n、单车道宽度为$\omega(m)$的高速公路基本路段，其单位时间内的道路时空容量$L \cdot \omega \cdot n$与分级指标C_i的比值，即为单方向的道路最大服务交通量$Q_i = L \cdot \omega \cdot n / C_i$。

由于T时间内，路段的总体时空容量C为$L \cdot \omega \cdot n \cdot T$，则有：

$$Q_i = \frac{C}{C_i \cdot T} \tag{11-14}$$

该时空消耗概念下的 Q 称为道路单方向广义的最大服务交通量。

当公路的道路和交通条件不同于理想条件时，在 T 时间内，道路的总体时空容量 C 中产生了损失 C_s，道路想要保持原来的服务水平，即要保持最小的车辆时空消耗 C_i，它的最大服务交通量就要有所下降。对下降后的最大服务交通量 Q_i 应有：

$$C_i = \frac{C - C_s}{Q_i' \cdot T}$$

将式(11-14)带入上式得：

$$Q_i = \left(1 - \frac{C_s}{C}\right)Q_i \tag{11-15}$$

11.2.2 事故发生后路段时空容量的损失

设某高速公路基本路段长度为 L(m)，单方向车道数为 n，单方向车道宽度为 D(m)，在道路上发生了一起交通事故，事故车辆占用道路宽度为 b(m)，长度为 a(m)，在道路上停留时间为 t(h)，此时的路况见图 11-4。

假定车辆的到达率为 Q'_i，在同级服务水平上事故发生断面的最大服务交通量为 Q_{si}，事故车辆排除后，道路的疏散服务交通量为 Q_i（即为道路在正常条件下的单方向最大服务交通量）。

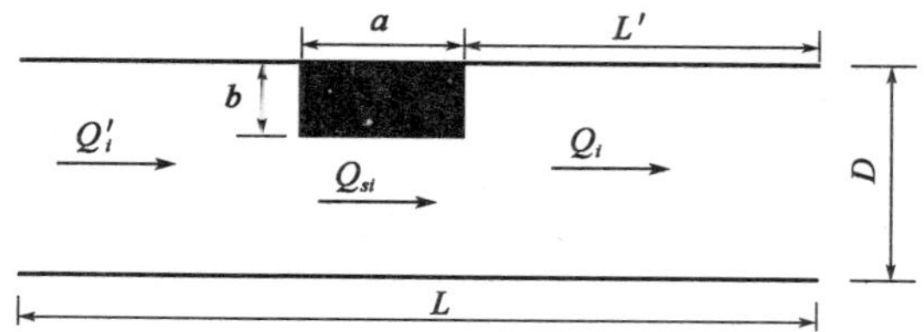

图 11-4 路段事故示意图

1)时空容量损失时间段 T 的确定

包括事故车辆在道路上停留的时间 t 和疏散排队所需的时间 t_1，即：

$$T = t + t_1 = \left(1 + \frac{Q_i{}' - Q_{si}}{Q_i - Q_i{}'}\right)t \tag{11-16}$$

2)时空容量损失的计算

(1)事故车辆占道时间内，排队车辆引起的时空容量损失 C_{1s}

$$C_{1s} = \int_0^t \frac{(Q'_i - Q_{si})K \cdot D}{n} t\,dt = \frac{(Q'_i - Q_{si})K \cdot D \cdot t^2}{2n} \tag{11-17}$$

式中：K——排队车辆平均占有道路长度，m。

(2)疏散排队车辆时间内,排队车辆引起的时空容量损失 C_{2s}

$$C_{2s}=\int_0^{t_i}\frac{(Q'_i-Q_{si})t-(Q_i-Q'_i)t'}{n}K\cdot D\mathrm{d}t'=\frac{(Q'_i-Q_{si})^2K\cdot D\cdot t^2}{2n(Q_i-Q'_i)} \tag{11-18}$$

式(11-17)和式(11-18)适用于车辆的最大排队长度 $(Q'_i-Q_{si})tK/n$ 小于事故发生地点上游路段长度 $L-(L'+a)$ 时的情况,当不满足这一条件时,超出上游路段的排队车辆则不应列入计算范围内,上述两项时空容量损失变为:

$$C'_{1s}+C'_{2s}=\frac{D(L-L')(Q_i-Q_{si})[2Kt(Q_i-Q_{si})-(L-L'n)]}{2K(Q'_i-Q_{si})-(Q_i-Q'_i)} \tag{11-19}$$

(3)事故车辆占道时间内,下游路段时空容量损失 C_{3s}

由于事故使得 $Q_{si}<Q_i$,将下游路段不被充分利用的道路空间假想为一条宽度为 D' 的空白路段,其长度随时间增长,增长的速度即为车辆行驶速度 V''_{i3};到 t 时刻时,由于事故车辆排除,其长度达到最大值。

$$C_{3s}=\int_0^{L'/v_i}D'v_it\,\mathrm{d}t+L'D'(t-\frac{L'}{v_i})=L'D't-\frac{L'^2D'}{2v_i} \tag{11-20}$$

(4)疏散排队车辆时间内,下游路段时空容量损失 C_{4s}

在事故车辆排除后,宽度为 D' 的整个下游路段会逐渐被车辆所占用,占满空白路段所用的时间为 L'/v_{i3},则:

$$C_{4s}=\int_0^{L'/v_i}(L'D'-v_iD't)\mathrm{d}t=\frac{L'^2D'}{2v_i} \tag{11-21}$$

(5)事故车辆自身占用道路空间的时空容量损失 C_{5s}

事故车辆自身占有的道路面积 $a\cdot b$ 会在 t 时间内产生时空容量损失 $a\cdot b\cdot t$,由于 a 与整个路段长度 L 相比较小,故 C_{5s} 可忽略不计。综上所述,在 T 时间内,道路总体时空容量损失为:

当 $L-L'\geqslant(Q'_i-Q_{si})tK/n$ 时,$C_s=C_{1s}+C_{2s}+C_{3s}+C_{4s}$。

当 $L-L'\leqslant(Q'_i-Q_{si})tK/n$ 时,$C_s=C_{1s}'+C_{2s}'+C_{3s}+C_{4s}$。

11.2.3 事故路段最大服务交通量

将 C_s 和 C 带入式(11-15)中,得:

当 $L-L'\geqslant(Q'_i-Q_{si})tK/n$ 时:

$$Q'_i=Q_i\left[1-\frac{(Q'_i-Q_{si})K\cdot t}{2nL}-\frac{L'D'(Q_i-Q'_i)}{LD(Q'_i-Q_{si})}\right] \tag{11-22}$$

当 $L-L' \leqslant (Q'_i - Q_{si})tK/n$ 时

$$Q'_i = Q_i\left\{1-(1-\frac{L'}{L})[1-\frac{n(L-L')}{2Kt(Q'_i-Q_{si})}]-\frac{L'D'(Q_i-Q'_i)}{LD(Q'_i-Q_{si})}\right\} \quad (11\text{-}23)$$

由于式(11-22)和式(11-23)中本身就含有 Q'_i，因此 Q'_i 的计算是一个反复迭代过程。

对图 11-4 所示路段，根据在沪宁高速公路上的调查资料，分别对 Q_i、Q_{si}、t、L'、D'等参数进行了标定，取 $L=6$km，$L'=L/2$，$n=2$，$t=1.5$h，$K=8$m，对应 A、B、C、D、E 级服务水平，Q_i（单方向）分别为 1 400PCU/h、2 200PCU/h、3 100PCU/h、3 700pcu/h、4 000pcu/h，将事故发生后事故断面的通车情况分为 3 种：还能通过二排车、还能通过一排车、不能通车，每种情况所占的比例分别为：17%、44%、39%，相应的 D'/D 分别为 1/4、1/2、1，第一种情况的 Q_{si} 为 $0.81Q_i$，第二种情况的 Q_{sA} 和 Q_{sB} 等于 0，Q_{sC}、Q_{sD}、Q_{sE} 分别为 612pcu/h、1 226pcu/h、1 450pcu/h，第三种情况的 $Q_{si}=0$。则该路段发生交通事故后的加权平均最大服务交通量和事故影响时间的计算结果见表 11-1。

最大服务交通量 Q'_i 和事故影响时间 T 的计算结果 表 11-1

服务水平等级	A	B	C	D	E
Q'_i（单方向）(pcu/h)	700	930	1 440	1 730	1 860
T(h)	2.535	2.212	2.149	1.989	1.946

根据《美国交通控制系统手册》上关于高速公路或省道上交通事故影响道路通行能力的统计分析结果见表 11-2。结果显示，由于交通事故或异常事件对车行道的影响，使公路通行能力的降低情况远远超过由于物理空间减少致使通行能力降低的情况。例如，一条三车道高速公路由于交通事故导致关闭一条车道，会使整个路段的通行能力降低 50%左右（虽然只有一条车道被封闭）。

当发生交通事故时，公路路段通行能力降低比率 表 11-2

单方向车道数	路肩抛锚	路肩意外事故	车道阻塞数		
			1	2	3
2	5%	19%	65%	100%	—
3	1%	17%	51%	83%	100%
4	1%	15%	42%	75%	87%
5	1%	13%	35%	60%	80%
6	1%	11%	29%	50%	75%
7	1%	9%	25%	43%	64%
8	1%	7%	22%	37%	59%

11.3 交通事故的时空影响范围

交通事故辐射分析分为交通事故范围影响分析和交通事故时间影响分析。在交通事故范围影响分析中，主要是排队长度分析，进而确定交通事故的影响范围。在交通事故时间影响分析中，主要是延误分析，其和交通事故检测及接警时间、交通事故现场处理时间 T_2 以及交通事故持续影响时间 T_3 相关。

11.3.1 交通事故对高速公路网的影响分析

假设在时刻 t_0，路段 AB 上发生交通事故，造成事故路段通行能力下降，形成交通瓶颈为 C 点，通过检测到的事故现场交通数据来确定事故地点的通行能力 C_c，分两种情况讨论如下。

(1)当交通事故占用部分车道时，这时 $C_c \neq 0$，根据事故路段相关检测设备检测出事故发生路段的通行能力 C_c，交通事故越严重，C_c 越小。当 C_c 为零时，造成事故路段 AB 断流。如果事故路段上游的交通流量 $q < C_c$，则车辆将以较低的速度通过事故路段，不会产生排队，即该交通事故对路网的影响仅限于降低该路段的通行速度；如果事故路段上游的交通流量 $q > C_c$，就会在事故点处产生排队并向上游蔓延，发生交通堵塞，进而也影响到整个路网。

(2)当交通事故十分严重时，$C_c = 0$，造成事故路段断流。这时造成车辆排队，发生交通堵塞，排队向上游蔓延，影响到整个路网。

11.3.2 交通事故引起的排队长度

设隧道长度为 L，正常交通时交通量、车速、密度分别为 Q_1(pcu/h)、v_1(km/h)、K_1(pcu/km)，异常交通时交通量、车速、密度分别为 Q_2(pcu/h)、v_2(km/h)、K_2(pcu/km)，疏散交通量、车速、密度分别为 Q_3(pcu/h)、v_3(km/h)、K_3(pcu/km)，异常位置位于距隧道前端洞口 P_L 处，w_1 为排队车辆向隧道尾端延长的速率，w_2 为疏散率，发生异常后 T_1 小时管理者发现异常并采取控制措施，经 T_2 小时疏导完阻塞交通流，控制策略有关闭隧道与不关闭隧道，从而发生交通异常时隧道交通流较常出现的模式有以下 4 种。

模式 1($w_1 < 0, w_2 < 0, v_2 > 0$)

该模式交通流特性表现为交通量不是很大，仅由于产生交通异常，使隧道的通行能力下降，造成交通拥挤，但该交通异常不是火灾，因而没必要关闭隧道，交通异常一经排除，就会较快疏导交通，恢复正常运行。

模式 2($w_1<0,w_2<0,v_2=0$)

该模式交通流特性表现为交通量较大,由于产生交通异常,使隧道的通行能力下降,造成交通拥挤,或者交通量虽然不是很大,但该交通异常是火灾,因而必须关闭隧道,在交通异常排除后,就会较快疏导交通,恢复正常运行。

模式 3($w_1<0,w_2>0,v_2>0$)

该模式交通流特性表现为交通量较小,但大于单车道的通行能力,由于产生交通异常,使隧道的通行能力下降,造成交通拥挤,但该交通异常不是火灾,因而没必要关闭隧道,交通异常一经排除,就会很快疏导交通,恢复正常运行。

模式 4($w_1<0,w_2>0,v_2=0$)

该模式交通流特性与模式 3 相似,不同的是交通异常是火灾,故必须关闭隧道,交通异常一经排除,就会很快疏导交通,恢复正常运行。

根据交通流理论,由图 11-5～图 11-8 的几何关系可推出疏散时间、最大排队长度、延误、隧道内的车辆数和疏散交通量(式中 w_1、w_2 均取正值)。

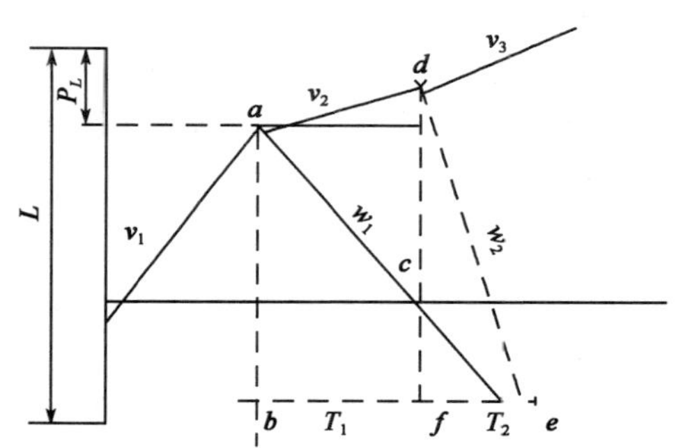

图 11-5　模式 1 车辆轨迹图

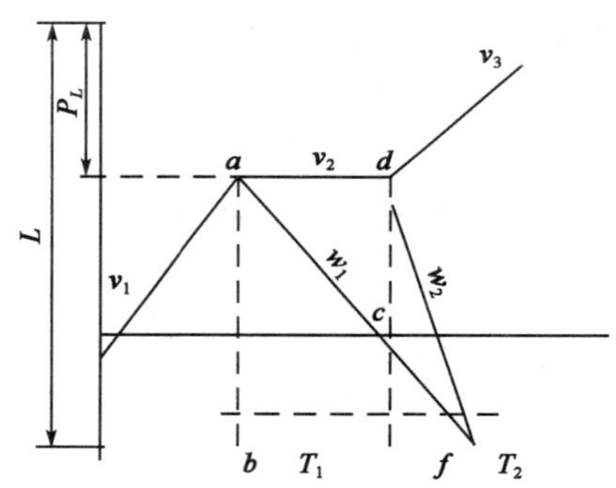

图 11-6　模式 2 车辆轨迹图

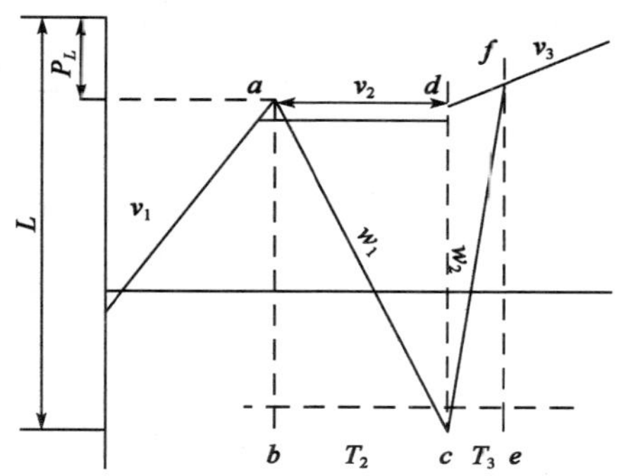

图 11-7　模式 3 车辆轨迹图

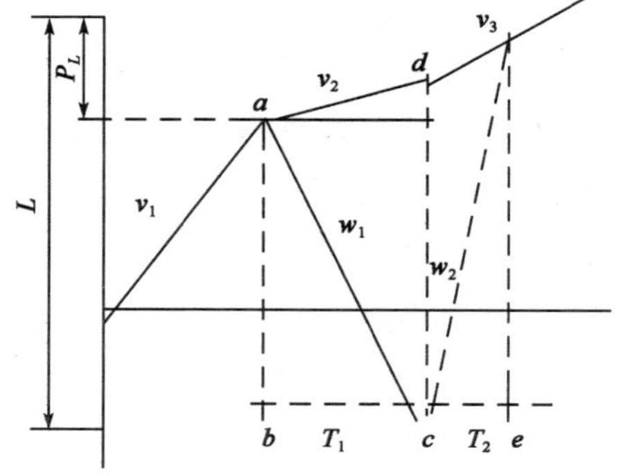

图 11-8　模式 4 车辆轨迹图

1)疏散时间

(1)模式1与模式2

$$T_2 = \frac{(w_1 + v_2)T_1}{w_2 - v_1} \tag{11-24}$$

(2)模式3与模式4

$$T_2 = \frac{(w_1 + v_2)T_1}{w_2 - v_3} \tag{11-25}$$

2)最大排队长度

无论哪种模式,最大排队长度皆为:

$$L_q = \frac{T_1}{v_2 - w_1} \tag{11-26}$$

3)延误

(1)模式1与模式2

$$D = \frac{T_1 T_2 (w_2 + v_2) K_2}{2} \tag{11-27}$$

(2)模式3与模式4

$$D = \frac{T_1 T_2 (w_2 + v_2 + w_1 - v_3) K_2}{2} \tag{11-28}$$

4)隧道内的车辆数

当关闭隧道时,无论哪种模式,隧道内的车辆数都可按下式计算:

$$N = K_2 T_1 (v_2 + w_1) + K_1 (1 - P) L - K_1 T_1 (v_2 + w_1) \tag{11-29}$$

5)疏散交通量

疏散交通量为隧道内的车辆数与疏散时间之比,即:

$$Q_3 = N / T_2 \tag{11-30}$$

将 T_2 的计算式及 w_2 中的 K_3 换成 Q_3/v_3 并代入上式可推得:

$$Q_3 = \frac{[-b + (b^2 - 4ac)/2]}{2a} \tag{11-31}$$

6)参数确定

(1)模式1与模式2

$$a = (w_1 + v_2) T_1 / v_3$$

$$b = N(1 + w_1/v_3) - (w_1 + v_2) T_1 \cdot K_2$$

$$c = -N(Q_2 + w_1 \cdot K_2)$$

(2)模式 3 与模式 4

$$a=(w_1+v_2)T_1/v_3$$
$$b=-(w_1+v_2)T_1K_2$$
$$c=N(Q_2+v_3\cdot K_2)$$

11.3.3 讨论

由式(11-24)、式(11-25)可见，疏散时间与异常检测时间、正常交通时的交通量与密度、异常交通时的交通量与密度及疏散流量等参数有关，而疏散流量除与正常交通时的流量与密度有关外，还与隧道长度及异常位置有关。因此，理论分析疏散时间和这些参数的关系，即使推得公式，也复杂而不实用。为此，可从以下几种状态进行数值计算(按单车道通行能力为 1 200pcu/h)：

状态 1：$L=2\text{km}$，$T_1=3\text{h}$，$v_2=25\text{km/h}$，$v_3=45\text{km/h}$，$Q_1=1\ 300\sim2\ 100\text{veh/h}$，$P=0.1\sim0.8$；

状态 2：$L=2\text{km}$，$P=0.1$，$v_2=25\text{km/h}$，$v_3=45\text{km/h}$，$Q_1=1\ 300\sim2\ 100\text{veh/h}$，$T_1=2\sim10\text{h}$；

状态 3：$P_1=0.1$，$T_1=2\text{h}$，$v_2=25\text{km/h}$，$v_3=45\text{km/h}$，$Q_1=1\ 300\sim2\ 100\text{veh/h}$，$L=2\sim10\text{km}$。

由计算结果(图 11-9～图 11-15)可得如下结论。

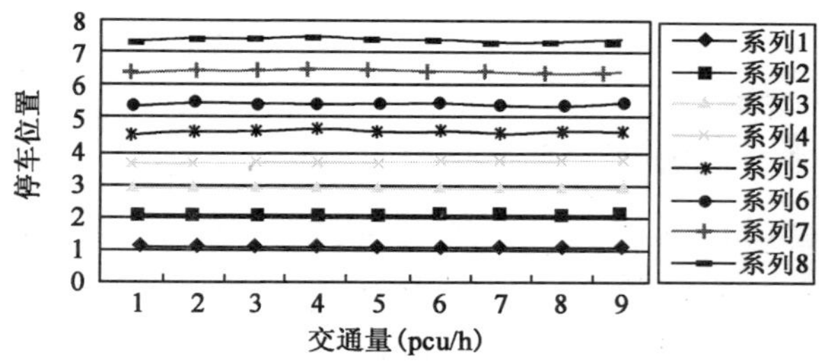

图 11-9 疏散时间随停车位置的变化率

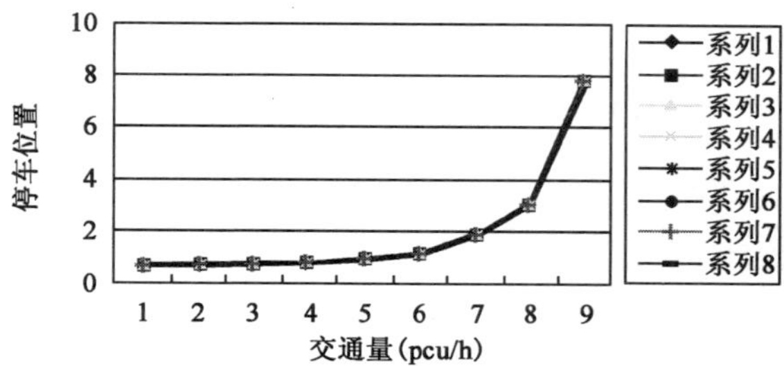

图 11-10 延误随停车位置的变化率

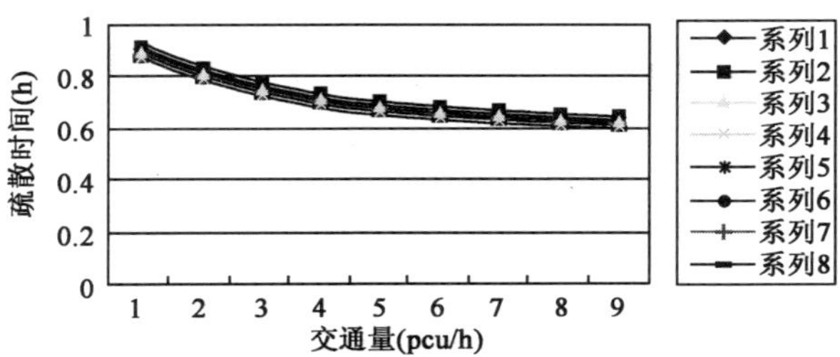

图 11-11　疏散时间随检测时间的变化率

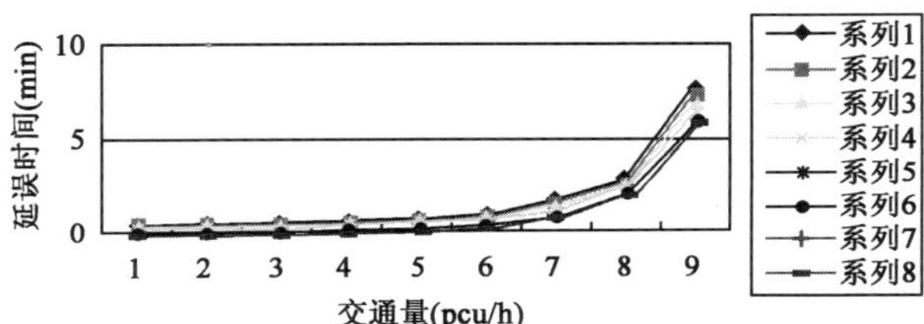

图 11-12　延误随检测时间的变化率

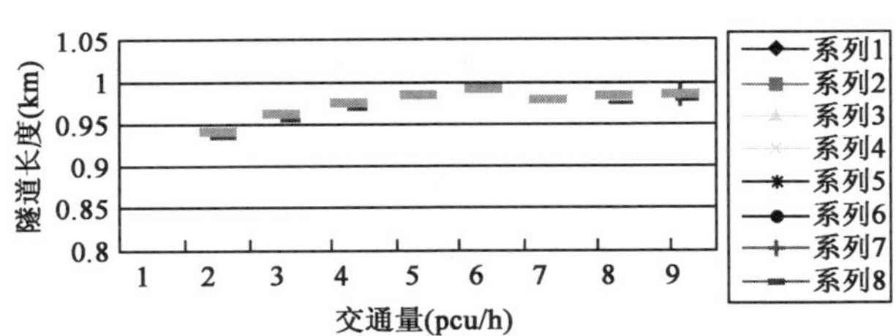

图 11-13　疏散时间随隧道长度的变化率

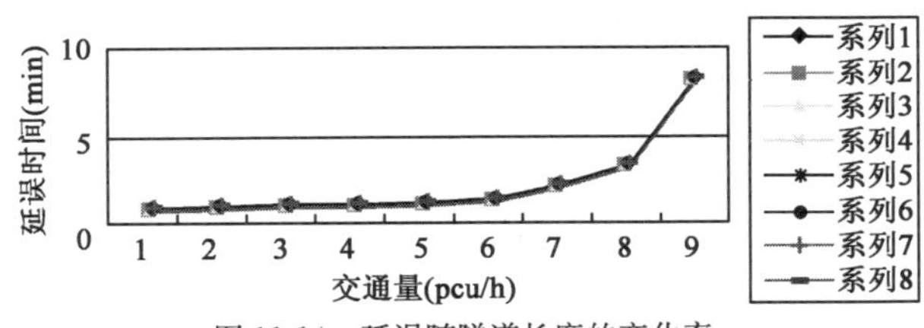

图 11-14　延误随隧道长度的变化率

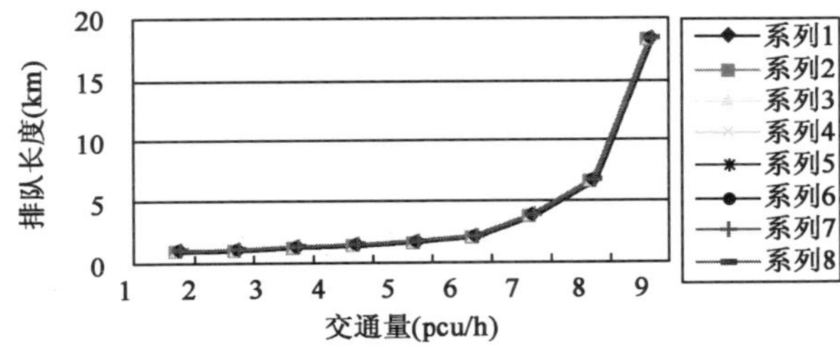

图 11-15　排队长度随隧道长度的变化率

结论 1:疏散时间随疏散车速的增加而减少,随交通量的增加而增加,随检测时间的增加而增加,随隧道长度的增加而增加,随正常车速的增加而减小。疏散时间随异常位置、隧道长度、检测时间及交通量的变化率比较均匀。

结论 2:延误随交通量的增加而增加,随检测时间的增加而增加,随隧道长度的增加而增加,异常位置越靠近末端洞口,延误越小。延误随随异常位置、隧道长度、检测时间的变化率比较均匀。当交通量大于 1 700pcu/h 时,随着交通量的增加,延误增加率增大。

结论 3:排队长度随交通量的增加而增加,当交通量大于 1 700pcu/h 时,排队长度的增长率增大。

隧道发生事故时,主要有:关闭一个洞另一个洞改为双向行驶;关闭一个车道和一个洞双向行驶,另一个洞单向行驶两种情况。上面已经讨论了最后一种情况;关闭一个车道的情况肯定是该车道被堵塞或检修,将在下面讨论。在此就关闭隧道情况进行讨论。

关闭隧道对交通性能指标的影响分析:

在交通参数对交通流指标的影响分析中,假定不关闭隧道;关闭隧道时也可得到类似的结论。课题组将不关闭隧道与关闭隧道的结果相比,分析了疏散时间随异常位置的变化率、延误随异常位置的变化率、疏散时间随检测时间的变化率、延误随检测时间的变化率、疏散时间随隧道长度的变化率、延误随隧道长度的变化率、排队长度随交通量的变化率,由计算结果可知:

结论 4:当异常位于隧道洞口附近(小于 500m)时,不关闭隧道对疏散时间影响不大,否则,关闭隧道比不关闭隧道疏散时间会长 13%~21%;异常越靠近出口,关闭隧道对疏散时间增长的影响越大。

结论 5:当异常越靠近隧道前端洞口时,关闭隧道时延误越小;当交通量小于 1 600pcu/h 时,没必要关闭隧道;否则,应关闭隧道,不然的话,延误会增加 7%~17%。

结论 6:检测时间越长,关闭隧道时疏散时间越长。

结论 7:当检测时间越小时,关闭隧道时延误越小。当交通量小于 1 600 pcu/h,没必要关闭隧道;否则,应关闭隧道,不然的话,延误会增加 9%~31%。

结论 8:隧道长度越长,关闭隧道时疏散时间越短;交通量越大,关闭隧道时疏散时间越短。

结论 9:隧道长度越长,关闭隧道时延误越小。当交通量小于 1 600pcu/h 时,没必要关闭隧道;否则,应关闭隧道;不然的话,延误会增加 9%~67%。

结论 10:只要关闭隧道,排队长度就会显著增加。

11.4 交通事故引起部分车道关闭的影响

11.4.1 车辆延误

交通事故发生以后，造成部分车道关闭（图 11-16），事故地点通行能力下降。通过绘制“瓶颈”路段的非事故车辆到达和离开交通事故现场所形成的累积车辆数曲线，分析有部分通行能力情况下事故现场车辆运行的交通状况。交通事故发生后，车辆以低速度到达交通事故发生路段，部分车辆开始排队，在交通事故处理人员到达事故现场 T_1、进行现场处理事故 T_2 的时间里，部分车辆以较低速度通过事故发生地点，该时间段计为 T_z（$T_z=T_1+T_2$）（图 11-17）。

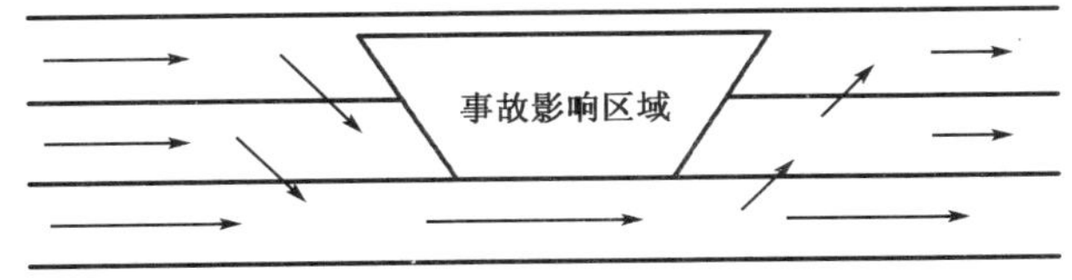

图 11-16 事故造成部分车道关闭示意图

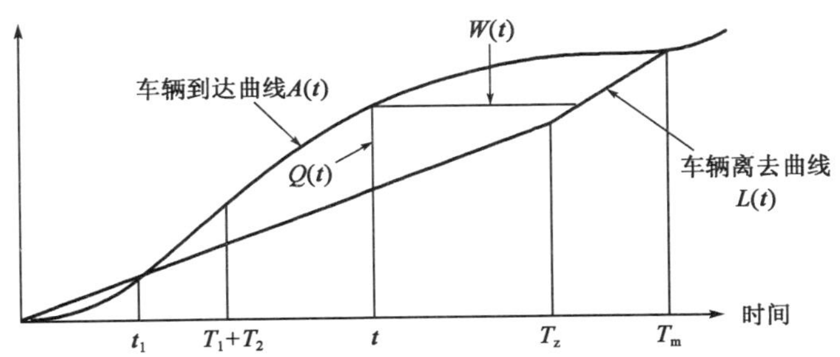

图 11-17 事故造成部分车道关闭时车流排队时间分析图

分析图 11-17，可以得出以下结论：

（1）非事故车辆排队是在发生事故后 t_1（t_1 可以为 0）时形成的，直到时间 T_z 才开始逐渐恢复正常通行状态。

（2）车辆排队总延误时间等于曲线 $A(t)$、曲线 $L(t)$包容的面积。

（3）在时间 t 到达的车辆经过等待时间 $W(t)$后才能离开。

（4）在 t_1 至 T_z 时间段的任一时刻 t，非事故车辆排队长度 $Q(t)=A(t)-L(t)$。

11.4.2 排队长度

交通事故发生后，全部来方车辆以较低速度到达交通事故路段，并开始排队，在交通事故处理人员到达事故现场、进行现场处理事故的时间里，所有的车辆均不能通过事故发生点，该时间段计为 $T_z(T_z = T_1 + T_2)$ 。从事故发生到恢复正常交通的时间为 $T_m(T_m = T_1 + T_2 + T_3)$ ，如图 11-18 所示。

通过图 11-18 可以得出如下结论：

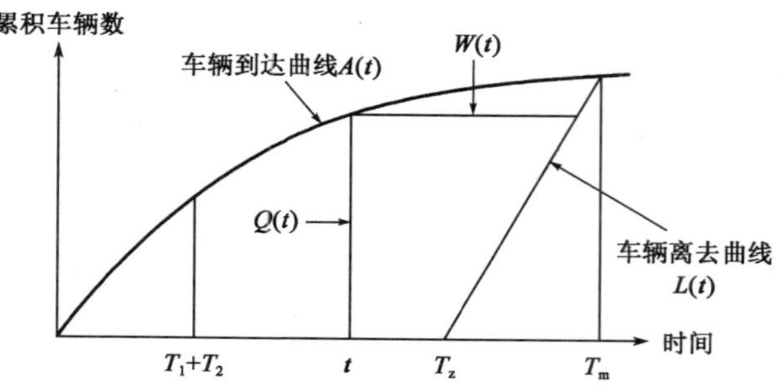

图 11-18　事故造成全部车道关闭车流排队时间分析图

(1)在发生事故时或在事故发生稍后时间，非事故车辆开始排队，直到 T_m 由交通事故引起的排队疏散结束后，才能恢复正常交通运行状态。

(2)在时间 t 到达的车辆，经过等待时间 $W(t)$ 后才能离开事故现场。

(3)在 0 至 T_z 时间段的任一时刻 t，排队长度 $Q(t) = A(t) - L(t)$ 。

(4)车辆排队的总延误等于曲线 $A(t)$ 、$L(t)$ 与横坐标轴包容的面积。

11.5　不同交通事故状态下的交通流辐射仿真分析模型

高速公路交通事故辐射研究应急亟待解决的问题是现有技术手段无法再现事故处理与疏散场景，缺乏定量手段用于评价交通事故救援预案，无法判断和决策最优疏散线路与交通管制方案，疏散演习评价手段单一等等。交通事故救援预案设置不当，会对交通事故疏散和救援的交通组织过程产生混乱，影响疏散时间与救援效果，有可能导致事件的恶化。

通过对高速公路交通事故产生的事故点和事故路段进行交通仿真建模，定量分析不同交通事故救援预案下的交通运行状况，再现疏散场景，对各种应急交通管理措施进行仿真评价，从而确定最佳的疏散与救援方式。

11.5.1　仿真平台

选取 TransModeler 的微观交通仿真软件作为仿真平台，可实现的具体功能如下。

(1)突发事件应急疏散辅助决策平台

基于 GIS 系统，提供各种应急疏散突发事件信息与交通决策支持，为应急交

通系统提供信息与辅助决策平台。

(2)突发事件应急疏散预案评价

对突发事件应急疏散预案进行仿真评价,得出最佳疏散预案,并采取演习,对演习结果进行仿真评价,从而完善突发事件应急交通预案,减少损失。

(3)应急交通组织优化仿真

对各种应急交通组织优化方法进行仿真,其中包括路段管制、路口管制、信号控制、匝道控制、应急通道控制、禁止车辆行人驶入危险区等。通过仿真,优化控制手段与控制方法,实现应急疏散效率与安全最优化。

(4)数据需求

数据需求包括基本数据需求、应急疏散数据需求以及应急交通预案。

11.5.2 仿真示例

通过道路网数据对应急区域进行仿真模型搭建,并根据应急疏散需求、应急交通疏散预案、应急交通组织与管理控制方案,建立不同仿真场景。

根据应急条件下人的心理,标定仿真参数,其中包括行人步行速度,车辆跟驰行为,换车道行为等等。

由于项目依托工程位于山岭重丘地带,设计时速为100km/h,属山地高速公路类型,选取某立交段为本项目仿真应用实例,具体路网如图11-19所示。

图11-19 仿真应用实例路网示意图

根据依托工程可行性研究报告交通量预测结论,2028年武隆至水江段断面加权平均交通量为34 522pcu/d。各路段特征年交通量分布见表11-3。

1)仿真参数获取方法

根据前述分析,本次仿真目的是研究不同事故发现及处理时间与管理方法对路段交通量、影响范围以及车流消散时间的关系。因此,除了获取交通流参数外,仍需设计一种检测方法来获取事故影响范围与车流消散时间。

拟建项目各断面交通量(单位:pcu/d)　　表 11-3

年　　份	武隆—白马	白马—水江	加权平均
2009	9 228	7 472	8 300
2015	14 550	12 112	13 260
2020	20 880	17 786	19 246
2025	28 856	25 158	26 900
2028	36 990	32 588	34 522

由于交通流密度的直接测量较为困难,经常利用占有率的换算来间接获得密度。占有率和密度的转化公式在车辆长度一致、速度相同时才精确成立。近年来,有研究证明将占有率转化为密度再利用密度转化为占有率,会导致新的误差产生,有些学者就直接采用实测占有率以避免转换带来的误差。本次仿真将直接采用检测器获取的占有率、速度、交通量等参数来进行交通流分析。

首先在事故发生路段每间隔 20m 设置一检测器,记录该点占有率和速度随时间的变化值。有事故的情况下,如果该点受到交通事故影响,该点交通参数将会有变化,例如受影响点的车辆占有率上升,速度下降;事故处理以后,占有率和速度逐渐恢复正常。因此可根据每个监测器获取的数据来确定事故影响范围和车流消散时间,具体设置如图 11-20 所示。

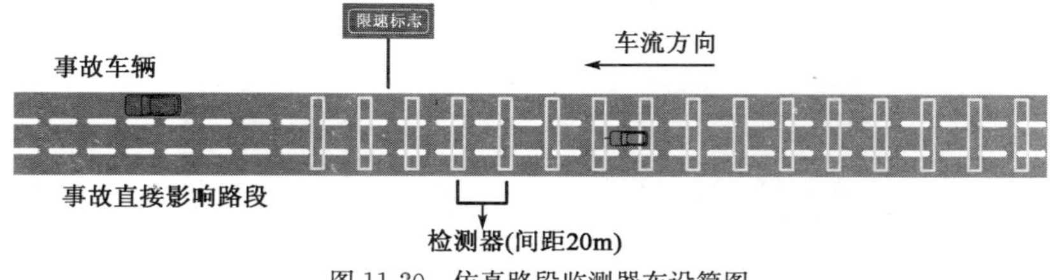

图 11-20　仿真路段监测器布设简图

2)事件数据

本次仿真路段取定为双向六车道高速公路,车道宽 3.75m,侧向余宽 0.75m,设计时速 100km/h。事故影响车道数为两车道、交通量按不同服务水平时交通量进行仿真。

根据项目组对重庆高速公路大量实际交通量数据分析发现,大型车比例 k 分布在 0.35～0.55 之间,本仿真模型中 k 取 0.45。仿真运行界面如图 11-21 所示。

结合项目组收集数据及查阅文献,其中数据来源于广东省某高速公路的监控中心数据库。该高速公路为双向四车道城间高速公路,全长 80km,设计车速 120km/h。在该数据库的事故数据表中,记录了从 1999～2002 年在该高速公路上发生的各类事件的下列信息:事故开始时间、结束时间,事件发生的位置,事件类型,事件所涉及车辆的数量、类型,轻伤人数、重伤人数、死亡人数,交通堵塞情况,

路产损坏情况，实施救援和交通控制情况。通过对原始数据的分析整理，共获得830组可用事件数据，每组数据由事件的持续时间和可能影响事件持续时间的21个因素构成。

图 11-21 仿真运行图

为了更准确地仿真各种不同事故对道路交通的影响，确定最佳的紧急救援和交通控制策略，在借鉴各国类似研究所采用的事件分类方法的基础上，根据中国高速公路交通事件的实际情况，按照事件的成因将事件分为七种类型：车辆相撞、撞上物体、故障车辆、人员受伤、车辆起火、人员死亡和危险材料事件。用于仿真的不同类型交通事故的持续时间统计分布参数见表 11-4。

不同类型交通事故的持续时间统计分布参数表(单位：min) 表 11-4

事故特点	车辆相撞	撞上物体	故障车辆	人员受伤	车辆起火	人员死亡	危险材料
最小值	10	13	10	28	46	53	132
最大值	117	93	113	125	89	158	254
发生次数	160	150	178	66	40	50	16
平均值	45	52	55	59	68	111	195
25%分位点	33	43	41	50	62	103	172
75%分位点	54	61	69	71	75	121	222
标准偏差	17.5	15.6	21.1	15.8	9.9	19.8	34.6

3)仿真结果

(1)车辆相撞或撞上物体

交通量：双向 3 400pcu/h；

影响车道数：2 条。

该事故发生后，根据统计数据，其事故持续时间取 40min 进行仿真，其中事故路段限速 40km/h。仿真中检测器测得该点平均车辆占有率与平均车速随时间变化如图 11-22 和图 11-23 所示。

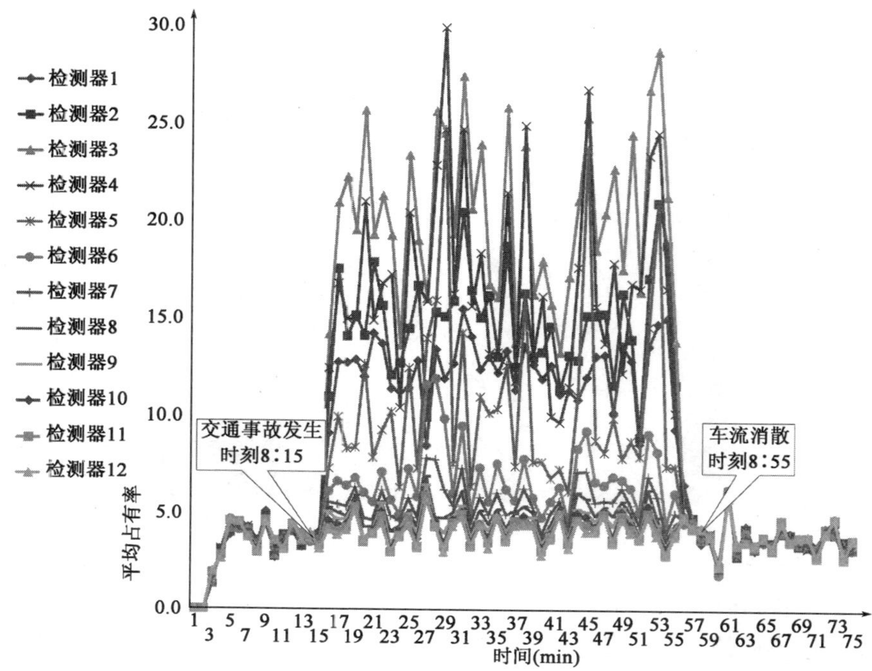

图 11-22 各点平均车辆占有率随时间变化图

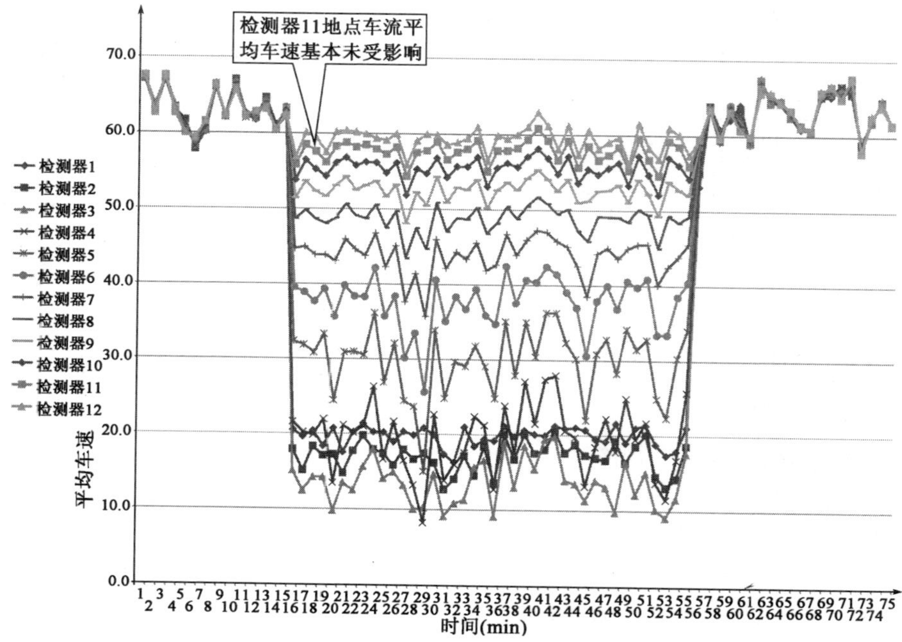

图 11-23 各点平均车速随时间变化图

由仿真结果可以看出，在交通量双向 3 400pcu/h、事故持续时间 40min、事故路段限速 40km/h 条件下，事故处理与车流消散共用时 40min，事故影响范围为距事故路段上游 220m。

(2)事故类型：车辆相撞或撞上物体

交通量：双向 4 000pcu/h；

影响车道数：2 条。

该事故发生后，根据统计数据，其事故持续时间取 40min 进行仿真，其中事故路段限速 40km/h。仿真中检测器测得该点平均车辆占有率与平均车速随时间变化如图 11-24 和图 11-25 所示。

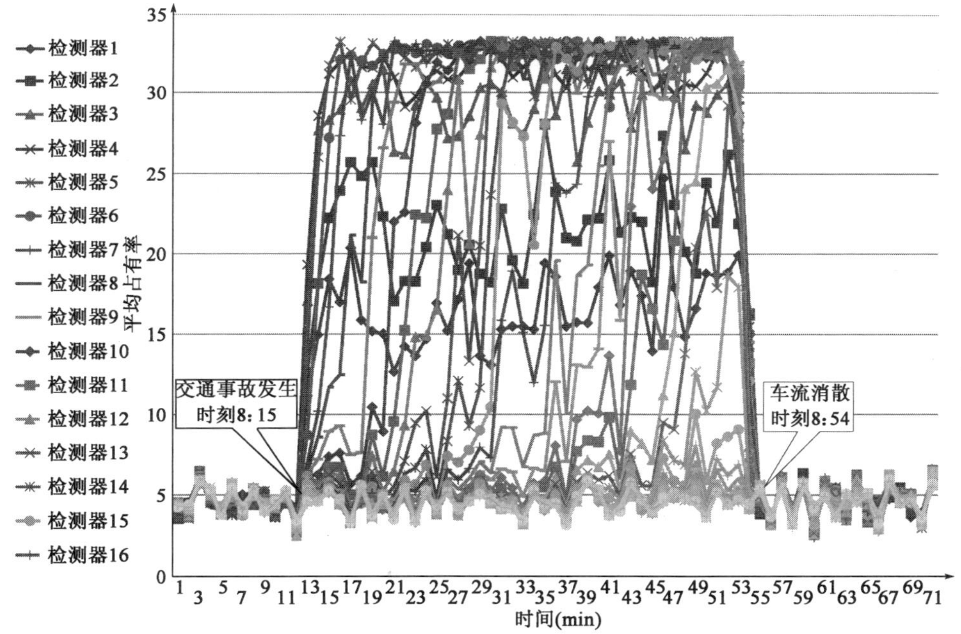

图 11-24 各点平均车辆占有率随时间变化图

由仿真结果可以看出，在交通量双向 4 000pcu/h、事故持续时间 40min、事故路段限速 40km/h 条件下，事故处理与车流消散共用时 43min，事故影响范围为距事故路段上游 600m。

(3)事故类型：车辆相撞或撞上物体

交通量：双向 5 000pcu/h；

影响车道数：2 条。

该事故发生后，根据统计数据，其事故持续时间取 40min 进行仿真，其中事故路段限速 40km/h。仿真中检测器测得该点平均车辆占有率与平均车速随时间的变化规律。

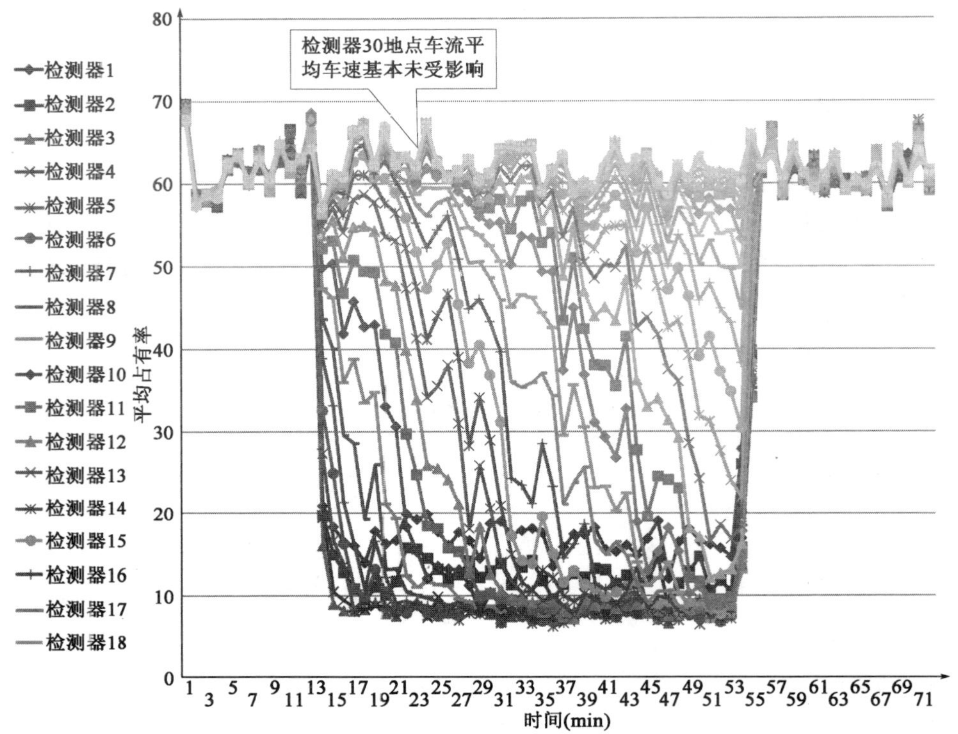

图 11-25　各点平均车速随时间变化图

由仿真结果可以看出，在交通量双向 5 000pcu/h、事故持续时间 40min、事故路段限速 40km/h 条件下，事故处理与车流消散共用时 48min，事故影响范围为距事故路段上游 1 800m。

(4)事故类型：故障车辆或人员受伤

交通量：双向 3 400pcu/h；

影响车道数：2 条。

该事故发生后，根据统计数据，其事故持续时间取 60min 进行仿真，其中事故路段限速 40km/h。仿真中检测器测得该点平均车辆占有率与平均车速随时间的变化规律。

由仿真结果可以看出，在交通量双向 3 400pcu/h、事故持续时间 60min、事故路段限速 40km/h 条件下，事故处理与车流消散共用时 60min，事故影响范围为距事故路段上游 220m。

(5)事故类型：故障车辆或人员受伤

交通量：双向 4 000pcu/h

影响车道数:2 条。

该事故发生后,根据统计数据,其事故持续时间取 60min 进行仿真,其中事故路段限速 40km/h。仿真中检测器测得该点平均交通流率与平均车速随时间的变化规律。

由仿真结果可以看出,在交通量双向 4 000pcu/h、事故持续时间 60min、事故路段限速 40km/h 条件下,事故处理与车流消散共用时 63min,事故影响范围为距事故路段上游 660m。

(6)事故类型:故障车辆或人员受伤

交通量:双向 5 000pcu/h;

影响车道数:2 条。

该事故发生后,根据统计数据,其事故持续时间取 60min 进行仿真,其中事故路段限速 40km/h。仿真中检测器测得该点平均交通流率与平均车速随时间的变化规律。

由仿真结果可以看出,在交通量双向 4 000pcu/h、事故持续时间 60min、事故路段限速 40km/h 条件下,事故处理与车流消散共用时 71min,事故影响范围为距事故路段上游 2 600m。

(7)事故类型:人员伤亡或危险材料

交通量:双向 3 400pcu/h;

影响车道数:2 条。

该事故发生后,根据统计数据,其事故持续时间取 110min 进行仿真,其中事故路段限速 40km/h。

由仿真结果统计算出,在交通量双向 3 400pcu/h、事故持续时间 110min、事故路段限速 40km/h 条件下,事故处理与车流消散共用时 110min,事故影响范围为距事故路段上游 220m。

(8)事故类型:人员伤亡或危险材料

交通量:双向 4 000pcu/h;

影响车道数:2 条。

该事故发生后,根据统计数据,其事故持续时间取 110min 进行仿真,其中事故路段限速 40km/h。仿真中检测器测得该点平均车速随时间的变化规律。

由仿真结果可以看出,在交通量双向 4 000pcu/h、事故持续时间 119min、事故路段限速 40km/h 条件下,事故处理与车流消散共用时 110min,事故影响范围为距事故路段上游 1 160m。

(9)事故类型:人员伤亡或危险材料

交通量:双向 5 000pcu/h;

影响车道数:2 条。

该事故发生后,根据统计数据,其事故持续时间取 110min 进行仿真,其中事故路段限速 40km/h。

由仿真结果可以得出,在交通量双向 5 000pcu/h、事故持续时间 110min、事故路段限速 40km/h 条件下,事故处理与车流消散共用时 127min,事故影响范围为距事故路段上游 4 420m。

4)仿真结果分析

根据前述分析,将仿真结果数据汇总如表 11-5 所示。

交通事故仿真数据分析表 表 11-5

事故类型	平均持续时间(min)	交通量(pcu/h)	影响车道数	事故处理与排队消散耗时(min)	事故影响范围(m)
车辆相撞、撞上物体	40	3 400	2	40	220
		4 000	2	43	600
		5 000	2	48	1 800
故障车辆、人员受伤	60	3 400	2	60	220
		4 000	2	63	660
		5 000	2	71	2 600
人员伤亡、危险材料	110	3 400	2	110	220
		4 000	2	115	1 160
		5 000	2	127	4 420

第 12 章　公路隧道控制技术

控制是提高隧道安全的核心之一。本章主要对通风控制、照明控制、发生事故后的交通组织以及隧道(群)与入口匝道的协调控制进行阐述。

12.1　公路隧道通风控制

12.1.1　目标

公路隧道通风控制的目标是在保证隧道行车安全的前提下，以最经济的动力给隧道提供满足营运条件的通风量，把隧道内的有害气体或污染物质的浓度降至允许浓度以下，保持隧道良好的空气流通状态。

12.1.2　参数

公路隧道通风控制主要参数包括废气浓度(CO 浓度、烟雾浓度)、风速、交通量。

(1)CO 浓度

全横向通风方式与半横向通风方式时，CO 设计浓度可按表 12-1 取值；纵向通风方式时，CO 设计浓度可按表 12-1 所列各值提高 50ppm 取值。

全横向通风方式与半横向通风方式时 CO 设计浓度 δ　　表 12-1

隧道长度 (m)	≤1 000	≥3 000
δ(ppm)	250	200

注：隧道长度为 1 000～3 000m 时，可按插入法取值。

1ppm＝10^{-6}。

交通阻滞(隧道内各车道均以怠速行驶，平均车速为 10km/h)时，阻滞段的平均 CO 设计浓度可取 300ppm，经历时间不超过 20min。阻滞段的计算长度不宜大于 1km 。人车混合通行的隧道，长度不宜超过 2 000m，其 CO 设计浓度应按表 12-2取值。

交通阻滞时CO设计浓度 δ 表12-2

隧道长度（m）	≤1 000	≥2 000
δ(ppm)	150	100

注：隧道长度为1 000～2 000m时，可按插入法取值。

（2）烟雾浓度

采用钠灯光源时，烟雾设计浓度应按表12-3取值；采用荧光灯光源时，烟雾设计浓度应提高一级。

烟雾设计浓度 K 表12-3

计算行车速度(km/h)	100	80	60	40
K (m^{-1})	0.006 5	0.007 0	0.007 5	0.009 0

当烟雾浓度达到0.012m^{-1}时，应按采取交通管制等措施考虑。

隧道内进行养护维修时，应按现场实际烟雾浓度不大于0.003 5m^{-1}考虑。

（3）风速

单向交通的隧道设计风速不宜大于10m/s，特殊情况可取12m/s；双向交通的隧道设计风速不应大于8m/s；人车混合通行的隧道设计风速不应大于7m/s。

（4）交通量

交通量亦为通风控制的基本参数，故应设采集点。对交通流量而言，如不必了解洞内各通风段交通情况（如阻塞时）及其因素，亦可不设，仅在隧道进口和出口附近设置。

12.1.3 控制方式

公路隧道通风控制方式大致可分为自动控制和手动控制两类。每座隧道应根据其隧道的实际情况选择合适的控制方式。

自动控制方式是由设置于隧道内的VI检测器、CO检测器、WS检测器所得到的信息，通过控制网络进行风量控制。

手动控制方式是靠人工操纵仪器控制风量，它分为联动控制与单独控制。

联动控制——预先确定风量挡次，通过单手操纵风量各挡按钮，使其相关仪器和机械产生联动，由此控制风量。当自动控制系统出现故障或检修时挡，可使用联动控制；对于高速公路的特长隧道，亦可与自动控制结合使用。

单独控制——可由人工对各仪器和机械单独控制，亦可对几个相关联的附属机械实施局部联动控制。当自动控制或联动控制出现故障或检修时，可使用单独控制；对于低等级公路中的中、短隧道，可使用单独控制。

手动控制功能还有一种含义在于对每一个终端设备均有手动控制装置，以便

维护检修。

12.1.4 自动控制方法

自动控制法可分为最大值控制法和总量控制法。前者适用于单体隧道，后者适用于隧道群中的CO和NO_2控制。

1)控制法1:直接控制法

可通过分布在隧道内各点的VI检测器和CO检测器，直接检测行驶车辆排放出的烟雾浓度VI和CO浓度值，经计算处理后，给出控制信号，控制运转风机，供给必要的新鲜风量，稀释烟雾浓度VI和CO浓度，以达到设计要求的洞内卫生与安全标准。

控制法1的主要设备由控制中心计算机系统、区域控制器、VI检测器、CO检测器、WS检测器、风机控制柜及风机构成。

基于VI、CO浓度、WS信息的直接控制法较为简单、直接，我国隧道目前较普遍采用这种方式。直接控制法的控制流程图如图12-1所示。采用控制法1时，可按如下模式进行通风控制。

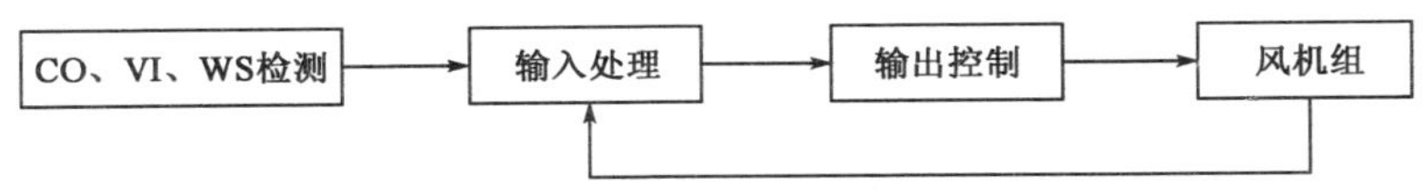

图12-1 控制法1流程图

(1)当由CO浓度控制时

$$\Delta\delta CO = |\delta_s - \delta| \tag{12-1}$$

CO浓度控制阈上限：

$$\Delta\delta CO + \leqslant \Delta\delta CO$$

CO浓度控制阈下限：

$$\Delta\delta_s CO - \leqslant \Delta\delta CO \tag{12-2}$$

式中：δ——《公路隧道通风照明设计规范》(JTJ 026.1—1999)第3.3.2条规定CO设计浓度值；

δ_s——全隧道各通风分段的CO检测器测得的浓度值实时最大值；

$\Delta\delta CO$——CO浓度控制阈值。

(2)当由烟雾浓度控制时

$$\Delta K_s = |K_s - K| \tag{12-3}$$

烟雾浓度控制阈上限：

$$\Delta K_s + \leqslant \Delta K$$

烟雾浓度控制阈下限：

$$\Delta K_s - \leqslant \Delta K \tag{12-4}$$

式中：K——《公路隧道通风照明设计规范》(JTJ 026.1—1999)第 3.3.3 条规定烟雾设计浓度值；

K_s——全隧道各通风分段的 VI 检测器测得的浓度值实时最大值；

ΔK——烟雾浓度控制阈值。

(3)当由风速控制时

$$\Delta V = | V_s - V | \tag{12-5}$$

排烟风速控制阈上限：

$$\Delta V_s + \leqslant \Delta V$$

排烟风速控制阈下限：

$$\Delta V_s - \leqslant \Delta V \tag{12-6}$$

式中：V——《公路隧道通风照明设计规范》(JTJ 026.1—1999)第 3.9.2 条规定排烟风速值；

V_s——全隧道各通风分段的 WS 检测器测得的洞内风速实时值；

ΔV——排烟风速控制阈值。

2)控制法 2：间接控制法

可根据进入隧道前区段的交通量信息及埋在洞内路面下的车辆检测器，实时了解隧道内交通量、行车速度、车辆构成等，通过检测交通流状况分析并计算出车辆烟雾和一氧化碳的排放量，实施风量控制。

控制法 2 的主要设备由控制中心计算机系统、区域控制器、车辆检测器、风机控制柜及风机构成。

控制法 2 的核心是通过车辆分类检测装置，在检测交通量和车速的基础上，同时把各种车辆按类型检测出来。目的在于减少 VI 和 CO 等的计算误差，提高通风控制可靠性。该方法的控制流程比直接法复杂，其检测技术与设备要求较高，在我国的实际应用受到限制，但国外一些发达国家如日本等常采用这种方法，效果良好。控制法 2 的控制如图 12-2 所示。

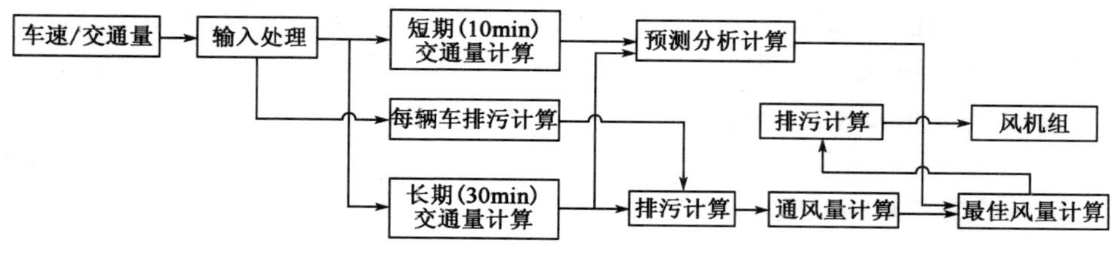

图 12-2　控制法 2 流程图

3)控制法3:定时控制法

该方法不考虑VI、CO浓度及交通量的变化情况,而是按时间区间(如白昼与夜晚,节假日与平时)预先编成程序来控制风机运转。以上通风控制流程图仅作参考,每座隧道应根据自身具体情况制订适宜的控制方式并编制相应的控制程序。

对同一座隧道而规定存在多种工艺,故宜规定上述控制方法的一种或多种进行控制。

对设置VI、CO浓度值和WS检测器时,控制法1是通风控制宜采用的一种主要方法。

当只有设置交通量数据检测时,以控制法2进行控制。对于同时设置VI、CO浓度检测和交通量检测时宜同时采用控制法1和控制法2,以便在营运控制中进行切换和检修。

控制法3主要用在交通量较小的、二级以下的公路隧道中。对于以换气次数确定的通风量的隧道[《公路隧道通风照明设计规范》(JTJ 026.1—1999)中规定],因工况单一,采用控制法3较简易且投资省。当交通量及组成、分布较稳定时,如城郊公路隧道,亦宜采用控制法3。

12.2 公路隧道照明控制

12.2.1 目标

公路隧道照明控制的目标是为了确保在白天和夜间行驶的车辆,以设计速度能够安全地接近、穿越和通过隧道,且驾乘人员具有的安全度和舒适程度应不亚于隧道毗连的明线路段。

12.2.2 参数

公路隧道照明控制的主要参数包括:交通量、洞外亮度、时间、外部事件。交通量的不同对照明需求是不同的,交通量越大、平均车速越快,对照明的需求也就越大。洞外亮度越大造成洞内洞外亮度比加大,随之入口段照明需求加大。时间因素、外部事件因素主要包含交通事故、隧道火灾、隧道维护、时序控制、人工外部指令等对照明输出结果的控制及影响。

12.2.3 控制方式

公路隧道照明控制方式具有综合性、系统性的结构,针对不同的应用情况和环境使用不同的控制方式,每种控制方式都有自己独立的响应及触发条件。照明控制方式运用可以发挥出最大的控制效能。各种隧道照明控制方式汇总如表 12-4 所示。

照明控制方式构成表　　表 12-4

序　号	控 制 方 式	功能及响应条件	优先级	备　注
1	手动控制	手动功能	4	最高
2	事件响应	事故等紧急照明预案输出	3	
3	自动控制	依据洞外照度及交通量等	2	
4	模拟自动	传感器掉线或损坏	1	
5	时序控制	传感器掉线或损坏	0	最低

(1)手动控制方式

手动控制优先级最高,控制输出直接响应手动操作,手动方式可以直接控制照明输出亮度。进行手动控制操作时将不响应其他控制方式给出的控制数据,但手动操作与其他常规控制方式输出的控制数据严重背离时系统应给出警告提示。

(2)事件响应控制方式

事件响应控制方式主要用于紧急情况照明预案的响应,控制系统将接受其他系统事件数据实现照明系统与其他系统的控制联动,如火灾、交通事故等事件信息发出后,照明系统将根据事件调用紧急照明预案不再响应低优先级的控制算法给出的控制数据。横通道的照明控制也属于事件响应的范畴,通过事件触发条件对照明进行控制。此外,某些紧急情况下,当现场调光控制器与上位控制系统通信中断时,控制器将自动转入最大功率输出模式,保证照明系统安全可靠。

(3)自动调光控制方式

自动调光控制方式是控制系统默认控制方式。依据交通量及洞外亮度建立洞内亮度理论需求曲线,然后根据洞内亮度理论需求曲线进行灯具的动态调光控制。整个照明控制输出接近平滑曲线,可以快速响应跟踪照明需求曲线,可以得到最优的控制效果并能够达到节能的目的。

自动控制方式通常采用时间触发条件,每 5～10min 重新读取洞外亮度、交通量等参数重新进行照明需求计算与控制。

(4)模拟自动控制方式

模拟自动控制方式实际上是对所在地进行每一时刻的洞外理论最大照度模拟,根据模拟值导出隧道照明需求,据此进行照明控制输出。此外,进行洞外理论最大照度模拟可以对洞外亮度传感器采集数值的工作情况进行监视与校核,防止在自动控制方式下因为亮度传感器异常而导致照明控制输出失控。

模拟自动控制方式通常适用于白天的应急控制方式,控制触发条件主要是传

感器信号丢失或传感器信号严重异常的情况下。

(5)时序控制

时序控制是最简洁直接的控制方法，控制不需要复杂的计算。但同样时序控制的节能效率也是最低的。控制输出与照明实际需求容易存在较大偏差，因此时序通常主要用于夜间的控制输出，另外一些紧急情况下也可以采用这种控制方式。在照明节能控制算法仍然保留这一控制算法主要用于增加系统可靠性，即使完全脱离传感器或主控制器时控制系统不至于瘫痪。

时序控制的具体实施方法是，在控制系统中根据照明需求经验值建立控制输出时刻表单，以时间作为控制触发条件控制输出量。

12.2.4　控制模型

公路隧道照明控制模型主要包括自动调光控制与模拟自动控制模型。两种控制模型触发条件不同。自动调光控制用于亮度传感器与车辆检测器正常条件下使用，模拟自动控制用于亮度与车辆检测器异常情况下使用。

1)自动调光控制模型

自动调光控制模型为照明节能控制算法的主要组成部分，是控制系统默认控制模型。模型原理：依据交通量及洞外亮度建立洞内亮度理论需求曲线，然后根据洞内亮度理论需求曲线进行灯具的动态调光控制。整个照明控制输出接近平滑曲线，可以快速响应跟踪照明需求曲线，可以得到最优的控制效果并能够达到节能的目的。

根据《公路隧道通风照明设计规范》(JTJ 026.1—1999)，隧道照明设计分为以下几个区段：入口段、过渡段、中间段、出口段。因此自动调光控制模型中进行隧道照明理论需求曲线 L 的计算采用分段方式进行计算。将计算结果输出到控制接口进行输出。入口段、中间段、出口段为亮度需求直线。自动控制算法通常采用时间触发条件，每 5～10min 重新读取洞外亮度、交通量等参数重新进行照明需求计算。

隧道亮度需求 L：

$$L=\begin{cases}\text{入口段 } L_{th}\\ \text{过渡段 } L_{tr}\\ \text{中间段 } L_{in}\\ \text{出口段 } L_{ot}\end{cases} \tag{12-7}$$

隧道照明理论需求曲线如图 12-3 所示。x 轴为以入口起点距离值 ST，y 轴为隧道照明理论需求 L。

(1)入口段亮度需求 L_{th}(cd/m^2)

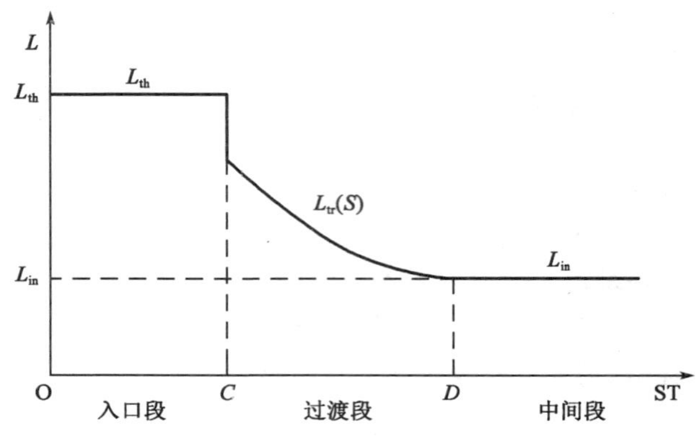

图 12-3 隧道照明理论需求曲线

$$L_{th} = k \times L_{20} \tag{12-8}$$

式中：k——折减系数；

L_{20}——洞外亮度，cd/m^2。

根据《公路隧道通风照明设计规范》(JTJ 026.1—1999)中入口段亮度折减系数表，用插值法计算不同交通量和计算行车速度时的入口段亮度折减系数 k 值，计算式如表 12-5、表 12-6 所示。

双车道单向交通折减系数 k 值表 表 12-5

平均车速 v(km/h)(时间≥5min)	双车道单向交通 ≥2 400pcu/h	双车道单向交通 2 400pcu/h>Q>700pcu/h	双车道单向交通 ≤700pcu/h
$60<v\leqslant 80$	$k=(0.013v-0.34)/20$	$k=(0.003v-0.04Q+0.003Q\cdot v-482)/34\,000$	$k=(0.01v-0.3)/20$
$40<v\leqslant 60$	$k=(0.01v-0.16)/20$	$k=(5v-0.16Q+0.005Q\cdot v+112)/34\,000$	$k=0.000\,25v$

双车道双向交通折减系数 k 值表 表 12-6

平均车速 v(km/h)(时间≥5min)	双车道双向交通 ≥1 300pcu/h	双车道双向交通 1 300pcu/h>Q>360pcu/h	双车道双向交通 ≤360pcu/h
$60<v\leqslant 80$	$k=(0.013v-0.34)/20$	$k=(8.32v-0.04Q+0.003Q\cdot v-267.6)/18\,800$	$k=(0.01v-0.3)/20$
$40<v\leqslant 60$	$k=(0.01v-0.16)/20$	$k=(2.9v-0.16Q+0.005Q\cdot v+57.6)/18\,800$	$k=0.000\,25v$

注：Q 为设计交通量；v 为计算行车速度。

(2)中间段亮度需求 L_{in}(cd/m^2)

根据《公路隧道通风照明设计规范》(JTJ 026.1—1999)中间段亮度表,用插值法计算不同交通量和计算行车速度时的中间段亮度值,计算式如表12-7、表12-8所示。

双车道单向交通中间段亮度值 L_{in} 表(cd/m^2) 表12-7

平均车速 v(时间≥5min)	双车道单向交通 ≥2 400pcu/h	双车道单向交通 2 400pcu/h>Q>700pcu/h	双车道单向交通 ≤700pcu/h
60<v ≤80	$L_{in}=0.1v-3.5$	$L_{in}=(49\,000-70Q-200v+1.5Q\cdot v)/34\,000$	$L_{in}=0.025v$
40<v ≤60	$L_{in}=0.05v-0.5$	$L_{in}=(79\,000-40Q-700v+Q\cdot v)/34\,000$	1.5

双车道双向交通中间段亮度值 L_{in} 表(cd/m^2) 表12-8

平均车速 v(km/h)(时间≥5min)	双车道双向交通 ≥1 300pcu/h	双车道双向交通 1 300pcu/h>Q>360pcu/h	双车道双向交通 ≤360pcu/h
60<v ≤80	$L_{in}=0.1v-3.5$	$L_{in}=(25\,200-70Q-70v+1.5Q\cdot v)/18\,800$	$L_{in}=0.025v$
40<v ≤60	$L_{in}=0.05v-0.5$	$L_{in}=(42\,600-40Q-360v+Q\cdot v)/18\,800$	1.5

注:Q为设计交通量;v为计算行车速度。

(3)过渡段亮度需求 L_{tr}(cd/m^2)

$$L_{tr}=L_{th}\times(1.9+\frac{ST}{v})^{-1.4}\qquad(0\leqslant ST\leqslant D'_{tr})\tag{12-9}$$

$$L_{tr}=L_{in}\qquad(D'_{tr}\leqslant ST\leqslant D_{tr})\tag{12-10}$$

式中:ST——过渡段上点到过渡段起点的距离,m;

D_{tr}——过渡段长度,m;

v——平均车速,m/s;

D'_{tr}——过渡段计算终点。

过渡段亮度需求曲线如图12-4所示,x轴为以过渡段起点距离值ST,y轴为隧道照明理论需求L,在ST取值范围(0~D_{tr})内,通常会出现M点。即当ST=D_{tr}'时,$L_{tr}=L_{in}$,此时ST≥D_{tr}'范围内取$L_{tr}=L_{in}$。

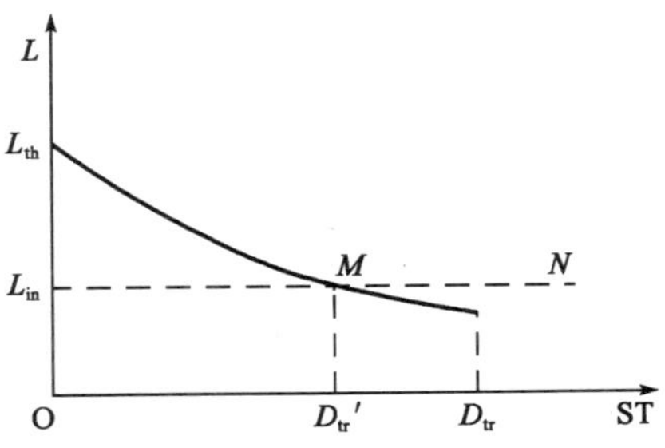

图12-4 过渡段亮度需求曲线示意图

(4)出口段亮度需求 L_{ot}(cd/m^2)

$$L_{ot} = 5 \times L_{in} \tag{12-11}$$

2)模拟自动控制模型

模拟自动控制模型实际上是对所在地进行每一时刻的洞外理论最大照度模拟,洞外理论最大照度模拟的模型原理:模拟实体隧道所在地每年每天每时刻的理论最大照度,而地面上实际照度必然会受阴雨天、云层、隧道朝向地形等因素的影响而衰减,然后通过对理论最大照度进行衰减最终得到照度模拟值。

洞外理论最大照度模拟的算法流程如下。

(1)赤纬角(ED)计算

$$\begin{aligned}\mathrm{ED}=&0.3723+23.2567\times\sin\theta+0.1149\times\sin2\theta-0.1712\times\sin3\theta-\\&0.758\times\cos\theta+0.3656\times\cos2\theta+0.0201\times\cos3\theta\end{aligned} \tag{12-12}$$

(2)日角 θ 计算

$$\theta = 2 \times \pi \times (N - \mathrm{NO})/365.2422 \tag{12-13}$$

式中:N——积日,所谓积日,就是日期在年内的顺序号,例如,1 月 1 日其积日为 1,平年 12 月 31 日的积日为 365,闰年则为 366。

NO 计算公式如下:

$$\mathrm{NO} = 79.6764 + 0.2422 \times (\text{年份} - 1985) - \mathrm{INT}[(\text{年份} - 1985)/4] \tag{12-14}$$

(3)太阳高度 h 计算

$$\sin h=\sin\varphi\cdot\sin\delta+\sin\varphi\cdot\cos\delta\cdot\cos t \tag{12-15}$$

式中:δ——太阳赤纬;

φ——观测地地理纬度;

t——地方时(时角)。

(4)最大照度衰减计算

$$L_o = \sin h\cdot\sin h\cdot S_o\cdot N_t + L\cdot\cos h \tag{12-16}$$

式中:L_o——所在地 t 时刻理论模拟最大照度;

h——太阳高度;

S_o——所在地实际最大照度(一年中);

N_t——衰减常数(≤1.0);

L——常数(0~200)。

12.3 公路隧道交通控制

安全预警是针对正常情况如何控制以减少交通异常,本节主要针对异常情况阐述交通控制。

12.3.1 目标

公路隧道交通控制的目标是通过对隧道主线道路上的交通流进行合理的引导和控制，缓和、防止或消除交通拥挤和阻塞，提高交通运输效率、降低能源消耗和减小环境污染，并及时为隧道使用者提供交通状况信息以提高公路隧道交通运营安全。

12.3.2 交通控制工况

对于异常情况，其危害程度及与处置方案受异常位置、交通量、方向不均匀系数等的影响，若隧道为单向双车道双洞隧道，一般有40种工况，若不考虑双向交通量不均匀因素中量的差异，常用的有24种工况(表12-9)。

双车道双洞隧道交通运营工况表 表12-9

交通工况异常状态模式	道路状态描述			异常原因				交通量特征						备注
	堵塞车道数			火灾	拥挤	故障	正常	交通量均匀	交通量不均匀	正常隧道流量		异常隧道流量		
	0	1	2							大	小	大	小	
1	0	1	0	1	0	0	0	1	0	1	0	1	0	火灾工程
2	0	1	0	1	0	0	0	1	0	0	1	0	1	
3	0	1	0	1	0	0	0	0	1	1	0	0	1	
4	0	1	0	1	0	0	0	0	1	0	1	1	0	
5	0	0	1	1	0	0	0	1	0	1	0	1	0	
6	0	0	1	1	0	0	0	1	0	0	1	0	1	
7	0	0	1	1	0	0	0	0	1	1	0	0	1	
8	0	0	1	1	0	0	0	0	1	0	1	1	0	
9	0	1	0	0	0	1	0	1	0	1	0	1	0	故障工况
10	0	1	0	0	0	1	0	1	0	0	1	0	1	
11	0	1	0	0	0	1	0	0	1	1	0	0	1	
12	0	1	0	0	0	1	0	0	1	0	1	1	0	
13	0	0	1	0	0	1	0	1	0	1	0	1	0	
14	0	0	1	0	0	1	0	1	0	0	1	0	1	
15	0	0	1	0	0	1	0	0	1	1	0	0	1	
16	0	0	1	0	0	1	0	0	1	0	1	1	0	
17	0	1	0	0	1	0	0	1	0	1	0	1	0	拥挤工况
18	0	1	0	0	1	0	0	0	1	0	1	1	0	
19	0	0	1	0	1	0	0	1	0	1	0	1	0	
20	0	0	1	0	1	0	0	0	1	0	1	1	0	

续上表

交通工况异常状态模式	道路状态描述			异常原因				交通量特征						备注
	堵塞车道数			火灾	拥挤	故障	正常	交通量均匀	交通量不均匀	正常隧道流量		异常隧道流量		
	0	1	2							大	小	大	小	
21	1	0	0	0	0	0	1	1	0	1	0	1	0	正常工况
22	1	0	0	0	0	0	1	1	0	0	1	0	1	
23	1	0	0	0	0	0	1	0	1	1	0	0	1	
24	1	0	0	0	0	0	1	0	1	0	1	1	0	

注:表中各模式中数字 0 代表不存在,1 代表存在。

12.3.3 各种交通运营模式的物理描述

模式 9～模式 24 属于非火灾工况,包括由于车辆故障引起的交通异常(模式 9～模式 16)、交通拥挤(模式 17～模式 20)、正常情况(模式 21～模式 24),正常情况与交通拥挤在此不需再作讨论。对于模式 9 ～模式 12,故障车辆仅堵塞一个车道,上游车辆会由非阻塞车道驶离阻塞区,虽然会降低通行能力,若交通量不大,车流车速会降低但仍不会形成全隧道阻塞,若一直不能排阻,随着高峰期的到来则会形成拥挤交通流;模式 13～模式 16 属于故障车辆或交通事故完全堵塞通道,车辆在阻塞区后排队,车流只有等待移走故障车(或处理了交通事故)或在车行横洞打开(若确有必要)时通过车行横洞离开阻塞区。

模式 1～模式 8 属于火灾工况。模式 1～模式 4 属于火灾车辆堵塞一个车道。其对下游车辆基本上没有影响,对上游车辆,当火灾不大时(如火灾的初期,或者仅有烟而无明火),下游车辆可能会加速离开火区,当火灾较大时,可能会弃车逃生或者在车行横洞打开时通过车行横洞离开火区;模式 5～模式 8 属于火灾车辆堵塞两个车道,无论在火灾的初期或火较大时,其下游车辆都可能会弃车而逃或者在车行横洞打开时通过车行横洞离开火区。

火灾工况下的交通控制策略可以概括为以下三种。

策略 1:弃车逃生

在火灾初期,车行横通道也作为人员逃生通道。但是,由于火灾在 5min 左右就达到了热辐射的最大值,按 1.25m/s 计算,最先开始逃离的人员只能逃出 375m,后面的人员将受到热辐射和有毒气体的严重危害,甚至会失去逃生能力。该模式的交通组织简单,在火灾初期,仅考虑通风和到达正常隧道人员的安全问题,通风主要是防止烟雾串流到正常隧道,而到达正常隧道的人员,则要防止二次事故的发生。

策略 2:驾车逃生

在火灾初期，从控制上来说，采用驾车逃生比较简单，但是由于火灾时人员恐慌，不排除一些人跑出来逃生。该模式的缺点是若等到正常隧道没车，需要时间较长，同时，由于车辆通过车行横道时间较长，在有效逃生时间内疏散的车辆数很有限，遇到技术差的驾驶员或拖挂车先通行，情况会更糟糕。

策略 3：混合逃生

在火灾初期，上游车辆通过车行横通道驶出，人员通过人行横通道逃生。该模式控制复杂，要组织车辆和人员，但是实际上在火灾时基本上处于无序状态，以自救为主，可能有利于逃生。

火灾工况下的控制策略核心是车行横通道一般情况下用于救援车辆行驶通道，特殊情况下可以作为人员和车辆通往正常隧道的逃生通道。

12.3.4　隧道交通事故时的洞内交通组织

主要分为内侧车道交通事故救援、外侧车道交通事故救援及双车道交通事故救援三种情况。

1）内侧车道交通事故救援

内侧车道交通事故救援路线共有三个，分别是“利用上游横通道顺向救援”、“利用下游横通道逆向救援”以及“事故隧道顺向救援”，如表 12-10 所示；单车道事故疏散路线共有三种，分别为 “利用车行横通道顺向疏散” 、“利用车行横通道逆向疏散”和“未受阻车道疏散”，如表 12-11 所示。

内侧车道交通事故救援路线种类与图示　　　　表 12-10

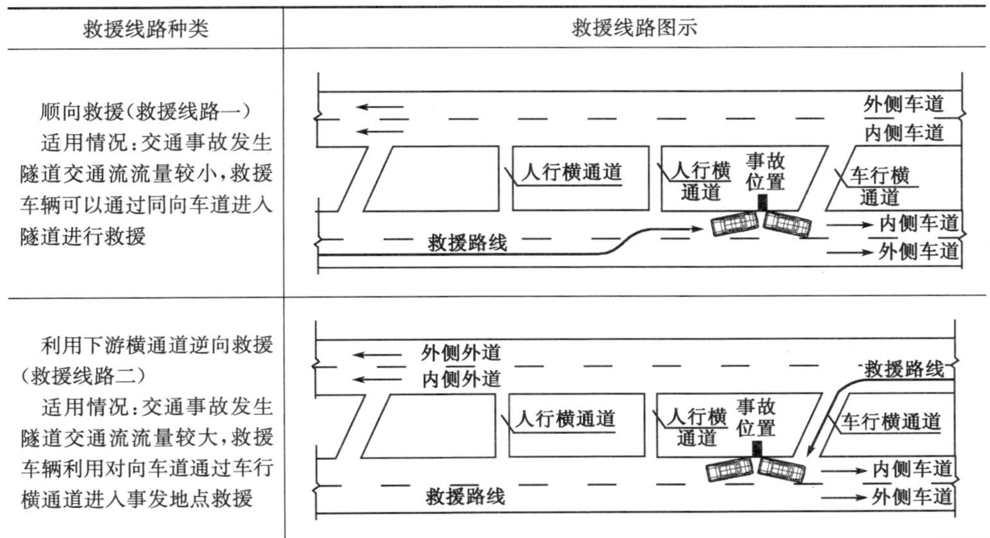

救援线路种类	救援线路图示
顺向救援（救援线路一） 适用情况：交通事故发生隧道交通流流量较小，救援车辆可以通过同向车道进入隧道进行救援	
利用下游横通道逆向救援（救援线路二） 适用情况：交通事故发生隧道交通流流量较大，救援车辆利用对向车道通过车行横通道进入事发地点救援	

续上表

救援线路种类	救援线路图示
利用上游横通道顺向救援(救援线路三) 适用情况：交通事故发生隧道交通流流量较大，救援车辆利用对向车道通过车行横通道进入事发地点救援	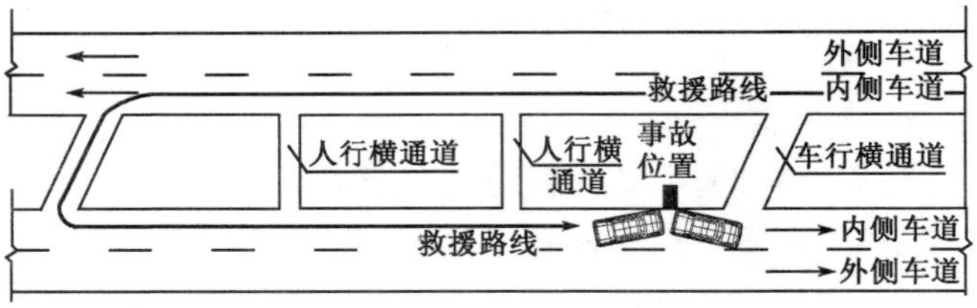 外侧车道 内侧车道 救援路线 人行横通道 人行横通道 事故位置 车行横通道 救援路线 内侧车道 外侧车道

内侧车道交通事故疏散路线种类与图示 表 12-11

疏散线路种类	疏散线路图示
未受阻车道疏散(疏散线路一) 适用情况：交通事故较小，只影响了一个单行车道，隧道内被围困车辆可以通过外侧车道疏散	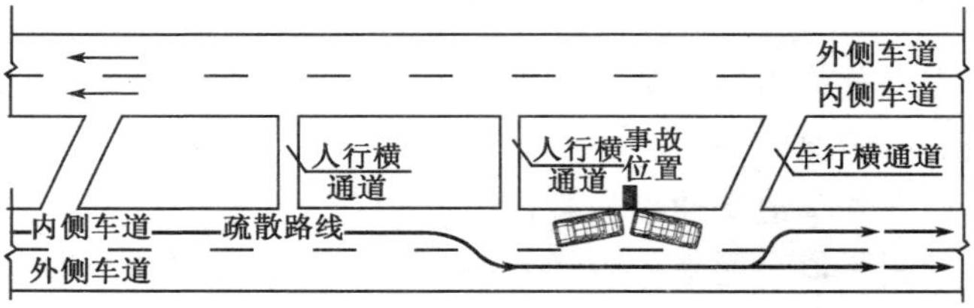 外侧车道 内侧车道 人行横通道 人行横通道 事故位置 车行横通道 内侧车道 疏散路线 外侧车道
顺向横通道疏散(疏散线路二) 适用情况：交通事故较严重，影响了同向的两个车道，且救援车辆要通过外侧车道进入事发地点进行救援	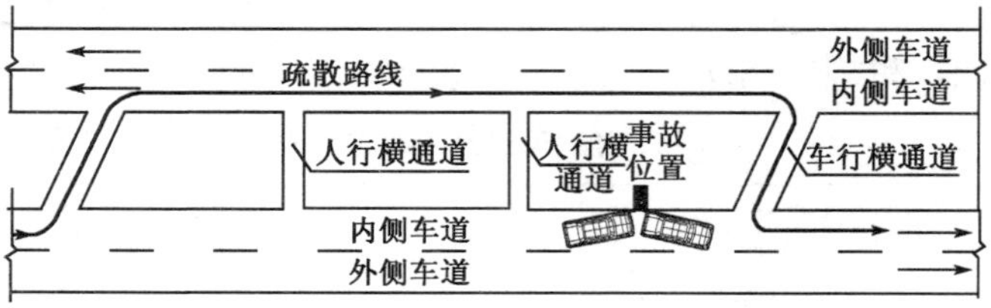 疏散路线 外侧车道 内侧车道 人行横通道 人行横通道 事故位置 车行横通道 内侧车道 外侧车道
逆向横通道疏散(疏散线路三) 适用情况：交通事故较严重，影响了同向的两个车道，且救援车辆要通过外侧车道进入事发地点进行救援	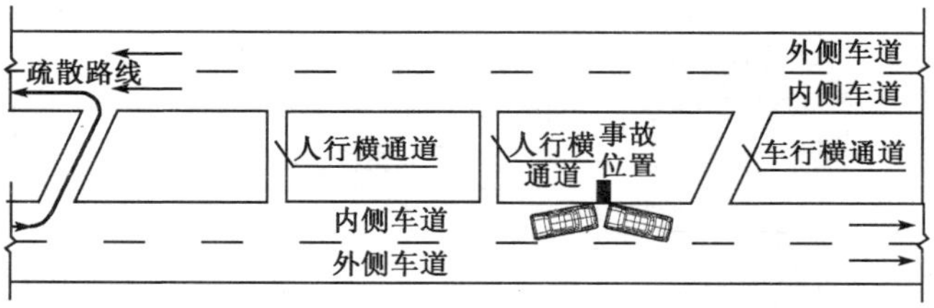 疏散路线 外侧车道 内侧车道 人行横通道 人行横通道 事故位置 车行横通道 内侧车道 外侧车道

按不同顺序组合救援路线与疏散路线，内侧车道交通事故救援方案共有 9 个，依序编号为 A1～A9。

A1：救援车辆利用未受阻车道到达事故地点，事故车道上游车辆于事故地点前汇入外侧车道，待通过事故点后再回到内侧车道。

A2:救援车辆利用未受阻车道到达事故地点,事故车道上游车辆经由车行横通道与对向隧道调拨车道顺向疏散,未受阻车道仍可继续行驶。

A3:救援车辆利用未受阻车道到达事故地点,事故车道上游车辆经由车行横通道与对向隧道调拨车道逆向疏散,未受阻车道仍可继续行驶。

A4:救援车辆利用对向隧道调拨车道并经由车行横通道逆向行驶方式到达地点,事故车道上游车辆于事故地点前汇入外侧车道,待通过事故点后再回到内侧车道。

A5:救援车辆利用对向隧道调拨车道并经由车行横通道逆向行驶方式到达地点,事故车道上游车辆经由车行横通道与对向调拨车道顺向疏散,未受阻车道仍可继续行驶。

A6:救援车辆利用对向车道并经由车行横通道逆向行驶方式到达地点,事故车道上游车辆经由车行横通道与对向调拨车道逆向疏散,未受阻车道仍可继续行驶。

A7:救援车辆利用对向车道并经由车行横通道顺向行驶方式到达地点,事故车道上游车辆于事故地点前汇入外侧车道,待通过事故点后再回到内侧车道。

A8:救援车辆利用对向车道并经由车行横通道顺向行驶方式到达地点,事故车道上游车辆经由车行横通道与对向调拨车道顺向疏散,未受阻车道仍可继续行驶。

A9:救援车辆利用对向车道并经由车行横通道顺向行驶方式到达地点,事故车道上游车辆经由车行横通道与对向调拨车道逆向疏散,未受阻车道仍可继续行驶。

2)外侧车道交通事故救援路线

外侧车道事故救援路线、疏散路线的产生与内侧车道事故相同,车辆救援路线以及疏散路线分别见表12-12、表12-13,其救援方案也有9个,依序编号为B1～B9。

外车道交通事故救援路线种类与图示　　表12-12

救援线路种类	救援线路图示
顺向救援(救援线路一) 适用情况:交通事故发生隧道交通流流量较小,救援车辆可以通过同向车道进入隧道进行救援	外侧车道 内侧车道 人行横通道 人行横通道 事故位置 车行横通道 救援路线 内侧车道 外侧车道

续上表

救援线路种类	救援线路图示
利用下游横通道逆向救援(救援线路二) 适用情况:交通事故发生隧道交通流流量较大,救援车辆利用对向车道通过车行横通道进入事发地点救援	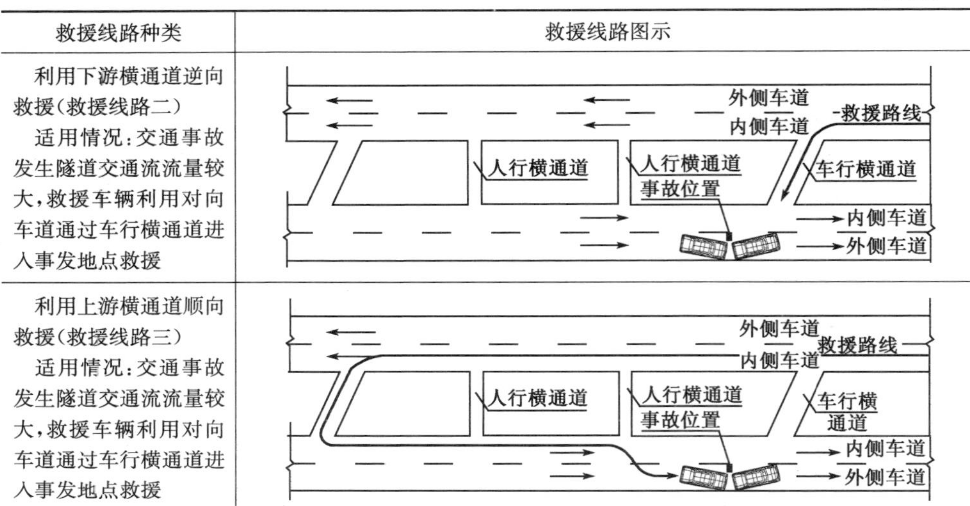
利用上游横通道顺向救援(救援线路三) 适用情况:交通事故发生隧道交通流流量较大,救援车辆利用对向车道通过车行横通道进入事发地点救援	

外侧车道交通事故疏散路线种类与图示 表12-13

疏散线路种类	疏散线路图示
未受阻车道疏散(疏散线路一) 适用情况:交通事故较小,只影响了一个单行车道,隧道内被围困车辆可以通过外侧车道疏散	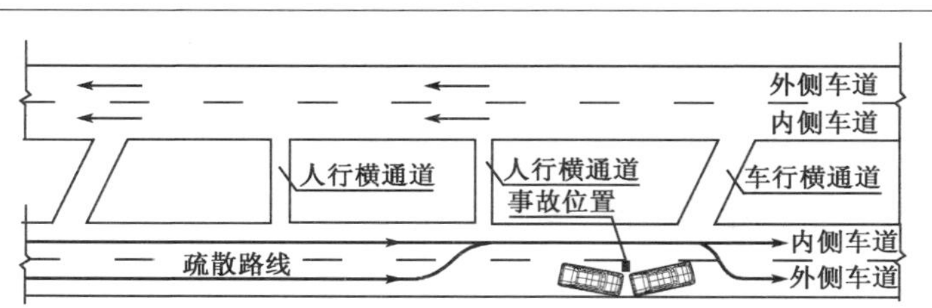
顺向横通道疏散(疏散线路二) 适用情况:交通事故较严重,影响了同向的两个车道,且救援车辆要通过外侧车道进入事发地点进行救援	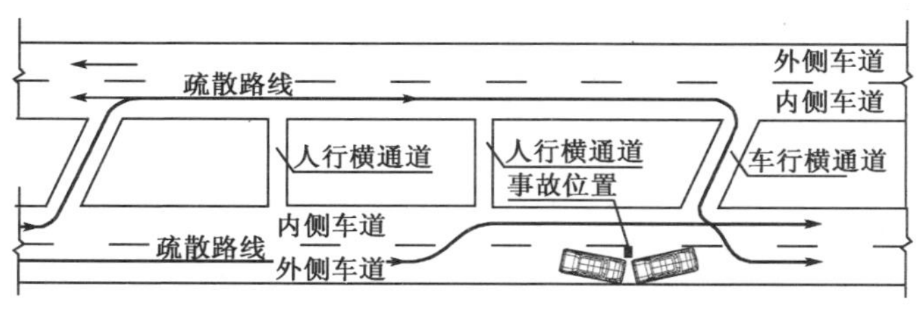
逆向横通道疏散(疏散线路三) 适用情况:交通事故较严重,影响了同向的两个车道,且救援车辆要通过外侧车道进入事发地点进行救援	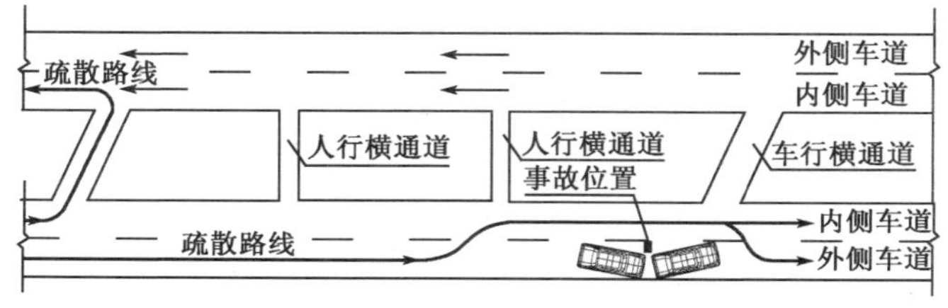

B1:救援车辆以顺向行驶救援方式到达事故地点,事故车道上游车辆于事故地点前汇入内侧车道,待通过事故点后再回到外侧车道继续前行。

B2:救援车辆以顺向行驶救援方式到达事故地点,内侧车道上游车辆经由行横通道与对向调拨车道顺向疏散,事故车道上游车辆于事故地点前汇入内侧车道待通过事故点后再回到外侧车道继续前行。

B3:救援车辆以顺向行驶救援方式到达事故地点,内侧车道上游车辆经由车行横通道与对向调拨车道逆向疏散,事故车道上游车辆于事故地点前汇入内侧车道,待通过事故点后再回到外侧车道继续前行。

B4:救援车辆利用对向车道并经由车行横通道逆向行驶方式到达地点,事故车道上游车辆于事故地点前汇入内侧车道,待通过事故点后再回到外侧车道。

B5:救援车辆利用对向车道并经由车行横通道逆向行驶方式到达地点,内侧车道上游车辆经由车行横通道与对向调拨车道顺向疏散,事故车道上游车辆于事故地点前汇入内侧车道待通过事故点后再回到外侧车道继续前行。

B6:救援车辆利用对向车道并经由车行横通道逆向行驶方式到达地点,内侧车道上游车辆经由车行横通道与对向调拨车道逆向疏散,事故车道上游车辆于事故地点前汇入内侧车道,待通过事故点后再回到外侧车道继续前行。

B7:救援车辆利用对向车道并经由车行横通道顺向行驶方式到达地点,事故车道上游车辆于事故地点前汇入内侧车道,待通过事故点后再回到外侧车道。

B8:救援车辆利用对向车道并经由车行横通道顺向行驶方式到达地点,内侧车道上游车辆经由车行横通道与对向调拨车道顺向疏散,事故车道上游车辆于事故地点前汇入内侧车道,待通过事故点后再回到外侧车道继续前行。

B9:救援车辆利用对向车道并经由车行横通道顺向行驶方式到达地点,内侧车道上游车辆经由车行横通道与对向调拨车道逆向疏散,事故车道上游车辆于事故地点前汇入内侧车道,待通过事故点后再回到外侧车道继续前行。

3)双车道交通事故救援路线

双车道事故疏散路线亦有三种,分别为“不进行疏散”、“利用车行横通道顺向救援”和“利用车行横通道逆向救援”,如表12-14所示;双车道事故救援路线依据救灾车辆行驶路线划分为三种,分别为“顺向救援”、“利用车行横通道顺向救援”和“利用车行横通道逆向救援”如表12-15所示。将救援路线与疏散路线两两组合,共有救援方案9个。除去2个不合理救援方案:“不进行疏散”方式使“顺向行驶”与“逆向上游车行横通道疏散”两种救援方案无法达到事故位置。故实际救援方案仅有7个,依序编号为C1～C7。

双车道交通事故疏散路线种类与图示 表 12-14

疏散线路种类	疏散线路图示
未采取疏散 （疏散线路一）	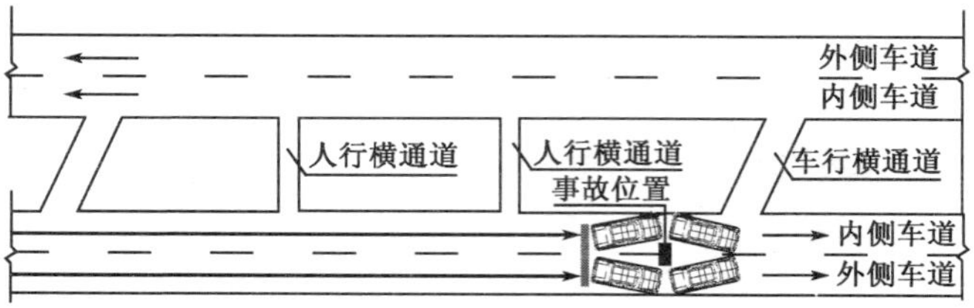 外侧车道 内侧车道 人行横通道 人行横通道 事故位置 车行横通道 内侧车道 外侧车道
顺向横通道疏散 （疏散线路二）	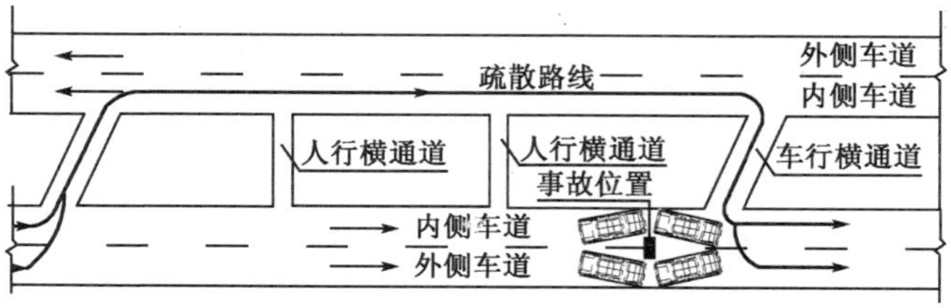 外侧车道 疏散路线 内侧车道 人行横通道 人行横通道 事故位置 车行横通道 内侧车道 外侧车道
逆向横通道疏散 （疏散线路三）	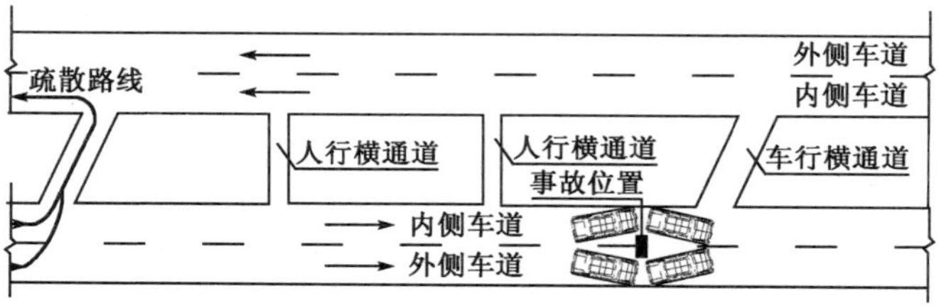 外侧车道 疏散路线 内侧车道 人行横通道 人行横通道 事故位置 车行横通道 内侧车道 外侧车道

双车道交通事故救援路线种类与图示 表 12-15

救援线路种类	救援线路图示
顺向救援 （救援线路一）	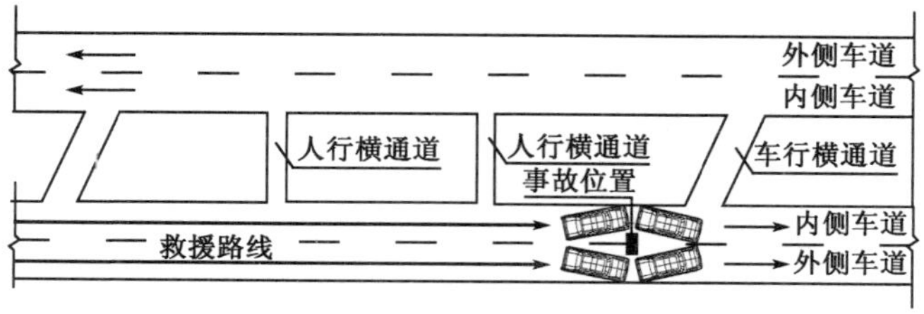 外侧车道 内侧车道 人行横通道 人行横通道 事故位置 车行横通道 救援路线 内侧车道 外侧车道
顺逆向下游横通道救援 （救援线路二）	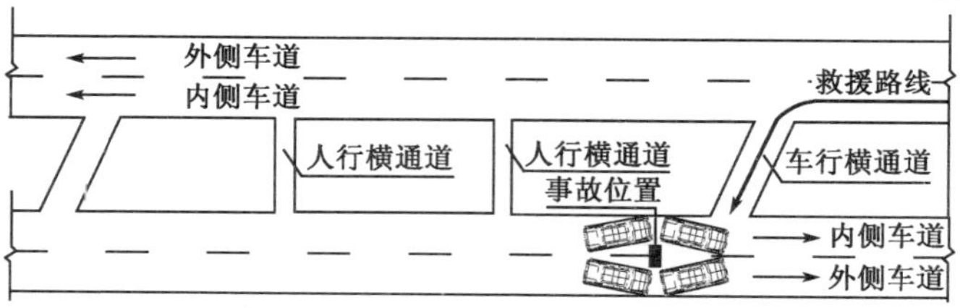 外侧车道 内侧车道 救援路线 人行横通道 人行横通道 事故位置 车行横通道 内侧车道 外侧车道

续上表

救援线路种类	救援线路图示
逆向上游横通道救援 （救援线路三）	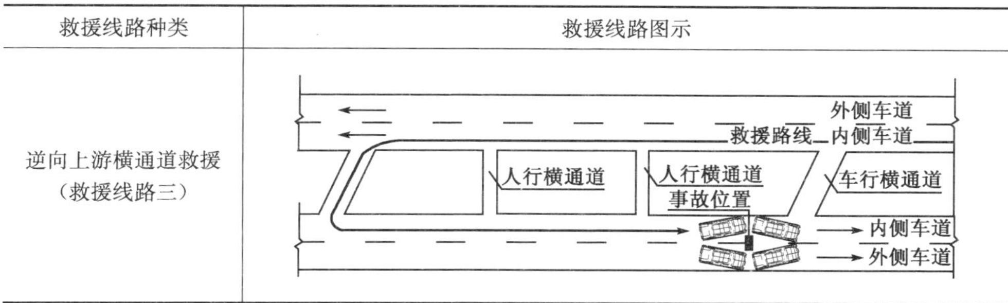

C1：救援车辆以行驶受阻车道方式到达地点，事故上游车辆经由车行横通道与对向调拨车道顺向疏散。

C2：救援车辆以行驶受阻车道方式到达地点，事故上游车辆经由车行横通道与对向调拨车道逆向疏散。

C3：救援车辆利用对向车道并经由车行横通道逆向行驶方式到达地点，事故上游车辆均暂停行驶。

C4：救援车辆利用对向车道并经由车行横通道逆向行驶方式到达地点，事故上游车辆经由车行横通道与对向调拨车道顺向疏散。

C5：救援车辆利用对向车道并经由车行横通道逆向行驶方式到达地点，事故上游车辆经由车行横通道与对向调拨车道逆向疏散。

C6：救援车辆利用对向车道并经由车行横通道顺向行驶方式到达地点，事故上游车辆经由车行横通道与对向调拨车道顺向疏散。

C7：救援车辆利用对向车道并经由车行横通道顺向行驶方式到达地点，事故上游车辆经由车行横通道与对向调拨车道逆向疏散。

12.3.5 隧道交通异常时的洞外交通组织

考虑控制措施等因素，则共有表12-16所示24种控制模式。

公路隧道交通控制模式 表12-16

方案	正常隧道					异常隧道			
	洞外		洞内			洞外		洞内	
	开放	关闭	单向交通	双向交通	混向交通	开放	关闭	单道通行	双道通行
1	×	√	×	×	√	×	√	×	√
2	×	√	×	×	√	×	√	√	×
3	×	√	×	√	×	×	√	√	×
4	×	√	×	√	×	×	√	×	√

续上表

方案	正常隧道					异常隧道			
	洞外		洞内			洞外		洞内	
	开放	关闭	单向交通	双向交通	混向交通	开放	关闭	单道通行	双道通行
5	×	√	√	×	×	×	√	√	×
6	×	√	√	×	×	×	√	×	√
7	√	×	×	√	×	×	√	√	×
8	√	×	×	√	×	×	√	×	√
9	√	×	√	×	×	×	√	√	×
10	√	×	√	×	×	×	√	×	√
11	√	×	×	×	√	×	√	√	×
12	√	×	×	×	√	×	√	×	√
13	×	√	√	×	×	√	×	√	×
14	×	√	√	×	×	√	×	×	√
15	×	√	×	√	×	√	×	√	×
16	×	√	×	√	×	√	×	×	√
17	×	√	×	×	√	√	×	√	×
18	×	√	×	×	√	√	×	×	√
19	√	×	√	×	×	√	×	√	×
20	√	×	√	×	×	√	×	×	√
21	√	×	×	√	×	√	×	√	×
22	√	×	×	√	×	√	×	×	√
23	√	×	×	×	√	√	×	√	×
24	√	×	×	×	√	√	×	×	√

12.3.6 双向交通的条件

当维修养护或紧急任务时，可考虑双向交通。

(1)当两个方向交通量不平衡时，设方向1的交通量为q_1，方向2的交通量为q_2，$q_1>q_2$，$q_2=pq_1$，每个方向有几个车道，这时若$\frac{q_1}{n+1}<\frac{q_2}{n-1}$，即$n>\frac{1+p}{1-p}$，或$p<\frac{n-1}{n+1}$，可将方向2改为双向行驶。

(2)公路隧道一般为单洞2车道或3车道，由上式可知，对于单洞双车道，当p

$<\frac{1}{3}$时，对于单洞三车道隧道，当 $p<\frac{1}{2}$时，可将交通量小的一方改为双向行驶。

12.4 公路隧道群协调控制

12.4.1 目标

高速公路隧道群协调控制目的即是以隧道群主线路段与入口匝道的运输效率、交通安全、运输费用和环境污染为控制目标，在保证一定安全度的前提下，为使控制目标最优建立控制模型，得出隧道群主线路段不同交通工况下所对应的入口匝道调解率。

此理念包含两层含义：

第一层是地点协调：高速公路隧道群主线上的路段与单个入口匝道。

第二层是控制目标协调：运输效率、交通安全、运输费用与环境污染。

交通协调控制是对道路上的交通流进行合理的引导和控制，交通协调控制的主要对象是机动车及其驾驶员，交通控制的目的是缓和、防止或消除交通拥挤和阻塞，减少尾气排放和噪声污染及能源消耗，并及时为车辆上有关人员及行人提供交通状况信息以提高交通安全。

12.4.2 参数

1)基本定义

公路隧道群协调控制与交通流密切相关，因此确定协调控制主要参数如下。

(1)交通量

交通量是指选定时间段内，通过道路某一点、某一断面或某一条车道的交通实体数。就高速公路而言，由于高速公路只供汽车行驶，因此，这里的交通实体数即车辆数。交通量随时间空间的不同而发生变化。

(2)车速

①地点车速：地点车速是指车辆通过某一点时的瞬时车速。

②行驶车速：行驶车速表示从行驶某一区间所需时间(不包括停车时间)及其区间距离求得的车速。

③运行车速：运行车速是指中等技术水平的驾驶员在良好的气候条件、实际道路状况和交通条件下所能保持的安全车速，用于评价道路通行能力和车辆运行状况。

④行程车速：行程车速又称区间车速，是车辆行驶路程与通过该路程所需的总

时间(包括停车时间)之比。

⑤临界车速:临界车速是指道路达到理论通行能力时的车速,对于选择道路等级具有重要作用。

⑥设计车速:设计车速是指在道路交通与气候条件良好的情况下仅受道路物理条件限制时所能保持的最大安全车速,用作道路线性几何设计的标准。

⑦时间平均车速:在单位时间内测得通过道路某断面各车辆的点车速,这些点速度的算术平均值即为该断面的时间平均车速。

⑧区间平均车速:在某一特定瞬间,行驶于道路某一特定长度内的全部车辆的车速分布的平均值,当观测长度为一定时,其数值为地点车速观测值的调和平均值。

(3)密度

车流密度是指某一瞬间内单位道路长度上的车辆数目。密度有两个特征值:最佳密度和阻塞密度。最佳密度 k_m 是指交通流量达到最大时的交通密度,阻塞密度 k_j 是指交通流密集到车辆无法移动时的密度。

(4)空间占有率

在道路的一定路段上车辆总长度与路段总长度之比的百分数称为空间占有率。车流密度只能表示车流的密集程度,而空间占有率则能反映某路段上车队的长度。

(5)时间占有率

在道路的任一路段上,车辆通过时间的累计值与观测总时间的比值,以百分数表示,即为时间占有率。

(6)车头间距和车头时距

车头间距是指一条车道上前后相邻车辆之间的距离。车头时距是前后相邻两辆车通过车道上某一点的时间差。与宏观参数的关系如下:

$$k = \frac{1\,000}{h_s} \tag{12-17}$$

$$q = \frac{3\,600}{h_t} \tag{12-18}$$

$$u = 3.6\frac{h_s}{h_t} \tag{12-19}$$

式中:h_s——平均车头间距,m;

h_t——平均车头时距,s。

(7)黏性

交通流的黏性定义为下游交通波的干扰。

(8)自由流密度 k_f

以自由流速度 u_f 行驶时的最大密度称为自由流密度。

(9)稀薄交通流

交通密度从 0 增加到自由流密度 k_f，速度不会降低，而是保持自由流速度，这个阶段的交通流称为稀薄交通流。

(10)稠密交通流

交通密度从自由流密度 k_f 开始继续增加，速度开始降低，这个阶段的交通流称为稠密交通流。

2)速度与密度的关系

根据路段一条车道的流入量与流入量之差为路段车辆数的变化量可以得到单车道理想交通流的连续性方程：

$$\frac{\partial k}{\partial t}+\frac{\partial (kv)}{\partial x}=0 \tag{12-20}$$

假设交通流中存在虚拟合力，当虚拟合力为零时，交通流作匀速运动；当虚拟合力产生增量$-\Delta P$，交通流作匀加速运动。在单车道中取长度为 Δx 的路段，车辆数为 $k\Delta x$，该路段交通流的加速度为 a，与之对应的虚拟合力的增量为$-\Delta P$，根据牛顿第二定律可得：

$$(k\Delta x)a=-\Delta P \tag{12-21}$$

当 Δx 趋近于零时，$\frac{\Delta P}{\Delta x}=\frac{\partial P}{\partial x}$，又由于 $a=\frac{\mathrm{d}v}{\mathrm{d}t}=\frac{\partial v}{\partial t}+v\frac{\partial v}{\partial x}$，则有：

$$\frac{\partial v}{\partial t}+v\frac{\partial v}{\partial x}+\frac{1}{k}\frac{\partial P}{\partial x}=0 \tag{12-22}$$

对于稳态交通流，v、k、q、p 只是 x 的函数且 q 为一常数，式(12-22)可转化为：

$$v\frac{\partial v}{\partial x}+\frac{1}{k}\frac{\mathrm{d}P}{\mathrm{d}x}=0 \tag{12-23}$$

解之得：

$$P=P_1+q(v_1-v) \tag{12-24}$$

式中：P_1——已知状态 1 的虚拟合力；

v_1——已知状态 1 的车速。

在实际的交通流中，交通黏性的存在是有一定条件的。假设：当 $v>v_1$，$k<k_1$ 时，黏性不存在；当 $v\leqslant v_1$，$k\geqslant k_1$ 时，黏性存在。黏性阻力是伴随着黏性存在的，按照流体力学中黏性阻力的定义可得交通流中的黏性阻力为：

$$\tau_w\begin{cases}0 & (\text{当 } v>v_1, k<k_1 \text{ 时})\\ -\frac{2(v_1-v)}{k}\frac{\partial q}{\partial x} & (v\leqslant v_1, k\geqslant k_1 \text{ 时})\end{cases} \tag{12-25}$$

联合式(12-22)和式(12-25)，引入黏性的概念后，可得黏性交通流的运动微分方程：

$$\frac{\partial v}{\partial t}+v\frac{\partial v}{\partial x}+\frac{1}{k}\frac{\partial P}{\partial x}+\tau_{w}=0 \tag{12-26}$$

由式(12-26)可得：

$$\frac{\partial P}{\partial x}=v(v_{1}-v)\frac{\partial k}{\partial x}+k(v_{1}-2v)\frac{\partial v}{\partial x} \tag{12-27}$$

由式(12-20)可得：

$$\frac{\partial q}{\partial x}=\frac{\partial(kv)}{\partial x}=v\frac{\partial k}{\partial x}+k\frac{\partial v}{\partial x}=-\frac{\partial k}{\partial t} \tag{12-28}$$

联合式(12-25)～式(12-28)可得：

$$\frac{\partial v}{\partial t}=\pm\frac{v_{1}-v}{k}\frac{\partial k}{\partial t} \tag{12-29}$$

式中，当 $v>v_1$，$k<k_1$ 时，取“－”；当 $v\leqslant v_1$，$k\geqslant k_1$ 时，取“＋”。

假定 v 是 k 的函数，即 $v=v(k)$则有：

$$\frac{\partial v}{\partial t}=\frac{\mathrm{d}v}{\mathrm{d}k}\frac{\partial k}{\partial t} \tag{12-30}$$

将式(12-30)代入式(12-29)可得：

$$\left(\frac{\mathrm{d}v}{\mathrm{d}k}\pm\frac{v_{1}-v}{k}\right)\frac{\partial k}{\partial t}=0 \tag{12-31}$$

式(12-31)的解为$\frac{\partial k}{\partial t}=0$或$\frac{\mathrm{d}v}{\mathrm{d}k}\pm\frac{v_{1}-v}{k}=0$。

实际交通流中已知状态1一般介于状态$(0,k_j)$与状态(v_f,k_f)之间，则有 $v_1=mv_f$，其中，$0\leqslant m\leqslant 1$。当 $v>mv_f$ 时，车辆之间相互影响较小；当 $v<mu_f$ 时，车辆之间有相互影响。从而以此状态1为基础解得速度—密度的关系为：

$$v=\begin{cases}mv_{f}+(1-m)v_{f}\dfrac{k_{f}}{k} & (k_{f}\leqslant k<k_{1})\\[2ex] \dfrac{q_{0}}{k} & \\[2ex] mv_{f}-mv_{f}\dfrac{k}{k_{j}} & (k_{f}<k\leqslant k_{j})\end{cases} \tag{12-32}$$

式中，第二种情况$v=\frac{q_0}{k}$是由$\frac{\partial k}{\partial t}=0$解得的，很显然，$\frac{\partial k}{\partial t}=0$表示的是稳态交通流，即第二种情况是属于稳态交通流。式(12-32)表示的速度—密度关系分析曲线如图12-5所示。

前人研究表明，当流量达到最大时的速度—密度关系即为稳态交通流模型关系，如图12-6所示。据此作一条曲线，使之与下段曲线相切于 a 点，与上段曲线相

交于 b 点。切点 a 恰好是下段曲线流量达到最大的极值点，且 a 点的速度、密度分别为：

$$v_a = \frac{m}{2} v_{\mathrm{f}}$$

$$k_a = \frac{k_j}{2}$$

点 b 的速度、密度分别为：

$$v_b = \frac{m^2 k_j}{mk_j - 4(1-m)k_{\mathrm{f}}} v_{\mathrm{f}}$$

$$k_b = \frac{1}{4}k_j - \frac{1-m}{m}k_{\mathrm{f}}$$

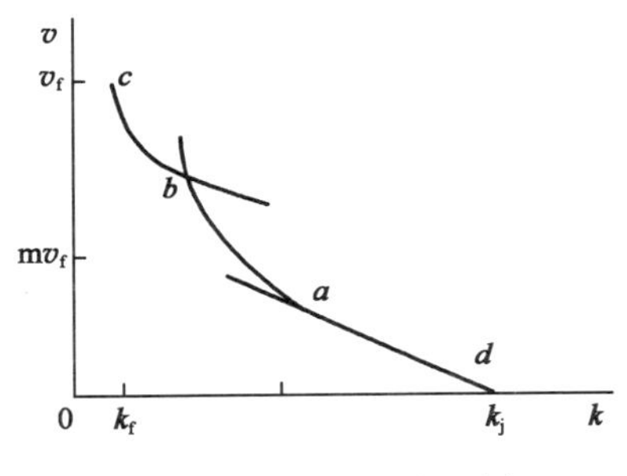

图 12-5 速度—密度关系分析

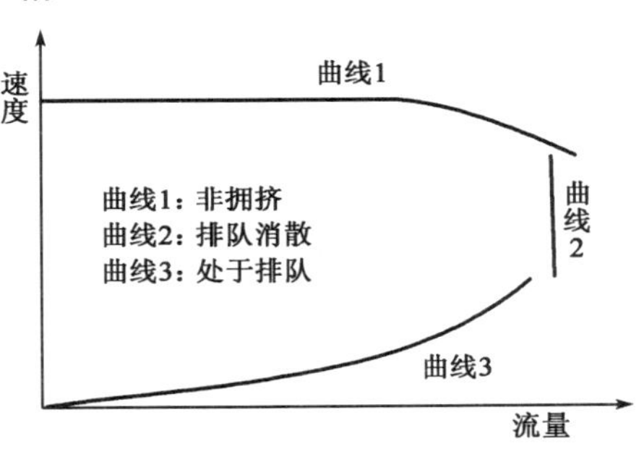

图 12-6 稳态交通流速度—流量曲线

在图 12-5 中，曲线段 ab 上各点的流量相等，且为最大流量 $q_{\mathrm{m}} = \frac{1}{4} m v_{\mathrm{f}} k_{\mathrm{j}}$。上段曲线中超过最大流量的曲线段（$b$ 点以右）、下段曲线中 a 点以左的部分与实际不符，去掉后则曲线 $cbad$ 为速度—密度关系曲线，相应的关系式为：

$$v = \begin{cases} v_{\mathrm{f}}\left[m + (1-m)\dfrac{k_{\mathrm{f}}}{k}\right] & \left(k_{\mathrm{f}} \leqslant k < \dfrac{1}{4}k_j - \dfrac{1-m}{m}k_{\mathrm{f}}\right) \\ \dfrac{1}{4} m v_{\mathrm{f}} \dfrac{k_j}{k} & \left(\dfrac{1}{4}k_j - \dfrac{1-m}{m}k_{\mathrm{f}} \leqslant k \leqslant \dfrac{1}{2}k_j\right) \\ m v_{\mathrm{f}}\left(1 - \dfrac{k}{k_j}\right) & \left(\dfrac{1}{2}k_j < k \leqslant k_j\right) \end{cases} \tag{12-33}$$

密度—速度关系为：

$$k = \begin{cases} \dfrac{(1-m)k_{\mathrm{f}} v_{\mathrm{f}}}{v - m v_{\mathrm{f}}} & \left(\dfrac{m^2 k_j v_{\mathrm{f}}}{mk_j - 4(1-m)k_{\mathrm{f}}} < v \leqslant v_{\mathrm{f}}\right) \\ \dfrac{1}{4} m k_j \dfrac{v_{\mathrm{f}}}{v} & \left(\dfrac{1}{2} m v_{\mathrm{f}} \leqslant v \leqslant \dfrac{m^2 k_j v_{\mathrm{f}}}{mk_j - 4(1-m)k_{\mathrm{f}}}\right) \\ \left(1 - \dfrac{v}{m v_{\mathrm{f}}}\right)k_j & \left(0 \leqslant v < \dfrac{1}{2} m v_{\mathrm{f}}\right) \end{cases} \tag{12-34}$$

3)速度与流量的关系

根据 $q=kv$ 和式(12-33)可以得到速度—流量关系：

$$q=\begin{cases}\dfrac{(1-m)k_{\mathrm{f}}v_{\mathrm{f}}v}{v-mv_{\mathrm{f}}} & \left(\dfrac{m^2k_jv_{\mathrm{f}}}{mk_j-4(1-m)k_{\mathrm{f}}}<v\leqslant v_{\mathrm{f}}\right)\\ \dfrac{1}{4}mv_{\mathrm{f}}k_j & \left(\dfrac{1}{2}mv_{\mathrm{f}}\leqslant v\leqslant\dfrac{m^2k_jv_{\mathrm{f}}}{mk_j-4(1-m)k_{\mathrm{f}}}\right)\\ \left(1-\dfrac{v}{mv_{\mathrm{f}}}\right)k_jv & \left(0\leqslant v<\dfrac{1}{2}mv_{\mathrm{f}}\right)\end{cases}\tag{12-35}$$

4)流量与密度的关系

同理，可得流量—密度关系为：

$$q=\begin{cases}v_{\mathrm{f}}[mk+(1-m)k_{\mathrm{f}}] & \left(k_{\mathrm{f}}\leqslant k<\dfrac{1}{4}k_j-\dfrac{1-m}{m}k_{\mathrm{f}}\right)\\ \dfrac{1}{4}mv_{\mathrm{f}}k_j & \left(\dfrac{1}{4}k_j-\dfrac{1-m}{m}k_{\mathrm{f}}\leqslant k\leqslant\dfrac{1}{2}k_j\right)\\ mv_{\mathrm{f}}\left(k-\dfrac{k^2}{k_j}\right) & \left(\dfrac{1}{2}k_j<k\leqslant k_j\right)\end{cases}\tag{12-36}$$

5)速度与交通量的关系

定义交通动量 $q_v=q\times v$，代入式(12-35)可得速度—交通动量关系：

$$q_v=\begin{cases}\dfrac{(1-m)k_{\mathrm{f}}v_{\mathrm{f}}v^2}{v-mv_{\mathrm{f}}} & \left(\dfrac{m^2k_jv_{\mathrm{f}}}{mk_j-4(1-m)k_{\mathrm{f}}}<v\leqslant v_{\mathrm{f}}\right)\\ \dfrac{1}{4}mv_{\mathrm{f}}k_jv & \left(\dfrac{1}{2}mv_{\mathrm{f}}\leqslant v\leqslant\dfrac{m^2k_jv_{\mathrm{f}}}{mk_j-4(1-m)k_{\mathrm{f}}}\right)\\ \left(1-\dfrac{v}{mv_{\mathrm{f}}}k_jv^2\right) & \left(0\leqslant v<\dfrac{1}{2}mv_{\mathrm{f}}\right)\end{cases}\tag{12-37}$$

12.4.3 安全度数学模型设计

安全度(Degree Of Safety, DOS)的基本概念是在不发生交通事故的前提下，从微观角度出发对可能发生交通事故的风险作出量化，表征可能发生交通事故的风险大小。风险越小，安全度越大。在入口匝道与隧道群主线路段协调控制的研究中，引起安全度减小的关键是入口匝道车辆在合流区进入主线路段打破了隧道群主线路段原有的交通流运行状态，从而增大了发生交通事故的风险。那么，在高速公路入口匝道与隧道群主线路段协调控制中，安全度就是入口匝道车辆成功汇入隧道群主线路段车流的概率。

1)基本假设

根据高速公路隧道群协调控制基本理念的第一层含义，得出安全度模型基于如下假设：

(1)在合流区，进入变速车道上的车辆必须在到达变速车道末端之前汇入主线路段交通流之中。

(2)入口匝道上行驶等候汇入的车辆不会出现“溢出”现象。

(3)相邻匝道之间的主线路段足够长，即不考虑相邻匝道之间的影响。

(4)入口匝道处需汇入的车辆是在经变速车道上一定时间变速后汇入，而不存在刚出匝道就直接在鼻端汇入的情况。

(5)根据交通流的可压缩性，认为变速车道的车辆汇入主线路段不会造成原主线路段外侧车道的车辆换道到内侧车道。

(6)入口匝道车辆进入变速车道后，连续汇入情况根据汇入时刻的不同仍离散成单车汇入情况。

由模型的基本假设可将入口匝道车辆的汇入过程转换为车辆的换道行为，也就是说，安全度的量化可以通过车辆换道模型的建立来间接得出。高速公路入口匝道与主线路段连接处即合流区的车辆换道行为简化如图 12-7 所示。

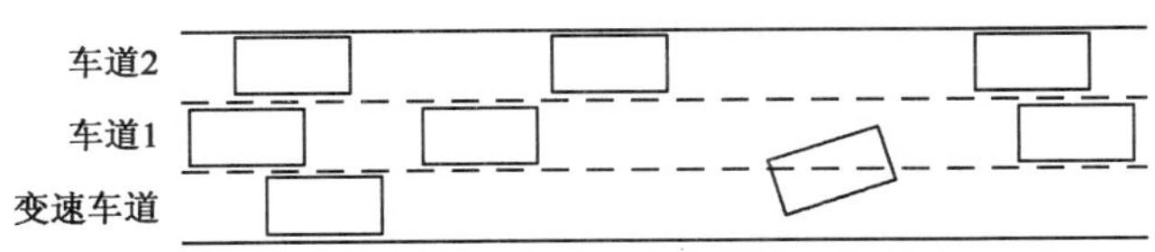

图 12-7　合流区车辆换道行为简图

与普通路段车辆换道行为不同的是：

(1)变速车道上的车辆只能在某一段时间内寻找合适的汇入间隙，属于强制性换道。

(2)此换道行为属于单向换道，即只能从变速车道(当前车道)换到主线路段行车道(目标车道)，而不存在从主线路段行车道换到变速车道的情况。

(3)在实际的交通运行过程中，主线路段车辆具有优先通行权，而变速车道上的车辆具有次要通行权，而普通路段各车道上的车辆具有同等通行权。

(4)此换道行为是在前期没有换道需求判断的前提下就直接产生换道需求，而普通路段车辆换道行为则是在进行换道需求判断后才会产生换道需求。

2)道路交通流状态划分

根据《公路工程技术标准》(JTG B01—2003)中的高速公路停车视距要求可以

得出设计速度、停车视距与密度对应的关系，如表 12-17 所示。

高速公路设计速度、停车视距、密度之间的对应关系表　　表 12-17

设计速度(km/h)	120	100	80
停车视距(m)	210	160	110
对应的密度取值[pcu/(km・车道)]	5	6	10

针对我国道路交通的特点，国家“九五”重点科技攻关项目组提供的高速公路服务水平分级表，如表 12-18 所示。

国家“九五”重点科技攻关项目组提供的高速公路服务水平分级表　　表 12-18

服务水平(V/C) 设计速度(km/h)	一	二	三	四
120	0.36	0.80	0.95	1.00
100	0.32	0.68	0.84	1.00
80	0.28	0.60	0.78	1.00

注：V/C 是在理想条件下，最大服务流率与基本通行能力之比。

根据表 12-17 和表 12-18 中的数据可以得出：按照《公路工程技术标准》(JTG B01—2003)中的高速公路停车视距要求，则高速公路交通运行状态基本是处于一级服务水平以上，否则就不满足停车视距的要求，是不安全的。很显然，这在实际的交通运行情况中是不合理的。在此，按照一级服务水平的定性规定，可以设路段交通流自由流速度为设计速度，其自由流密度 k_f 为表 12-17 对应的密度。

在实际交通流运行中，当交通流已经停滞时，其相邻两车之间有一定的距离，在此，该距离取车长的一半。以小客车为标准车型，车长值取《公路工程技术标准》(JTG B01—2003)中小客车的车长 6m，由式(12-17)可以计算出阻塞密度 k_j 为 111.1pcu/(km・车道)，在此取 k_j 为 110pcu/(km・车道)。

由式(12-17)、式(12-35)、式(12-36)得出：取 $m=0.5$，设计车速分别为 120km/h、100km/h、80km/h 时，流量—速度、流量—密度、速度—密度、速度—动量的定量关系曲线如图 12-8～图 12-19 所示。

从图 12-8～图 12-19 可以看出：

(1)流量—速度曲线、流量—密度曲线分别大致分为三段，代表着交通流状态的三种情况。

(2)速度—动量曲线上明显存在一个转折点，即交通动量变化趋势的尖点，且该尖点对应的速度值与流量—速度曲线上流量刚达到最大时对应的速度值相同或相差不大。

(3)在速度—密度曲线中，速度随着密度的增加逐渐减小，且在流量刚达到最

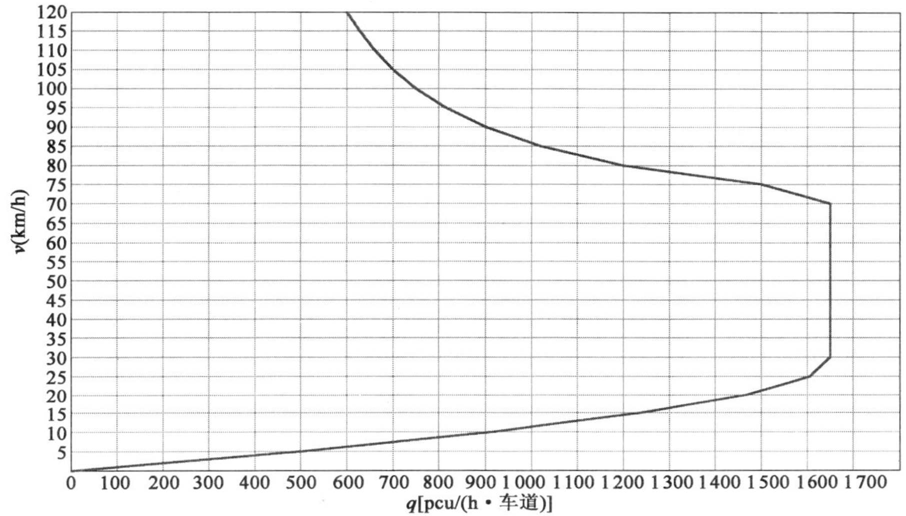

图 12-8 设计车速为 120km/h 的流量—速度对应值曲线

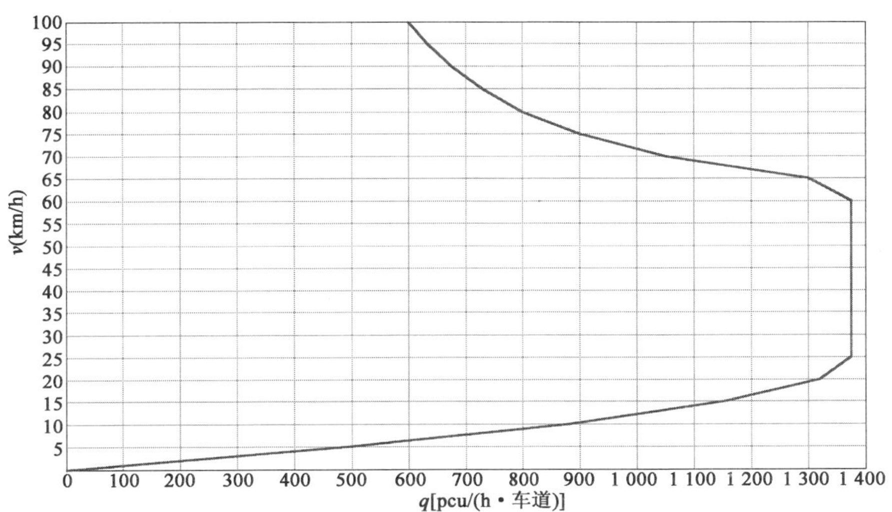

图 12-9 设计车速为 100km/h 的流量—速度对应值曲线

大时的速度点前后在下降时，速度—密度曲线从凸形转变成凹形。

(4)在三个不同设计速度下，当流量小于某个值时，其关系曲线未在图上显示，这是为了与实际情况更符合，考虑的是有黏性的交通流，在此，未在图 12-6～图 12-17 中显示的那段曲线认为是无黏性的交通流，即交通流中的波动干扰几乎趋近于 0。

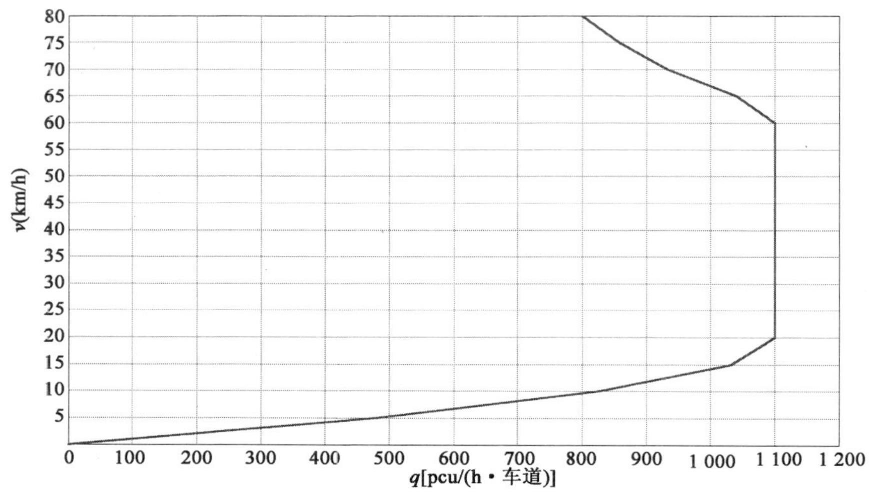

图 12-10　设计车速为 80km/h 的流量—速度对应值曲线

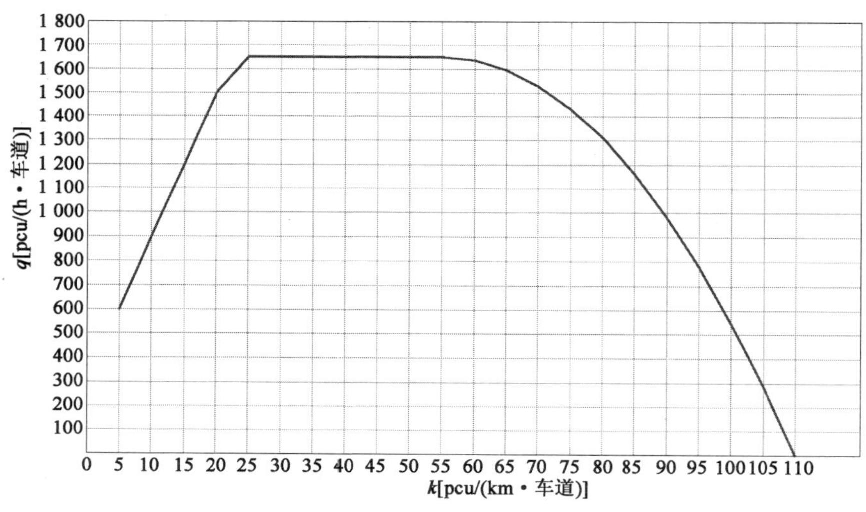

图 12-11　设计车速为 120km/h 的流量—密度对应值曲线

基于以上四点分析，定义交通动量变化趋势的顶点定义为临界点，那么交通流状态划分为如下区间。

①区间一

一段无黏性的交通流，假设按照图 12-8～图 12-19 的量化关系，则就是图 12-14～图 12-16 中密度区间分别为：[0,5]、[0,6]、[0,10]所对应的交通流状态。

②区间二

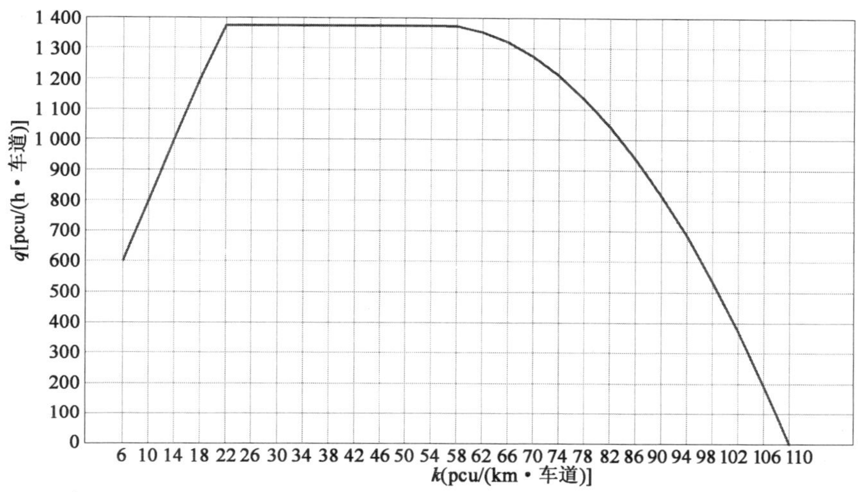

图 12-12 设计车速为 100km/h 的流量—密度对应值曲线

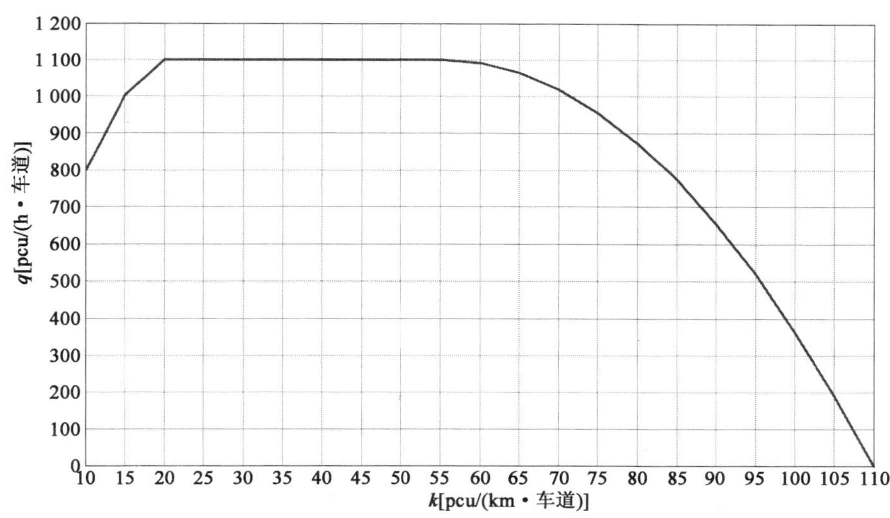

图 12-13 设计车速为 80km/h 的流量—密度对应值曲线

交通动量随着速度的减小呈增加趋势所对应的交通流状态，假设按照图 12-8～图 12-19 的量化关系，则就是图 12-14～图 12-16 中密度区间分别为：[5,23]、[6,20]、[10,17]所对应的交通流状态。

③区间三

交通动量随着速度的减小呈减少趋势但流量随着速度的减小而不变所对应的

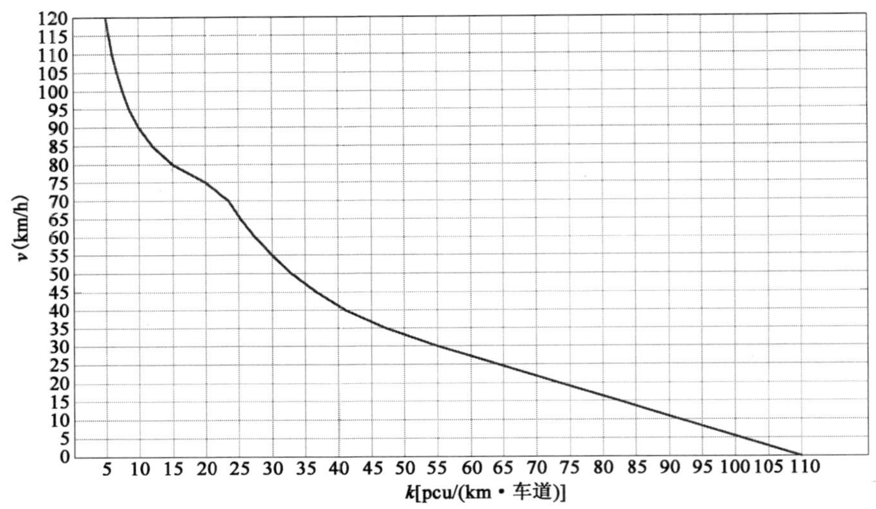

图 12-14 设计车速为 120km/h 的速度—密度对应值曲线

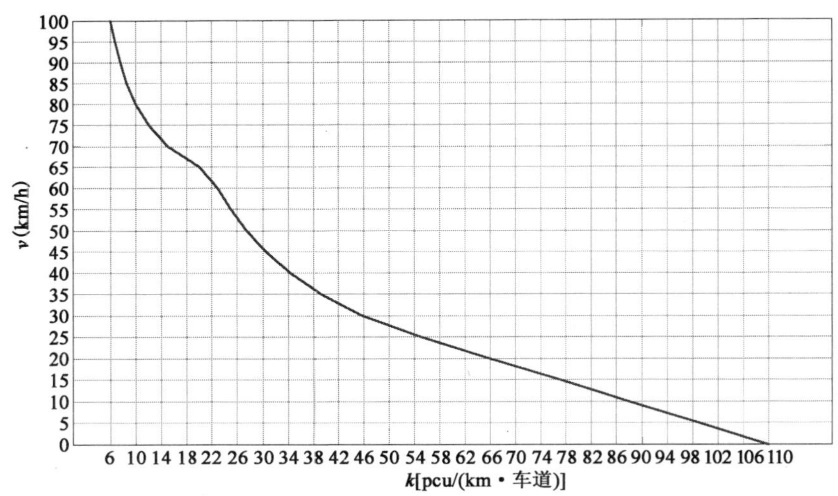

图 12-15 设计车速为 100km/h 的速度—密度对应值曲线

交通流状态，假设按照图 12-8～图 12-19 的量化关系，则就是图 12-14～图 12-16 中密度区间分别为：[23,55]、[20,55]、[17,55]所对应的交通流状态。

④区间四

交通动量和流量都随着速度的减小呈减少趋势所对应的交通流状态，假设按照图 12-8～图 12-19 的量化关系，则就是图 12-14～图 12-16 中密度区间分别为：

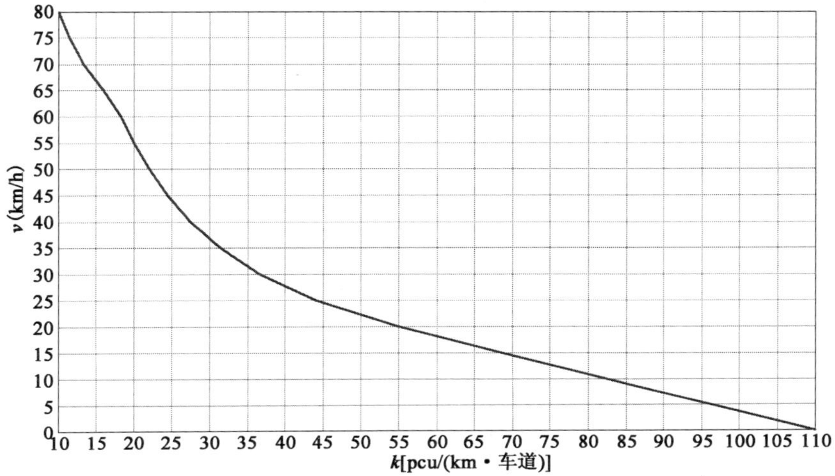

图 12-16 设计车速为 80km/h 的速度—密度对应值曲线

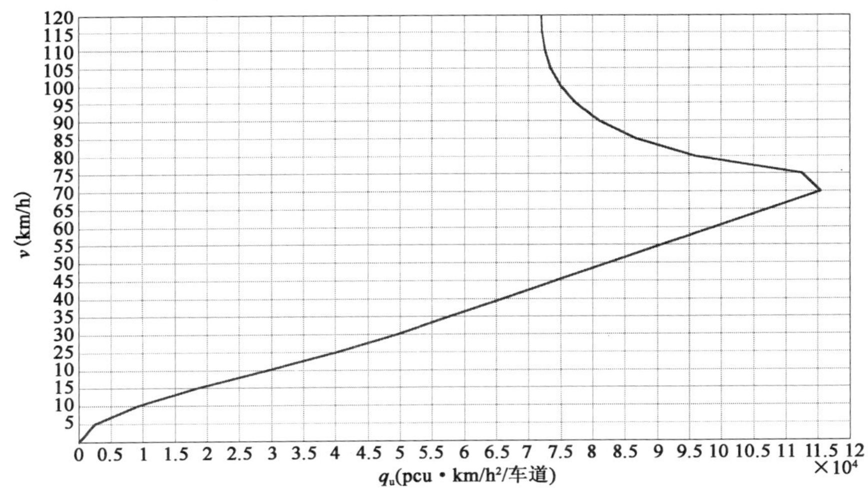

图 12-17 设计车速为 120km/h 的速度—动量对应值曲线

[55,110]、[55,110]、[55,110]所对应的交通流状态。

其中,区间一与区间二属于正常交通状态,区间三与区间四属于异常交通状态,临界点为正常交通与异常交通的分界点。

3)数学模型

(1)车头时距分布模型

常见的车头时距分布模型密度函数为如下。

①负指数分布模型

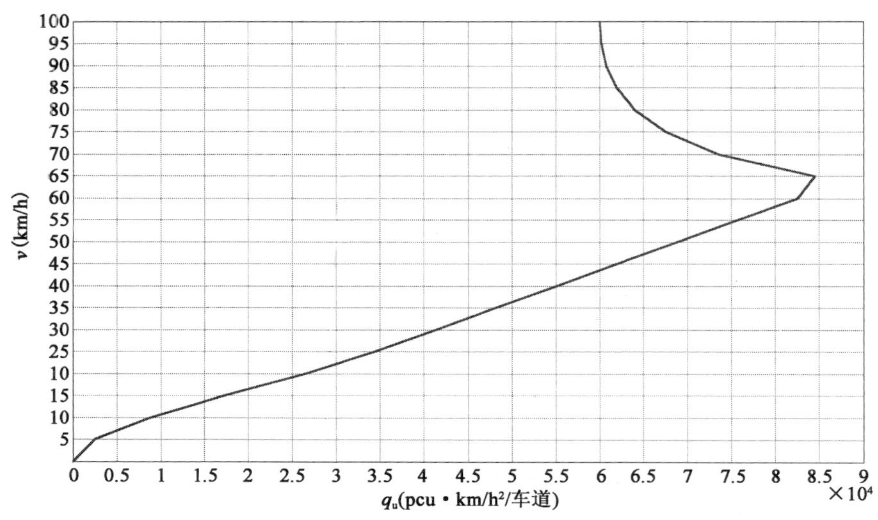

图 12-18 设计车速为 100km/h 的速度一动量对应值曲线

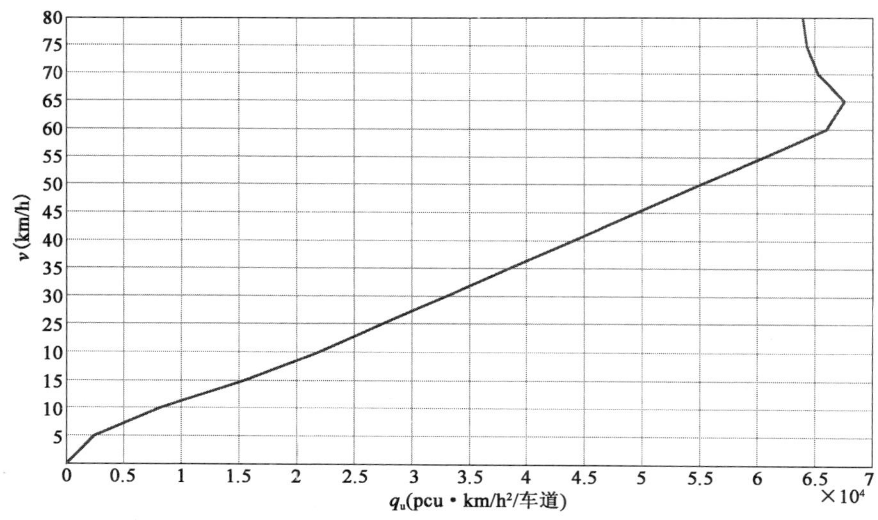

图 12-19 设计车速为 80km/h 的速度一动量对应值曲线

$$f(t) = \lambda e^{-\lambda t} \tag{12-38}$$

式中：t——车头时距，s，其值大于 0；

λ——车流量，veh/h。

该分布模型适用于车辆到达是随机的、有充分超车机会的单列车流和密度不

大的多列车流的情况。通常认为当每小时每车道的不间断车流量等于或小于 500 辆时，用负指数分布描述车头时距是符合实际的。

②移位负指数分布模型

$$f(t)=\begin{cases}\dfrac{1}{T-\Delta}e^{\frac{t-\Delta}{T-\Delta}}, & (t\geqslant\Delta)\\0 & (\text{其他})\end{cases} \tag{12-39}$$

式中：Δ——最小车头时距，s，其值大于 0；

T——平均车头时距，s，即 $1/q$。

该分布模型适合描述限制超车的单列车流车头时距分布和低流量时多列车流的车头时距分布。

③M3 分布模型

$$f(t)=\begin{cases}\alpha\lambda e^{-\lambda(t-\Delta)} & (t\geqslant\Delta)\\0 & (t<\Delta)\end{cases} \tag{12-40}$$

式中：Δ——最小车头时距，s；

λ——衰减常量；

α——自由车流的比例。

其中，这几个参数之间的关系为：

$$\lambda=\frac{q\lambda}{1-q\Delta} \tag{12-41}$$

式中：q——主路车流量，veh/h。

④Erlang 分布模型

$$f(t)=\frac{\lambda(\lambda t)^{k-1}}{(k-1)!}e^{-kt}\qquad(k=1,2,3\cdots) \tag{12-42}$$

式中：k——Erlang 分布的阶，λ/k 为车流量，veh。

Erlang 分布模型的阶 k 是非随机性程度的表示。当 $k=1$ 时，认为车头时距是随机的，当 k 值增加时，非随机性程度随之增加。

⑤定长分布模型

车流量很大，接近于通行能力，这时的车头时距基本上可以认为是恒定的，其值为安全跟车时距，可以认为是无穷阶的 Erlang 分布模型。

(2)区间一和区间二的安全度模型设计

①可行性检测模型

当入口匝道车辆不能直接汇入主线路段车道 1 时，入口匝道车辆上的驾驶员必须在变速车道上行驶的同时观察主线路段车道 1 车流中车辆间的间隙。当主线路段车道 1 提供的间隙大于可插入的临界间隙 t_c 时，表示汇入可行性出现，由此，汇入一辆车可行性的出现主要取决于主线路段车道 1 车流车头时距服从的分布规律、匝道车辆临界间隙、随车时距大小及其分布。

根据区间一和区间二的交通流状态分析，区间一到区间二的过程是稀薄交通流→稠密交通流→饱和交通流的过程，交通状态变化鲜明，符合不同阶的 Erlang 分布，故主线路段车道 1 的车头时距服从的概率分布规律采用不同阶的 Erlang 分布，根据交通流的非随机性程度，区间一与区间二采用不同阶的 Erlang 分布。汇入一辆车的可行性出现概率为：

$$P\{h \geqslant t_c\} = \sum_{i=0}^{k-1}\left(\frac{kt_c}{T}\right)^i \frac{e^{kt_c/T}}{i!} \tag{12-43}$$

式中，k 值可用观测数据的平均数及方差计算：

$$k \approx \frac{T^2}{S^2} \tag{12-44}$$

式中：T——观测车头时距的平均值，s；

S^2——观测的车头时距的方差。

②换道执行模型

假设换道可行性一旦出现，驾驶员就必定选择换道。驾驶员选择换道时是边行驶边寻找换道间隙，那么，匝道车辆在变速车道上的某个位置能否遇到主线路段车道 1 出现的汇入可行性取决于行驶至此位置的时间，这个时间的表现就是驾驶员边行驶边寻找换道间隙的时间。当主路车流量达不到设计通行能力时，如果允许匝道车辆无限期地在此等候，它总能遇到主线路段车道 1 的可汇入间隙。因此，匝道车辆在变速车道的某个位置能否遇到主路外侧车道的可汇入间隙的概率分布函数为其在此等候时间的几何分布。

匝道车辆行驶到变速车道鼻端位置的时刻为 $t=0$，匝道车辆在变速车道上行驶时间至时刻 t 换道执行成功，其概率为 $P(t)$，在时刻 $t+\Delta t$ 换道执行成功的概率为：

$$P(t+\Delta t) = P(t) + [1-P(t)]\Delta t \frac{e^{-\frac{t_c(t)}{T}}\left[\frac{t_c(t)}{T}\right]^{k-1}}{T(k-1)!} \tag{12-45}$$

令 $F(t_c(t))=\dfrac{e^{-\frac{t_c(t)}{T}}\left[\frac{t_c(t)}{T}\right]^{k-1}}{T(k-1)!}$，设 Δt 趋近于 0，那么匝道车辆在 Δt 内的可接受间隙为在时刻 t 处的可接受间隙。则有：

$$\frac{P(t+\Delta t)-P(t)}{\Delta t} = [1-P(t)]F[t_c(t)] \tag{12-46}$$

对式(12-46)取 $\Delta t \to 0$ 的极限，则有：

$$\frac{\mathrm{d}P(t)}{\mathrm{d}t} = F[t_c(t)] - F[t_c(t)]P(t) \tag{12-47}$$

解式(12-47)的微分方程可得：

$$P(t) = \mathrm{e}^{-\overline{F}t}(\mathrm{e}^{\overline{F}t} + C) \tag{12-48}$$

式中：$\overline{F}$——分布函数 $F[t_c(t)]$ 的期望值；

C——常数项。

根据基本假设④及 t 的定义，当在 $t=0$ 时刻匝道车辆汇入主线路段的概率为0，即 $P(0)=0$，代入式(12-48)计算可得：

$$P(t) = 1 - \mathrm{e}^{-\overline{F}t} \tag{12-49}$$

设变速车道总长 L，变速车道的鼻端位置为 $x=0$，$0 \leqslant x \leqslant L$，采用同样的微分法可得出匝道车辆在变速车道 x 处成功执行换道的概率为：

$$P(x) = 1 - \mathrm{e}^{-\frac{\overline{Q}x}{v_{\mathrm{con}}}} \tag{12-50}$$

式中：v_{con}——匝道车辆在换到执行成功时的车速，即合流车速；

$\overline{Q}$——分布函数 $Q[t_c(x)]$ 的期望值。

③安全度模型

根据图12-7，整个换道过程的安全度为：

$$\mathrm{DOS} = 1 - \mathrm{e}^{-\overline{F}t}\sum_{i=1}^{k-1}\left[\frac{k(t_c)}{T}\right]^i \frac{\mathrm{e}^{\frac{k(t_c)}{T}}}{i!} \tag{12-51}$$

(3)区间三的安全度模型设计

①可行性检测模型

根据区间三的交通流状态分析，可知该区间的交通流已经接近或处于饱和状态，且饱和状态会随着车流量的持续增加、速度降低而持续一段时间，正是因为在这段时间内驾驶员之间的博弈，那么会出现较少但不可忽视的换道可行性，理论上，一般会在这段持续时间的前期出现。若这时还按照区间一、二的方法进行可行性检测模型建立，显然是很不合适的，这是因为可行性的减少，换道时存在驾驶员之间的博弈，会带来一定的换道风险，那么，博弈后出现的换道可行性通常只能供一辆车换道，而且通常此时入口匝道会实施交通信号控制，实施信号控制后也是一个周期放行一辆车，故在该区间，只讨论一辆车能否换道成功。因此，换道可行性检测模型要具体到单一车辆之间，不能还从整个交通流着手。

间距检测是比较主车与目标车道前车的间距和主车与目标车道后车的间距是否大于可接受的最小间距值，它的缺陷是间距可能没有考虑车辆的速度，车辆速度不同时可接受的最小间距值应不同，高速流时，可接受的最小值明显大于低速流时的可接受值。加速度检测是比较主车跟驰目标车道前车的加速度和目标车道后车跟驰主车的加速度是否大于某一临界值，若车流处于饱和且较为稳定的状况，前后车辆的加速度和速度几乎一致，这就容易存在加速度大于给定临界值但间距很小而发生了换道的不合理情况。本书用时距检测代替传统的间距检测或加速度检测，这样能有效地避免它们的缺陷。

各车道间车辆的相互关系如图12-20所示。通常的可行性检测条件如下：

$$t_{i,j-1} > t_{\text{fore}} + \varepsilon_{i,j-1}, t_{i,j} > t_{\text{rear}} + \varepsilon_{i,j} \tag{12-52}$$

式中：$t_{i,j-1}$、$t_{i,j}$——主车与目标车道前车的时距和与目标车道后车的时距，这里的当前车道为变速车道，目标车道为主线路段的车道1；

t_{fore}、t_{rear}——驾驶员能接受的平均最小前间隙和平均最小后间隙；

$\varepsilon_{i,j-1}$、$\varepsilon_{i,j}$——能接受最小时距的随机误差项，它主要由车辆类型和驾驶员的驾驶倾向性决定。

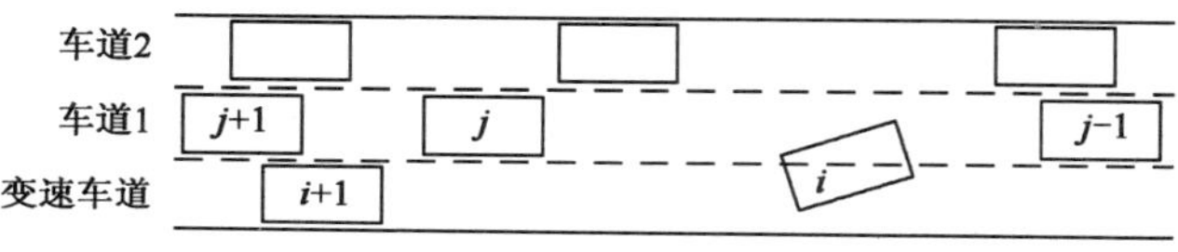

图12-20 各车道间车辆的相互关系

在区间三，式(12-52)的可行性条件一般很难满足，就会出现前面提到的驾驶员之间的博弈，为了成功实施换道，会先减速以拉大前(后)间隙，再实施换道。尤其在区间三的交通流状态下，这种先减速再换道的现象更为明显。有关研究表明存在如下两种条件的换道可行性：

$$2(t_{\text{fore}} + \varepsilon_{i,j-1}/3) < t_{i,j-1} < t_{\text{fore}} + \varepsilon_{i,j-1}, t_{i,j} > t_{\text{rear}} + \varepsilon_{i,j} \tag{12-53}$$

$$t_{i,j-1} > t_{\text{fore}} + \varepsilon_{i,j-1}, \frac{2(t_{\text{rear}} + \varepsilon_{i,j})}{3} < t_{i,j} < t_{\text{rear}} + \varepsilon_{i,j} \tag{12-54}$$

式(12-53)表明当后间隙充足而前间隙不足时，主车为了成功地实施换道，会采取减速行为，以拉大前间隙。式(12-54)表明当前间隙充足而后间隙不足时，此时主车会先向目标车道后车发出换道请求，后车再根据自身情况选择是否减速让行。

②换道执行模型

在满足式(12-53)、式(12-54)的条件后，车辆不是一定会选择减速，而是以一定概率的形式发生。这一概率与驾驶员的驾驶倾向性有关，驾驶员越爱冒险，则发生的概率越大。单个驾驶员的驾驶倾向似乎无法确定，但是一般驾驶员的判断及倾向性是基于客观驾驶环境的。在此，假设驾驶员作出风险判断是基于三种驾驶环境信息：主车自身车速、目标车道前(后)车车速以及它们之间的相对车速。虽然两车之间的相对加速度是另外一个潜在的信息，但是与相对车速相比，驾驶员较难在有限的时间内较为准确认知到相对加速度这一信息，故将其排除在外。

区间三可行性条件的 t_{fore}、t_{rear} 与区间一、二的 t_c 是有区别的。区间三的 t_{fore}、t_{rear} 是不同车道间车辆之间的临界间隙，而区间一、二的 t_c 是同一车道车辆之间的临界间隙，那么 t_{fore}、t_{rear} 的取值方法不能与区间一、二的 t_c 相同。在此，为得出 t_{fore}、t_{rear} 进行了试验。

a. 试验方法

换道试验选择在良好可视环境的白天进行，有四名男性驾驶员参与，15 种车速组合：6 种不同的主车车速 v_{own}，3 种不同目标车道后车车速 v_{rear}，如图 12-21 所示，每种试验条件的测试重复 1～3 次。此试验只模拟式(12-36)条件下的车辆换道情况。由于式(12-53)的条件是与式(12-54)的条件对称的，其试验结果一般可以应用到式(12-53)的条件。

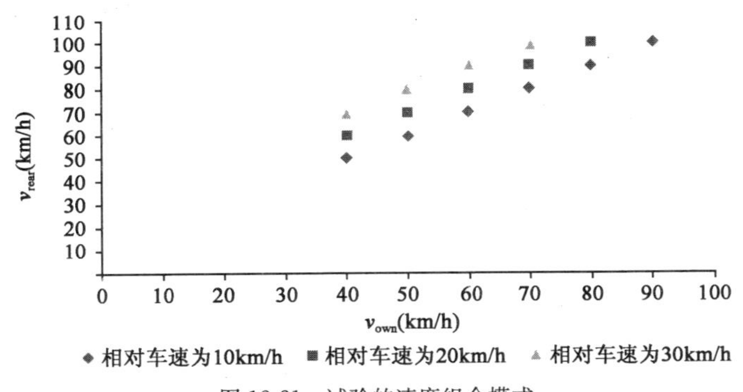

图 12-21 试验的速度组合模式

在此选择主车与目标车道后车的临界间距以及它们之间的两种时间间隔作为回归分析的输出变量，即：Id、It1＝Id/v_{own}、It2＝Id/v_{rear}。

b. 试验所得数据结果

按照试验方法，通过试验得到驾驶员 A 的数据如图 12-22～图 12-24 所示。正如期望，随着主车车速或相对速度的增加，其间距也增加。

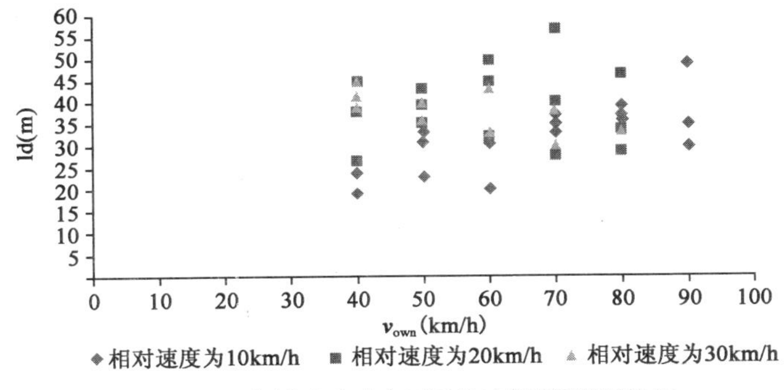

图 12-22 不同主车车速在不同相对车速情况下的 Id

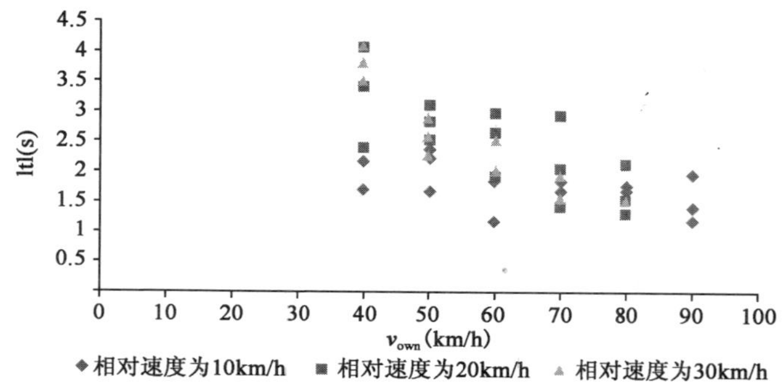

图 12-23　不同主车车速在不同相对车速情况下的 It1

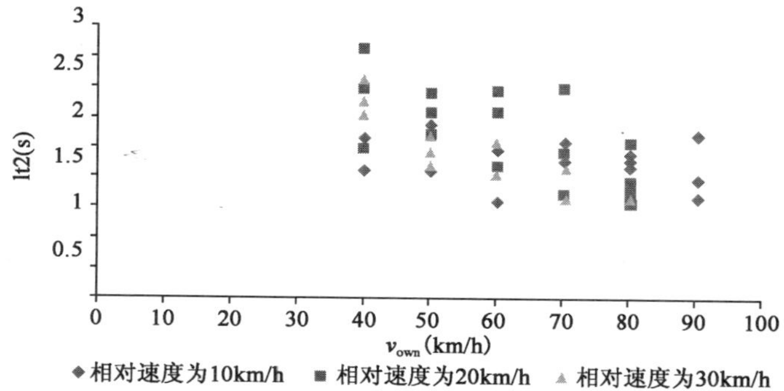

图 12-24　不同主车车速在不同相对车速情况下的 It2

c. 试验数据的回归分析

采用三种临界间隙：临界间距 Id_{cr} 和临界时间间隔 $It1_{cr}$、$It2_{cr}$ 作为回归方程的输出变量。15 个回归方程的候选预测变量，v_r 为两车之间的相对速度。如图 12-25 所示。

从图 12-25～图 12-27 可以看出，没有一个候选预测变量能对四个驾驶员的 Id_{cr}、$It2_{cr}$ 都保持较大的相关系数，那么，把 Id_{cr}、$It2_{cr}$ 作为回归方程的输出变量不合适，故这两者要排除。然而，关于 $It1_{cr}$，预测变量 v_r/v_{own} 对于所有驾驶员都显示出较高的相关性，同时，预测变量 v_r/v_{rear} 对于所有驾驶员也都显示出较高的相关性。根据驾驶员的认知机制，对于驾驶员来说，目标车道的后车车速比主车车速更难认知到。因此，v_r/v_{own} 作为预测变量比 v_r/v_{rear} 更合适。

这样，就可以建立预测变量为 v_r/v_{own} 和被预测变量为 $It1_{cr}$ 的一元回归模型。置信度为 95%驾驶员 A～D 的回归模型图见图 12-28～图 12-31。

通过图 12-28～图 12-31 确定回归模型结构为：

$$\mathrm{It1_{cr}} = \frac{\mathrm{Id_{cr}}}{v_{\mathrm{own}}} = a_1 + a_2 \cdot \frac{v_{\mathrm{r}}}{v_{\mathrm{own}}} \tag{12-55}$$

式中：a_1——相对车速为 0 时的最小时间间隙；

a_2——驾驶员的一个提前时间量 τ，之所以有个提前时间量，是因为驾驶员为了预测提前时间 τ 后的主车与目标后车之间的时间间隙，并与最小时间间隙对比，从而来判断换道是否安全。图 12-32 给出了驾驶员 A、B、C、D 的回归参数值，驾驶员的提前时间从 1.5s 到 3.2s，最小时间间隙从 0.5s 到 1.2s。

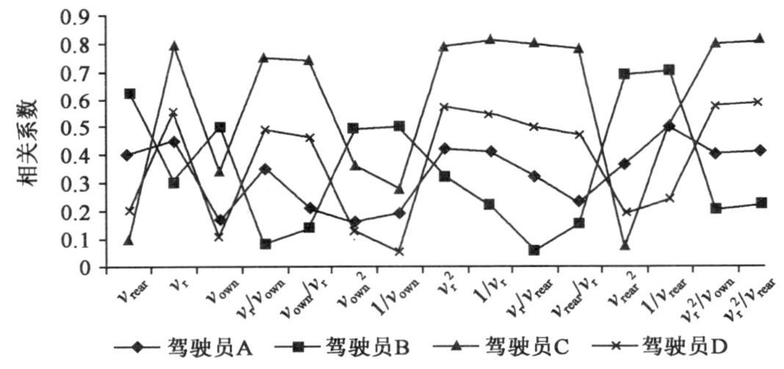

图 12-25 $\mathrm{Id_{cr}}$与候选预测变量的相关系数分析

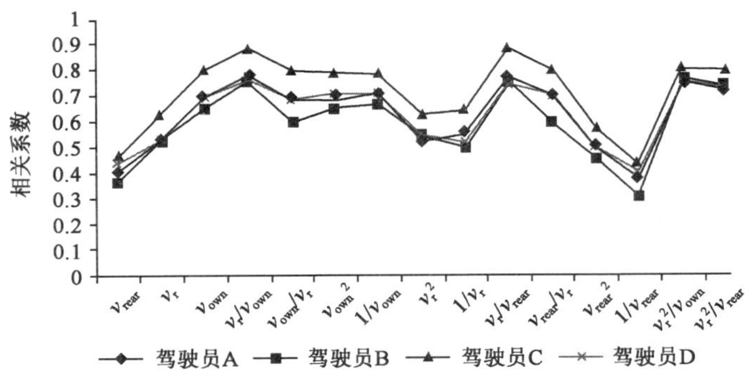

图 12-26 $\mathrm{It1_{cr}}$与候选预测变量的相关系数分析

d. 试验结果与理论结果对比分析

根据式(12-44)的条件，目标车道的后车需要制动减速，在此，定义一个安全换道距离 $\mathrm{Id_{safe}}$ 为主车换道过程中目标车道后车能平滑地减速到主车换道成功时的速度它们之间所必须保持的距离。设 t_{re} 为主车换道时目标车道后车反应时间，a 为目标车道后车的减速度，d 为换道成功后主车与目标车道后车的一个最小安全距离，那么：

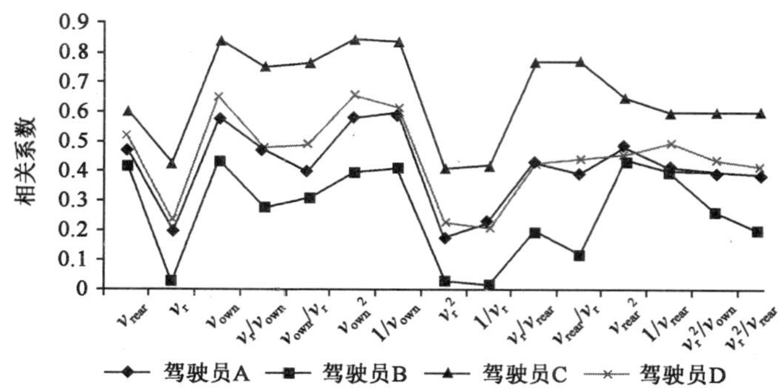

图 12-27　$It2_{cr}$与候选预测变量的相关系数分析

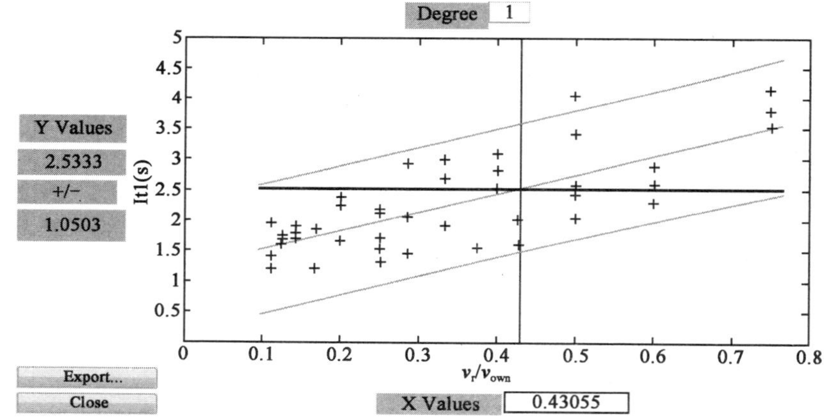

图 12-28　置信度为 95%驾驶员 A 的回归模型图

$$Id_{safe}=\frac{v_{rear}^2-v_{own}^2}{2a}-\frac{v_{own}(v_{rear}-v_{own})}{a}+t_{re}(v_{rear}-v_{own})+d=\frac{v_r^2}{2a}+t_{re}\cdot v_r+d \tag{12-56}$$

通常，驾驶员的平均反应时间 t_{re}和车辆的正常的减速度 a 分别为 1.0s 和 2.0m/s^2，d 为 10m。图 12-33 是主车车速为 40km/h 时，在不同相对车速下回归模型与理论模型的 Id_{safe}对比。从图 12-33 可以看出，驾驶员 A、C 相对于驾驶员 B、D 执行换道时的风险要小，尤其驾驶员 D 的回归模型曲线已经完全位于理论曲线之下，这主要是因为 B、D 的提前时间 τ 要比驾驶员 A、C 小很多，而且驾驶员 D 换道成功后与目标车道后车的安全距离是最小的，故驾驶员 D 的换道风险是最大的。

③安全度模型

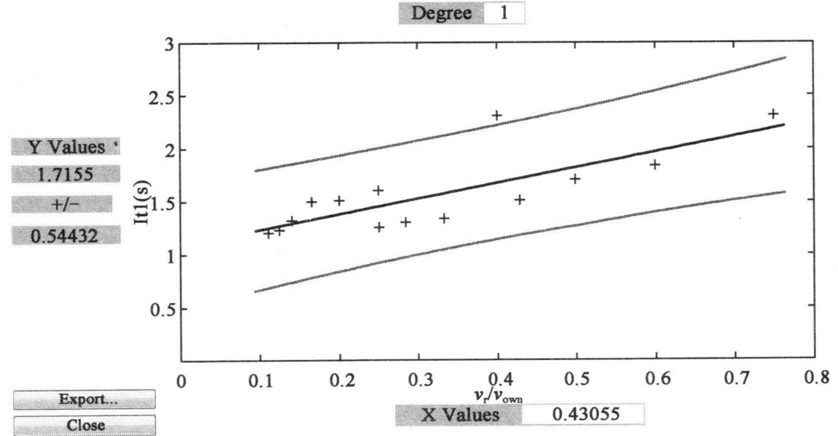

图 12-29 置信度为 95%驾驶员 B 的回归模型图

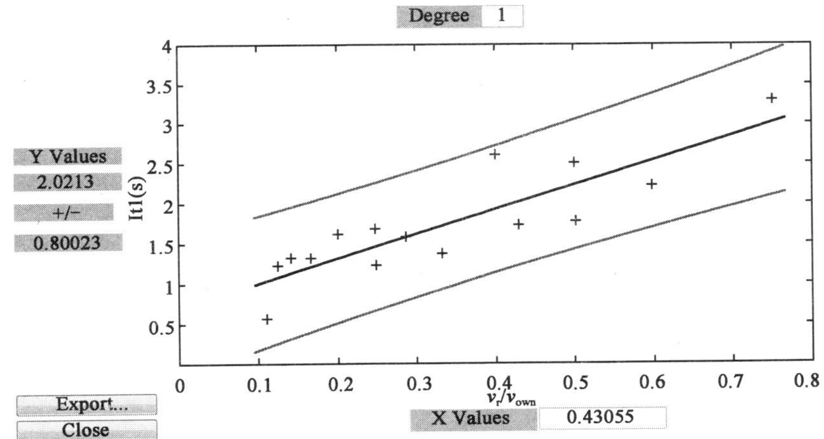

图 12-30 置信度为 95%驾驶员 C 的回归模型图

由图 12-33 还可以看出，执行换道的风险大小随着相对车速的增加而增加，由于理论结果曲线是一条凹曲线，实验得到的回归曲线是一条直线，那么执行换道的风险与相对车速的关系应是一条凹曲线，其执行换道的安全度与相对车速的关系应是一条随着相对车速增加而减小的凸曲线，关系曲线如图12-34所示。

在图 12-34 中，有个临界相对车速 v_{rc}，表示在该车速下换道，必定发生碰撞；还有个特征线，该特征线为安全度为 1 的一条直线，该区间的安全度模型曲线只能趋近于此特征线。

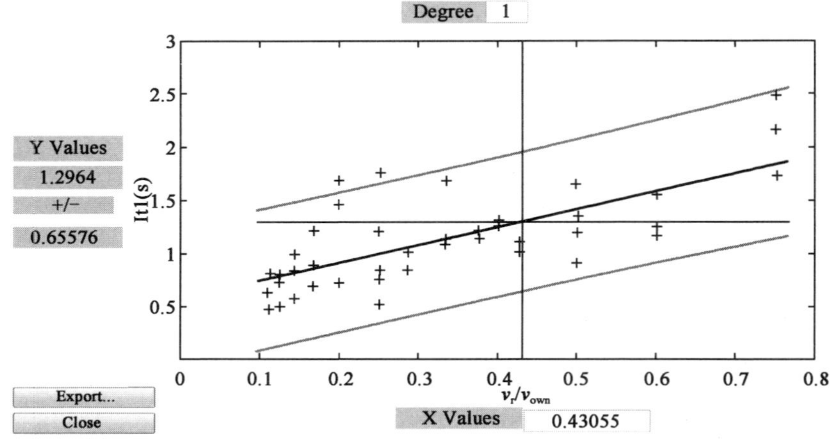

图 12-31　置信度为 95％驾驶员 D 的回归模型图

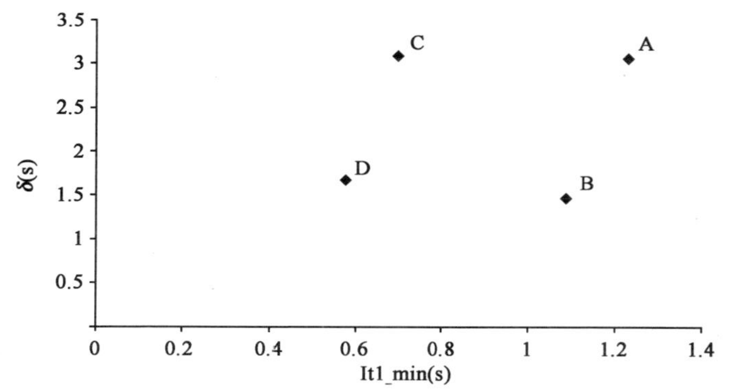

图 12-32　驾驶员 A、B、C、D 的提前时间和最小时间间隙

12. 4. 4　协调控制数学模型设计

1)模型框架结构

根据本书表述的协调控制的基本理念，高速公路隧道群协调控制模型的目标函数有三个：运输效率函数、运输费用函数和环境影响函数。由于运输费用是由运输效率的高低、污染物排放量的大小以及引发交通事故造成的损失大小所产生的，故在此不作目标函数之一，但借助运输费用将多目标规划模型转换成单目标优化模型，同时把安全度模型作为协调控制模型的反馈模块。协调控制模型框架如图 12-35 所示。设环境影响目标函数为 $f_1(x)$，运输效率目标函数为 $f_2(x)$，建立多目标规划模型结构如下：

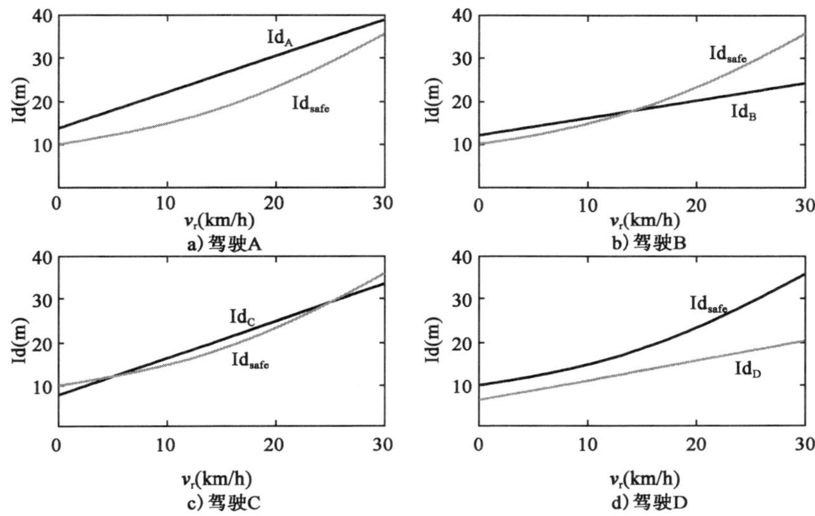

图 12-33 不同模型的驾驶员 A、B、C、D 的 Id_{safe}对比图

$$
\begin{cases}
\max f_1(x), \min f_2(x) \\
s.t.\ g_j(x) \geqslant 0 \quad (j=1,2,\cdots,p) \\
h_k(x)=0 \quad (k=1,2,\cdots,q)
\end{cases}
\tag{12-57}
$$

在图 12-35 中，参考输入为公路隧道群主线路段流量、与隧道群主线道路相接匝道交通流量、汇入位置；控制环节为多目标规划控制模型；控制量为环境影响与运输效率；被控对象为入口匝道交通流及其所影响的公路隧道群主线路段交通流；输出为入口匝道调解率；扰动是天气等自然环境的干扰；反馈环节为安全度模型；主反馈为通过安全度与参考输入的函数关系计算得到的信号；偏差为参考输入与主反馈之差；比较环节相当于偏差检测器，为输入量的代数和。

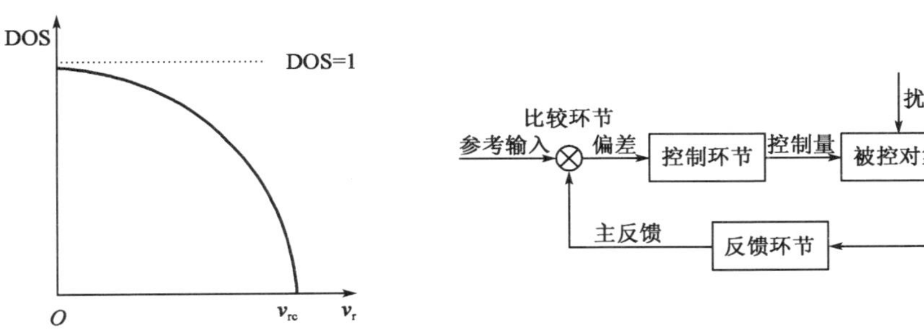

图 12-34 区间四的安全度模型曲线

图 12-35 协调控制模型框架图

2)影响区的确定

公路入口匝道及其与隧道群主线路段连接处存在很明显的车辆合流、交织现象,必然对交通流的运行产生影响,交通流的影响参数会发生变化。设高速公路隧道群主线路段交通流的最初流量、速度分别为 q_{us}、v_{us},入口匝道的车流量为 r,速度为 v_r,入口匝道车辆进入变速车道后,在变速车道上距鼻端 l 处汇入主线路段,汇入点为原点,对应的时刻为 0,在合流区内且位于汇入点后区域内的车辆保持合流速度 v_{con} 不变,此阶段可以认为是车流集结过程;待交通流驶出合流区进入隧道群主线路段速度由 v_{con} 开始变化到 v_{ds},此阶段为车流消散过程,刚驶出合流区对应的时刻为 t_{con},受车辆汇入影响的车队在下游完全消散时所需时间为 t_{ds}。影响区分析简图如图 12-36 所示,则有:

$$t_{con}=\frac{L-l}{v_{con}} \tag{12-58}$$

$$t_{ds}=\frac{L-l-\frac{v_{w1}(L-l)}{v_{con}}}{v_{w1}-v_{w3}} \tag{12-59}$$

$$L_{us}=(v_{con}-v_{w1})t_{con}-L \tag{12-60}$$

$$L_r=(v_{con}-v_{w2})t_{con}-L \tag{12-61}$$

$$L_{ds}=\frac{(v_{ds}+v_{con})}{2}t_{ds} \tag{12-62}$$

式中:L_{us}——在 t_{con} 时刻变速车道的鼻端距上游(upstream)影响区左端的长度;

v_{w1}——变速车道的车辆汇入主线路段后主线路段的波速;

L——合流区长度,即变速车道的长度,为已知常数项;

l——合流处距鼻端距离;

L_r——在 t_{con} 时刻主线路段上原点至入口匝道影响区下端的长度;

v_{w2}——变速车道的车辆汇入主线路段后变速车道的波速;

L_{ds}——在下游(downstream)区域内所受影响车队完全消散时所对应的车队长度;

v_{w3}——合流区车辆驶入下游影响区后下游影响区的波速。

注意,该影响区是交通流的影响区,具有动态性,不是道路几何尺寸意义上的影响区。只要确定该影响区,就可以确定所受影响区内的环境影响情况和行程时间情况。上述情况只是通常情况下影响区分析,在车流量很小的情况下,上述有些长度根据实际情况可能为负,若为负表示影响区没有扩大到合流区外。

3)运输效率目标函数

从驾驶员的角度出发,总希望以较快的速度行驶,尽快到达目的地,这就要求隧道群主线路段车辆行程时间和入口匝道车辆行程时间总和最小,即总行程时间

最小，此时的运输效率应是最高。因此，运输效率目标函数为：

$$\min f_1(x)=\sum_i\sum_j q_{ij}\times t_{ij} \tag{12-63}$$

式中：q_{ij}——车型 i 在路段 j 的交通量；

t_{ij}——车型 i 在路段 j 的行程时间。

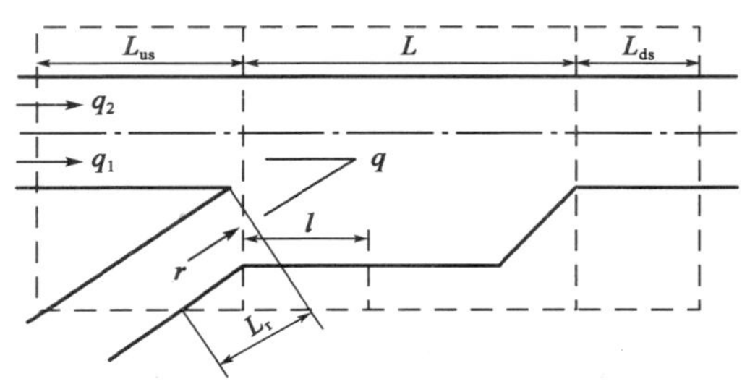

图 12-36　影响区分析简图

4）环境影响目标函数

在现有道路交通对隧道群环境影响的研究中，大多只考虑了污染物排放量，其排放量计算是从车辆基本排放因子着手，然后通过一些修正系数进行修正后作为排放因子来直接计算评价区域的机动车排放量是不充分的，这是因为排放因子对应的对象是单车，然而在实际车流运行过程中每一辆车的运行工况是不完全相同的，故采用交通量、交通流速度等宏观变量建立环境影响目标函数。高速公路的环境影响主要包括噪声污染和空气污染，在此借用日本《道路投资方案评价指南》(Guidelines for Evaluation of Road Investment Projects)中的模型来建立环境影响目标函数，如表 12-19 所示。

日本《道路投资方案评价指南》中的环境影响模型 r　　表 12-19

速度(km/h)	NO_x(g/km/h)	CO_2(g/km/h)	噪声(dB)
60	$(0.0096a_1+0.0792a_2)q$	$(1.6667a_1+5.0833a_2)q$	$41+A$
70	$(0.0104a_1+0.0875a_2)q$	$(1.6250a_1+5.1250a_2)q$	$42+A$
80	$(0.0113a_1+0.0954a_2)q$	$(1.6667a_1+5.3750a_2)q$	$42+A$
90	$(0.0127a_1+0.1073a_2)q$	$(1.7034a_1+5.6056a_2)q$	$43+A$
100	$(0.0129a_1+0.1113a_2)q$	$(1.7500a_1+5.8750a_2)q$	$43+A$
120	$(0.0146a_1+0.1271a_2)q$	$(1.8333a_1+6.3750a_2)q$	$44+A$

注：$A=10\times\lg(a_1+4.4a_2)+10\times\lg(q)$；$a_1$ 为小车比例；a_2 为大车比例；q 为交通量(pcu/h)。

5）单目标函数建立

在多目标规划模型的求解中，其权重确定有一定困难，在这里借助时间单位费用和环境影响单位费用将多目标函数转化成单目标函数。表 12-20 和表 12-21 分别是时间单位费用与环境影响单位费用。

根据式(12-63)、表12-19～表12-21可以得出转换成的单目标函数：

$$\min f(x)=\sum_i\sum_j q_{ij}\times t_{ij}\times\omega_i+\sum_p\sum_j\gamma_{pj}\times\delta_{pj}\times L_j \tag{12-64}$$

式中：ω_i——车型 i 的时间单位费用；

γ_{pj}——路段 j 的 p 类环境影响模型；

δ_{pj}——路段 j 的 p 类环境影响单位费用；

L_j——路段 j 的长度。

环境影响单位费用 δ 表12-20

环境影响类型	密集城市区域	其他城市区域	农村区域(平原)	农村区域(山区)
空气污染(元/kg)	204.40	40.60	14.00	0.70
噪声污染[元/(dB·h)]	19.18	3.80	1.32	0.06
温室气体污染(元/kg)	0.16			

时间单位费用 ω 表12-21

车辆类型	巴士	轿车	小货车	大货车
[元/(min·车)]	36.38	4.40	3.98	6.12

12.4.5 协调控制模型数值解析

1)区间一的模型数值解析

区间一的主线路段交通流属于稀薄流状态，车流量很小，车辆基本上都以自由流车速行驶，车辆有着足够的行驶自由，当入口匝道车辆进入主线区域后，其车流一般处于加速行驶状态。

(1)初始化

高速公路隧道群地处山岭地区，主线路段为双向四车道，坡度为2%，设计车速 v_f=100km/h，通常，高速公路隧道群主线路段车道1的交通流中行驶的大车较多，故设大车与小车之比为1∶1。根据我国设计车速为100km/h高速公路隧道的限速规定，大车限速80km/h，小车限速100km/h，折算主线路段车道1的平均自由流车速为90km/h。隧道群主线路段交通量 $q_{us}\in[0,650\text{pcu/h}]$。

单车道入口匝道车道，坡度为1%，设计车速 v_{fr}=40km/h，大车与小车之比为1∶1，入口匝道交通量 $r\in[0,1\,100\text{pcu/h}]$。

合流区变速车道的长度为300m，大车与小车之比为1∶1，即合流区长度 L=300m，$l\in[0,300]$。

(2)分析结果

①若高速公路隧道群主线路段交通量 $q_{us}\in[0,180\text{pcu/h}]$，入口匝道交通量

$r \in [0, 50\text{pcu/h}]$

此种情况隧道群主线路段交通量和入口匝道交通量都非常小，可以认为，入口匝道车流汇入主线时，对主线交通流的影响几乎为 0。主线路段和入口匝道的车流中，只有合流区变速车道上的车流会出现速度变化的情况，整个影响区的运输效率、环境影响以及安全度由变速车道上的车流速度变化的大小和汇入的位置所决定，故只需考虑入口匝道的流量和 l 的大小。其计算结果如图 12-37～图 12-40 所示。

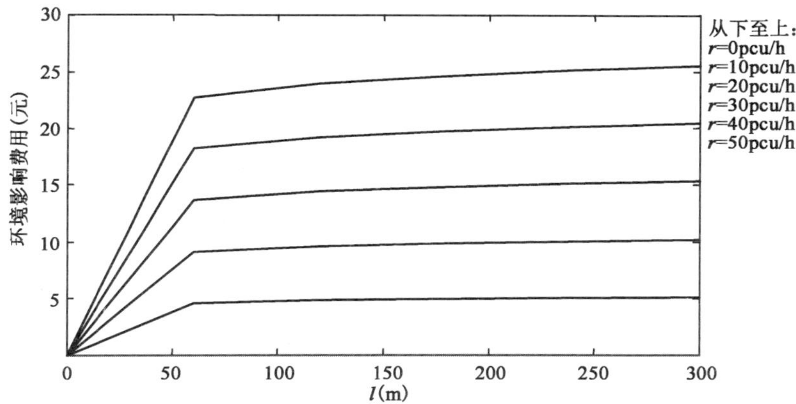

图 12-37　不同流量组合下的环境影响费用与 l 的关系

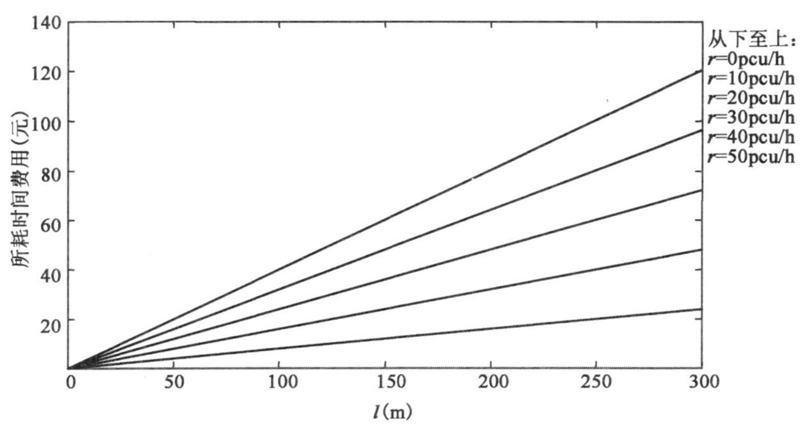

图 12-38　不同流量组合下的所耗时间费用与 l 的关系

图 12-37～图 12-39 的曲线从下至上分别为 $r=0\text{pcu/h}$、$r=10\text{pcu/h}$、$r=20\text{pcu/h}$、$r=30\text{pcu/h}$、$r=40\text{pcu/h}$、$r=50\text{pcu/h}$ 在 $l=0\text{m}$、$l=60\text{m}$、$l=120\text{m}$、$l=180\text{m}$、$l=240\text{m}$、$l=300\text{m}$ 这六个汇入点的三种费用变化规律。从图中可以看出，

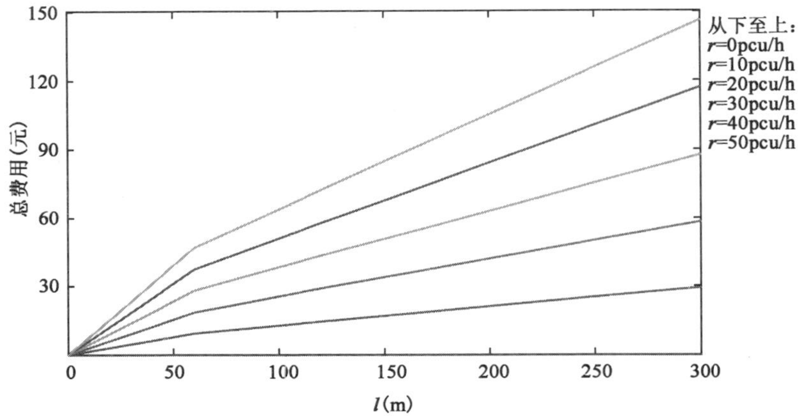

图 12-39　不同流量组合下的总费用与 l 的关系

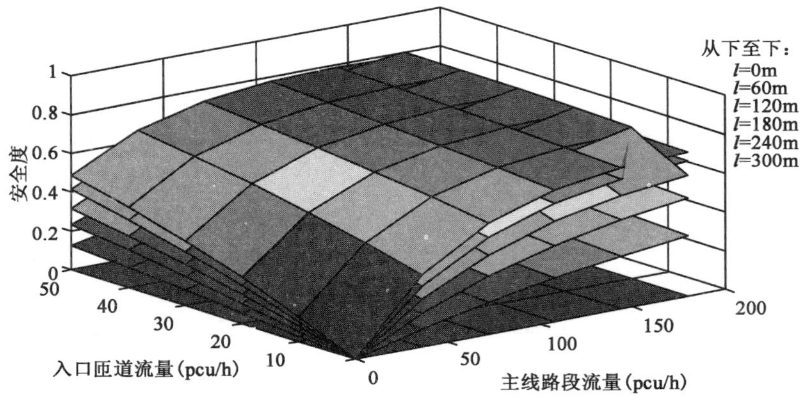

图 12-40　不同汇入点下的安全度与流量之间的关系

入口匝道车流量 r 越小，三种费用越低；汇入点离合流区鼻端越近，三种费用越低。但是由于入口匝道车辆加速到合流速度是需要一段时间的，故在合流区鼻端以合流速度汇入是不可能的。

图 12-40 的曲面是不同入口匝道流量与不同主线路段流量在不同汇入点下的安全度。从图中可以看出，入口匝道的车辆在变速车道上行驶的距离越长，汇入主线的成功率越大，即安全度越大，这与驾驶员在变速车道上边行驶边寻找汇入可行性的心理是相符的。

②若高速公路隧道群主线路段交通量 $q_{us}\in[180,600\text{pcu/h}]$，入口匝道交通量 $r\in[50,11\,000\text{pcu/h}]$。

此种情况的 q_{us} 虽然还处于区间一，但 r 包括了区间一到区间三的三个状态，

入口匝道的交通流对隧道群主线路段的影响不能忽略。整个影响区的运输效率、环境影响以及安全度由隧道群主线路段流量、入口匝道流量和合流区汇入的位置所决定。其计算结果如图 12-41～图 12-44 所示。

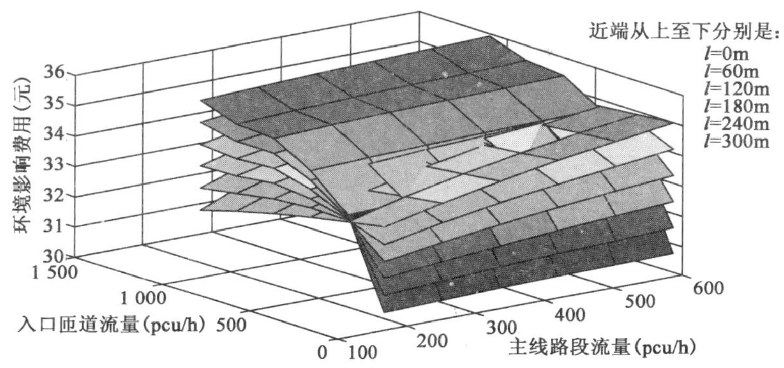

图 12-41　不同汇入点下的环境影响费用与流量之间的关系

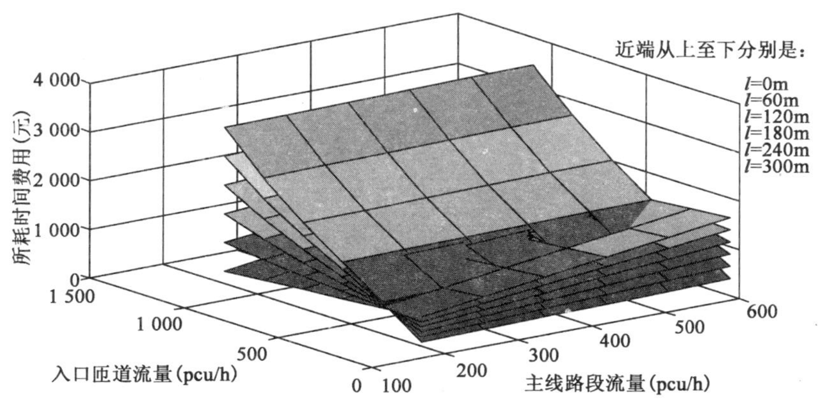

图 12-42　不同汇入点下的所耗时间费用与流量之间的关系

从图 12-41～图 12-43 可以看出：当入口匝道流量较小时，汇入点离鼻端越近，三项费用都越高；当入口匝道流量超过一定值后，汇入点离鼻端越近，三项费用都越低，在不同汇入点的费用有大小关系的转变。

从图 12-44 可以看出：在 $l=0\text{m}$ 处汇入主线的安全度为 0，这主要是由 12.4.3 安全度模型的基本假设④决定的；在 $l=300\text{m}$ 处汇入安全度最高，这与前一种情况基本相似。

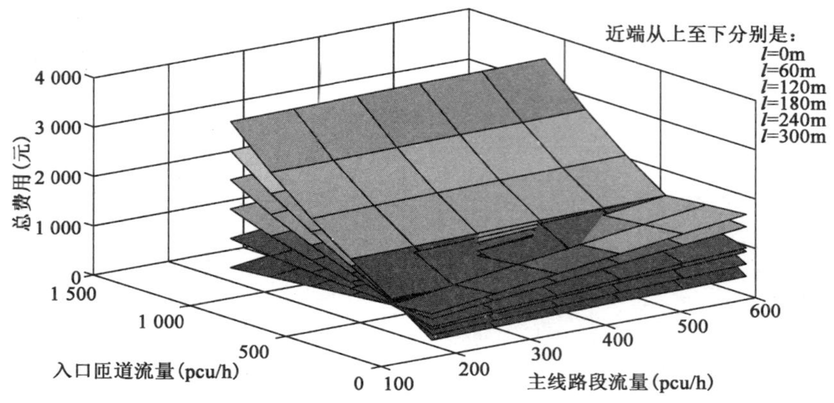

图 12-43 不同汇入点下的总费用与流量之间的关系

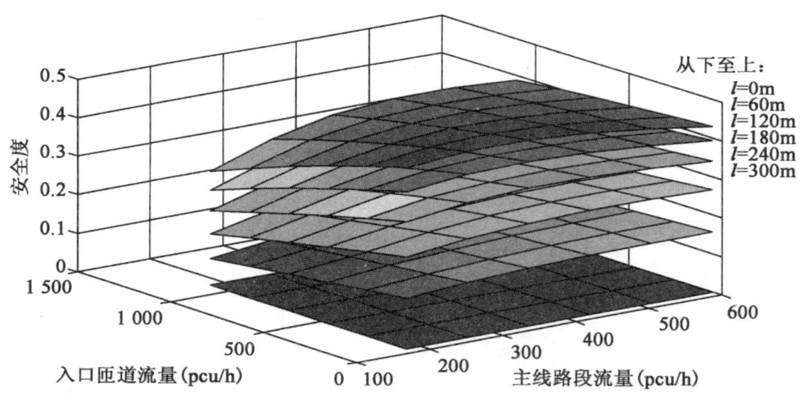

图 12-44 不同汇入点下的安全度与流量之间的关系

2)区间二的模型数值解析

(1)初始化

高速公路隧道群地处山岭地区,主线路段为双向四车道,坡度为 2%,设计车速 v_f=100km/h,通常,高速公路隧道群主线路段车道 1 的交通流中行驶的大车较多,故设大车与小车之比为 1∶1。根据我国设计车速为 100km/h 高速公路隧道的限速规定,大车限速 80km/h,小车限速 100km/h,折算主线路段车道 1 的平均自由流车速为 90km/h。隧道群主线路段交通量 $q_{us}\in$[600,1 650pcu/h]。

单车道入口匝道车道,坡度为 1%,设计车速 v_{fr}=40km/h ,大车与小车之比为 1∶1,入口匝道交通量 $r\in$[0,1 100pcu/h]。

合流区变速车道的长度为 300m,大车与小车之比为 1∶1,即合流区长度 L=

300m,$l \in [0,300]$。

(2)分析结果

区间二的状态属于高速公路隧道群主线路段交通流从自由流向饱和流转变的过程,整个影响区的运输效率、环境影响以及安全度同样由主线路段流量、入口匝道流量和合流区汇入的位置所决定。其计算结果如图 12-45~图 12-48 所示。

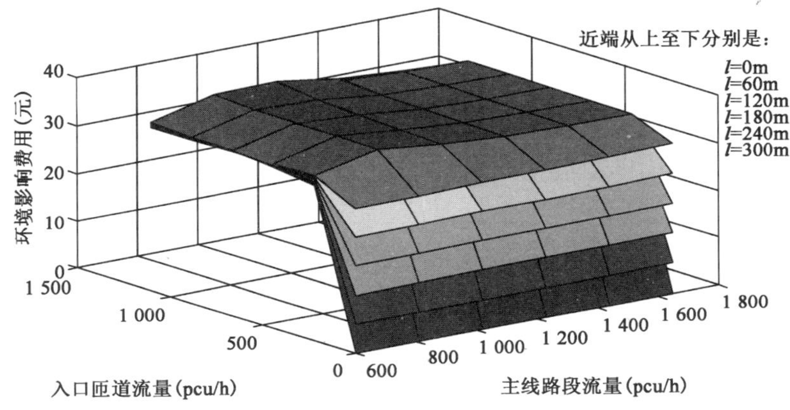

图 12-45 不同汇入点下的环境影响费用与流量之间的关系

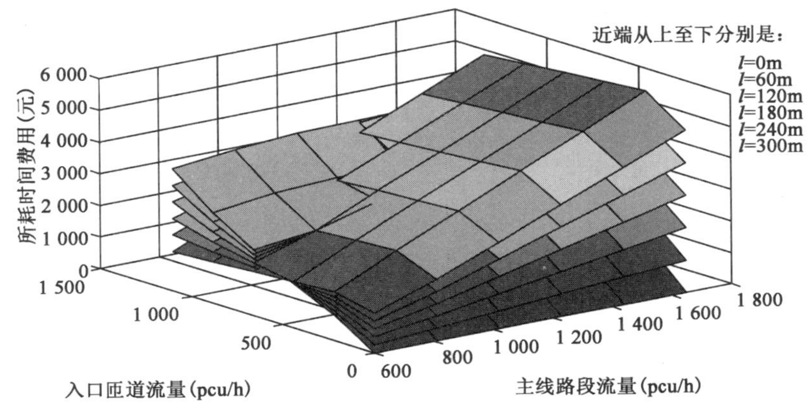

图 12-46 不同汇入点下的所耗时间费用与流量之间的关系

从图 12-45~图 12-47 可以看出:在 l=0m 处汇入的环境影响费用最高,在 l=300m 处汇入的环境影响费用最低;所耗时间费用在不同位置汇入会出现曲面相交的现象;由于所耗时间费用占总费用的绝大部分,总费用的变化趋势与所耗时间费用的变化趋势基本相同。

从图 12-48 可以看出:由于区间二的流量较区间一大,其安全度随之变小。

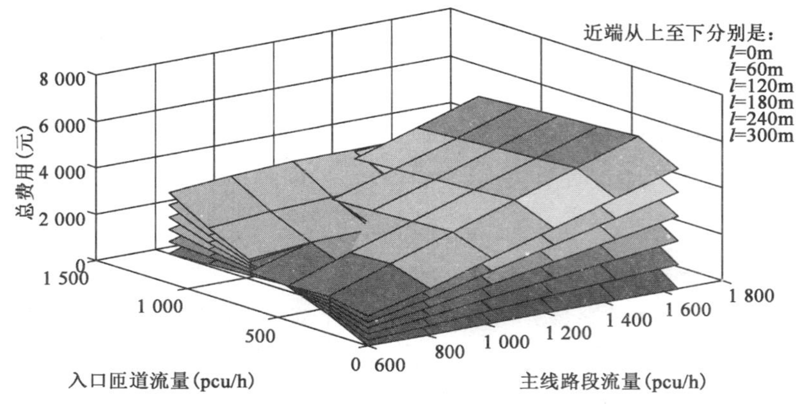

图 12-47 不同汇入点下的总费用与流量之间的关系

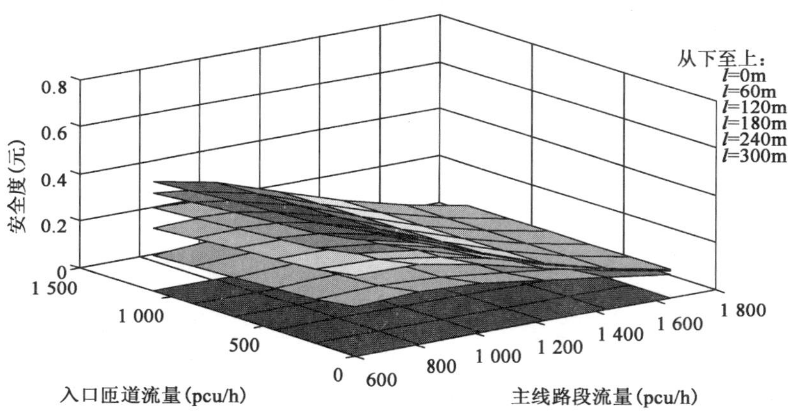

图 12-48 不同汇入点下的安全度与流量之间的关系

3)区间三的模型数值解析

(1)初始化

高速公路隧道群地处山岭地区，主线路段为双向四车道，坡度为 2%，设计车速 v_f=100km/h，通常，高速公路隧道群主线路段车道 1 的交通流中行驶的大车较多，故设大车与小车之比为 1∶1。根据我国设计车速为 100km/h 高速公路隧道的限速规定，大车限速 80km/h，小车限速 100km/h，折算主线路段车道 1 的平均自由流车速为 90km/h。隧道群主线路段交通量 q_{us}=1 650pcu/h。

单车道入口匝道车道，坡度为 1%，设计车速 v_{fr}=40km/h，大车与小车之比为 1∶1，入口匝道交通量 $r\in[0,1\ 100\text{pcu/h}]$。

合流区变速车道的长度为 300m，大车与小车之比为 1∶1，即合流区长度 L=300m，$l\in[0,300]$。

(2)分析结果

区间三的交通流量会处于稳定状态,但是车速会随着密度的不断增加而降低。若隧道群主线交通流密度不是该区间的下限,入口匝道车辆汇入主线还是有可能的,故取 $v_{us}=70\text{km/h}$。当隧道群主线路段交通量 q_{us} 和 v_{us} 一定时,整个影响区的运输效率、环境影响以及安全度主要由入口匝道车流量和合流区汇入点的来决定。其计算结果如图 12-49~图 12-51 所示。

从图 12-49~图 12-51 可以看出:随着入口匝道流量的增加,三种费用增加,而且有收敛的趋势,其总费用的变化趋势主要由所耗时间费用的变化趋势决定。

根据计算分析,车辆合流时,入口匝道车辆与隧道群主线路段的相对速度在 7km/h 与 10km/h 之间,主线路段交通流的车头间距为 40m,结合本书中区间三的安全度模型,计算可得 Id_{safe} 在 12~14m 之间。可以看出,区间三是符合安全度的要求。

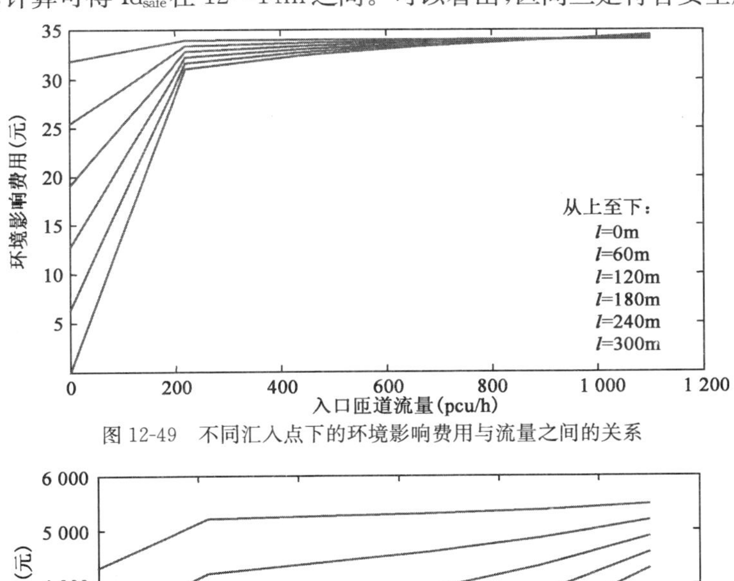

图 12-49 不同汇入点下的环境影响费用与流量之间的关系

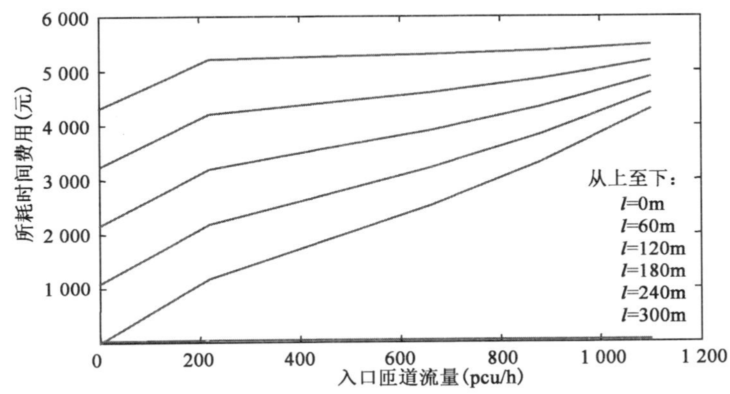

图 12-50 不同汇入点下的所耗时间费用与流量之间的关系

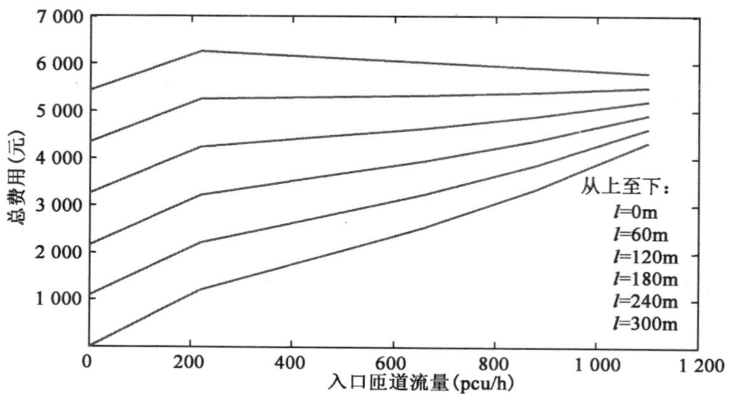

图 12-51　不同汇入点下的总费用与流量之间的关系

第13章　公路隧道运营安全管理技术

管理是保证安全的核心之一。本章主要阐述管理体制、管理职责、管理程序、应急管理、危险品管理以及管理评价。

13.1　管理体制

我国高速公路隧道运营管理隶属于高速公路运营管理，高速公路管理有隶属于公安部门和隶属于交通部门的两种体制，其中隶属于交通部门管理的属改革试运行阶段，目前尚无定论；由公安部门管理的有条块式管理和垂直式管理等两种管理模式，其各种管理体制、模式各有利弊。

13.1.1　条块式管理

条块式管理模式在实际运行中有两种含义，一种（下文称之为第一种）是在省交通管理总队增设一个部门“高速公路管理处”（副处级），专门负责隧道建设的经费和装备，其人事、业务管理按行政区域移交当地（市、县）交通管理支队管理。另一种（下文称之为第二种）是对主要交通干道包括省际主干道（国道）、省内主干道（包括省内重点旅游景点道路）的高速公路隧道采取垂直管理，对部分市级高速公路隧道实行地方管理（“块管”），“块管”的道路分两种形式，一种是管理职能全部移交给地方管理，类似普通公路（以下简称“地方管理”）；另一种模式，业务、经费、装备仍“直管”，人事管理委托地方支队管理，称之为“托管”。

1）组织机构形式

条块式管理第一种形式见组织机构图13-1，第二种形式见组织机构图13-2。

2）优势与不足

条块式管理模式因有两种不同的运行方式，其优势也各有侧重。

第一种方式：一是保障了高速公路隧道的管理经费，克服了完全“块管”造成的经费不到位或经费不足的现象；二是通过掌握经费，而实现管理意识。

第二种方式：利用有限的警力，集中精力保障交通大动脉的高效、统一、协调运转，克服了完全“条管”造成的队伍大、难管理、高成本、高投入的弱点。除此之外，第二种方式的托管形式还有其特点：既可保障“直管”隧道的统一领导、集中管理，又可通过控制“块管”隧道的“经济权”，而实现管理意志，使“块管”隧道协同作战。这样即可避免完全“直管”造成的“难管理”和完全块管的各自为政的不足。总之兼顾了条管和块管的优势。

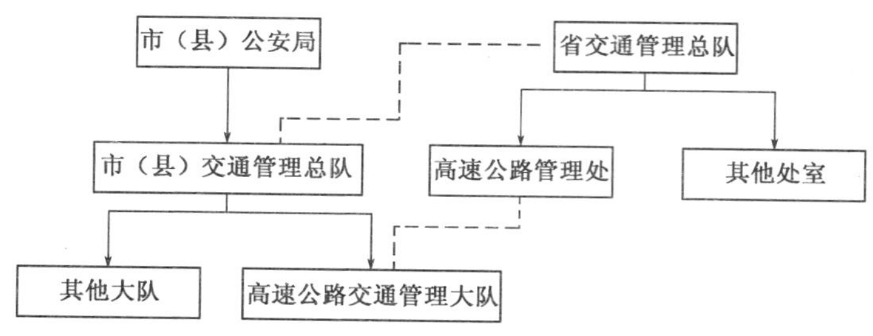

图 13-1　条块式管理第一种形式见组织机构图

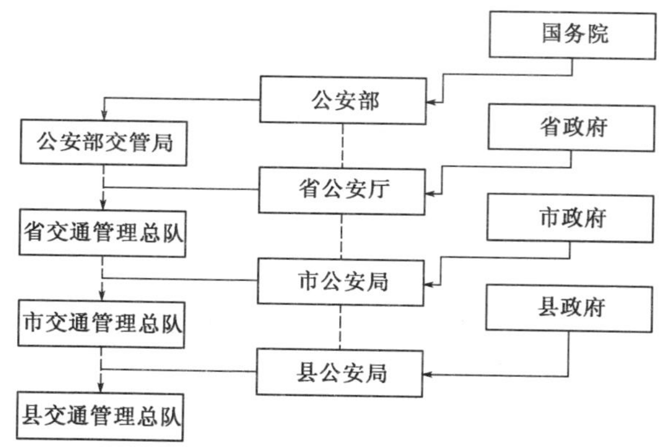

图 13-2　条块式管理第二种形式见组织机构图

条块式管理模式的不足之处：

(1)第一种方式和第二种方式的“托管形式”，被托管大队（非直属大队）因“条条”管其经费，“块块”管其人事，存在多头管理，基层工作既要听“条条”的，又要听“块块”的，使基层民警忙于应酬，不知所措。

(2)第二种方式“地方管理”形式。此种形式的“块管”隧道的管理机构，“地市级交通管理支队”与直管隧道的管理机构“省高速交通管理支队”两者互不隶属，又互无约束和监督职权，在两者相邻的路段和需要相互配合的工作中（如交通管制、追逃等工作），缺乏合作机制，难以形成工作合力。

13.1.2　垂直式管理

垂直式管理（以下称“直管”）是指高速公路的交通安全管理工作由省级公安机关统一领导，即全省高速公路交通警察的机构设置、干部管理、人员编制和经费开支由省级垂直管理。在“省公安厅”下设高速公路交通安全管理机构的为厅属二级

机构;在隶属于省公安厅的交通警察总队下设管理机构的为厅属三级机构。实行垂直管理的省份有天津、河北、山西、内蒙古、吉林、浙江、江西、湖北、湖南、四川、贵州、新疆、甘肃、宁夏14个省和后变为直管的黑龙江、福建2省共16个省。其中,河北、吉林两省为厅属二级机构。

1)组织形式

垂直管理模式的纵向组织机构设置全国基本上是一致的,一般分三个层级,即高速公路管理支队(总队)、大队(支队)、中队(大队),其组织机构分别为支队正处或副处、大队为副处或正科级,中队为正科或副科。大队跨多个行政区域,中队跨一个或两个市县,垂直管理组织机构见图13-3、图13-4。

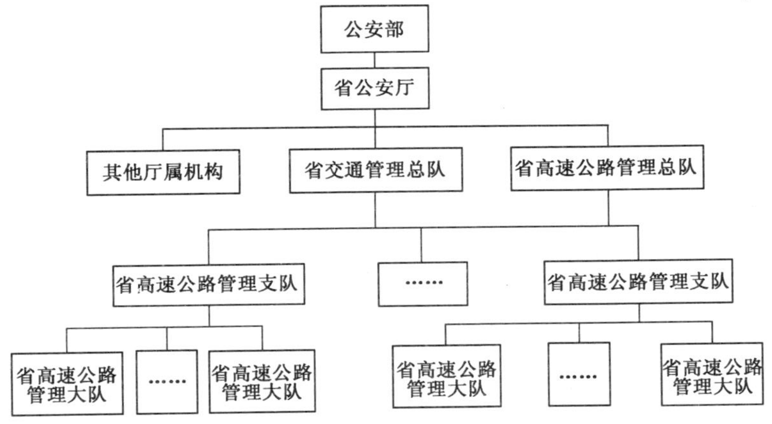

图13-3 省级垂直管理组织结构图(厅属二级)

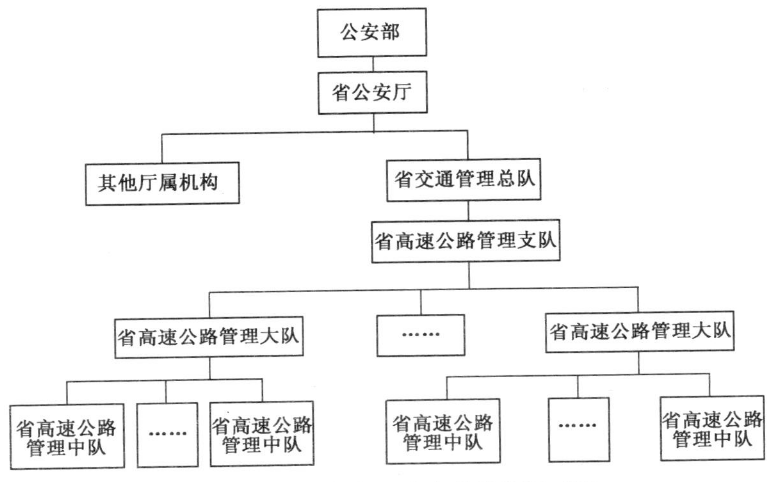

图13-4 省级垂直管理组织机构图(厅属三级)

我国高速公路隧道行政管理部门的管理体制基本上实行的是省级垂直管理的模式，实行垂直管理的交通管理部门的机构设置与公路行政管理部门的机构设置基本上是平行构建，一个高速公路管理处对应组建一个高速交通管理大队，且命名相似，均以路段命名，管理辖区内的隧道日常运营。

2)优势与不足

实行垂直管理模式的优势是：

(1)利于警令畅通、统一指挥、快速反应，尤其在恶劣气候条件下的交通管制、追缉逃犯、处置突发性事件、警保卫工作中突显优势。

(2)有利于科技装备的资源共享，如全程安全监控、雷达测速等科技装备的使用，直管模式可避免执法主体的不同而重复建设，大大减少投资成本。

(3)与公路部门平行构建，有利于两部门协调，协同作战。

(4)经费保障较稳定，民警有较好的福利待遇和政治待遇。由于垂直管理由省财政解决民警工资，其工资较地市级高，经济待遇好；在政治上高速公路交通管理机构设置也较地方高，大队为副处或正科，而地方的交通管理大队为副科，由于这两方面的优势在一定程度上缓和了民警异地工作带来的家庭的矛盾。

实行垂直管理模式的不足是：

(1)由于省级垂直管理，不可避免地有一部分民警或骨干异地工作，民警家属两地分居、生活区的定位、子女上学等问题影响队伍稳定。

(2)队伍分散，人员多，管理难度大，管理成本高。随着高速公路的里程不断增加，队伍庞大，跨多个行政区域，隧道点多、面广，支队督查、集中开会、物质的发放、文件的收发、执法审批等工作往返支队需要数百公里，要花费大量的人力、时间和物质成本(如车耗、油耗、住宿费)。

(3)各种矛盾易集中在上层(省)，不利于矛盾的分级解决。

(4)在治安管理上难以整合地方资源形成合力。由于我国刑事司法的属地性，加之缺乏当地政府的支持，部门之间、部门内部之间难以协调，治安基础工作薄弱，对防范和打击高速公路违法犯罪难以形成合力。

总之，此种模式从交通管理效能来看突显优势，不足的是增加了队伍管理难度，在治安管理上难以整合地方资源形成合力。

13.1.3 跨界管理

跨省区域隧道由两省交通主管部门协商，成立统一的隧道管理机构并指定管理者代表；跨地、市区域隧道，由省交通主管部门指定统一的管理机构，进行隧道管理。同时，为了加强公路隧道的安全运营管理工作，实行管理者代表制度。跨省区域隧道管理者代表，由两地共同协商分别任命日常管理者代表一人、应急管理者代

表一人。跨省区域隧道日常管理者代表，是隧道日常管理的全权代表，对隧道设施的正常运营负有主要责任。应急管理者代表负责发生隧道运营灾害时的减灾与救援组织及协调。

13.2 管理机构与管理职责

13.2.1 管理内容

(1)隧道洞口管理

隧道洞口周围100m范围内，未经隧道管理机构的许可，不得挖沙、采石、取土、倾倒废弃物，不得进行爆破作业及其他危及公路隧道安全的活动。

(2)运输管理

超限运输和运送危险品的车辆需要通过隧道时，须按有关规定报经隧道运营管理的有关部门批准后方可通过。

第一类公路隧道不宜通过第一类、第二类、第三类、第四类危险品车辆。

第二类公路隧道不宜通过第一类第1项、第二类第1项、第二类第3项、第四类第1项、第四类第2项危险品车辆。

第三类公路隧道不宜通过第一类第2项、第一类第3项危险品车辆。

(3)速度管理

隧道运营管理机构应根据隧道交通状态，选择合理的速度限制值，达到安全、节能、高效的目的。

第一类公路隧道限速不宜大于70km/h;第二类公路隧道限速不宜大于80km/h;第三类公路隧道限速不宜大于90km/h。

(4)日常管理

日常管理包括日常巡查、经常检查、定期检查、特别检查、养护维修及物品管理。

日常巡查不少于1次/d;经常检查不少于1次/月;定期检查宜按1次/年进行;第一类公路隧道特别检查宜按2次/年进行;第二类公路隧道特别检查宜按1次/年进行;第三类公路隧道特别检查宜按1次/2年进行;隧道安全管理人员在隧道现场管理时，必须划分出安全保护区，设置明显的交通标志，采取有效的安全措施，保证隧道行车安全和管理人员的生命安全;隧道内不得存放汽油、煤油等易燃物品。紧急停车带、行车(人)横洞不得堆放杂物。

(5)职工培训

管理作业人员必须接受每年不少于一次的安全教育和专门的安全运营管理训练。

(6)宣传教育

各类公路隧道运营单位应联合各级交通主管部门开展形式多样的隧道行车事

故的预防、应急、自救与互救知识的宣传，使隧道使用者了解隧道设施及减灾灭灾与逃生救援知识。第一类公路隧道运营单位必须在危险品检查站对驾乘人员发放《隧道行车安全手册》，第二、三类隧道可酌情执行。

(7)应急管理

隧道运营管理机构应根据隧道特点，针对恶劣天气以及重大突发事件，制订应急管理预案。隧道运营管理机构应针对突发事件，做好物资储备、通信联络、消防救援、救援通道畅通等工作。隧道运营管理机构应在公路隧道内或相邻处发生重大事故或自然灾害后对土建结构和机电设施进行应急检查和维护工作。各级交通主管部门和隧道运营单位必须加强对事故救援体系的监督和检查。

13.2.2 管理机构

跨省区域隧道由两省交通主管部门协商，成立统一的隧道管理机构并指定管理者代表。

跨地、市区域隧道，由省交通主管部门指定统一的管理机构，进行隧道管理。

13.2.3 管理职责

省级交通主管部门全面负责本辖区内的公路隧道安全运营管理工作，并组织成立一个隧道安全运营检查办公室，定期对辖区内的第一类和第二类公路隧道安全运营工作进行检查。

地、县级交通主管部门主管本行政区域内的隧道运营管理工作，并组织成立一个隧道安全运营检查工作组，定期对辖区内的第三类公路隧道安全运营工作进行检查。

具体运营单位应落实部委和地方有关公路隧道安全管理规定，负责本隧道的安全运营管理工作。

13.3 危险品管理

13.3.1 危险品分类

在进行隧道危险品管理研究之前，需要对隧道运营安全分类进行科学分析。综合考虑不同地区的经济条件、隧道特征、交通特征、运营特征与环境特征，建立隧道营运安全分类的判别函数，通过隧道分类判别函数的数值分区与图表两种形式建立高速公路隧道运输安全分类体系。

隧道综合分类判别函数的定义为：

$$F = a \times S_p \times P \tag{13-1}$$

式中：a——分类调节常数，通过国内典型隧道验算，本书建议取 3；

F——隧道分类判别函数；

S_p——安全度指数；

P——隧道危险度指数。

判别函数计算值后的隧道运营安全分类区间的划分为：

第一类隧道：$F \geqslant 0.6$；

第二类隧道：$0.2 \leqslant F < 0.6$；

第三类隧道：$F < 0.2$。

高速公路隧道运营安全分类区间可以用图13-5表示。

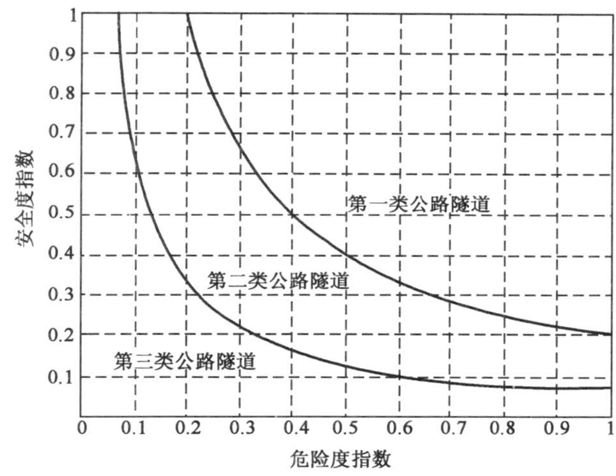

图13-5 高速公路隧道运营安全分类区间图

我国对于危险品分类是参考国际ADR分类制定的，主要包括《危险货物分类标准》(GB 6944—2005)和《危险货物品名表》(GB 12268—2005)两个标准，其中最能指导高速公路隧道(群)危险品车辆管理的是《危险货物分类标准》，将危险品货物按其具有的危险性分为9类、16个项别，如表13-1所示。

我国《危险货物分类标准》中的危险品分类 表13-1

类别	项目	描述
第一类		爆炸品
	第1项	有整体爆炸危险的物质和物品
	第2项	有迸射危险，但无整体爆炸危险的物质和物品
	第3项	有燃烧危险并有局部爆炸危险或局部迸射危险或这两种危险都有，但无整体爆炸的物质和物品
	第4项	不呈现重大危险的物质和物品
	第5项	有整体爆炸危险的极端不敏感物品

续上表

类别	项目	描述
第二类	气体	
	第1项	易燃气体
	第2项	非易燃气体
	第3项	毒性气体
第三类	易燃液体	
第四类	易燃固体、易于自燃的物质、遇水放出易燃气体的物质	
	第1项	易燃固体
	第2项	易于自燃的物质
	第3项	遇水放出易燃气体的物质
第五类	氧化性物质和有机过氧化物	
	第1项	氧化性物质
	第2项	有机过氧化物
第六类	毒性物质和感染性物质	
	第1项	毒性物质
	第2项	感染性物质
第七类	放射性物质	
第八类	腐蚀性物质	
第九类	杂项危险物质和物品	

13.3.2 危险品监管

1953年，联合国经济和社会理事会(ECOSOC)通过了创建“联合国危险货物运输专家委员会(UNCETDG)”的决议，后者由经选举的22个国家代表组成，我国于1988年以成员国正式身份加入该组织。1956年，UNCETDG编写出版了《关于危险货物运输的建议书·规章范本》(又称“橘皮书”)。欧洲经济委员会(ECE)与国际运输委员会制订了《国际公路运输危险货物欧洲协议》(ADR)等有关的危险货物包装及运输管理法规。1999年10月ECOSOC讨论通过了增设化学品分类及标签全球协调系统专家委员会(UNCGHS&TDS)，再分别下设危险货物运输专家分委员会和化学品分类及标签全球协调系统专家分委员会，每两年召开一次的委员会大会和每半年召开一次的分委员会会议负责制定、修改有关危险品货物及包装的国际规章。

近年来，随着社会各界对危险品运输监管重要性的认识，《危险化学品安全管理条例》(2002年1月)、《中华人民共和国安全生产法》(2002年6月)、《危险化学品包装物、容器定点生产管理办法》(2002年10月)和《危险化学品包装物、容器产品生产许可证实施细则》(2003年1月)、《特种设备安全监察条例》(2003

年2月)等一系列法律法规颁布实施,确立了我国危险品包装安全监管体系的法律基础。

国家质量安全主管部门及行业管理部门为了规范危险品包装产品的质量和使用,完善安全监管体系,制定了《危险货物运输包装通用技术条件》(GB 12463—1900)、《危险货物包装标志》(GB 1927—2003)、《公路运输危险货物包装检验安全规范》(GB 192269—2003)等一系列50余个国家强制性标准,涵盖各类危险品包装产品性能、标签、进出口检验检疫、仓储物流过程以及相应的检测技术。

此外,商检和包装主管部门还制订了《危险货物及危险货物包装检验标准基本规定》(GB/T 19459—2004)、《包装容器钢桶》(GB/T 325)等近百个行业、推荐性标准,作为国家强制性标准的有力补充。

目前,国内危险品包装实行生产许可制度,即所有的危险品包装生产企业必须获得生产许可证后方可生产、销售。《危险化学品包装物、容器产品生产许可证实施细则》中明确规定了目前实施生产许可证管理的金属桶、金属罐、塑料容器、复合包装、纸容器、木容器、玻璃容器8个类别特种产品。

13.3.3 危险品运输管理

根据我国《危险货物分类标准》(GB 6944—2005)和《危险货物品名表》(GB 12268—2005)的危险品分类而建立的危险品分组制度,分为A、B、C三个分组。

A组:除第一类、第二类、第三类、第四类危险品之外的危险货物。

B组:第一类第1项、第二类第1项、第二类第3项、第四类第1项、第四类第2项危险品之外的危险货物。

C组:第一类第2项、第一类第3项危险品之外的危险货物。

根据上面介绍的隧道运输分类方法和危险品编组方法制定的规定为:

第一类公路隧道可通过A组危险品,需限时引导车护送通行。

第二类公路隧道可通过不属于A组而属于B组的危险品需限时引导车护送通行,对于A组危险品可自由通行。

第三类公路隧道可通过不属于B组而属于C组的危险品需限时引导车护送通行,对于B组危险品可自由通行。

其中,限制通行时段的确定方法:需要隧道运营管理者对具体隧道交通量时变规律进行调查结合危险品上报情况,根据交通量低的时段分布情况和危险品编组中各类危险品的规模,具体确定通行时段。

13.4 防灾减灾救援预案

13.4.1 防灾减灾救援保障体系

1)组织机构

为了保障隧道发生突发异常事故时的应急处理能力，需要建立起高速公路隧道突发事件应急处置组织体系，框架如图13-6。隧道应急指挥部要按照“集中统一、政令畅通、指挥有力、条块结合、资源共享”的原则，认真负责地开展应急处置工作；各部门成员应服从领导，按照既定预案和现场机动处理的原则积极响应，确保在应对突发公共事件时形成紧密对接、上下贯通、高效有序的应急运作机制。

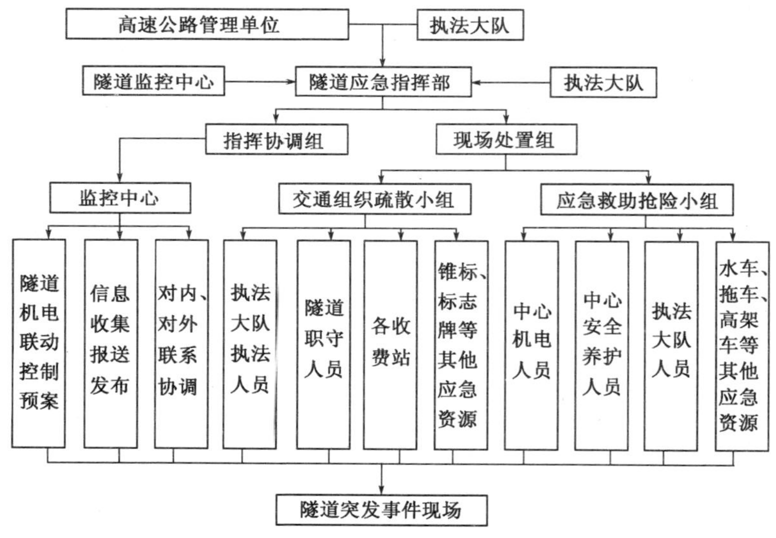

图13-6 高速公路隧道突发事件应急处置组织体系框架图

2)工作机构及职责

高速公路管理单位和高速公路执法大队是高速公路隧道突发事件应急管理工作的领导机构，由执法大队成立高速公路隧道突发事件应急指挥部(以下简称“隧道应急指挥部”)。隧道应急指挥部全面负责高速公路隧道突发事件应急管理工作，指挥协调隧道突发事件应急处置工作。

隧道应急指挥部指挥协调组。在隧道应急指挥部负责人或其授权应急指挥人员到达前负责隧道突发事件的初期处置，同时负责各类突发事件信息的收集、整理、报送和发布。积极做好现场处置人员与指挥部的联系沟通以及对外协调工作。

隧道应急指挥部现场处置组。分为交通组织疏散小组和应急救助抢险小组，在隧道应急指挥部的统一指挥下负责事故现场的交通组织、疏散，应急救助和在保障自身安全的前期下开展抢险工作。

交通组织疏散小组。在隧道突发事件发生后，根据事故性质和影响范围立即制订交通管制方案并组织实施，划定警戒区域；当发生隧道火灾等严重事故时，应阻止洞外车辆进入洞内，组织疏散洞内的车辆驶离洞外，组织隧道内滞留人员有序疏散和撤离；指挥相关收费站适时关闭或开启车道实施交通管制措施，为各类应急救助抢险队伍顺利到达现场提供交通保障。

隧道应急指挥部应急救助抢险小组。在隧道突发事件发生后，监控人员应迅速启动隧道机电系统联动控制方案，机电人员赶赴隧道现场配电室及机房，使隧道机电系统设施设备运行正常，为整个应急救助抢险工作提供保障；应急救助抢险小组应组织力量疏散滞留隧道内的驾乘人员，同时调用水车、清障车、隧道消防器材等应急资源在保障自身安全的前提下开展救助抢险工作；在医疗、消防等专业救援抢险部门到达后为其提供技术支持和帮助，全力配合医疗、消防等部门专业救援抢险工作的开展。

3)应急联动机制

发生隧道突发事件时，由隧道应急指挥部组织应急资源迅速作出应急联动响应，在当地政府或消防部门队伍到达前负责对隧道突发事件进行前期应急处置，同时动员消防、医疗、公安、环保等社会各方力量，迅速形成应急处置合力对突发事件进行。

当地政府或公安消防部门到达后应将应急处置指挥权交由当地政府或消防部门现场总指挥，由隧道应急指挥部负责为抢险救援工作提供交通保障和技术支持，医疗机构为应急处置工作提供医疗救助保障，公安机关为应急处置工作提供治安保障，环保部门为应急处置提供环保保障等，由消防部门组织现场抢险救援工作，由当地政府统一组织隧道突发事件应急处置工作的开展。

4)信息共享与处理

(1)隧道应急指挥部门应充分利用隧道CCTV系统对事故现场进行监控，利用无线对讲机同频率通信建立快速、高效的指挥系统，确保隧道应急指挥部对隧道突发事件现场处置工作的有力指挥。

(2)信息处理。隧道监控中心作为隧道应急指挥部的信息中心，应按照信息监测运行机制的要求，及时收集处理各类信息，同时做好隧道突发事件信息的后续上报工作，不间断地报告处置现场的新进展，为上级决策提供信息保障。

(3)隧道监控中心要积极同应急处置联动单位的信息互通，将隧道现场的实时监控信息传递给现场处置单位指挥人员，同时收集现场处置的最新进展，保障现场处置工作的信息共享和畅通。

(4)在隧道应急指挥部的统一指挥下，隧道监控中心应及时、准备、对外统一口径地发布相关信息。

13.4.2 防灾减灾救援分区

根据异常事故在隧道发生的位置不同，划分不同的防灾减灾救援分区。按照《公路隧道设计规范》(JTG D70—2004)，对于长隧道、特长隧道($L>1\ 000m$)，救援区分为三类：隧道入口段、中间段和出口段；中隧道($500m<L\leqslant 1\ 000m$)，救援区分为两类：隧道入口段和出口段；短隧道不划分救援分区。

13.4.3 典型事故防灾减灾救援预案制订

1)火灾爆炸事故的防灾减灾预案

隧道的火灾爆炸事故防灾救灾预案可分为人员疏散、人员救治、交通控制、通风照明、消防灭火和交通恢复六部分，各部分之间的相互作用框架流程见图 13-7。

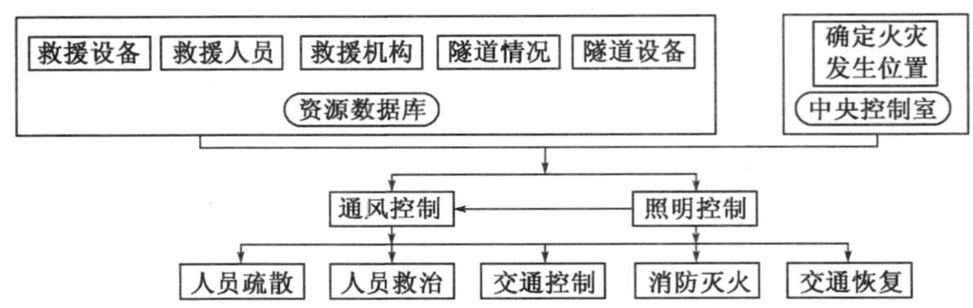

图 13-7 火灾爆炸事故的防灾减灾预案框架流程图

(1)通风照明

通风照明在隧道火灾爆炸事故救援过程中发挥非常重要，主要用来控制烟雾的扩散、排除和新鲜空气的提供。一般情况下，通风控制预案应满足如下要求：①提供防止烟流逆流或向正常隧道扩散的最小风速；②尽快排出隧道内的烟雾；③为逃生提供新鲜空气；④为消防人员灭火提供新鲜空气。

(2)人员疏散和人员救治

人员疏散是指在隧道火灾爆炸事故发生过程中如何引导隧道内驾乘人员逃生。隧道管理站根据隧道报警、摄像机确认，根据火灾发生地点和性质，应进行交通控制，启动通风照明措施等，并在保证人员安全疏散的前提下，尽可能疏散车辆。隧道使用人员如发现其他车辆起火，打开警告灯，如可能应尽量将自己的车辆按照次序开出隧道；根据隧道车道控制标志(L_s)引导通过车行横洞驶入隧道另一洞(如果隧道另一洞开辟为双向行驶)；将车辆开到或推到紧急停车带或最外侧车道并关

闭发动机(给消防、救援等车辆尽可能让出内侧车道);立即离开车辆;如果隧道管理人员没有采取措施,应立即采用隧道设施或手机报警;如果需要和可能,给受伤的人予以帮助;使用车辆自带的灭火器或隧道的设施扑灭火灾;如果火灾不能扑灭,应尽快根据疏散标志、标志灯等引导离开火灾地点或隧道。隧道使用人员如发现隧道设施起火,将车停在远离火灾点的安全地带(一般指紧急停车带内),并通过隧道设备或手机报警;如果火灾比较小,隧道使用人员可使用自带或隧道就近灭火器灭火。

(3)交通控制

交通控制措施主要包括一般情况下保证隧道交通正常通行,火灾情况下尽快疏散社会车辆、人员逃离并引导管理车辆、人员救援。一般情况下,交通控制应满足如下要求。交通控制应根据火灾爆炸事故发生地点以及隧道内设备配置情况来确定,由于隧道长短不一、设备配置不一、人行和车行横洞数量不一,针对不同的隧道有不同的交通控制措施。

隧道发生火灾后,首先应关闭所有隧道,并以有利于人员和车辆疏散为原则。隧道发生火灾后,交通控制措施中应考虑消防灭火人员以及救援人员的路线。对于隧道内人员的幸存来说,有效逃离是一个关键问题。着火以后在出现烟尘堵塞之前,靠近着火点的人员能够进行逃离的时间非常有限,逃生的黄金时间在6min以内。因此,隧道内发生火灾,关键是让火灾隧道的人员逃离火灾现场,争取逃离时间。逃离时间,也就是需要逃离隧道的时间,由两部分组成,即反映时间和移动时间,这就要求火灾检测时间尽可能的短。

(4)消防灭火

隧道消防灭火的基本思路就是要考虑隧道特殊的环境特点,隧道内发生火灾时控制灾情的方法基本上有两种,即断氧窒息法和降温法。当隧道内发生火灾时,各种方法应相互配合使用,并结合隧道的防火分区进行考虑。断氧窒息灭火法之一是在发生火灾的区段两端用沙袋等难燃材料进行封堵,使燃烧区段的氧气失供,氧气耗尽后窒息灭火,这种方法不适应于封堵困难的长大的公路隧道,对于长大隧道一般采用与防火分区结合设置的水幕带或防火门,在火灾发生时该区段开启水幕带或关闭防火门;另一种方法是采用化学灭火材料,使这种灭火材料覆盖在燃烧物质表面,隔断可燃物与空气的接触,从而达到窒息灭火的目的。降温灭火法就是在隧道发生火灾时可采用水或空气进行降温。水的来源可以是自动洒水系统或者常规消火栓系统。空气的来源主要是通过隧道的通风组织供给。由于水或空气的冷却作用,使得燃烧没有足够的热量加以维持,从而达到灭火目的。

据以上所述,火灾爆炸事故的防灾减灾预案系统示意图如图13-8所示。

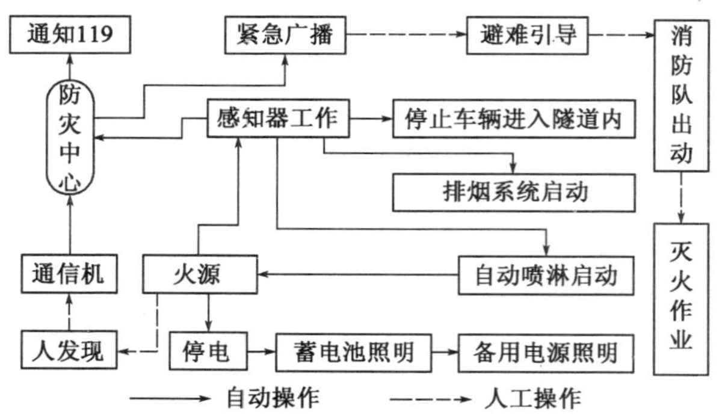

图 13-8　火灾爆炸事故的防灾救灾预案示意图

隧道发生火灾后，首先要封闭隧道进行交通管制，所有车辆只出不进；其次根据火灾发生的位置，对被围困人员进行疏解营救，同时按公路隧道火灾模式下通风组织原则，对风机实施原则。其中，风机控制顺序为：先调整火灾隧道风机，再调整非火灾隧道风机；控制策略为：调整射流风机（风机正反转，正常风机从运行—停止—反转需要 8～10min，目前利用反转技术，从运行—停止—反转只需要 30s）；控制目标为：以火灾区风速控制为主。

对于特长隧道，随着火灾发生在隧道内位置的不同，人员援救措施随之不同。当隧道发生火灾时，火区下游人员自行驾车由隧道出口快速撤离隧道；火区上游被围困人员需根据火灾区段划分选择逃离方式。对于特长隧道火灾发生的地点距离隧道上游进口较长的情况，可以将火区上游划分为三个火灾区段：①火区附近段，距离火灾发生地点 500m 区域，在此区域被围困驾乘人员选择弃车逃生，通过人行横通道进入非火灾隧道撤离；②火区较近段，距离火灾发生地点 500～1 000m 区域，在此区域被围困驾乘人员选择弃车逃生和驾车逃生的混合逃生方式；③火区较远段，距离火灾发生地点大于 1 000m 区域，在此区域被围困驾乘人员选择驾车逃生，通过邻近的车行横通道进入非火灾隧道撤离。

在具体的隧道火灾上游区段划分时，区域范围可以根据人行横通道和车行横通道的位置进行适当调整，一般可将最邻近 500m、1 000m 处的人行横通道和车行横通道作为区段划分的分界点。

据以上分析，下面将对火灾发生地点距上游入口处的距离 500m、1 000m 及 1 000m以上三种情况对隧道火灾通风及人员救援模式进行分析。

(1)情景一（火灾发生地点距上游隧道入口 500m，疏散示意如图 13-9 所示）

此时火灾发生的地点距离隧道上游出口较近。火灾发生后，为了尽量使有毒气体通过最短的途径排出，在起火阶段隧道内风速降低，起火阶段控制在 1m/s 以下，人员疏散阶段隧道内风速应控制在 2m/s 以下，在消防人员进入火灾现场灭火

阶段，隧道风速控制应大于 2.5m/s。

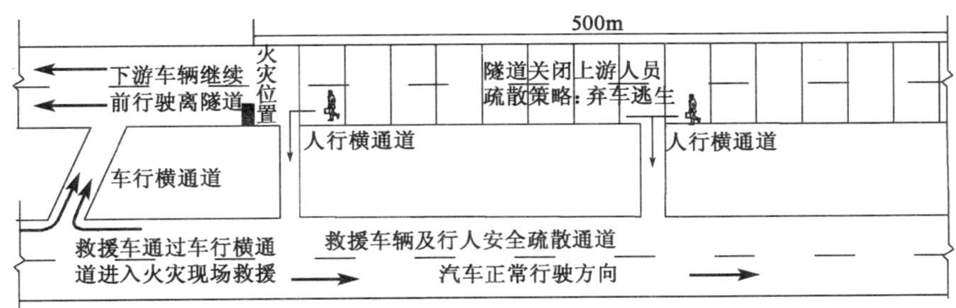

图 13-9 火灾爆炸事故工况疏散示意图(情景一)

火灾发生地点下游车辆可以正常驶离隧道，由于上游火灾影响区距离较短且离火灾发生地点较近，所以被围困人员疏散采用弃车逃生的策略，救援车辆通过对向内侧车道驶入火灾发生地点进行救援。同时对向车道进行交通控制，外侧车道车辆可以正常通行，开辟内侧车道为救援车辆和行人安全疏散通道。

(2)情景二(火灾发生地点距上游隧道入口 1 000m，疏散示意如图 13-10 所示)

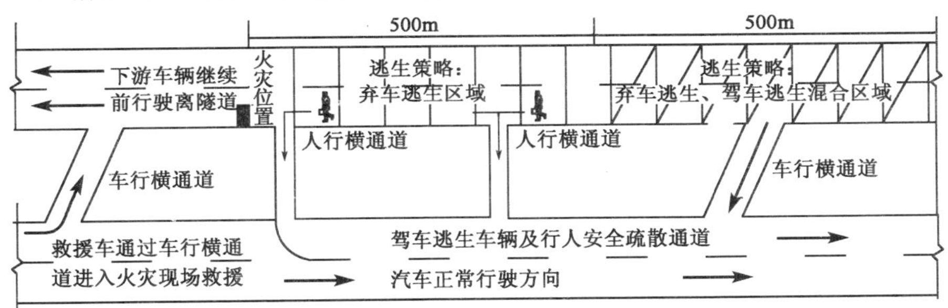

图 13-10 火灾爆炸事故工况疏散示意图(情景二)

此时火灾发生的地点在隧道中部附近。火灾发生起始阶段，隧道风速控制在 1m/s 以下，人员疏散阶段隧道内风速应控制在 2m/s 以下，在消防人员进入火灾现场灭火阶段，隧道风速控制应大于 2.5m/s。

火灾发生地点下游车辆可以正常驶离隧道，上游火灾影响区域内的被围困人员根据火灾分区分别进行不同的疏散策略，距离火灾发生地点 500m 区域内被围困驾乘人员选择弃车逃生，通过人行横通道进入非火灾隧道撤离；距离火灾发生地点 500～1 000m 区域，在此区域被围困驾乘人员选择弃车逃生和驾车逃生的混合逃生方式。救援车辆通过对向内侧车道驶入火灾发生地点进行救援，同时对向车道进行交通控制，外侧车道车辆可以正常通行，开辟内侧车道为逃生车辆和行人安全疏散混行通道。

(3)情景三(火灾发生地点距上游隧道入口 1 000m 以上，疏散示意如图 13-11 所示)

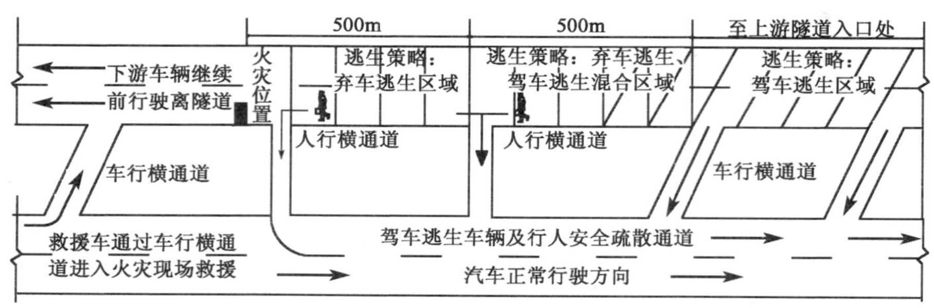

图 13-11　火灾爆炸事故工况疏散示意图(情景三)

此时火灾发生的地点距离隧道下游出口较近。在起火阶段隧道内风速降低，起火阶段控制在 1m/s 以内，人员疏散阶段隧道内风速应控制在 2m/s 以下，在消防人员进入火灾现场灭火阶段，隧道风速控制应大于 2.5m/s。

火灾发生地点下游车辆可以正常驶离隧道，游火灾影响区域内的被围困人员根据火灾分区分别进行不同的疏散策略，距离火灾发生地点 500m 区域内被围困驾乘人员选择弃车逃生，通过人行横通道进入非火灾隧道撤离；距离火灾发生地点 500～1 000m 区域，在此区域被围困驾乘人员选择弃车逃生和驾车逃生的混合逃生方式；距离火灾发生地点大于 1 000m 区域被围困驾乘人员选择驾车逃生，通过邻近的车行横通道进入非火灾隧道撤离。救援车辆通过对向内侧车道驶入火灾发生地点进行救援，同时对向车道进行交通控制，外侧车道车辆可以正常通行，开辟内侧车道为逃生车辆和行人安全疏散混行通道。

2)交通事故的防灾减灾预案

隧道交通事故发生后，在没有引发火灾的情况下防灾救灾预案主要进行应急交通组织穿越隧道的车流，即依据实际情况，选取事先已研究提出的各种可能方案的过程。紧急情况下交通组织方案应是救援路线与疏散路线的组合，这个交通事故防灾救灾预案示意图见 13-12。

3)危险化学品泄漏防灾减灾预案

高速公路的快速发展，使道路交通流量和车辆及其运输物品发生很大变化，尤其是危险品运量大增。据国内相关部门统计，国内 95%的危险化学品涉及异地、长距离、大吨位运输，截止到 2004 年底，危险化学品运输已占国内公路货运总量的 30%，且随着经济发展还会有上升的趋势，这使得危险品车辆通行隧道的数量和频率都在增长。危险品运输车辆在特长隧道中通行如发生意外，其所造成的风险比一般车辆大，化学品燃烧爆炸可能损及隧道结构，甚至发生隧道坍塌。如为毒性气体外泄，可能直接造成人员中毒或死亡，届时将需要庞大人力、物力支援，使原本就联络救援不易的隧道密闭空间的抢救工作更加困难。因此，加强对危险化学品车

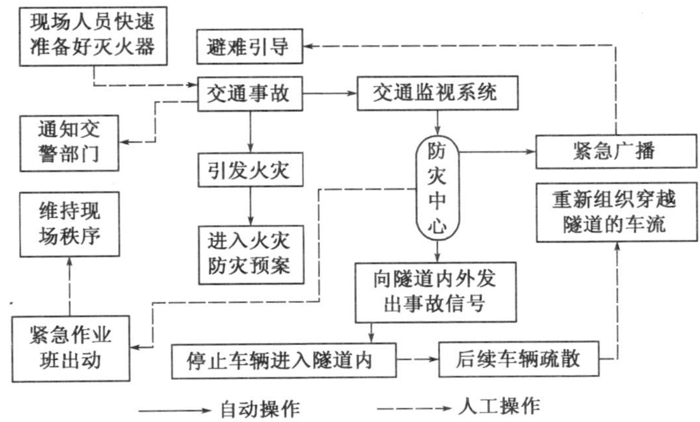

图 13-12 交通事故的防灾预案示意图

辆隧道泄漏事故及其通行管理策略研究，对降低事故风险，增强隧道安全营运能力具有现实意义。

当危险品在隧道内发生泄漏时，应当立即封闭泄漏现场，对进出口隧道车流进行交通管制，对隧道内被困驾乘人员尽心避难引导，同时通知防滑救援部门就行救援。整个危险品泄漏防灾减灾预案见图 13-13 所示。

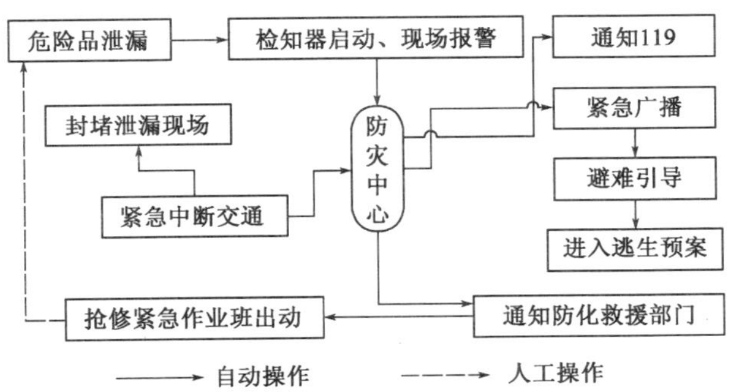

图 13-13 危险品泄漏的防灾减灾预案示意图

由于隧道危险品事故抢险救灾的困难性，许多国家都对危险品车辆能否通行隧道进行了专门规定。目前，我国尚没有对危险品车辆隧道运输作出明确规定，但在相关法规中对危险品公路运输有一些规定。《汽车运输危险货物规则》(JT 617—2004)规定：运输爆炸物品、易燃易爆化学物品，应事先报经当地公安部门批准，按指定路线、时间、速度行驶。《危险化学品安全管理条例》(国务院 2002 年第 344 号令)规定“通行公路运输危险化学品，不得进入危险化学品运输车辆禁止通行的区域”。《中华人民共和国道路交通安全法》规定“机动车载运爆炸物品，易燃易爆化学物品及剧毒、放射性等危险物品，应当经公安机关批准后，按指定的时间、路线、速度行驶，悬挂警示标志并采取必要的安全措施”。上海市政府在1982年颁发的《上海市化学危险物品安全管理办法》明确规定在夏季高温期间的上午10时至下午4时禁止危险化学品运输。

从保证隧道安全运营的角度考虑，应完全禁止危险品车辆通行隧道。但是由于经济活动的需要，又要求允许或减缓对危险品车辆的限制。虽然各国的相应措施有所差别，但都是带有限制性的允许通行。因此，考虑公路等级和隧道等级的划分情况，从经济、安全、社会等我国国情出发等方面综合权衡，在兼顾可操作性情况下，提出我国危险品运输车辆通行隧道的风险管理基本措施：允许通行、限时且由引导车护送通行（有隧道管理站时）和禁止通行，见表13-2所示。

双车道交通事故疏散路线种类 表13-2

隧道分级＼公路等级		高速公路	一级公路	二级公路	三级公路
单体隧道及隧道群	I级	引导通行	引导通行	允许通行	允许通行
	II级	引导通行	允许通行	允许通行	允许通行
	III级	允许通行	允许通行	允许通行	允许通行
	IV级	允许通行	允许通行	允许通行	允许通行
水下隧道、海岸隧道、城市隧道			禁止通行		

13.5 应急救援管理程序

13.5.1 应急救援管理流程

救援行动的开展随着事件的发展动态进行，因此事故应急救援程序的拟订，必须依据灾害发生的时间流程以及各救援单位的职责，以期使所有救灾单位都能发挥出高效的应急处理能力。隧道事故的救援工作可按图13-14的流程实施。

隧道群事故应急救援流程各阶段应急工作中需要明确并实施的核心功能和任务概述如下。

(1)事故发生与察觉

事故发生与察觉可分为系统自动侦测与人工通报两种。系统自动侦测主要由交控系统的车辆侦测器侦知事故发生，或由隧道机电系统侦测器侦知火灾、空气质量恶化等；人工通报一般由路人利用手机或应急电话向地方消防单位或隧道管理站报案，或由交通管理人员、路政巡逻车、CCTV监测系统等觉察灾害发生。若地方119或110收到报案，应立即协助指导人员按下隧道内的应急通报按钮。

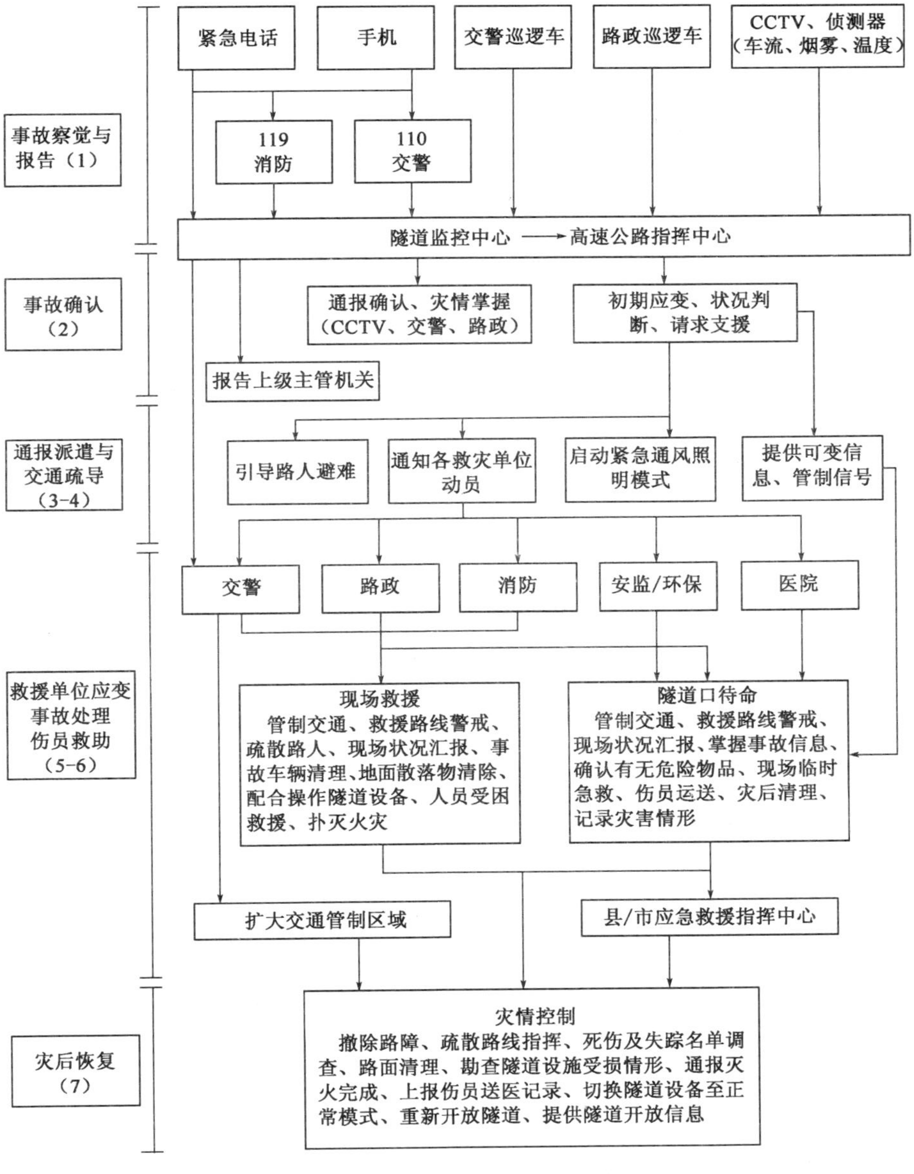

图13-14 隧道事故应急救援管理流程

(2)受理确认

准确了解火灾大小、地点等初始信息是决定启动灭火和应急疏散的关键，隧道监控中心工作人员必须保证迅速、准确地向报警人员询问火灾现场的重要信息。接警人员接警后，应按预先确定的通报程序，迅速向有关机构发出事故通知，同时利用 CCTV 进行灾害确认动作。隧道管理站应及时启动报警系统，向单位内人员发出警报，同时通过如广播系统等发出紧急公告，告知发生什么情况，对人员可能带来的威胁，建议采取的自我保护措施，疏散线路、疏散方法和注意事项等，以便人们能及时进行自我防护。

(3)通报派遣及前导作业

①通报派遣

隧道监控中心应通报交通管理、消防、路政等单位，各救援单位接到通报后，确认事故状况及驰援路线后立即赶往事故地点；医疗单位则依伤员人数、伤势及火势大小等资料，派遣最近的救护车辆、人员及救援器材赶抵现场，必要时启动邻近县市相关支持协议。

②前导作业

按照监控中心的建议，交通管理单位决定会合地点及拟订行进路线(顺向或逆向)，并通报其他相关救援单位，路政人员配合交通管理人员实施交通管制措施，前导作业异常时应立即通报其他相关救援单位。

(4)人员避难指导及交通疏导管制

交通管理人员应掌握现场路人避难情形及周围路况，高速公路管理中心决定是否进行大区域交通改道计划，路政人员应协助通信联络及隧道内各项设备的操作，地方消防单位抵达现场应与交通管理人员或隧道管理站人员会合，以确认相关位置及灾害状况。

(5)救援单位初步应变

县/市应急救援指挥中心领导应担任现场事故指挥官，建立事故指挥计划并任命指挥小组成员，同时指派资深并有经验的消防救灾人员担任救灾作业指挥官。其他救援单位抵达现场后，应立即派代表到事故指挥官处报到，事故指挥官应随时协助救灾作业指挥官调度人力及器材装备，随时向上级部门报告并掌握必要信息及保持密切联系通道。

(6)事故处置及受困者、伤员救助

①事故处置

各单位共同组成现场联合指挥中心，县/市应急救援指挥中心领导担任事故指挥官，消防单位担任救灾作业指挥官，进行灭火作业；路政人员协助隧道内救灾人员的无线电通信、各项机电设备的操作、进驻隧道口机房监控各项设备及配合消防单位的消防车或水车接驳水源；县/市应急救援指挥中心应随时与现场各救灾单位保持畅通的联系通道，确认事故发展情形并适时通报现场救护车及救援车驶离路线，联系当地医疗单位、卫生局并定时向上级单位汇报，指派专人负责联系媒体以统一发言；若有危险物品外泄，由环保单位向事故指挥官提供救援及应变信息，并

划定危险区域，通知毒性化学物质联防小组协助救灾；通信是指挥、协调和与外界联系的重要保障，在现场指挥、指挥中心、各应急单位之间，必须建立完善的通信网络，并在灭火和应急疏散过程中，始终保持通信网络畅通。

②受困者、伤员救助

救灾作业指挥官确认人员受困的位置、情形，火灾状况、有无受毒害污染的危险，搜集隧道内部相关信息立即通报现场事故指挥官，以集结适当的救援装备，出动救灾车及救护人员进行现场伤员救援工作；医院应启动院内或（及）院外应急灾难预案，指派医疗联络人员随时向现场事故指挥官汇报医院内空床数，随时提供第一线应急救护人员必要的医疗咨询与指导，根据伤员的严重等级、受伤种类区分伤者，并通过适当的运送途径送往医疗院所，如考虑设有特殊的医疗机构如外伤中心、烧烫伤中心，必要时可利用一般的诊所来协助处理较轻微伤员，并视情况直接派遣医疗人员、装备资源至灾害现场，院内则建立一个负责伤员亲属咨询的接待中心，为可能聚集至医院找寻亲人的伤员家属朋友提供服务。

(7)灾后恢复

现场恢复是在火灾被控制扑灭后进行的短期恢复，并意味着救援工作的结束，并转入到另一工作状态，即现场恢复到一个基本稳定的状态。大量的经验教训表明，在现场恢复的过程中往往仍存在潜在的危险，如余烬复燃、受损建筑倒塌等。事故指挥官必须确认事故恢复、统计死伤及失踪者名单，确认所有救援及事故人员装备车辆、散落物、管制标志及信号等状况，通报指挥中心；路政人员则协助撤除交通管制标志及交通锥，勘查交通设施损害情形，清除散落物或隧道路面的障碍物；其他救援单位在确认事故恢复后，必须清点人力装备，汇报事故指挥官及指挥中心后离场；火灾发生后，不可避免地会引起公众及媒体的关注，应将火灾信息、影响、救援情况及时向社会公布，消除恐慌心理，避免公众的猜疑和不满。

13.5.2 应急响应管理程序

应急响应程序是应急预案中的核心内容，是检验应急救援综合能力的集中体现。结合我国应急救援单位的构成及其职责，将隧道突发事故的应急救援程序分为7个阶段，每一阶段再细分为所需信息、决策过程、行动方案3个处置步骤，这3个处置步骤的目的是针对各救援单位在执行每一阶段任务时可能面临信息不足、无法立即决策等问题，提供必要的应变处理原则，以期使每一个救援单位在采取任何行动前都能掌握充分的信息。

表13-3为火灾危险事故的应急救援管理程序。应注意的是，隧道各类突发事件往往是相互交叉和关联的，某类突发事件可能和其他类别的事件同时发生，或引发次生、衍生事件，应当具体分析，统筹应对。因此，现场指挥及管理单位的应急策略并非一成不变，应视现场灾害的演变而灵活运用，有效地指挥调度救援行动。

火灾危险事故的应急救援管理程序

表 13-3

阶段	处理措施	救灾单位应急救援处理							备注
		路人	隧道管理站	交通管理	消防	路政	医院	安监/环保	
(1)事故察觉与通报	所需信息	1. 应急电话位置； 2. 目前所在位置； 3. 发现异常（气味、浓烟、吵闹声、呼救声等）	1. 车流侦测器显示异常； 2. 自动监测设备（火灾侦测器）动作； 3. 应急按钮触动； 4. 由交通、消防等处得知事故发生； 5. 由 CCTV 得知事故可能状况	交通管理巡逻车平时应密切注意有无以下症状或情况： 1. 行车停止； 2. 黑烟； 3. 火焰； 4. 路人通报	县/市消防执勤中心接到路人报警电话（尚未按下应急钮通报隧道管理站）	车辆巡逻时密切注意有无以下症状或情况： 1. 行车停止； 2. 黑烟； 3. 火焰	接到隧道管理站通报（应急救护）	接到隧道管理站通报（危险物品泄漏）	
	决策过程	1. 自己或他人有无受伤情况； 2. 有无立即危险性	1. 察觉； 2. 确认； 3. 确认事故地点最近的单位、人员及位置	1. 接到信息； 2. 判定灾害可能种类； 3. 与隧道管理站信息联络； 4. 现场灾害确认	1. 接到信息； 2. 判定灾害可能种类； 3. 与隧道管理站信息联络； 4. 现场灾害确认	1. 接到信息； 2. 判定灾害可能种类； 3. 与隧道管理站信息联络； 4. 现场灾害确认	向隧道管理站查证确认，掌握事故情形	依发生事故的危险物品考虑应派遣何种支援单位	
	行动方案	1. 停车事故车辆于安全位置并打开故障警示灯； 2. 使用隧道内应急电话通报或使用行动电话通知事故情况	1. 监测车流状况及 CCTV 监视，判定危险事故； 2. 协助指导民众按下隧道内设置的应急通报按钮； 3. 派遣工作人员前往确认； 4. 立即播报相关信息，禁止尚未进入隧道的车辆继续驶入隧道；隧道内回堵的车辆、人员则遵循隧道管理人员或可变信号的指示避难； 5. 通知高速公路指挥中心	线上的巡逻警车随时注意各种可能发生的危险事故	1. 协助指导民众按下隧道内设置的应急通报按钮； 2. 通知隧道管理站	线上巡逻车随时注意各种可能发生的危险事故			所有报案信息应迅速汇报至隧道监控中心

续上表

阶段	处理措施	救灾单位应急救援处理							备注
		路人	隧道管理站	交通管理	消防	路政	医院	安监/环保	
(2)事故受理与确认	所需信息	1. 最近的疏散出口位置； 2. 灭火器的设置位置	1. 确定事故位置； 2. 核实事故车辆车型、数量； 3. 有无人员伤亡； 4. 有无人员受困； 5. 车辆是否需要拖吊处理； 6. 有无危险物品； 7. 有无散落物； 8. 交通状况描述； 9. 灾情状况描述； 10. 确认火警侦测器是否正常动作	1. 受理民众报案； 2. 受理地方消防或地方交通管理单位所转报的事故报案电话	1. 确定事故位置； 2. 核实事故车辆车型、数量； 3. 有无人员伤亡； 4. 有无人员受困； 5. 有无危险物品； 6. 交通状况描述； 7. 灾情状况描述	1. 确定事故位置； 2. 事故车辆车型、数量； 3. 有无人员伤亡； 4. 有无人员受困； 5. 车辆是否需要拖吊处理	确认事故位置等相关情形	确认事故位置等相关情形	
	决策过程	考虑留在车内等或下车查看	1. 受理报案； 2. 受理消防、交通管理等的转报； 3. 监测车流状况及 CCTV 监视判定危险事故； 4. 确认事故是否发生	1. 记录报案内容； 2. 转报指挥中心； 3. 派员前往事故地点确认	记录所需信息	记录所需信息			
	行动方案	1. 收听广播； 2. 若仍有车道可通行，应减速小心通过	1. 需向报案人(路人、交通管理人员、消防人员)详细询问报警内容以确认资料； 2. 以 CCTV 进行危险事故确认； 3. 自动监测设备(火灾侦测器)是否正常动作； 4. 确认联动系统是否动作(CCTV，应急照明、避难方向指示及通风系统由正常运转模式切换为应急状况的逃生运转模式)； 5. 确认事故发生，启动危险事故应急广播	1. 转报受理报案内容至隧道监控中心； 2. 派遣警员前往处理勘查； 3. 按下附近火警报警器	立即通报时间、事故种类、规模、事故地点、伤员人数、伤势及火灾大小、受波及车辆数等资料	1. 派遣人员前往处理勘查； 2. 按下附近火警报警器	1. 召集相关医护人员； 2. 准备适当器材待命	1. 查询危险物品的种类、编号； 2. 指导救灾人员配合应变单位注意事项、灭火方式、警戒方式、警戒范围、可能危害等	隧道监控中心集合各单位汇报灾情信息，以确认事故发生

续上表

阶段	处理措施	救灾单位应急救援处理							备　注
		路人	隧道管理站	交通管理	消防	路政	医院	安监/环保	
(3-1)事故通报派遣	所需信息	1. 可变信息系统告知隧道内发生事故； 2. 最近的疏散出口位置； 3. 逃生疏散方向	1. 危险事故地点； 2. 危险事故种类； 3. 危险事故规模； 4. 各单位支援需求； 5. 交通管理及路政人员驰援路线选择	1. 接到派遣通报； 2. 危险事故地点； 3. 危险事故种类； 4. 危险事故规模	1. 接到派遣通报； 2. 危险事故地点； 3. 危险事故种类； 4. 危险事故规模； 5. 事故车辆大小、数量； 6. 有无人员伤亡或受困及人数； 7. 有无爆炸、危险物品； 8. 驰援路线	1. 接到派遣通报； 2. 危险事故地点； 3. 危险事故种类； 4. 危险事故规模	1. 接到派遣通报； 2. 危险事故地点； 3. 危险事故种类； 4. 危险事故规模； 5. 驰援路线	1. 接到派遣通报； 2. 事故地点； 3. 事故种类； 4. 事故规模； 5. 有无危险、有毒物品； 6. 驰援路线	1. 由现场交警人员及路政单位建议驰援路线； 2. 指挥中心负责集合信息
	决策过程	是否需要进行初期灭火或需立即避难	1. 根据通报判定危险事故等级； 2. 整合事故内容及请求配合事项； 3. 考虑相关救灾单位的派遣	1. 交通管制作业； 2. 受困人员救援； 3. 驰援路线的规划； 4. 危险物品辨识及初步处理； 5. 支援需求通报	依据伤员人数、伤势及火势大小等资料，派遣消防车、救护车及特殊灭火装备或救援器材前往现场	1. 接到通报； 2. 确认事故状况及驰援路况； 3. 驰援人数，车辆及设备	1. 确认事故状况及驰援路况； 2. 确认支援医疗人员与救护车辆		
	行动方案	1. 收听广播； 2. 若事故地点旁仍有空间可通行，驾驶人员应减速通过后快速驶离； 3. 若前方路段因事故堵塞，路人前往应急逃生出口	1. 通报内容需说明危险事故状况及请求配合事项； 2. 通报交通管理、消防、路政、安监、环保、医疗等单位； 3. 确认事故发生，启动危险事故应急广播，播报事故地点及交通管制措施	1. 确认驰援路线规划、安全与否，并分别通报各救援单位； 2. 出动警员布设现场指挥行动，协助现场处理，并执行其他救援单位驰援路线的清道作业； 3. 在各隧道口待命，配合指挥官命令进行交通管制作业； 4. 协助受困人员脱困； 5. 初步判定火灾类型，视情况进行初步灭火并通报消防单位； 6. 如为特殊物品车辆引发的火灾，通知消防单位及其他专业人员，并疏散路人至上风处； 7. 依通报记录及现场汇报，进行支援需求通报	1. 派遣消防车辆及救护人员赶抵现场或调派特殊装备前往； 2. 随时掌握危险事故境况及驰援路线； 3. 必要时启动跨市/县支援协议	1. 派人速往事故地点； 2. 派遣人员及设备前往处理	救护人员车辆出动待命	1. 查询危险物品的种类，编号； 2. 指导救灾人员配合应变单位注意事项，灭火方式、警戒方式、警戒范围、可能危害等	指挥中心负责通报相关救援单位驰援

续上表

阶段	处理措施	救灾单位应急救援处理							备注
		路人	隧道管理站	交通管理	消防	路政	医院	安监/环保	
(3-2)事故前导作业	所需信息	1.最近的应急出口位置； 2.逃生疏散方向	1.事故现场状况； 2.受灾人数	1.了解前导服务对象； 2.会合地点； 3.事故上游交通状况； 4.对向隧道交通状况	1.交通管制措施； 2.交通管理人员建议路线	1.交通管制措施； 2.事故上游交通状况； 3.对向隧道交通状况	1.交通管制措施； 2.交通管理人员建议路线	交通管理人员建议路线	交通管理人员掌握前导作业的对象及路线
	决策过程	是否需要进行初期灭火或直接避难	1.初期灭火； 2.指导路人避难	1.决定前导管制作业； 2.通报相关救援单位前导作业； 3.前导路线(同向或对向)		1.接到交通管制措施； 2.配合执行交通管制作业			
	行动方案	1.收听广播； 2.若事故地点旁仍有空间可通行，驾驶人员应减速通过后快速驶离； 3.若前方路段因事故堵塞，路人前往应急逃生出口； 4.关闭发动机，将钥匙留置车内，关上车门(勿上锁)离开，退至后方安全区域或退入避难隧道等待救援	1.指导路人利用人行/车行横隧道进行疏散； 2.指导路人利用现场消防设备进行初步灭火	1.决定会合地点； 2.拟订行进路线； 3.拟订疏散路线； 4.通报相关单位； 5.前导作业应立即告知相关救灾及支援单位	1.决定救灾会合地点； 2.根据交管策略拟订行进路线	现场依据交通管理人员的指示布设交通管制措施	决定前往会合地点的行驶路线	决定前往会合地点的行驶路线	交通管理单位负责执行前导作业

续上表

阶段	处理措施	救灾单位应急救援处理							备注
		路人	隧道管理站	交通管理	消防	路政	医院	安监/环保	
(4)人员避难及交通疏导	所需信息	1. 可变信息系统告知隧道内发生事故； 2. 上游等待车辆是否可以继续前进的指示； 3. 指示隧道内路人避难的时机； 4. 引导疏散避难方向	掌握隧道内人员状况，是否仍有路人及救灾人员位置	1. 大区域交通改道计划； 2. 确认路政人员完成改道路径指示的布设作业； 3. 隧道内人员状况	确认路政人员及交通管理人员是否会合及其相关位置，以确认危险事故状况	1. 交通管制措施； 2. 人员疏散作业； 3. 隧道内各项设备的操作方式	1. 交通管制措施； 2. 接到通报是否有人员伤亡	按交通管理人员通报的驰援路线到达现场	交通管理人员、路政人员掌握现场人员及路况
	决策过程	1. 隧道内路人考虑是否继续等待； 2. 隧道外车辆考虑是否原地等待	1. 协助交通管制； 2. 协助人员避难； 3. 协助设备操作	1. 汇报现场状况供决策是否进行大区域交通改道计划； 2. 掌握隧道内人员状况； 3. 支援通报	1. 了解救灾人员位置； 2. 掌握隧道内状况	1. 协助交通管制； 2. 协助人员避难； 3. 协助通信联络及汇报； 4. 协助设备操作	1. 院内人员、病床数状况； 2. 是否需要其他医院支援		指挥中心及交通管理人员决断是否进行改造计划
	行动方案	1. 离开车辆、关闭发动机，自行进行疏散避难活动； 2. 隧道外车辆禁止进入隧道； 3. 上游车辆由交流互通离开，驶往平面替代道路	1. 操控可变信息系统及交通管制信号警告后方车辆禁止进入； 2. 指示隧道内路人利用人行或车行联络隧道进行疏散； 3. 及时广播路人与附近车辆，配合行驶管制	1. 指导路人利用人(车)行联络隧道避难； 2. 调派警力执行交通疏导管制并派遣警车担任救灾车辆的前导； 3. 拟订交通疏导管制计划，联络地方交通管理单位协助周边道路的交通管制； 4. 利用替代道路及交流互通疏散车辆； 5. 向指挥中心汇报现场避难状况及所在位置	1. 支援灭火作业； 2. 伤员救援； 3. 危险事故环境控制（若为大型隧道火灾，应先于洞口集结、收集相关信息）	1. 依交通管理人员的指示布设交通管制设施； 2. 配合交通管理人员的指示执行人员疏散、拖吊及交通疏导管制作业； 3. 协助现场无线电联络； 4. 协助隧道内各项设备的操作	通知邻近其他医院待命		现场由交通管理人员进行避难及交通疏导作业

续上表

阶段	处理措施	救灾单位应急救援处理							备注
		路人	隧道管理站	交通管理	消防	路政	医院	安监/环保	
(5)救援单位初步应变	所需信息	1. 持续显示引导信息； 2. 控制中心灾情处理状况； 3. 是否继续疏散的信息	1. 现场人员受困情形； 2. 火灾种类及控制情形； 3. 通风设备状况； 4. 排烟设备状况； 5. 其他机电设备的运作状况	1. 现场人员受困情形； 2. 火灾种类及控制情形	接到救灾救护指挥中心的出动命令，指令内容应包含危险事故地区、危险事故规模、出动车辆的资料、火灾状况，有无特殊考虑需求	1. 路况情形； 2. 现场人员受困情形	1. 抵达现场，向事故指挥官(交通管理单位)报告； 2. 掌握现场人员伤亡情形		
	决策过程	遵循隧道管理站或现场指挥人员提供的信息，继续等待或寻求其他离开方式	1. 判定火灾种类以决定疏散需求； 2. 有否要求人力增援； 3. 确保通风、排烟等机电、交控设备等运作正常	1. 现场火势是否允许初期灭火； 2. 现场人员有否危险	向救灾指挥中心咨询有关公路管理单位对危险事故现场附近道路进行交通管制措施情形	1. 初期灭火； 2. 协助人员脱困避难	1. 现场医疗人力是否足够； 2. 是否须通报上级主管卫生单位协助支援	1. 确认危险事故地点； 2. 确认危险事故种类； 3. 确认危险事故规模； 4. 确认有无危险物品	
	行动方案	1. 等待救援单位施救； 2. 隧道内路人往应急出口或安全地区移动； 3. 协助其他路人脱困或避难； 4. 通报灾情变化	1. 掌握救援人员数量、位置； 2. 持续监控所有设备的运作是否正常； 3. 工作人员立即开启通风、排烟等防救灾设备； 4. 如现场为小型车辆自燃引火，视情况进行初步灭火并通报消防单位	1. 在隧道口外设置现场指挥站，统筹指挥并随时与指挥中心保持联系； 2. 疏散路人； 3. 对不听引导人员的处置； 4. 协助受困人员脱困； 5. 现场协助初期灭火	消防人员应变指导原则： 1. 派遣应变小组人员、装备、车辆抵达灾区，在适当点设立指挥站； 2. 随时掌握救援作业人员的行踪及任务执行状况； 3. 现场火灾抢救及人命救助所需的资源及装备管理； 4. 协助引导路人避难至相对安全区； 5. 警戒且通知现场其他相关单位可能发生危害的危险区域	1. 散落物清除； 2. 协助交通管制作业； 3. 人员受困救援	现场医疗单位应变指导原则： 1. 抵达现场后，立即派代表至事故指挥官； 2. 协调必要的遇难者善后处理，包含暂时存放及死尸辨认； 3. 收集相关信息及伤亡人数情形，向从属医疗机关与事故指挥官汇报		现场由交通管理单位指挥官统筹指挥管制，并随时与指挥中心保持通信

续上表

阶段	处理措施	救灾单位应急救援处理							备注
		路人	隧道管理站	交通管理	消防	路政	医院	安监/环保	
(6)人员避难及交通疏导	所需信息	1. 救援单位出动情形； 2. 持续显示引导信息； 3. 通知上游车辆隧道内所需处理时间	1. 各单位初报； 2. 应考虑隧道口消防栓的水量是否足够供应救灾所需； 3. 送风机是否开始运转及运转方向； 4. 严重程度汇报； 5. 路人伤亡情形； 6. 各单位续报； 7. 与指挥中心保持联系，随时掌握最新消息	1. 共同组成现场联合指挥中心； 2. 消防车辆接驳水源是否需交通管理人员引导； 3. 事故严重程度(大概估计事故处理时间)及伤亡情形； 4. 事故证据； 5. 人员受困状况； 6. 所需救灾资源； 7. 送医路线	1. 共同组成现场联合指挥中心； 2. 确认民众受困的位置与情形； 3. 火灾状况； 4. 有无受毒害污染等； 5. 掌握现场救灾单位进入方向及进入路径，便于指挥调度后续支援单位	1. 共同组成现场联合指挥中心，确保救灾安全及抢救行动的进行； 2. 人员受困状况； 3. 所需救灾资源	1. 共同组成现场联合指挥中心； 2. 伤员的最新状况	1. 共同组成现场联合指挥中心； 2. 随时与现场人员保持通信	1. 共同组成现场联合指挥中心，确保救灾安全及救灾行动的进行； 2. 现场联合指挥中心应设于隧道口外，或其适当位置； 3. 各救灾单位间可利用特定通信系统相互通信； 4. 救灾单位内部以自身通信系统联系指挥
	决策过程	隧道外车辆斟酌、等待时间，是否须利用替代道路	1. 保持与现场各救灾单位的通信联络； 2. 考虑抢救作业的配合措施； 3. 人员是否受严重挤压； 4. 判定事故发展情形； 5. 协助救灾通信； 6. 操作相关设备	1. 随时与现场人员保持通信机能，确保信息流通； 2. 评估事故严重程度(事故处理时间)及伤亡情形； 3. 事故证据整理； 4. 配合送医路线管制	1. 集结准备适当的救援装备； 2. 进入路线的选择； 3. 是否采取两端共同作战方式	1. 协助伤员救助； 2. 协助整合资源	登记伤员人数、伤势、可能病因等资料		1. 损坏设备的修复； 2. 是否重新恢复通车的问题； 3. 避难车辆清除的问题； 4. 评估所需支援； 5. 决定支援的人力物力
	行动方案	1. 具备活动能力者自行疏散避难； 2. 协助其他路人脱困或避难； 3. 受伤者等待救援； 4. 告知救援人员事故情形； 5. 服从指挥人员处理指示； 6. 通报救援情形及还需救援人数	1. 随时播报最新状况； 2. 通知其他路人使用替代道路，避开事故路段； 3. 配合执行各项管制措施(现场人车秩序)； 4. 监视各项设备运行； 5. 协同进入隧道、协助无线电通信； 6. 协助操作各项设备	1. 确认交通管制措施，通报现场救护车及救援车的进出路线； 2. 引导消防车辆接驳水源； 3. 现场救灾车辆及其他支援车辆的交通管制及警戒维持； 4. 评估事故处理时间并定时汇报交控中心； 5. 警告将进入高速公路的车辆； 6. 进行现场伤员救援工作； 7. 伤员护送路线应确保畅通	1. 进行灭火作业； 2. 协助伤势分类； 3. 进行现场伤员救援工作； 4. 确认事故获得控制通报救灾指挥中心	1. 配合执行各项管制措施(现场人车秩序)； 2. 协助进行现场伤员救援工作	1. 进行救护作业； 2. 在事故现场进行伤员抢救，并送往医院； 3. 人数清册统计通报救灾指挥中心； 4. 若伤员人数过多，应请求其他医院支援； 5. 伤者护送作业	1. 划定禁区和救援区； 2. 协助运送单位进行灾后清理	伤员救助注意事项：当伤员由救护车护送至急诊室后，由医疗人员先行急救诊治，并记录相关资料，其入院手续、医疗费用等由随行的亲属办理；若无随行亲属时，则由院方先行诊治，相关手续在查明患者身份、资料后再行补办

续上表

阶段	处理措施	救灾单位应急救援处理							备注
		路人	隧道管理站	交通管理	消防	路政	医院	安监/环保	
(7)灾后恢复	所需信息	告知事故处理完毕	1. 事故处理完毕； 2. 确认相关设备及信号是否可正常运作	1. 现场警力； 2. 确认所有救援及事故人员设施车辆及散落物及管制标志及信号等的状况； 3. 离开现场的车辆、人员及驶离的路线	确认事故恢复，人力、装备清点资料与执勤中心确认	1. 交通管制撤除情形； 2. 交通设施设备损坏情形	1. 救护车优先行驶权； 2. 送至医院的人数清册统计	确认事故恢复	
	决策过程		解除局部或全面管制措施	1. 汇报警力情况； 2. 决定拖救车进场时机； 3. 决定是否进行车辆改道疏散策略； 4. 解除局部或全面管制	1. 是否有复燃危险性； 2. 确认完全排除危险事故	1. 撤除交通管制； 2. 清理路面； 3. 勘查交通设施损坏情形	死者状况再次确认		由指挥中心将灾情归整及发布
	行动方案	1. 避难人员返回隧道； 2. 依照现场指挥人员指示依序移动车辆	利用广播，交控设施告知路人状况解除，恢复通行	1. 汇报指挥中心(现场警力)； 2. 通报拖救车辆进场； 3. 撤除路障及管制设施重新开放隧道通行或配合车辆疏散改道； 4. 死伤及失踪者名单的调查统计； 5. 通报指挥中心确认所有救援及事故人员设施车辆及散落物均已离开，及管制标志及信号已正常运作	1. 清点装备，完成灭火作业、通报交控中心离开现场的车辆、人员及驶离的路线； 2. 离场结报	1. 依交警人员指示撤除交通管制标志及交通锥； 2. 现场隧道路面障碍物或散落物的清理； 3. 会同交通管理单位勘查道路交通设施损坏状况	1. 协助护送伤员的送至医院，人数清册的统计及呈报； 2. 离场结报	灾情总资料的归整并发布新闻	现场由交通管理单位指挥官统筹指挥管制，并随时与指挥中心保持通信

13.6 管理评价

13.6.1 评价目的与原则

建立公路隧道运营安全性综合评价系统的目的是为了能够衡量其安全管理水平，分析公路隧道交通运营中存在的安全问题和隐患，并为制订解决方案提供依据。

由于不同时空属性的动态元素和静态元素的影响，公路隧道运营管理系统的安全状态具有不同的表现，因此安全管理评价指标应该尽可能地涵盖运营系统的各个方面。同时动态元素指标本身随着时间在不断地变化，所以一个固定的、不能调整的静态评价体系，无法满足公路隧道运营安全性评价系统的要求。基于此，公路隧道运营安全性评价系统的建立应当遵循以下原则。

(1)评价指标与评价目标一致性原则

评价目标是行动的指南，是系统工程分析的第一步，所有行动方案所能达到目标的程度信息是决策者决策时关心的主要信息，也是衡量一个行动好坏的主要标准。因此，所选取的评价指标必须能够反映出所能达到目标程度的信息。

(2)系统性原则

公路隧道运营管理系统是一个复杂的“人—车—路—环境”巨系统，分析解决公路隧道的安全管理问题需要以系统工程的思想进行思考。

(3)动态性原则

评价体系框架中所有的指标都是动态的，产品设计人员或评价者可以根据实际需求增加、删除、移动或修改指标体系中的任一指标。基于本书建立的评价体系的数据结构，可以方便地实现指标体系的动态管理。

(4)灵活性原则

指标体系框架结构灵活，具有可移动性和可扩展性，即指标体系中的子指标结构都可以独立成为新的评价指标方案，同时各个子结构之间可以进行组合，形成新的评价目标。下一节介绍的评价方法也可以很好地支持这种指标的灵活性。

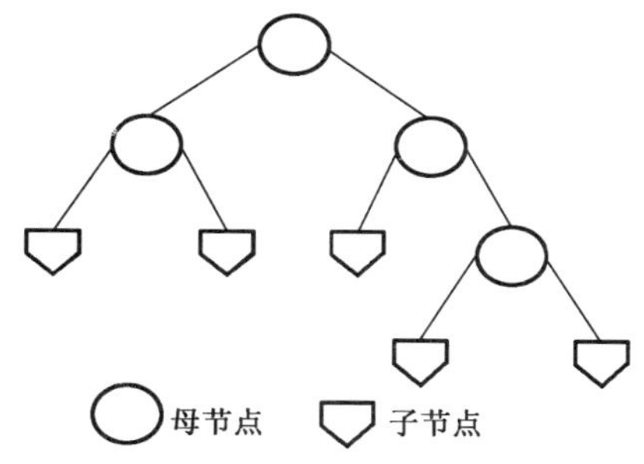

图 13-15 倒叉树组合结构示意图

(5)顺序性原则

本书建立的评价体系要求各指标具有严格的顺序性，即已经标定层次的评价指标不能再同其他的母指标或子指标交换位置，从而保证整个指标体系具有一致的方向性。整个动态评价体系框架可以用图 13-15 所示的倒叉树结构表示，整个倒叉树由母节点和子

节点构成。母节点可包含母节点和子节点，子节点对应基本的评价指标(不可再分)，母节点由子节点和其他母节点组合构成，对应的是评价指标组(下面可设子指标)。

动态指标体系的几种操作运算如图13-16～图13-20所示。

(6)定量为主、定性为辅的原则

指标体系设计应当满足定性与定量相结合的原则，在定性分析的基础上，进一步对指标进行量化处理，使指标能够更为客观地反映评价对象某方面的特征，具有较好的可量度性，有利于进行准确、科学、合理地评价。对于难以获取数据或者缺少数据的指标，可依据专家打分的方法实现指标值的量化。

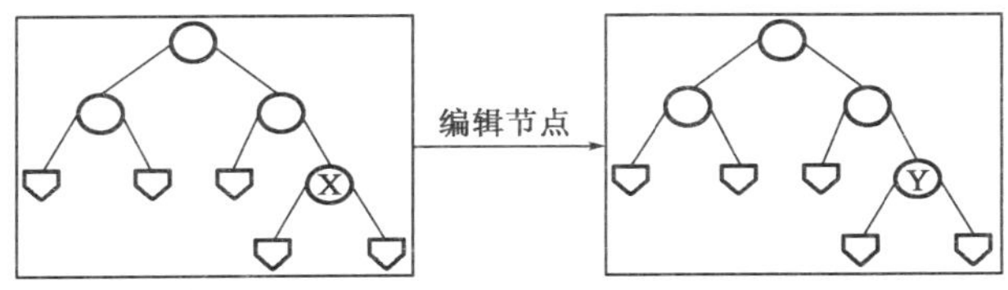

图13-16 评价指标的编辑节点操作

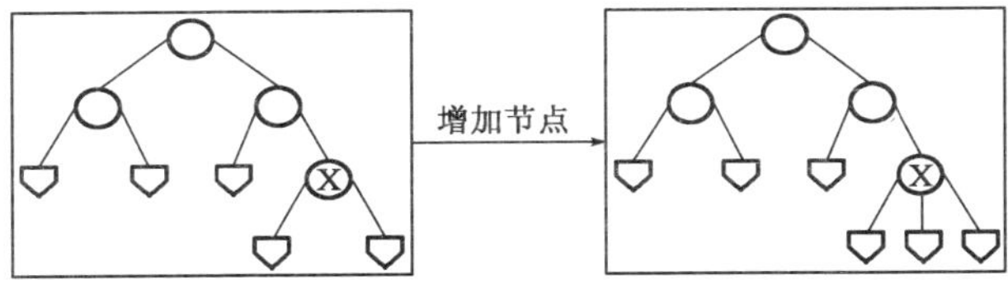

图13-17 评价指标的增加节点操作

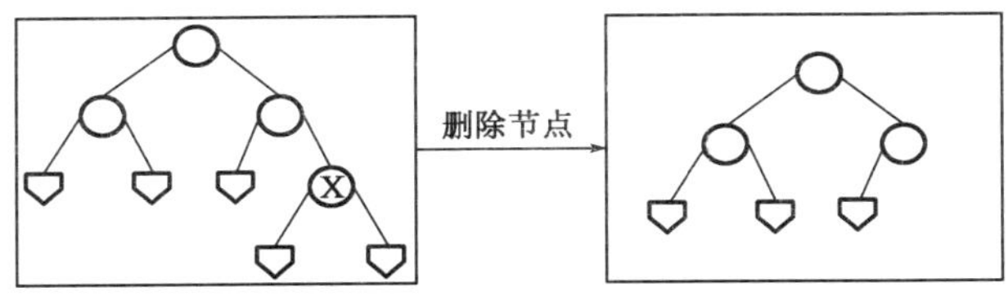

图13-18 评价指标的删除节点操作

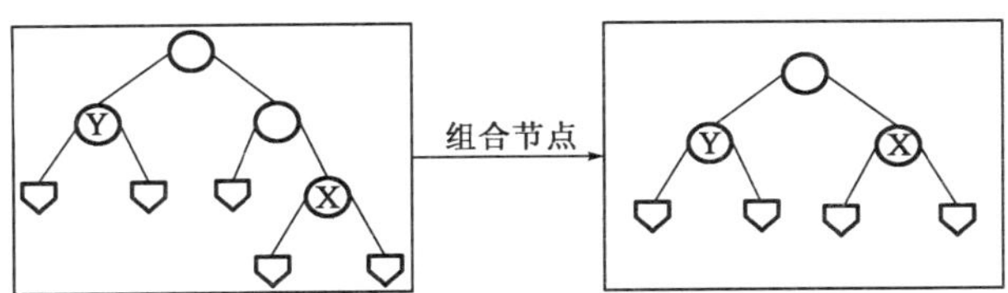

图13-19 评价指标的组合节点操作

(7)独立性原则

所选择评价指标的含义应当明确，不能用多个指标来表达相同或相似的内容，需要保证同一层次评价指标之间具有相互独立性，如此才能保证安全评价结果尽可能客观和真实。

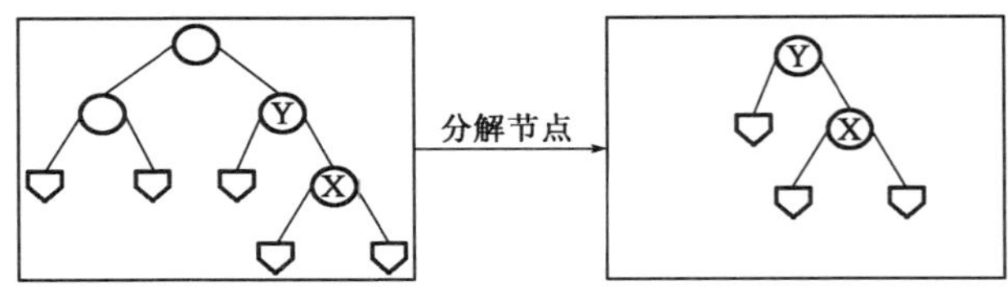

图 13-20　评价指标的分解节点操作

(8)科学性与可靠性原则

对公路隧道运营管理系统进行安全评价的最终目的是为了提高公路隧道的安全管理水平，确保公路隧道运营的安全品质。因此，必须要保证评价指标的科学性与可靠性。

13.6.2　评价指标体系

公路隧道安全管理评价体系的确定主要考虑以下三个方面：

(1)从构建公路隧道运营安全性评价体系原则的角度考虑。根据公路隧道运营安全性评价目标，评价指标的选取角度可以正面描述运营系统的安全状态，如评价指标体现公路隧道道路交通设施特征、事故特征以及交通流运行特征等方面，可以较为全面地反映公路隧道运营状态的安全性。

(2)从公路隧道运营管理系统包含的元素时空特性角度分析。

①动态元素属性主要体现出变化快、难以预测，甚至带有随机性和突发性的可变交通环境条件等特点，对大系统的安全影响具有动态性和短时性，通过分析其特征指标蕴含的运行风险性，能够在事故发生之前及时发现潜在的运营风险，从而实现主动的事前管理；

②静态元素属性在相当长时间内保持状态与性能不变，对大系统的安全影响具有稳定性和长期性，主要包括公路隧道与隧道群道路设施、交通工程设施和交通安全设施等，通过评价分析静态元素对运营安全需求的满足程度来评价公路隧道运营安全性，通过改进措施消除或减少安全隐患，从而实现预防性的事前管理。

(3)根据上述部分内容对公路隧道运营安全性影响因素的相关性进行分析，筛选出显著因素和弱显著因素作为评价指标，去掉相关性弱的非显著因素指标，使选取的评价指标科学、全面地体现公路隧道运营安全性。

综合以上分析，对于公路隧道运营安全状态的评价，主要考虑从动态元素和静态元素属性的角度出发，动态元素子系统以交通条件、气候条件、突发事件为母节点指标，静态元素子系统以道路设施、交通工程设施、交通安全设施、交通环境、管理体制为母节点指标，相应的子节点评价指标隶属于两个子系统的母节点，建立起公路隧道安全管理评价体系框架如图 13-21 所示。

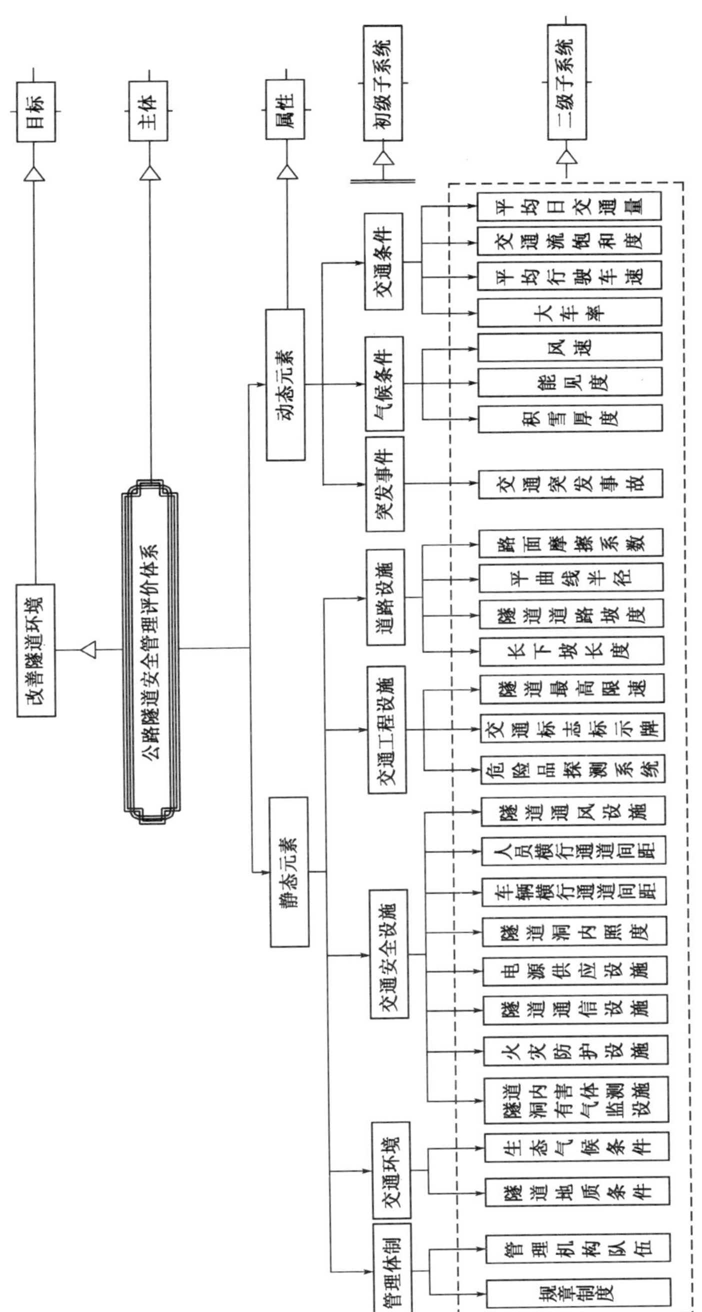

图13-21 公路单体长大隧道运营安全性评价体系框架图

13.6.3 评价方法

1)评价方法的选择和要求

公路隧道运营安全评价是指以一个单体长大隧道或隧道群为研究对象，对其安全运营水平进行综合评估。综合评价方法一般均为多因素和多层次分析方法，通过分析公路隧道安全运营系统与影响因素之间的相互作用关系，从而建立安全运营系统与各种主要影响因素之间定量函数关系模型，所需信息量大，评价过程较复杂。根据评价目的的不同，应用于综合评价的方法多种多样，如加权平均法、层次分析法、模糊评价法、灰色评价法等。近年来，随着对综合评价方法研究的不断深入，涌现了一些新的综合评价方法，如基于神经网络的交通安全评价方法、遗传算法、数据包络分析法等；另一个重要的发展方向是利用不同方法的优点，将现有评价方法综合应用，如灰色数据包络分析法、模糊物元分析法等。

本书建立的评价体系包含了公路隧道安全运营系统包含的动态元素评价和静态元素评价两个方面。动态元素评价，主要对带有随机性和突发性的可变交通环境条件进行评价；静态元素评价，主要对公路隧道与隧道群道路设施、交通工程设施和交通环境等条件进行评价。根据公路隧道安全运营评价体系的构成和特点，其评价模型对评价方法的要求表现在：①能够分别处理定量指标和定性指标，并对这些指标进行综合评价；②能够适应动态指标体系的要求，可方便地进行指标的添加或删除，而不会引起评价过程大的变化；③能够给出直观的评价结果；④能够体现评价模型中不同层次、不同评价对象之间的关系；⑤能够适应评价系统的反馈信息。

为了表达评价的层次性，可采用可拓评价方法，建立评价对象物元和评价指标物元；通过指标物元的变换体现指标评价过程，通过评价对象物元关系的分析体现评价层次，而通过指标物元关系的分析实现综合评价；通过评价对象物元与指标物元的关系分析可以建立评价对象与评价指标的对应关系，从而实现评价系统的信息反馈。同时，在进行公路隧道运营安全性评价时，许多评价指标的性质往往是只需要自然语言描述的，需要考虑自然语言的量化问题。云模型是在统计数学和模糊数学的基础上，实现概念的数值表示与自然语言值描述的不确定性转换模型，可以很好地表示自然语言值，并可以实现语言值的不确定评估。

据此分析，本书在物元理论中引入云模型，构建了新的基于云模型的物元综合评价方法(以下简称云物元)，对公路隧道的运营安全性进行评估。

2)基于正态云模型的物元综合评价方法

(1)确定待评物元

20 世纪 90 年代至今，云模型已发展出多种分布形态，如由三角形、梯形隶属函数扩展出来的三角形云、梯形云等。本书考虑到正态分布是概率理论中最重要的分布之一,钟形隶属函数是模糊集合中使用最多的隶属函数,因此采用在这两者基础上发展起来的正态云模型对物元理论进行改进。

在论域空间中,正态云模型中的某一点的隶属度分布符合统计学意义上的正态分布规律,以云的稳定倾向云期望曲线上的点为期望值。由期望和熵确定具有正态分布形式的云期望曲线方程如下:

$$C_T(x_i)=\exp\left[\frac{-(x-E_x)^2}{2(E_{n_i})^2}\right] \tag{13-2}$$

正态云通常可以表示为(E_x,E_n,H_e),其中:E_x是定性概念的期望值或者可以理解成中心值,即“云”的分布中心;E_n是定性概念所属元素满足的正态分布的σ值参数的中心值,因此它可以用来衡量定性概念模糊程度,并且由于正态分布的“3σ”性,它可以用来作为定性概念可被接受的数值范围;H_e是“熵”值所服从的正态分布的σ值,反映了“熵”的不确定性,体现了云的离散程度。通过这3个值的定义,即可以用“云”来表示定性概念的自然语言值了。在物元理论中引入正态云后,n维正态云物元可以表示为:

$$\boldsymbol{R}_n=\begin{bmatrix} M & C_1 & v_1(E_{x_1},E_{n_1},H_{e_1}) \\ & C_2 & v_2(E_{x_2},E_{n_2},H_{e_2}) \\ & \vdots & \vdots \\ & C_n & v_n(E_{x_n},E_{n_n},H_{e_n}) \end{bmatrix}=\begin{bmatrix} R_1 \\ R_2 \\ \vdots \\ R_n \end{bmatrix} \tag{13-3}$$

式中: $\boldsymbol{R}_n$——n维物元;

C_i——等级指标,$i=1,2,\cdots n$;

$(E_{x_i},E_{n_i},H_{e_i})(i=1,2,\cdots,n)$——$R_n$关于$C_i$的表示,即标准云。

同理,若m个事物用其共同的n个特征C_1、C_2、…、C_n及其相应的量值$v_1(E_{x_{11}},E_{n_{11}},H_{e_{11}})$、$v_2(E_{x_{21}},E_{n_{21}},H_{e_{21}})$、…、$v_n(E_{x_{n1}},E_{n_{n1}},H_{e_{n1}})(i=1,2,\cdots,n)$来描述,称为$m$个事物的$n$维复合正态云物元,记为:

$$\boldsymbol{R}_{mn}=\begin{bmatrix} & M_1 & M_2 & \cdots & M_m \\ C_1 & v_1(E_{x_{11}},E_{n_{11}},H_{e_{11}}) & v_2(E_{x_{21}},E_{n_{21}},H_{e_{21}}) & \cdots & v_m(E_{x_{m1}},E_{n_{m1}},H_{e_{m1}}) \\ C_2 & v_1(E_{x_{12}},E_{n_{12}},H_{e_{12}}) & v_2(E_{x_{22}},E_{n_{22}},H_{e_{22}}) & \cdots & v_m(E_{x_{m2}},E_{n_{m2}},H_{e_{m2}}) \\ \vdots & \vdots & \vdots & \vdots & \vdots \\ C_n & v_1(E_{x_{1n}},E_{n_{1n}},H_{e_{1n}}) & v_2(E_{x_{2n}},E_{n_{2n}},H_{e_{2n}}) & \cdots & v_m(E_{x_{mn}},E_{n_{mn}},H_{e_{mn}}) \end{bmatrix} \tag{13-4}$$

式中：$\boldsymbol{R}_{mn}$——m 个事物的 n 维复合正态云物元；

$M_j(j=1,2,\cdots,m)$——第 j 个事物；

$v_j(E_{x_{ji}},E_{n_{ji}},H_{e_{ji}})$——第 j 个事物的第 i 个特征 C_i 相应标准云量值$(E_{x_{ji}},E_{n_{ji}},H_{e_{ji}})(j=1,2,\cdots,m;i=1,2,\cdots,n)$的隶属度；$(E_{x_{ji}},E_{n_{ji}},H_{e_{ji}})$的两个下标分别表示事物的序号和事物特征的序号，即正态云物元维数。对于待评事物，如果其指标 c 可以得到确定的量值，则可以使用一般物元方法表示。

(2)评价指标的云模型描述

建立起公路隧道安全运营评价的复合云物元模型的前提是确定各评价指标的量值对应各评价等级的隶属度。在公路隧道安全运营评价体系中，既有定量指标，又有定性指标，本书应用云模型对评价指标的隶属度进行描述。

①定量指标的云模型描述

定量指标的标准范围具有上下界，形如 $x_{ji}(a_{ji},b_{ji})$，采用正向云模型对定量指标进行云化，采用约束条件的中值作为期望值，并用主要作用区域为双边约束区域的云来近似这个定量变量。云的参数通过下式确定：

$$E_{xi}=\frac{a_{ji}+b_{ji}}{2}$$

$$E_{ni}=\frac{E_{xi}-E_{x(i-1)}}{3}$$

$$H_{ei}=\sigma$$

式中：σ——常数，可以根据指标变量本身的模糊阈度具体调整。

对于只有单边界限的定量指标变量，形如 $x_{ji}(-\infty,b_{ji})$或 $x_{ji}(a_{ji},+\infty)$，可先根据测试数据的最大上限或下限确定其缺省边界参数或期望值，然后再参照上式计算云参数。

在评价指标体系中，评价指标分为五个级别标准，量化范围分别记作 $x_{1i}(a_{1i},b_{1i})$、$x_{2i}(a_{2i},b_{2i})$、$x_{3i}(a_{3i},b_{3i})$、$x_{4i}(a_{4i},b_{4i})$、$x_{5i}(a_{5i},b_{5i})$，各个级别评价标准分别对应于模糊评价语言“安全、较安全、一般安全、次安全、非安全”五个状态。评价标准对应的五个定性模糊评价语言中的云滴和其确定度之间的联合分布如图 13-22 所示。

为了有效处理评价指标之间的模糊性和随机性，隶属度函数采用正态云模型隶属度函数。公路隧道安全运营评价系统涉及指标广而复杂，评价等级较多，端值问题广泛存在。为了能较好地处理多等级评价各等级之间的过渡问题，并且使之适用于各种极端值问题，本书根据公路隧道评价等级标准的具体情况，对隶属度函数进行如下改进。

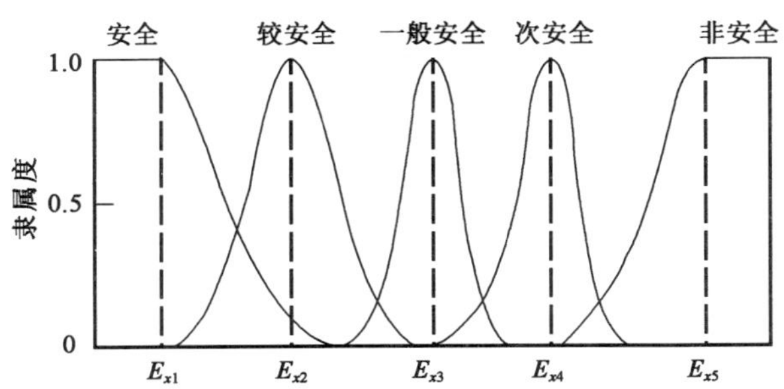

图 13-22 评价指标分级标准定性概念云图

a. 当标准化后的评价指标值 x_{ji} 在 M_1 级标准中点 $E_{x1}=(a_{1i}+b_{1i})/2$ 的左边时，由于 M_1 级标准的左端点边界是确定的，故本书确定该评价指标属于 M_1 级标准的隶属度 $C_1(x_{ji})$ 为 1。

$$C_1(x_{ji}) = 1, x_{ji} \leqslant E_{x1}$$

而该评价指标属于其他级别的隶属度为 0。

b. 当标准化后的评价指标值 x_{ji} 在 M_m 级标准中点 $E_{xm}=(a_{mi}+b_{mi})/2$ 的左边时，由于 M_m 级标准得右端点的边界是确定的，故本书确定该评价指标属于 M_m 级标准的隶属度 $C_m(x_{ji})$ 为 1。

$$C_m(x_{ji}) = 1, x_{ji} \geqslant p$$

而该评价指标属于其他级别的隶属度为 0。

c. 当评价指标值 x_{ji} 在其他范围时，采用正态云模型隶属度函数确定该评价指标分别属于 $M_i(i=1,2,\cdots,m)$ 级的隶属度。

由以上改进，对于评价指标对应的评价标准的五个定性概念隶属度的云模型表示方法如下：

左半云 $$C_1(x_{ji}) = \begin{cases} 1, x_{ji} \in (-\infty, E_{x1}] \\ C(E_{x1}, (E_{x2}-E_{x1})/3, \sigma), \text{other} \end{cases}$$

云 $$C_2(x_{ji}) = \{C(E_{x2}, (E_{x2}-E_{x1})/3, \sigma)$$

云 $$C_3(x_{ji}) = \{C(E_{x3}, (E_{x3}-E_{x2})/3, \sigma)$$

云 $$C_4(x_{ji}) = \{C(E_{x4}, (E_{x4}-E_{x3})/3, \sigma)$$

右半云 $$C_5(x_{ji}) = \begin{cases} C(E_{x5}, (E_{x5}-E_{x4})/3, \sigma), \text{other} \\ 1, x_{ji} \in [E_{x5}, +\infty) \end{cases}$$

②定性指标的云模型描述

定性变量往往通过专家采用自然语言描述的评语来进行赋值。N 位专家提出的 n 种云模型表示的定性变量可以采用一个综合云来表征，其数字特征可以用下式得出：

$$E_{x1}=\frac{(E_{x11}\times E_{n11}+E_{x12}\times E_{n12}+\cdots E_{x1n}\times E_{n1n})}{(E_{n11}+E_{n112}+\cdots+E_{n1n})}$$

$$E_{n1}=E_{n11}+E_{n112}+\cdots+E_{n1n}$$

$$H_{e}=\frac{(H_{e11}\times E_{n11}+H_{e12}\times E_{n12}+\cdots+H_{e1n}\times E_{n1n})}{(E_{n11}+E_{n112}+\cdots+E_{n1n})}$$

(3)确定关联度

由于云模型的引入，一般物元理论中关联度的计算方法已经不再适用。下面将针对待评事物不同表达方式的指标间关联度计算分别进行分析。

①确定性数值定量指标与云模型表示指标之间的关联度计算

关联函数 $k(x_{ji})$用于刻画可拓集合，当确定关联函数中某一指标的数值 x_i 时，即可求出相应的关联系数。对于确定性数值表示的物元与云模型表示的物元之间的关联度可考虑该数值相对于云模型的确定度来表示，即通过计算得到云模型的确定度，转换为物元模型中的关联度，如下式所示：

$$k_{ji}=\mu(x_{ji})\qquad(j=1,2,\cdots,m;i=1,2,\cdots,n)\tag{13-5}$$

式中：k_{ji}——第 i 个特征的第 j 个比较事物 M_j 与标准事物 M_0 之间的关联系数；

$\mu(x_{ji})$——第 j 个比较事物 M_j 的第 i 个特征 C_i 相应量值 x_{ji} 的确定度。

将关联系数 k_{ji} 与确定度 $\mu(x_{ji})$ 通过式(13-5)进行转换的过程称为关联变换。根据关联变换，把式(13-4)中各个确定度转换成相应的关联系数，据此建立起关联系数复合云物元，记为 $\boldsymbol{R}_{k(mn)}$，即：

$$\boldsymbol{R}_{k(mn)}=\begin{bmatrix} & M_1 & M_2 & \cdots & M_m\\ C_1 & k_{11} & k_{21} & \cdots & k_{m1}\\ C_2 & k_{12} & k_{22} & \cdots & k_{m2}\\ \vdots & \vdots & \vdots & \vdots & \vdots\\ C_n & k_{1n} & k_{2n} & \cdots & k_{mn}\end{bmatrix}$$

如果把定量指标的数值看做一个云滴，问题就可以转化为求该云滴代表这个云模型的确定度 $u(x_{ji})$。云模型确定度的具体算法如下。

Step1：生成一个期望值为 E_n、标准差为 H_e 的正态随机数 $E'_{ni}=Norm(E_n,H_e^2)$。

Step2：令该指标数值为 x_{ji}，称为云滴。

Step3：计算 x_{ji} 确定度 $u(x_{ji})=\exp\left(-\frac{(x_{ji}-E_x)^2}{2(E'_{ni})^2}\right)$，$u(x_{ji})$即为数值指标 x_{ji} 属于这个云模型的确定度，即表示的事物指标与这个云模型表示的事物指标之间的关联度。

②云模型表示的事物指标之间的关联度计算

由于正态云模型存在以下分布规则，即99.74%的云滴都将落在区间$((E_x-3E'_{ni}),(E_x+3E'_{ni}))$上，因此，考虑两个云模型(设为云$a$、云$b$)表示的事物指标之间的关联度$k_{ji}$用以下方法计算。

将区间$((E_x-3E'_{ni}),(E_x+3E'_{ni}))$看做一个集合，则云$a$与云$b$之间的共有部分为：

$$X_{ji}=\{(E'^a_x-3E'^a_n,E'^a_x+3E'^a_n)\}\cap\{(E'^b_x-3E'^b_n,E'^b_x+3E'^b_n)\}$$

又令

$$Y_{ji}=\{(E'^a_x-3E'^a_n,E'^a_x+3E'^a_n)\}\cup\{(E'^b_x-3E'^b_n,E'^b_x+3E'^b_n)\}$$

则云a与云b之间的关联度为$k_{ji}=\dfrac{|X_{ji}|}{|Y_{ji}|}$。

计算方法合理性分析如下：

a.如果云a与云b完全相同，则由该方法计算出的关联度$k_{ji}=1$，符合实际情况。

b.如果云a与云b完全不相同，则共有部分$X_{ji}=0$，所以关联度$k_{ji}=0$，符合实际情况。

c.如果云a与云b的期望E_x和熵E_n相同，且超熵H_e存在区间范围，则可以直观认为云a与云b差别不大，关联度较高。事实上，若要使得云a与云b合理存在，超熵H_{ea}和H_{eb}必然在一定合理范围内，且对于同一属性的云模型描述来说，超熵值差别不大。

因此，基于以上三方面分析，该方法计算云模型表示的事物指标之间的关联度合理可行。

③区间数值表示的事物指标与云表示的事物指标之间的关联度计算

对于计算区间数值表示的事物指标与云表示的事物指标之间关联度，本书将采用以下方法进行计算：先将区间数值转换成云模型表示，再运用云与云关联度的计算方法进行计算。其中，区间数值转换成云可采用指标近似法，即将区间数值看成是一个双约束的指标$[a_{ji},b_{ji}]$，则可用下列公式计算云参数：

$$E_x=\frac{a_{ji}+b_{ji}}{2}$$

$$E_n=\frac{a_{ji}-b_{ji}}{6}$$

$$H_e=\sigma$$

式中，σ可以根据具体指标的不确定性和随机性具体调整。

(4)确定评判原则

根据求得的关联度$k_{ji}(j=1,2,\cdots,m;i=1,2,\cdots,n)$，可以依据以下几种评判

原则对评估对象进行评价。

①最大关联度原则：从各事物的关联度中，确定其最大值 K^*，作为评判原则，称此原则为最大关联度原则，即：

$$K^* = \max(k_{ji}) \qquad (j=1,2,\cdots,m; i=1,2,\cdots,n)$$

该原则既可对正态云物元作识别、聚类、评价和决策，也可对其价值进行分析，是正态云物元分析的理论基础之一。

②加权平均原则：记 W_j 为权重，对各事物 N_j 进行加权平均所得数值作为评判结果，即：

$$P_l = \frac{\sum_{j=1}^{m} W_j M_j}{\sum_{j=1}^{m} k_{ji}} \qquad (l=1,2,\cdots,n)$$

式中：P_l——第 l 类评价对象的综合评价值；

M_j——第 j 个事物的数值；

W_j——第 j 个事物的权重值。

③模糊分布原则：直接把关联度作为评判结果，或者把关联度归一化，再用归一化后的关联度值作为评判结果。归一化的具体步骤如下。

Step1：求各关联度之和，即：

$$K = k_{1i} + k_{2i} + \cdots + k_{mi} = \sum_{j=1}^{m} k_{ji}$$

Step2：用 K 遍除关联度复合正态云物元的各个关联度，即：

$$R_k^* = \begin{bmatrix} & M_1 & M_2 & \cdots & M_m \\ K_j^* & \frac{k_{1i}}{K} & \frac{k_{2i}}{K} & \cdots & \frac{k_{mi}}{K} \end{bmatrix}$$

式中：R_k^*——归一化的关联度复合正态云物元；

K_j^* $(j=1,2,\cdots,m)$——归一化后的第 j 个事物的关联度，即 $\sum_{j=1}^{m} K_j^* = 1$。

各关联度具体反映了评判对象所评判方面的分布状态，使判断者对评判对象有更深入的了解，并能作出各项灵活处理。根据式(13-6)确定关联度复合云物元之后，本书采用加权平均原则，对公路隧道运营安全性进行安全等级评价。

(5)确定指标权重

评价指标权重是某种数量形式对比、权衡被评价事物总体中诸因素相对重要程度的量值。权重既是决策者的主观评价，又是指标本质物理属性的客观反映，是主客观综合度量的结果。权重主要取决于两个方面：第一，指标本身在决策中的作用和指标价值的可靠程度；第二，决策者对指标的重视程度。

评价指标权重的确定有很多种方法，常用的有德尔菲法(Delphi)、层次分析法

(AHP)、主成分分析法、回归分析法、灰色关联分析法及熵值法。德尔菲法和层次分析法均是基于专家群体的认识、经验和价值判断，其中层次分析法对专家的主观判断进一步作了数学处理，使之更科学，但专家经验和知识的局限性并未消除。熵值法是根据样本数据自身的信息特征作出权重判断，处于深刻的反应信息熵值的效用价值，给出的指标权重比德尔菲法和层次分析法有较高的可信度。

基于以上分析，本书采用熵值法确定各评价指标权重。

①熵值法基本原理

1864 年物理学家 RClausius 在《热之唯动说》中提出用以描述系统状态的物理量，后来我国物理学家胡刚复首次将其译为熵(entropy)。Shannon CE 于 1948 年和 1949 年分别发表了《通信的数学理论》和《在噪声中的通信》，提出了信息熵的概念，以其作为不确定性的量度。在信息论中，信息熵反映了数组无序化程度。信息熵越小，系统无序化程度越大；信息熵越大，系统无序化程度越小。

对于公路隧道安全运营评价而言，如果某一指标对于不同的安全状态其差异程度较小，这说明该指标区分和评价运营安全性优劣的作用也较小，对应的信息熵较大；如果某一指标对于不同的安全状态其差异程度较大，这说明该指标区分和评价运营安全性优劣的作用也较大，对应的信息熵较小。换言之，即评价指标差异程度的大小，反映了该指标在整个公路隧道安全运营评价指标体系中的重要程度，而评价指标差异程度的大小又完全可以用“信息熵”反向度量。因此，可以根据评价指标差异程度，以信息熵为工具，给各状态指标赋予恰当的权重从而进行多指标的公路隧道安全运营评价。

如果待评系统处于多种不同的状态，每种状态出现的概率为 P_i $(i=1,2,\cdots,m)$，则系统的熵定义为：

$$H=-k\sum_{i=1}^{m}P_i\ln P_i$$

式中：k——常数，$k\geqslant 0$。

若评价系统中，有 m 个待评状态，n 个评价指标，则原始数据是一个 $m\times n$ 阶矩阵。对于公路隧道安全运营评价系统而言，即有复合评价矩阵：

$$\boldsymbol{R}^0=\begin{bmatrix}x_{11}^0 & \cdots & x_{1m}^0\\ \vdots & \ddots & \vdots\\ x_{n1}^0 & \cdots & x_{nm}^0\end{bmatrix}$$

对 $\boldsymbol{R}^0$ 作标准化处理，得 $R=(x_{ji})_{m\times n}$，式中 x_{ji} 为第 i 个评价指标 x_i 在第 j 种状态上的值，本书用上述云模型对指标进行量化处理，$x_{ji}\in[0,1]$。

则某个评价指标 x_i 的信息熵为：

$$H(x_i)=-k\sum_{j=1}^{m}P(x_i)\ln P(x_i)$$

式中：k——系数，取 $k=1/\ln m$；

$P(x_i)$——评价指标 x_i 在第 j 种状态下的指标值 x_{ji} 的比重，即 $P(x_i)=x_{ji}/\sum_{j=1}^{m}x_{ji}$。

则第 i 个评价指标 x_i 的熵权为：

$$w_H(x_i)=\frac{1-H(x_i)}{\sum_{i=1}^{n}(1-H(x_i))}$$

由此可得基于熵权的评价指标的权向量为：

$$W_H=(w_H(x_1),w_H(x_2),\cdots,w_H(x_n))$$

②熵值法确定权重计算步骤：

为了使权重的赋予成为一种完全意义上的客观赋权法，本书将采用标准化变换法对传统的熵值法进行改进，此法不需要加入任何主观信息，评价结果唯一，有利于缩小极端值对综合评价的影响。具体计算步骤如下。

Step1：将坐标平移，消除负值。将评价指标 x_i 在第 j 种状态下的指标值 x_{ji} 经过平移后变成 x'_{ji}，其中 $x'_{ji}=l+x_{ji}$，l 为坐标平移幅度。

Step2：计算评价指标 x_i 的比重，$P(x_i)=x'_{ji}/\sum_{j=1}^{m}x'_{ji}$。

Step3：计算评价指标 x_i 的熵值，$H(x_i)=-k\sum_{j=1}^{m}P(x_i)\ln P(x_i)$。若给定在 j 种状态下的指标值 x_{ji} 的评分全部相等，则 $P(x_i)=x'_{ji}/\sum_{j=1}^{m}x'_{ji}=1/m$，此时 $H(x_i)$ 取极大值，即 $H(x_i)=-k\sum_{j=1}^{m}(1/m)\ln(1/m)=1$。

Step4：计算评价指标 x_i 的差异性因素的 g_i。对于给定的指标 x_i 下，x_{ji} 的差异性越小，$H(x_i)$ 越大；x_{ji} 的差异性越大，$H(x_i)$ 越小。定义差异性因数向量为 $G=(g_1,g_2,\cdots,g_n)$，其中 $g_i=1-H(x_i)$，则当 g_i 越大时，评价指标越重要。

Step5：计算指标权重。对于定量评价指标 x_i 的权重 $w_H(x_i)=g_i/\sum_{i=1}^{n}g_i$，$i=1,2,\cdots,n$；对于定性评价指标 x_i，首先用差异性因素对初始权重（即专家评定权重）进行调整 $a_i=b_i\times g_i(i=1,2,\cdots,n)$，其中，$b_i$ 为专家给出的评价指标的原始权重，经过归一化处理后，得到熵值法调整后的权重值：$w_H(x_i)=a_i/\sum_{i=1}^{n}a_i$，$i=1,2,\cdots,n$。

第 14 章　公路隧道运营安全评价技术

自从 2000 年左右欧洲连续发生几起隧道重大安全事故后，世界各国对隧道运营安全更加重视，欧洲对运营中的隧道进行了安全评价，发现绝大多数隧道安全隐患严重。本章重点阐述公路隧道运营安全评价的理论与方法，为制订具有针对性的安全提升措施奠定基础。

14.1　概　　述

14.1.1　目的与意义

公路隧道是道路的瓶颈路段，具有半封闭、事故危害大、难于救援的特点。进行公路隧道安全评价，其目的意义主要在于解析运营存在的安全隐患，制订具有针对性的技术措施，确定提升管理能力的手段，提高隧道运营的安全水平。

14.1.2　研究方法

进行隧道安全评价，主要有概率分析法（或称定量风险分析法 QRA）和确定性分析法（或称场景分析 SA）两种方法，其都是通过对公路隧道运营安全管理体制、隧道安全运营设施、隧道管理系统、隧道交通特征、接线特征、隧道土建特征和运营效果等影响因素的深入分析，剖析它们之间的内在联系，为公路隧道运营安全提供技术方法和手段；在初步构建的公路隧道运营安全评价指标体系等基础上，根据优选法，筛选出反映公路隧道运营安全的评价指标，建立科学的公路隧道运营安全综合评价指标体系，用科学的方法客观、公平地对其安全状况进行综合评价。

14.1.3　国外研究现状

国外的研究机构主要有国际隧道协会以及 Euro Test（由 13 个国家的 14 个机构组成），主要成果包括以下几个方面。

1）标准规范

标准规范主要有奥地利的 RVS 9.261 指南、英国的《公路隧道安全法规》以及各国的公路隧道通风设计规范等。2007 年英国发布的《公路隧道安全法规》具有较大的参考意义，其规定应该由隧道管理者以外的人来进行风险分析。风险分析报告应包括以下内容：

(1)交通特征和类型、隧道的长度、几何设计及预测每天通过隧道的重型货车的数量；

(2)评估所建议的改善措施是否能同等程度或更好地保障公路隧道使用者的安全；

(3)确定因使用所提出的减少风险的措施而引发的潜在的危险；

(4)确定可能受到(3)中所涉及的危害影响的公路隧道使用者；

(5)评价(4)中所涉及的使用者发生伤亡的概率；

(6)评价将要被提出的措施取代的安全要求是否足够。

(7)安全文件中应该包含风险分析。

2)评价方法

评价方法主要有定量事故发生频率分析和定量后果分析两种方法。定量频率分析是通过事故树的方法计算特定的事故场景的发生频率；定量后果分析是针对事故产生的危害程度(后果)进行计算。其中交通事故的后果是在以往的隧道事故数据基础上进行评估的，而火灾事故的后果是通过将通风模型和疏散模拟模型相结合进行模拟的。将事故发生频率与相应的事故危害程度相乘所得的乘积作为风险的预期值。但该方法不适用于涉及危险品的严重事故的风险分析。

3)评价流程

欧盟的 Euro TAP 项目成果，对隧道安全评价具有重要的参考意义，其建议的评价流程如图 14-1 所示。

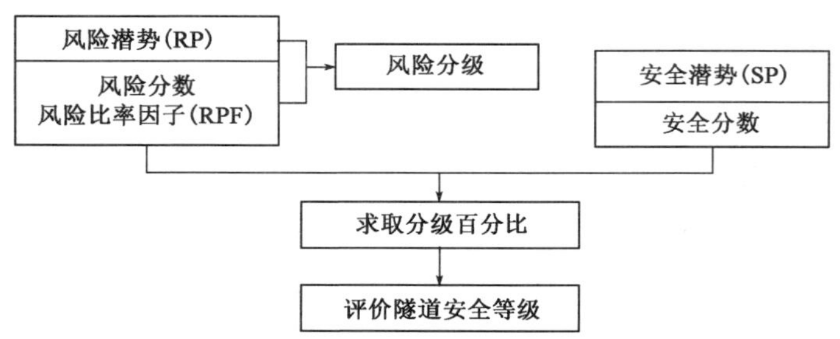

图 14-1　公路隧道安全评价方式流程图

14.1.4　国内研究现状

中国对隧道运营安全的研究主要体现在设施配置、隧道进出口安全、通风排烟、危险品运输以及安全评价 5 个方面。

1)设施配置

这方面主要体现在交通运输部西部交通建设科技项目“秦岭终南山公路隧道关键技术研究”、“湖南雪峰山公路隧道关键技术研究”等项目成果中。

2)隧道进出口安全

这方面主要体现在交通运输部西部交通建设科技项目“公路隧道进出口运行安全研究”项目成果中。

3)通风防灾

这方面主要体现在“厦门东通道翔安隧道通风与防灾技术研究”、“上海长江海底隧道通风与防灾技术研究”等项目成果中。

4)危险品运输

这方面主要体现在一些研究论文中,成果包括水底隧道与市区隧道之肇事率与郊区隧道及城际隧道的对比以及影响肇事的主要因子等成果。

5)安全评价

采用欧盟的方法进行隧道安全评价,应用评估结果提出安全改善方法,通过数学规划方式,分别以达到安全分数之最小改善成本与预算限制下获得最大改善分数两个方向进行模式构建,建构成本最小与效益最大改善方案。

14.1.5 存在的问题

隧道安全评价主要存在以下几方面的不足。

1)评价的内容缺乏系统性

国内的公路隧道安全评价大都只是就隧道的土建结构、机电系统、运营管理三大因素中的某一方面或某方面的几个子因素进行评价,忽略了运营环境对隧道安全的影响;同时在评价过程中,未将影响隧道安全的因素看做一个系统,忽略了各因素之间的相互联系,缺乏系统性。因此不能客观、真实地反映隧道所能提供的安全水平。

2)忽略了评价方法的适用性

国内关于隧道安全评价大都是采用一种综合方法对整个隧道的安全进行评价。但是任何方法都有其适用的范围,且影响隧道安全的各大因素的特征各不相同,因此仅通过一种方法对整个隧道的安全性作评价,会降低评价结果的准确性和可信度。例如:模糊综合评价方法对于隧道内一些内部关系清楚的白化系统(如机电系统)的评价就不太适用。

3)缺乏相关的标准规范

目前,我国在公路隧道安全评价方面的研究比较零散,尚未有任何机构专门从事该方面的研究,更不用提相关标准规范的制定。在进行评价的过程中,评价指标的选取没有标准或规范可参考,只是凭着评价者个人的经验或喜好确定;另外,在评价结果的处理方面，也没有统一的标准可依（例如：通过评分法计算得出某隧道的最后得分，该得分到底应该属于哪一级别，没有统一的规定）。

4）评价结果可操作性不强

安全评价的最终目标是要提高公路隧道的运营安全性，因此如何将评价结果充分运用在改进隧道安全性能中至关重要。在国内许多关于隧道安全评价的文献中，评价结果仅局限于隧道总体安全等级的“好”、“不好”等。而这些等级对提高隧道安全性的实际意义并不大，因而应该在此基础上，进一步分析各具体指标的性能如何以及采取何种改进措施可以达到成本效益比最小化，从而为提高隧道安全性提供改进的方向和可靠的参考依据。

14.1.6 发展趋势

公路隧道运营安全评价是一项系统工程，涉及许多领域和学科，因此在该方面的研究需要众多领域的专家、学者相互合作、长期研究、反复实验才能逐渐成熟。总体来说，公路隧道运营安全评价技术将朝着以下两方面发展：

（1）随着计算机技术的蓬勃发展、数学领域各项研究的不断成熟，公路隧道运营安全评价方法将不断向着软件化、模型化的方向发展。

（2）目前我国交通安全问题已经受到各领域专家的高度重视，越来越多的研究人员开始从事公路隧道安全评价方面的研究，因此，随着理论研究的不断成熟并大量地应用于实际中，公路隧道运营安全评价技术将不断地规范化、标准化。

14.2 公路隧道运营安全评价的内容与范围

14.2.1 运营评价内容

隧道安全评价可分为安全状况评价、危险物品运送风险分析以及非危险物品运送安全分析三大类。安全现状评价是以隧道监控与管理及救援技术为对象，进行事前防护与事后救援的评价，而危险物品运送风险分析主要是评价危险物品通过隧道运送时发生事故的概率及其潜在的危害，至于非危险物品运送安全分析则是评价一般车辆通过隧道时的风险。

14.2.2 评价范围

隧道安全评价的范围包括隧道管理、隧道接线特征、隧道土建特征、交通特征、安全设施以及运营效果，并应提出安全改善措施，分析该措施的潜在危险以及对隧道使用者安全的影响。

14.3 评价的基础理论

14.3.1 系统结构

公路隧道的特性是多维性、多层次性。它的每个维度包括许多要素，而各个要素往往又是一个具有一定结构的系统。这些子系统间彼此互相联系、互相制约，进行着非线性的相互作用，并通过与外界交流信息，形成和维持着时空有序结构。在组织结构上，公路隧道运营安全评价系统由下列要素组成。

1)目标子系统

这是系统的导向部分，它应该表征被评对象总的前进方向，主要应以交通工程学、桥隧工程学、机电一体化、管理学、国标、法规等为依据而确定。

2)指标子系统

指标子系统由各指标要素组成，各指标要素应相互联系构成统一、有序的整体。各指标要素随社会发展不断接受信息而逐步更新，体现方向性、科学性、可测性和发展性原则，要注意均衡性、扼要性和可行性。

3)评价人员子系统

评价人员一般由公路隧道运营管理方面的专家、交通主管人员等组成，同时吸收公路隧道内部安全管理人员(评价对象的自我评价)参加。

4)评价对象子系统

公路隧道及它的子系统都应列为评价对象。其系统不是孤立地存在于某一个平衡状态下，而是彼此相互制约、相互作用，其中某一要素状态的变化直接影响着其他要素的状态变化。

5)评价方法子系统

该子系统主要收集和处理信息得出结论的方法。它包括了心理测量方法、传统的以及可以被利用的现代科学方法，如系统方法、统计学方法、概率论方法、模糊数学方法、层次分析方法、灰色系统理论等等，而且随着科学的进步不断从社会环境中接受信息，使系统不断演化，功能不断增强。

可以看出，各要素之间有着非常具体的相互作用，既依靠定向，又依靠评价人员按照指标体系运用一定的方式方法加以操纵，而且随时接受被评价对象以及其他子系统的反作用，这样，公路隧道运营安全评价在组织结构层面上的各个系统之间，不断交流着信息。同时不断从社会环境输入信息并得到人力、物力的补充，因而保持了开放的不平衡状态。

14.3.2 基础理论

公路隧道运营安全评价是一项复杂的社会活动，要使这项活动具有正确的方向和科学的方法，既要有结合我国国情的评价实践作为源泉，又要有相应学科的理论作为基础。

(1)从评价对象看，交通运输安全管理学、企业管理学是公路隧道运营安全评价的理论基础。

公路隧道是通过车辆对旅客或货物进行位置或空间位移这个特定的运动开展的一项社会活动。作为一种社会活动，它与社会的发展存在着必然的联系，它反映一定社会的特点，适应社会发展的需要，受到社会政治、经济、文化、科技等条件的约束；同时，它也会通过本身的活动对社会起反作用，促进社会的进步和发展。

(2)从评价标准看，人力资源管理学、道路交通安全学、心理学、车辆工程学是公路隧道运营安全评价的理论基础。

公路隧道安全评价的实质是价值判断，因此建立价值判断的标准是公路隧道评价的核心。在公路隧道安全评价的价值问题中，公路隧道投入与产出的关系、经济效益与社会效益的关系、简政放权与加强管理的关系等都是应该考虑的问题。

(3)从评价过程看，系统科学是公路隧道运营安全评价的理论基础。

在整体性方面，进行公路隧道运营安全评价前必须对公路隧道的结构、功能、安全管理模式、公路隧道法规法令等有一个比较完整的认识，还要重视这个系统整体同外部环境(公路隧道与上级主管部门的关系、道路的特点等)的联系及相互作用。进行公路隧道运营安全评价时必须建立一套能够完整反映公路隧道安全管理目标的指标系统。

(4)从评价方法看，综合评价理论与方法、层次分析法、模糊数学、统计学、测量学等理论体系是公路隧道运营安全评价量化方法的基础。

公路隧道安全评价是对所设计的评价内容，根据一定的评价标准进行测量，并对测量的结果进行统计分析，做出价值判断的过程。所以，综合评价理论与方法和层次分析法理所当然的是评价的重要手段之一。

14.4 评价指标

14.4.1 指标选择原则

1)科学性原则

指标体系的设计要遵循实事求是的原则，客观真实地反映被评价系统的状态。

2)完备性原则

指标体系作为一个有机整体,应从不同角度反映被评价系统的特征,不能遗漏主要方面或有所偏颇,否则评价结果就不能客观、真实、全面地反映被评价对象。

3)可行性和可操作性原则

指标的设计应考虑实现的可能性,指标应适应于评价的方式,适应于指标评价者对指标的接受程度和判断能力。

4)简明性原则

指标体系中指标应简单明了,不宜过于繁琐,个数太多,避免因陷于过多细节而未能把握评价对象本质,从而影响评价的准确性,要避免相同和相近的指标重复出现。

5)非相容性原则

各指标之间不能相容,即不能相互代替或包含。这里应强调的是相容性和相关性的区别。相关性不等于相容性,指标体系中允许相关指标的存在。这是因为某些指标存在很强的相关性,但它们从不同侧面反映了研究对象的特征,因而是允许的。

6)规范性原则

选择指标时,应尽量采用常用范围内的指标。一方面具有通用性,另一方面为收集数据资料带来方便,同时也便于理解。

14.4.2 指标筛选

根据评价指标的贡献度(CD)筛选评价指标。指标贡献度是指备选评价指标独立性指数、适用性指数与可操作性指数的加权平均值,各指数及贡献度取值范围均在0～1之间。

$$\mathrm{CD}=\lambda_i\mathrm{ID}+\lambda_2\mathrm{UA}+\lambda_3\mathrm{MA} \tag{14-1}$$

式中:ID——指标独立性,0～1;

UA——指标普遍适用性,0～1;

MA——指标可操作性,0～1;

λ_i——对应指标权重,$\sum\lambda_i=1$。

指标贡献度主要反映各备选指标对隧道安全等级的贡献大小,最终选择各类指标中贡献度较大的指标组成隧道安全评价的指标,指标筛选过程如图14-2所示。

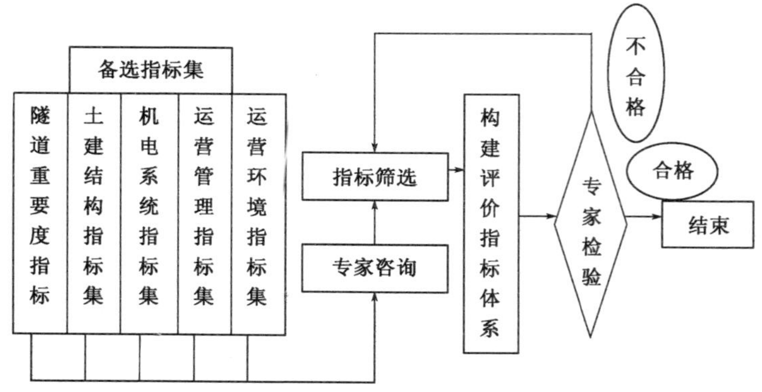

图 14-2　评价指标筛选流程图

14.4.3　评价指标

依据评价指标体系建立原则，对运营安全的影响因素进行必要的筛选，选取那些有直接影响的因素，删除影响甚微的指标，将影响公路隧道运行管理状况的因素加以分析和合理综合，结果见表 14-1。

隧道安全评价指标　　　　表 14-1

类　　别		指　　标
隧道级别		隧道重要度
土建结构		隧道孔数
		隧道平面曲线半径
		隧道纵向坡度
		隧道长度
		车道宽度
		横通道间距
		紧急停车带间距
		路面摩擦系数
机电系统	应急救援系统	通风及通风控制系统
		照明及照明控制系统
		供配电系统
		消防系统
		火灾检测与报警系统
		通信系统

续上表

类　别		指　标
机电系统	辅助系统	闭路电视监视系统
		交通与环境检测系统
		交通控制与诱导系统
		紧急电话系统
		广播系统
		防雷接地系统
运营管理		日常管理
		机构与岗位的设置
		规章制度的制订
		应急预案
		危险品运输车辆管理
		信息发布
		救援设施与队伍
		隧道管理人员培训
		宣传教育
		限速管理
运营环境		交通量
		大型车比例
		平均运行速度
		平均运行速度差
		气候状况
		交通组织
		道路与隧道洞口3s运行速度行程内的线形一致性
		道路与隧道洞口接线横断面过渡
		相邻隧道的间距

14.5　评价指标权值确定

如何确定权重系数，是综合评价中的核心问题。概括地讲，权重系数的确定方法可分为三大类：一是基于“功能驱动”原理的赋权法，即主观赋权法；二是基于“差异驱动”原理的赋权法，即客观赋权法；三是综合集成赋权法，即同时体现主、客观的赋权法。

14.5.1 层次分析法(AHP)

人们对社会、经济、企业及科学管理领域的问题进行系统分析时，面临的常常是一个相互关联、相互制约的众多因素构成的复杂系统。为了解决此类问题，美国著名运筹学家、匹兹堡大学教授 T. L. Saaty 于 20 世纪 70 年代提出了一种将思维量化、将复杂系统简化的、简捷的、实用的系统分析方法——层次分析法(Analytical Hierarchy Process)。

其大致有以下几步：首先确定管理体制及运营效果、机电系统、防火救援系统等因素在评价公路隧道运营安全状况这个总目标中各占多大比重；然后比较这些公路隧道的管理体制及运营效果、机电系统、防火救援系统等因素及其他条件如何；最后综合以上结果得到这些公路隧道的基本状况。

运用层次分析法解决问题，可以分为四个主要步骤。

1)建立递阶层次结构

复杂问题分解成称之为元素的组成部分，把这些元素按属性不同分成若干组，以形成不同层次。将同一层次的元素作为准则，该元素对下一层的某些元素起支配作用，同时它又受上一层元素约束。这种从上到下的支配关系形成了一个递阶层次。处于最上边的称为目标层，通常它只有一个元素，一般是分析问题的预定目标或理想结果，中间的层次一般是准则层，第三层为指标层。一个典型的层次结构如图 14-3 所示。

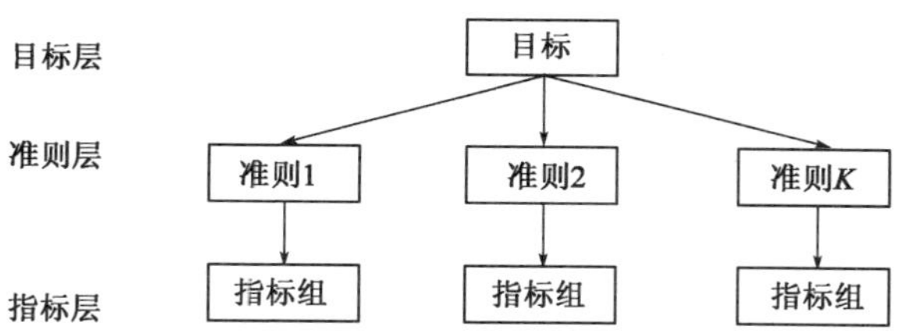

图 14-3 递阶层次结构示意图

2)构造两两比较判断矩阵

在建立递阶层次结构以后，上下层之间的隶属关系就确定了。假定将上一层的元素 α 作为准则，α 对下一层的元素有支配关系，目的是在 α 之下按它们的相对重要性赋予 x，相应的权重 $\omega_i(i=1,2,\cdots,n)$。

比较 n 个元素 x_1、x_2、…、x_n 对准则 α 的影响，以确定它们在准则 α 中所占的比重。每次取两个元素 x_i 和 x_j，用 a_{ij} 表示 x_i 和 x_j 关于准则 α 的相对重要程度之

比，其全部比较结果可用矩阵 **A** 表示：

$$\boldsymbol{A}=\begin{bmatrix} a_{11} & a_{12} & \cdots & a_{1n} \\ a_{21} & a_{22} & \cdots & a_{2n} \\ \vdots & \vdots & \vdots & \vdots \\ a_{n1} & a_{n2} & \cdots & a_{nn} \end{bmatrix}=\boldsymbol{A}(a_{ij}) \tag{14-2}$$

A 称为比较判断矩阵，简称判断矩阵。

判断矩阵中的赋值 a_{ij} 表示元素 x_i 关于元素 x_j 的重要程度的赋值。这些赋值的根据或来源，可以由决策者直接提供，或是通过决策者与分析者的对话来确定，或是由分析者通过某种技术咨询而获得，或是通过其他合适的途径来酌定。一般地，判断矩阵应由熟悉问题的专家独立给出。

3)元素相对权重的计算

对于元素 x_1、x_2、…、x_n，通过两两比较判断得到判断矩阵 A。若 A 是一致阵，则了解特征值问题。

$$A\omega = n\omega$$

所得到的 $\omega=(\omega_1,\omega_2,\cdots,\omega_n)^T$ 经归一化后作为元素 x_1、x_2、…、x_n 在准则 α 下的排序权重，这种方法称为排序权向量计算的特征值法。

4)矩阵一致性的检验

由于客观事物比较复杂，而人们认识问题的能力有限等原因，判断者只能给出它的估计判断或大概判断。这样，就不能保证判断矩阵具有一致性。为了保证应用层次分析法分析得到的结论合理、正确，还需要对所构成的判断矩阵进行一致性检验。

14.5.2 基于“功能驱动”原理的赋权法

基于“功能驱动”原理的赋权法中具有代表性的两种方法是特征值法和 G_1 法。

1)特征值法

要将 m 个评价指标关于某个评价目标的重要程度作两两比较判断获得矩阵 A，再求 A 与特征值 m 相对应的特征向量 $\boldsymbol{\omega}=(\omega_1,\omega_2,\cdots,\omega_n)^T$，并将其归一化记为评价指标的权重系数，然后进行一致性检测。若不符合，就认为初步建立的判断矩阵是不能令人满意的，需要重新赋值或运用修正法对判断矩阵进行修正，直到一致性检测通过为止。

特征值法的流程如图14-4所示。

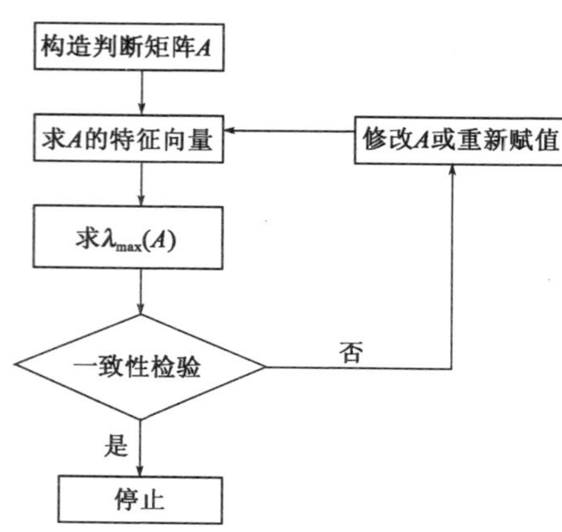

图 14-4 特征值法的流程框图

2)G_1 法

针对上述原因,下面提出了一种无需一致性检验的新方法——G_1 法,其算法分以下 4 个步骤。

(1)确定序关系

定义一:若评价指标 x_i 相对于某评价准则(或目标)的重要性程度大于(或不小于)x_j 时,则记为 $x_i > x_j$。

定义二:若评价指标 x_1、x_2、…、x_m 相对于某评价准则(或目标)具有关系式 $x_1^* > x_2^* > \cdots x_m^*$ 时,则称评价指标 $x_1, x_2, \cdots, x_m$ 之间按“>”确立了序关系。这里 x_i^* 表示 $\{x_i\}$ 按序关系“>”排定顺序后的第 i 个评价指标($i=1,2,\cdots,m$)。

对于评价指标集 $\{x_1, x_2, \cdots, x_m\}$,可按下述步骤建立序关系:

a. 专家(或决策者)在指标集 $\{x_1, x_2, \cdots, x_m\}$ 中,选出认为是最重要(关于某评价准则)的一个(只选一个)指标记为 x_1^*;

b. 专家(或决策者)在余下的 $m-1$ 个指标中,选出认为是最重要(关于某评价准则)的一个(只选一个)指标记为 x_2^*;

⋮

k. 专家(或决策者)在余下的 $m-(k-1)$ 个指标中,选出认为最重要(关于某评价准则)的一个(只选一个)指标记为 x_k^*;

⋮

m. 经过 $m-1$ 次挑选,剩下的评价指标记为 x_m^*。

这样,就唯一确定了序关系(定义二)。对于某些问题来说,仅仅给出序关系(定义二)还不够,还要确定出评价指标相对于某评价准则(或目标)的权重系数。为书写方便且不失一般性,以下仍记(定义二)为:

$$x_1 > x_2 > \cdots > x_m$$

(2)给出 x_{k-1} 与 x_k 间相对重要程度的比较判断

设专家关于评价指标 x_{k-1} 与 x_k 的重要程度之比 ω_{k-1}/ω_k 的理性判断分别为 $\omega_{k-1}/\omega_k = r_k, k=m, m-1, m-2, \cdots, 3, 2$。

r_k 的赋值可参考表 14-2。

r_k 赋值参考表 表14-2

r_k	说明
1.0	指标 x_{k-1} 与指标 x_k 具有同样重要性
1.2	指标 x_{k-1} 比指标 x_k 稍微重要
1.4	指标 x_{k-1} 比指标 x_k 明显重要
1.6	指标 x_{k-1} 比指标 x_k 强烈重要
1.8	指标 x_{k-1} 比指标 x_k 极端重要

(3)权重系数 ω_k 的计算

若专家(或决策者)给出 r_k 的理性赋值满足表14-2的要求,则 ω_m 为:

$$\omega_m = (1 + \sum_{k=2}^{m}\prod_{i=k}^{m} r_i)^{-1} \tag{14-3}$$

而

$$\omega_{k-1} = r_k \omega_k \qquad (k = m, m-1, \cdots, 3, 2) \tag{14-4}$$

(4)群组判断的情形

为了减弱专家人为因素的影响,更客观、更准确地评价指标 x_1、x_2、…、x_m 的权重系数,可同时聘请 $L(L>1)$ 位专家对同一排序问题进行比较判断,然后从中"综合"出一个较为理想的结果。下面分两种情形加以讨论。

①L 个序列关系一致的情形

假设 L 位专家关于指标 x_1、x_2、…、x_m 之间(相对于某评价准则)序关系的给出是完全一致的,不妨记为:

$$x_1 > x_2 > \cdots > x_m$$

设专家 k 关于 $r_j(j=m,m-1,m-2,\cdots,3,2)$ 的赋值依次记为:

$$r_{k2}, r_{k3}, \cdots, r_{k(m-1)} \qquad (k = 1, 2, \cdots, L)$$

其中,r_{kj} 满足 $r_{k,j-1} > 1/r_{kj}, j = m, m-1, \cdots, 3, 2; k = 1, 2, \cdots, L$。

由式(14-3)得:

$$\omega_m = (1 + \sum_{k=2}^{m}\prod_{j=k}^{m} r_i)^{-1} \tag{14-5}$$

而

$$\omega_{j-1} = r_j^* \omega_j \qquad (j = m, m-1, \cdots, 3, 2)$$

式中:

$$r_j^* = \frac{1}{L}\sum_{k=1}^{L} r_{kj} \qquad (j = 2, 3, \cdots, m)$$

②L 个序关系不一致的情形

不失一般性,假设有 $L_0(1 \leqslant L_0 < L)$ 专家给出指标 x_1、x_2、…、x_m 间的序关系是一致的,由①步骤可求出与指标 x_j,相对应的权重系数分别为 ω_1^*、ω_2^*、…、ω_n^*。

设序关系不一致的 $L_0 - L$ 专家所给出的序关系分别为:

$$x_{k1} > x_{k2} > \cdots > x_{km} \qquad (k = 1,2,\cdots,L - L_0)$$

式中：x_{kj}——专家 k 按“$>$”排列的集$\{x_i\}(i=1,2,\cdots,m)$中的第 i 个元素。

设专家 k 关于 $x_{kj}(k=1,2,\cdots,L-L_0;j=m,m-1,\cdots,3,2)$间重要性程度之比的理性赋值分别记为 $r_{kj}(k=1,2,\cdots,L-L_0;j=m,m-1,\cdots,3,2)$，$r_{kj}$ 满足 $r_{k,j-1}>1/r_{kj}(j=m,m-1,\cdots,3,2;k=1,2,\cdots,L-L_0)$时，可求出元素 x_{kj} 的权重系数 $\omega_{kj}(k=1,2,\cdots,L-L_0;j=m,m-1,\cdots,3,2)$。

对于每一个 $k(1\leqslant k\leqslant L-L_0)$，集$\{x_{kj}\}$与集$\{x_j\}$都是严格一对一的。这样，针对每一位专家 $k(1\leqslant k\leqslant L-L_0)$所提供的判断信息，都可以等价地求出 x_{kj} 的权重系数并记为 $\omega_{kj}^{**}(j=1,2,\cdots,m)$。对于每一个 $j(1\leqslant j\leqslant m)$，将 $L-L_0$ 个 ω_{kj}^{**} 的几何平均值（或算术平均值）作为“综合”的结果并记为 ω_{kj}^{**}。

$$\omega_j^{**} = (\prod_{i=1}^{L-L_0} \omega_{kj}^{**})^{1/L-L_0} \qquad (j = 1,2,\cdots,m) \tag{14-6}$$

或

$$\omega_j^{**} = \frac{1}{L-L_0}\prod_{i=1}^{L-L_0} \omega_{kj}^{**} \qquad (j = 1,2,\cdots,m) \tag{14-7}$$

并将 ω_j^{**} 归一化，最后称：

$$\omega_j^{*} = k_1\omega^{*} + k_2\omega_j^{**} \qquad (j = 1,2,\cdots,m) \tag{14-8}$$

为指标 x_j 相对于某评价准则（或目标）的权重系数。其中 $k_1>0$，$k_2>0$ 且 $k_1+k_2=1$，可取 $k_1=L_0/L$，$k_2=(L-L_0)/L$。

更一般的情形是这样的：在 L 位专家中可能有 L_1、L_2、…、L_h($1\leqslant L_s<L(s=1,2,\cdots,h)$，$\sum_{s=1}^{k}L_s=L$)位专家，分别给出相同的序关系以及相应的理性赋值，即 L_s 位专家关于 x_1、x_2、…、x_m 给出的序关系分别为：

$$x_{k1}^{s} > x_{k2}^{s} > \cdots > x_{km}^{s} \qquad (k = 1,2,\cdots,L_s;s = 1,2,\cdots,h)$$

又给出 x_{j-1}^{s} 与 x_j^{s} 间重要程度之比的理性赋值分别为 $r_{kj}^{s}(k=1,2,\cdots,L_s;s=1,2,\cdots,h)$，由关系式(14-8)可求出 x_{kj}^{s} 权重系数为 ω_{kj}^{s}，对每一个 $j(1\leqslant j\leqslant m)$将 L_s 个 ω_{kj}^{s} 的几何平均值（或算术平均值）作为“综合”（或“集成”）的结果并记为 $\omega_{kj}^{s}(j=1,2,\cdots,m;s=1,2,\cdots,h)$，即：

$$\omega_{kj}^{s} = (\prod_{k=1}^{Ls} \omega_{kj}^{s})^{1/Ls} \qquad (j = 1,2,\cdots,m;s = 1,2,\cdots,h) \tag{14-9}$$

或

$$\omega_{kj}^{s} = \frac{1}{L_s}\prod_{k=1}^{Ls} \omega_{kj}^{s} \qquad (j = 1,2,\cdots,m;s = 1,2,\cdots,h) \tag{14-10}$$

这时，可求出评价指标 x_j 的权重系数为：

$$\omega_j = k_1\omega_j^{1} + k_2\omega_j^{2} + \cdots + k_h\omega_j^{h} \qquad (j = 1,2,\cdots,m) \tag{14-11}$$

式中可取 $k_s = L_s / L (s=1,2,\cdots,h)$。

14.5.3 基于“差异驱动”原理的赋权法

由主观赋权法确定出的权重系数真实与否，在很大程度上取决于专家的知识、经验及其偏好。为了避免在确定权重系数时受人为因素的干扰，可采取基于“差异驱动”原理的均方差法。

取权重系数为：

$$\omega_j = \frac{s_j}{\sum_{k=1}^{m} s_k} \qquad (j = 1,2,\cdots,m) \tag{14-12}$$

式中：

$$s_j^2 = \frac{1}{n}\sum_{i=1}^{n}(x_{ij} - \bar{x}_j)^2 \qquad (j = 1,2,\cdots,m) \tag{14-13}$$

而

$$\bar{x}_j = \frac{1}{n}\sum_{i=1}^{n} x_{ij} \qquad (j = 1,2,\cdots,m) \tag{14-14}$$

14.5.4 综合集成赋权法

综合集成赋权法就是从逻辑上将这两大类赋权法有机地结合起来，其方法有加法集成法和乘法集成法两种。乘法集成法如下所述。

设 p_j、q_j 为分别基于“差异驱动”原理和“功能驱动”原理生成的指标 x_i 的权重系数，则：

$$\omega_j = p_j q_j / \sum_{i=1}^{m} p_j q_j \qquad (j = 1,2,\cdots,m) \tag{14-15}$$

14.6 综合评价法[FS]

14.6.1 模糊综合评价法

1)模糊综合评价法的数学基础

模糊集合论是由美国人扎德(L. A. Zadeh)在1965年创立的一种数学理论。由于它把传统数学从二值逻辑的基础上扩展到连续值上来，用精确的数学语言对模糊性进行描述，解决了科学发展中精确性与模糊性对立这一突出矛盾，把数学引入模糊现象这个当时的禁区。

在普通集合论中，一个对象对于一个集合，要么属于，要么不属于，两者必居其一，这就限定了普通集合只能表现“非此即彼”的现象。然而，绝对的突变或两个集合之间绝对明显的界限往往是不存在的，总是被迫面对一些模棱两可的现象。在自然界和社会现象中，概念之间的差异往往要通过一些中介过渡的形式，处于中介过渡的差异，便具有“亦此亦彼”的性质。通常人们为了了解、掌握和处理自然现象，在大脑中形成的概念往往是模糊概念，这些概念的类属边界是不清晰的，由此产生的划分、判断与推理也都具有模糊性。

2)模糊综合评判数学模型建立的步骤

(1)建立评价方案的指标集 U

根据评价对象的性质将其指标化，然后再将各指标细化，即指标集：

$$U = \{u_1, u_2, u_3, \cdots, u_n\} \tag{14-16}$$

其中
$$u_i = \{u_{i1}, u_{i2}, \cdots, u_{ip}\} \quad (i = 1, 2, \cdots, n)$$

式中：n——一级指标的个数；

p——二级指标的个数。

(2)建立评价集 V

$$V = \{v_1, v_2, v_3, \cdots, u_m\} \tag{14-17}$$

式中：m——评语等级的个数，即评价指标的等级集合，又称决断集或被择集。

(3)建立单因素判断

建立一个从 U 到 V 的模糊映射：

$$f: U \to F(V) \quad (\forall u_i \in U)$$

$$u_i \to f(u_i) = \frac{r_{i1}}{v_1} + \frac{r_{i2}}{v_2} + \cdots + \frac{r_{im}}{v_m} \quad (0 \leqslant r_{ij} \leqslant 1, j = 1, 2, \cdots, m) \tag{14-18}$$

由 f 可导出模糊关系，得到模糊矩阵，对第 i 个因素的单因素模糊评判为 V 上的模糊子集：

$$R_i = (r_{i1}, r_{i2}, \cdots, r_{im}) \tag{14-19}$$

于是多因素评判矩阵 $\boldsymbol{R}$ 为：

$$\boldsymbol{R} = \begin{bmatrix} r_{11} & r_{12} & \cdots & r_{1m} \\ r_{21} & r_{22} & \cdots & r_{2m} \\ \vdots & \vdots & \vdots & \vdots \\ r_{n1} & r_{n2} & r_{n3} & r_{nm} \end{bmatrix} \tag{14-20}$$

于是 (U, V, R) 构成了一个综合评判模型或称综合评判空间。

(4)综合评判

设对因素的权重分配为 U 上的模糊子集 W，简记为：

$$W = (w_1, w_2, w_3, \cdots, w_n) \tag{14-21}$$

式中，w_i 为第 i 个因素 u_i 所对应的权重，且一般的规定为：

$$\sum_{i=1}^{n} w_i = 1 \tag{14-22}$$

则对该评判对象的综合模糊评判 B 是 V 上的模糊集：

$$B = W \circ R$$

$B=W\circ R$ 中的"$\circ$"称为算子，它的选择对评价结果的清晰度有较大的影响。通常，视问题的性质不同，可选用不同的算子。

算子 1：主因素决定型 $M(\wedge,\vee)$

$$b_j = \bigvee_{i=1}^{n} (w_i \wedge r_{ij}) \qquad (j = 1,2,\cdots,m) \tag{14-23}$$

算子 2：主因素突出型 $M(\cdot,\vee)$

$$b_j = \bigvee_{i=1}^{n} (w_i \wedge r_{ij}) \qquad (j = 1,2,\cdots,m) \tag{14-24}$$

算子 3：主因素突出型 $M(\wedge,\oplus)$

$$b_j = \bigoplus_{i=1}^{n} (w_i \wedge r_{ij}) = \sum_{i=1}^{n} (w_i \wedge r_{ij}) \tag{14-25}$$

算子 4：加权平均模型 $M(\cdot,\oplus)$

$$b_j = \bigoplus_{i=1}^{n} (w_i \wedge r_{ij}) = \sum_{i=1}^{n} (w_i \wedge r_{ij}) \tag{14-26}$$

14.6.2 人工神经网络

人工神经网络是由大量简单的处理单元组成的非线性、自适应、自组织系统，它是在现代神经科学研究成果的基础上，试图通过模拟人类神经系统对信息进行加工、记忆和处理的方式，设计出的一种具有人脑风格的信息处理系统。由于神经网络具有很强的自适应能力、学习能力、容错能力，所以通过对大量数据的反复学习，可以得到最优的权重分配，使其在给定的精度范围内合理可靠。

神经网络是由大量神经元互连而成的网络，单个神经元模型如图 14-5 所示，这是一个多输入、单输出的系统。图中 x_1、x_2、…、x_m 分别表示来自其他神经元的输入；w_{j1}、w_{j2}、…、w_{jm} 则分别表示其他神经元与第 j 个神经元的突触连接强度，即权值，可为正，也可为负，正权值表示兴奋型突触，负权值表示抑制型突触；θ_j 称为阈值，s_j 为净输入，$f(\cdot)$ 为激活函数，y_j 为神经元 j 的输出。

神经元的输入输出关系可描述为：

$$\left.\begin{aligned} s_j = net_j = \sum_{i=1}^{n} \omega_{ji} x_i + \theta_j \\ y_j = f(s_j) \end{aligned}\right\} \tag{14-27}$$

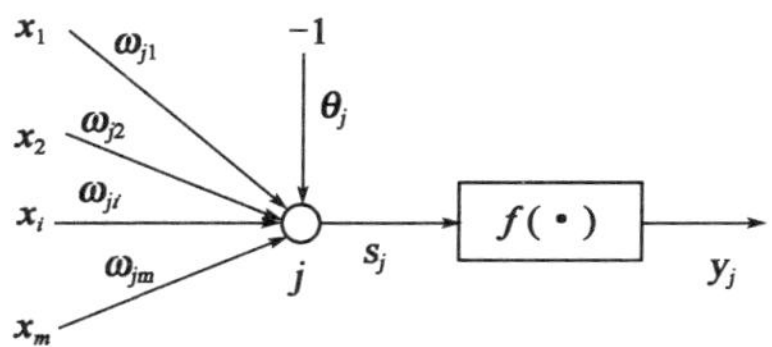

图 14-5 单个神经元模型

若把输入的维数增加一维，则可把阈值写入链接权中去，即取输入 $x_0=-1$，权值 $\omega_{j0}=\theta_j$，则有：

$$s_j = net_j = \sum_{i=1}^{n}\omega_{ji}x_i + \theta_j = \sum_{i=0}^{n}\omega_{ji}x_i \tag{14-28}$$

按照网络的拓扑结构(即各神经元间相互连接的方式),人工神经网络可分为前向网络和反馈网络。前向网络的神经元分层排列,只有前后相邻两层之间的神经元相互连接,每一层的神经元只接收前一层神经元的输入,可以是多个输入,并输出给下一层,各神经元之间没有反馈。反馈网络是指从输出层到输入层都有反馈,所有神经元都是计算单元,每一个神经元同时接收外来输入和来自其他神经元的反馈输入,其中也包括神经元输出信号引回到本身输入构成的子环反馈。

BP 网络是采用误差反向传播(Error Back Propagation,BP)算法的多层前向神经网络,它由输入层、中间隐含层和输出层组成,其中隐含层可以是一层或多层。

BP 网络可以看成是以一个从输入到输出的高度非线性映射,即 $F:R^m \to R^n$,$f(X)=Y$。也就是说,对于样本集合:输入 $x_i(\in R^m)$ 和输出 $y_i(\in R^n)$,可以认为存在某一映射 g 使得

$$g(x_i) = y \qquad (i = 1,2,\cdots,m) \tag{14-29}$$

对于 BP 网络有一个重要定理,即 Kolmogorol 定理(亦称为映射网络存在定理):给定任意 $\varepsilon>0$ 和任一在连续函数 $f:U^m \to R^n$,这里 U 是闭单位区间[0,1],则存在一个三层 BP 网络,它可以在任意精度的平方误差 ε 内逼近 f。

因此,可以建立只有一个隐层的三层 BP 网络,利用 BP 网络强大的非线性映射能力,通过对样本的学习来求出一映射 f,使得在某种意义下(通常是最小二乘意义下),f 是 g 的最佳逼近。

14.7 基于模糊数学的隧道火灾风险分析

14.7.1 模糊事故树分析法

事故树分析(Fault Tree Analysis,FTA)是美国贝尔实验室的 Watson 等在 20 世纪 60 年代初提出和发展起来的一门诊断技术。FTA 是以系统所不希望发生的事件(顶事件)作为分析的目标,通过逐层推溯所有可能的原因,从而找出系统可能存在的因素之间的逻辑关系,用倒立的树状图形表示出来。定量分析可计算出影响的程度和系统故障的概率。事故树分析可以达到以下三个目标:①把引发系统事故的全部原因通过演绎的方式用图形明确表示出来,具有明确的结构和逻辑关系,便于判定系统的弱点;②通过事故树去掌握事故发生的每一种可能性和系统安全的各种可能方案(通常所说的定性分析);③计算出系统事故的发生概率,并

且可以对引发系统事故的基本事件进行重要度排序(通常所说的定量分析)。

在传统事故树中,进行结构重要度分析,对基本事件的重要程度进行排序时,过分依赖事故树的结构,由于隧道火灾的成因往往比较复杂,没有简单明晰的因果关系,事故树的结构更多依靠的是人的主观构造,结果缺乏可靠性。

而且在概率论重要度分析时,传统事故树把事件发生的概率处理成一精确值。在隧道中某些事件发生的概率影响因素很多,具有一定的模糊性。还有一些事件的概率缺乏调查数据或不便进行统计,如驾乘人员中缺乏隧道消防知识的概率、消防设施失效概率等。将模糊集合理论引入到故障树分析中,可以很好地解决这些问题。

14.7.2　隧道火灾模糊事故树

根据隧道火灾影响因素分析,设立顶层事件为隧道火灾 T,因为当起火 E1 与灭火失效 E2 同时发生时才引发顶层事件,用“与”门进行连接。起火 E1 又必须由火源 E3 和可燃物 E4,用“与”门连接,灭火失效 E2 需要主动灭火 E5 和被动灭火 E6 同时失效时才发生,用“与”门连接,如下往下演绎,如图 14-6 所示。

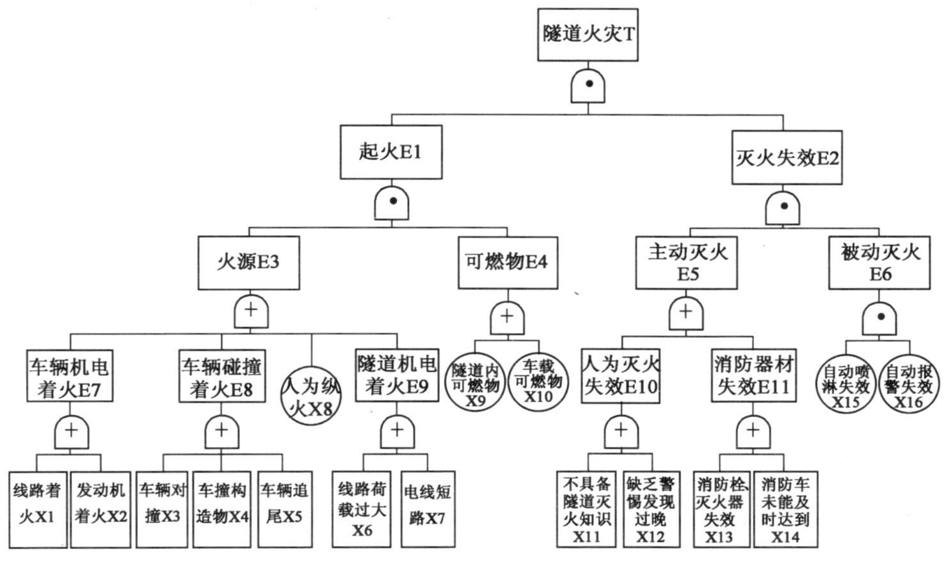

图 14-6　公路隧道火灾模糊事故树

14.7.3　数学模型

1)模糊数的表示

设 U 是一个对象组成的论域,x 是取值于 U 的一个变量,则在论域 U 上的一

个模糊集 $\underset{\sim}{p}$ 定义为一个隶属函数。$\mu_{\underset{\sim}{p}}(x):U\rightarrow[0,1],x\in U,\mu_{\underset{\sim}{p}}(x)$是把 U 中的元素影射到[0,1]中的实数，$\underset{\sim}{p}$ 表示“大约为 m”的模糊数，$\mu_{\underset{\sim}{p}}(x)$为 $\underset{\sim}{p}$ 的隶属函数。

基本事件的发生概率在这里选取较为简单的模糊数利用三角隶属函数表示，其表达式为：

$$\mu_{\underset{\sim}{p}}(x)=\begin{cases}0 & (x<a)\\ \dfrac{x-a}{m-a} & (a\leqslant x<m)\\ \dfrac{b-x}{b-m} & (m\leqslant x\leqslant b)\\ 0 & (x>b)\end{cases} \tag{14-30}$$

式中，m 称为 $\underset{\sim}{p}$ 的核，对应于隶属函数为1的数，所示 a、b 为模糊数的左、右分布参数，表示函数向左和向右延伸的程度，因此 $\underset{\sim}{p}$ 就可以利用这三个参数来表示，即：$\underset{\sim}{p}=(a,m,b)$。

2)模糊数的运算法则

令模糊数 $\underset{\sim}{p_1}=(a_1,m_1,b_1)$，$\underset{\sim}{p_2}=(a_2,m_2,b_2)$，则模糊加法$\oplus$、模糊减法 θ、模糊乘法$\otimes$可分别定义如下：

$$\underset{\sim}{p_1}\oplus\underset{\sim}{p_2}=(a_1+a_2,m_1+m_2,b_1+b_2) \tag{14-31}$$

$$\underset{\sim}{p_1}\theta\underset{\sim}{p_2}=(a_1-a_2,m_1-m_2,b_1-b_2) \tag{14-32}$$

$$\underset{\sim}{p_1}\otimes\underset{\sim}{p_2}=(a_1\cdot a_2,m_1\cdot m_2,b_1\cdot b_2) \tag{14-33}$$

3)模糊事故树的逻辑门算子

传统事故树分析所用到的“与”门和“或”门算子为：

$$p_{\text{and}}=\prod_{i=1}^{n}p_i, \tag{14-34}$$

$$p_{\text{or}}=1-p_{\text{and}}=1-\prod_{i=1}^{n}(1-p_i) \tag{14-35}$$

其中，p_i 是事件 i 发生的概率，是精确值。根据模糊数学的多元扩张原理，可有“与”门和“或”门算子，为：

$$\begin{aligned}\underset{\sim}{p_{\text{and}}}&=(a_{\text{and}},m_{\text{and}},b_{\text{and}})=\prod_{i=1}^{n}\underset{\sim}{p_i}\\&=\underset{\sim}{p_1}\otimes\underset{\sim}{p_2}\otimes\cdots\underset{\sim}{p_n}=(\prod_{i=1}^{n}a_i,\prod_{i=1}^{n}m_i,\prod_{i=1}^{n}b_i)\end{aligned} \tag{14-36}$$

$$\begin{aligned}\underset{\sim}{p_{\text{or}}}&=(a_{\text{or}},m_{\text{or}},d_{\text{or}})=1\theta\prod_{i=1}^{n}(1\theta\underset{\sim}{p_i})=1\theta\prod_{i=1}^{n}(1\theta(a_i,m_i,b_i))\\&=(1-\prod_{i=1}^{n}(1-a_i),1-\prod_{i=1}^{n}(1-m_i),1-\prod_{i=1}^{n}(1-b_i))\end{aligned} \tag{14-37}$$

4)公路隧道火灾概率计算

根据布尔代数的计算法则,可以计算出隧道模糊事故树的最小割集,有:{X1 X9 X11 X15 X16},{X2 X9 X11 X15 X16},{X3 X9 X11 X15 X16},{X4 X9 X11 X15 X16},{X5 X9 X11 X15 X16}…{X8 X10 X14 X15 X16}等 64 个割集 $k_i(i=1,2,\cdots,64)$,就有 64 种引发隧道火灾的可能,每一个最小割集都表示顶上事件发生的一种可能,最小割集越多,说明系统的危险性越大。

表 14-3 给出了每一种基本事件发生的概率,取 $m-a=b-m=0.0056m$,可先计算出每一个割集发生的概率:

$$\underset{\sim}{p}_{ki}=\underset{\sim}{p}_{Xi}\otimes\underset{\sim}{p}_{Xj}\otimes\cdots\underset{\sim}{p}_{Xn}$$
$$=(a_i\times a_j\times\cdots a_n,m_i\times m_j\times\cdots m_n,b_i\times b_j\times\cdots b_n,)$$

如
$$\underset{\sim}{p}_{k1}=\underset{\sim}{p}_{X1}\otimes\underset{\sim}{p}_{X9}\otimes\underset{\sim}{p}_{X11}\otimes\underset{\sim}{p}_{X15}\otimes\underset{\sim}{p}_{X16}$$
$$=(9.5510\times10^{-10},9.8230\times10^{-10},1.0101\times10^{-10})$$

又由式 $\underset{\sim}{p}_T=1\theta\prod\limits_{i=1}^{n}(1\theta\underset{\sim}{p}_{kj})=(1-\prod\limits_{i=1}^{n}(1-a_i),1-\prod\limits_{i=1}^{n}(1-m_i),1-\prod\limits_{i=1}^{n}(1-b_i))$,由于计算过程比较复杂,可利用计算机编程与人工计算相结合的方式,可得 $\underset{\sim}{p}_T=(7.2834\times10^{-6},3.34346\times10^{-8},1.5158\times10^{-10})$,由于所算出的概率是个模糊数,可以取不同的置信水平,得到不同的置信区间,如 $\lambda=1$ 时,$\underset{\sim}{p}_T=3.34346\times10^{-8}$,一般情况下,取 $\lambda=0.9$,$\underset{\sim}{p}_T=[2.9662\times10^{-7},3.76990\times10^{-8}]$。

公路隧道基本事件概率 表 14-3

事件类型	a_i	概率 p_i	b_i
线路着火 X1	3.53644×10^{-4}	3.55636×10^{-4}	3.57628×10^{-4}
发动机着火 X2	3.53644×10^{-4}	3.55636×10^{-4}	3.57628×10^{-4}
车辆对撞 X3	1.17881×10^{-4}	1.18545×10^{-4}	1.19209×10^{-4}
车撞构造物 X4	1.17881×10^{-4}	1.18545×10^{-4}	1.19209×10^{-4}
车辆追尾 X5	1.17881×10^{-4}	1.18545×10^{-4}	1.19209×10^{-4}
线路荷载过大 X6	0	0	0
电线短路 X7	1.17881×10^{-4}	1.18545×10^{-4}	1.19209×10^{-4}
人为纵火 X8	2.35763×10^{-4}	2.37091×10^{-4}	2.38419×10^{-4}
隧道内可燃物 X9	1.17881×10^{-4}	1.18545×10^{-4}	1.19209×10^{-4}
车载可燃物 X10	2.35763×10^{-4}	2.37091×10^{-4}	2.38419×10^{-4}
不具备隧道灭火知识 X11	2.48600×10^{-1}	2.50000×10^{-1}	2.51400×10^{-1}
缺乏警惕发现过晚 X12	2.48600×10^{-1}	2.50000×10^{-1}	2.51400×10^{-1}

续上表

事件类型	a_i	概率 p_i	b_i
消防栓、灭火器失效 X13	$1.125\,66\times10^{-2}$	$1.132\,00\times10^{-2}$	$1.138\,34\times10^{-2}$
消防车未能及时到达 X14	$4.972\,00\times10^{-1}$	$5.000\,00\times10^{-1}$	$5.028\,00\times10^{-1}$
自动喷淋失效 X15	$9.599\,94\times10^{-2}$	9.654×10^{-2}	$9.708\,06\times10^{-2}$
自动报警失效 X16	$9.599\,94\times10^{-2}$	9.654×10^{-2}	$9.708\,06\times10^{-2}$

5)最小径集计算

最小径集$\{N_i\}$是通过“与”门连接的顶上事件，即让任何一组最小径集不发生时，顶上事件就不会发生。那么，如果要阻止顶上事件的发生，选择消除含基本事件少的最小径集将最省事，最经济。因此，通过计算最小径集可以帮助提出有效的改进措施。

通过对以上的计算可以得到5个最小径集$N_1=\{X1,X2,X3,X4,X5,X6,X7,X8\}$，$N_2=\{X9,X10\}$，$N_3=\{X11,X12,X13,X14\}$，$N_4=\{X15\}$，$N_5=\{X16\}$。

14.8 专项评价

14.8.1 机电系统评价

隧道机电系统的安全等级与其可靠度有紧密的联系，可靠度越高，系统的安全性能越好、安全等级越高。因此，本书拟通过计算隧道机电系统的平均无故障工作时间概率(即可靠度)来评价机电系统的安全等级。

1)可靠度的相关理论及计算方法

(1)定义

可靠度是指系统或组件在规定的条件下、在指定的时间内实现其应实现功能的概率，换句话说，就是系统或组件在规定的任务时间内无故障运行的可能性(概率)。平均无故障工作时间是指可修系统在相邻两次故障之间工作时间的数学期望，简单地说，就是两次相邻故障之间工作时间的平均值，它相当于产系统的工作时间与这段时间内系统故障数之比，其英文全称为“Mean Time Between Failure”，用MTBF表示。

(2)可靠度的计算

隧道机电系统的运行故障是随机事件，因此研究其可靠度问题也应从概率角度考虑。所谓机电系统的平均无故障工作时间概率是指在运行时间t内系统无损坏的概率，可用时间函数表示，如式(14-38)所示：

$$F(t) = 1 - Q(t) \tag{14-38}$$

式中：$F(t)$——系统的平均无故障工作时间概率；

$Q(t)$——系统在工作时间内发生故障的概率，也是时间的函数。

通常对较为复杂的系统可能由多个具有独立功能的子系统或元部件组成。因此按照可靠性理论，若系统由 m 个子系统或元部件串联而成，且其平均无故障工作时间概率分别为 $f_1(t)$、$f_2(t)$、…、$f_m(t)$，则系统的平均无故障工作时间概率等于各部件平均无故障工作时间概率的乘积，即：

$$F(t) = f_1(t)f_2(t)\cdots f_m(t) = \prod_{i=1}^{m} f_i(t) \tag{14-39}$$

若系统由各种子系统或元部件并联而成，设 m 个子系统或元部件的平均无故障工作时间概率分别为 $F_1(t)$、$F_2(t)$、…、$F_m(t)$，则它们并联工作时系统的平均无故障工作时间概率 $F(t)$ 为：

$$F(t) = 1 - [1 - F_1(t)][1 - F_2(t)]\cdots[1 - F_m(t)] = 1 - \prod_{i=1}^{m}[1 - F_i(t)] \tag{14-40}$$

(3)可靠度概率分布函数分析

对于一个较复杂的机电系统(或设备)，在稳定工作时期的偶然失效时间随机变量一般服从指数分布；在耗损期失效则服从于正态分布，机电设备的疲劳寿命往往呈对数正态分布或威布尔分布(Weibull)。威布尔分布在描述系统的寿命分布过程中应用很普遍，其概率分布函数如下：

$$F(t) = 1 - Q(t) = \exp(-\lambda t)^B = \exp\left[-\frac{t}{\text{MTBF}}\right]^B \tag{14-41}$$

注：MTBF——系统或设备在运行期间的平均无故障时间。

由上式可以看出，当 $B=1$ 威布尔分布转换成负指数分布。图 14-7 给出了 $B=1$、1.2、2 时的威布尔分布曲线。

由图 14-7 可以看出，威布尔分布中的最不利情况(即系统平均无故障工作的概率最小)是在转为负指数分布的时候，而其他情况下，系统平均无故障工作的概率值都比负指数分布时高。这就意味着按照负指数分布计算得到的是系统平均无故障工作概率的最小值，即对于实际机电系统理论计算值超出实际概率值的可能性很小。从而可以得到这样的结论：对于那些概率分布还未完全确定的系统或元器件，按照负指数分布计算其概率值是合理和安全的。因此可以得到机电系统的平均无故障工作时间概率(可靠度)计算式如下：

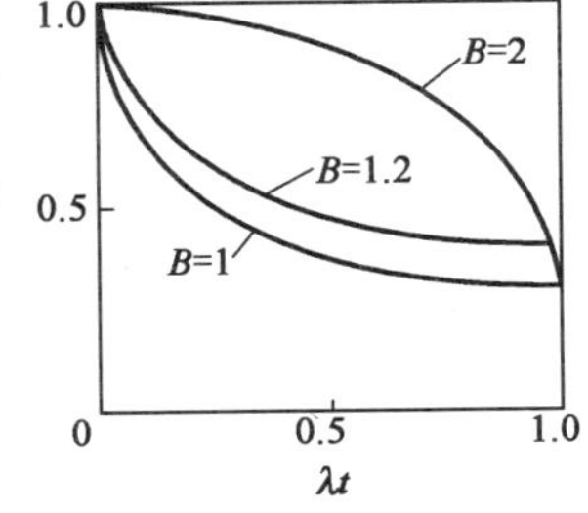

图 14-7 威布尔分布曲线

$$F(t)=\exp(-\lambda t)=\exp\left(-\frac{t}{\mathrm{MTBF}}\right) \tag{14-42}$$

(4)函数中各参数的获取

本章在对隧道机电系统的可靠性进行评价时，参数 t 是指系统或设备运行的时间，一般以小时为单位。隧道机电系统可以看做是可修复系统，因此 MTBF 的计算可以通过计算系统或设备总的工作时间与总故障数之比求得。本书从简便、易操作的角度出发，建议系统或设备的 MTBF 值由相关生产厂家或研究单位根据统计数据提供。针对缺乏该方面研究的系统或设备在收集、查找系统或设备历史运行记录的基础上，得到系统或设备运行的总时间 T 与运行过程中出现的故障次数 n 通过下式计算 MTBF：

$$\mathrm{MTBF}=\frac{T}{n} \tag{14-43}$$

式中：T——系统或设备运行的总时间，h；

n——运行过程中出现的故障次数。

2)机电系统内部关系分析

要计算机电系统的可靠度，首先需要了解机电系统内部各子系统及主要设备的相互关系。机电系统是由通风及通风控制系统、照明及照明控制系统、供配电系统、消防系统、火灾检测与报警系统、通信系统、闭路电视监视系统、交通与环境检测系统、交通控制与诱导系统、紧急电话系统、广播系统以及防雷接地系统共 12 个子系统构成。各子系统又由各种设备通过串联、并联或混联的方式组成。

在进行机电系统可靠度的计算时，不可能将所有的设备一一考虑，因此在对机电系统内部设备分析研究时，本书作了一些简化。图 14-8 为经过简化处理后的隧道机电系统的组成框图(图中各设备之间串并联关系的确定是从可靠度的角度考虑的)。

3)机电系统可靠度的计算

由以上分析可知，从可靠度的角度出发隧道机电系统可以看做是由其 12 个子系统串联组成，因此整个机电系统的可靠度可以用下式计算：

$$R=\prod_{i=1}^{12}R_i \tag{14-44}$$

式中：R——隧道机电系统的总体可靠度；

R_i——第 i 个子系统的可靠度。

各子系统的可靠度 R_i 又可以按照图 14-8 的连接关系进一步计算得出。如火灾报警系统可靠度 R_5 的计算公式如下：

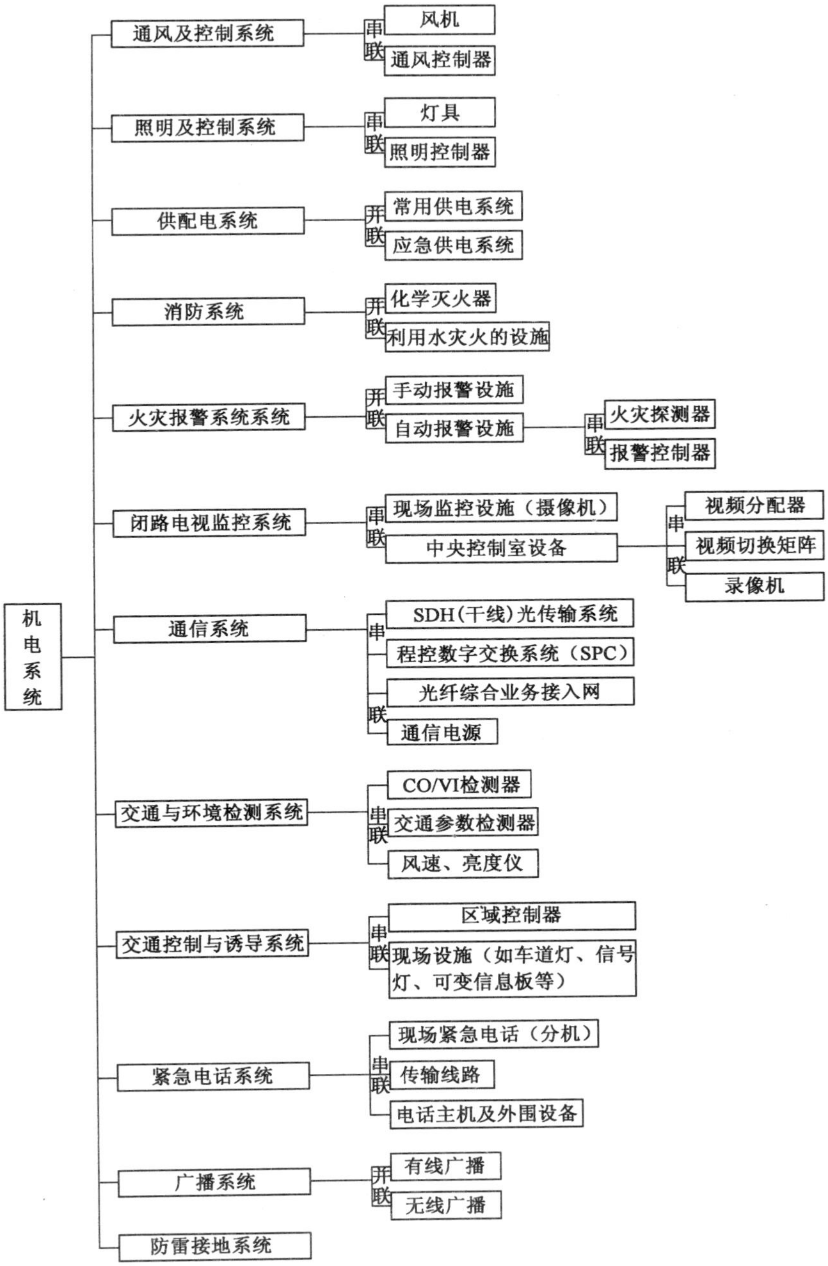

- 机电系统
  - 通风及控制系统（串联）
    - 风机
    - 通风控制器
  - 照明及控制系统（串联）
    - 灯具
    - 照明控制器
  - 供配电系统（并联）
    - 常用供电系统
    - 应急供电系统
  - 消防系统（并联）
    - 化学灭火器
    - 利用水灾火的设施
  - 火灾报警系统系统（并联）
    - 手动报警设施
    - 自动报警设施（串联）
      - 火灾探测器
      - 报警控制器
  - 闭路电视监控系统（串联）
    - 现场监控设施（摄像机）
    - 中央控制室设备（串联）
      - 视频分配器
      - 视频切换矩阵
      - 录像机
  - 通信系统（串联）
    - SDH(干线)光传输系统
    - 程控数字交换系统（SPC）
    - 光纤综合业务接入网
    - 通信电源
  - 交通与环境检测系统（串联）
    - CO/VI检测器
    - 交通参数检测器
    - 风速、亮度仪
  - 交通控制与诱导系统（串联）
    - 区域控制器
    - 现场设施（如车道灯、信号灯、可变信息板等）
  - 紧急电话系统（串联）
    - 现场紧急电话（分机）
    - 传输线路
    - 电话主机及外围设备
  - 广播系统（并联）
    - 有线广播
    - 无线广播
  - 防雷接地系统

图 14-8 机电系统内部关系简化图

$$
\begin{aligned}
R_5 &= R_{51} \cdot (1 - R_{52}) + R_{52} \cdot (1 - R_{51}) \\
&= r_1 \cdot r_2 \cdot (1 - R_{52}) + R_{52} \cdot (1 - r_1 \cdot r_2)
\end{aligned} \tag{14-45}
$$

式中：R_5——火灾报警系统的可靠度；

R_{51}——火灾自动报警系统的可靠度；

R_{52}——火灾手动报警系统的可靠度；

r_1——火灾探测器的可靠度；

r_2——报警控制器的可靠度。

根据以上对可靠度概率函数的分析可知，按照负指数分布计算其概率值是合理和安全的。因此，各设备的平均无故障工作时间概率（可靠度）可以通过下面公式计算：

$$
R(t) = \exp(-\lambda t) = \exp\left(-\frac{t}{\text{MTBF}}\right) \tag{14-46}
$$

式中：t——系统或设备运行的时间，h；

MTBF——系统或设备在运行期间的平均无故障工作时间，h。MTBF 值由相关的生产厂家或研究单位根据统计数据提供。针对缺乏该方面研究的系统或设备，在收集、查找系统或设备历史运行记录的基础上，通过运行的总时间 T 与运行过程中出现的故障次数 n 的比值计算 MTBF。

4）可靠度对应安全等级划分标准研究

可靠度就是系统或组件在规定的任务时间内无故障运行的可能性（概率）。因此可靠度的取值范围为 0～1 间的数。与前面土建结构的评价相对应，将机电系统的安全等级也分为 5 级，用文字描述分别为：很好、好、一般、差、极差。因此，建议根据表 14-4，评定隧道机电系统的安全等级。

机电系统安全分级表 表 14-4

机电系统安全等级	很好	好	一般	差	极差
可靠度	≥0.9	0.9<ε≤0.8	0.8<ε≤0.6	0.6<ε≤0.45	<0.45

14.8.2 运营管理评价

1）运营管理评价方法

由于反映公路隧道运营管理安全水平的 10 项指标都属于定性指标，且目前定性安全评价方法在国内外企业安全管理工作中被广泛使用，因此公路隧道运营管理水平的评价，可以选择既方便又恰当的定性安全评价方法。

典型的定性安全评价方法有：安全检查表法、专家现场询问观察法、因素图分析法、事故引发和发展分析、作业条件危险性评价法、故障类型和影响分析、危险可操作性研究等。其中，安全检查表法是按照事先编制的、有标准要求的检查表，按规定的赋分标准赋分，最终评定安全等级。该方法适用于对各类系统的设计、验收、运行、管理、事故调查等进行定性或定量的评价，简便且易于掌握。本书拟采用安全检查表法对公路隧道运营管理的安全等级进行评定。

2)编制安全检查表

安全检查表的编制是安全检查表法评价过程中的关键工作，它直接决定了评价结果的真实性。编制安全检查表的主要依据是：

(1)有关标准、规程、规范及规定。为了保证安全生产，国家及有关部门发布了一些不同的安全标准及文件，这是编制安全检查表的一个主要依据。

(2)国内外事故案例。前事不忘，后事之师。以往的事故教训和研制、生产过程中出现的问题都曾付出了沉重的代价，有关的教训必须记取，因此要搜集国内外同行业及同类产品行业的事故案例，从中发掘出不安全因素，作为安全检查的内容。另外，国内外及本单位在安全管理及生产中的有关经验，自然也是一项重要的参考内容。

(3)通过系统安全分析确定的危险环节及防范措施，也是制订安全检查表的依据。

本书主要参考国内外隧道运营管理的相关规定(国外的规范如英国《公路隧道安全法规》2007版，国内规范如《公路隧道设计规范》(JTG D70—2004)、《公路隧道通风照明设计规范》(JTJ 026.1—1999)、《公路隧道养护技术规范》(JTG H12—2003)、《公路隧道施工技术规范》(JTG F60—2009)、《公路桥梁养护管理工作制度》、《长大隧道运营安全管理办法》等)及相关方面专家的意见制订出公路隧道运营管理安全检查表，见表14-5。

公路隧道运营管理安全检查表 表14-5

序号	项目	分值	检查内容	评分方法	得分
一	日常管理	15	1.日常巡查每天不少于1次(2分)	查看巡查记录。每日巡查少于1次或无巡查记录的，不得分；巡查结果记录不详细，扣1分	
			2.经常检查每月不少于1次(2分)	查看经常检查记录。每月检查少于1次或无结果记录的，不得分；检查结果记录不详细，扣1分	
			3.定期检查每年进行1次(3分)	查看定期检查记录。每年检查少于1次或无检查结果记录的，不得分；未进行检查结果分析，扣1分；未详细记录检查结果，扣2分	
			4.特别检查(3分) 第一类公路隧道特别检查宜按2次/年进行；第二类公路隧道特别检查宜按1次/年进行；第三类公路隧道特别检查宜按1次/2年进行	查看特别检查记录。对于第一类隧道，每年特别检查1次，扣1分；每年未进行特别检查或未记录检查结果，不得分；检查结果记录不详细，扣2分。第二、三类隧道每年检查少于1次不得分；检查后未对检查情况详细记录扣2分	

续上表

序号	项目	分值	检查内容	评分方法	得分
一	日常管理	15	5. 对隧道内土建、机电设备应定期养护、及时维修(3分)	查看养护、维修记录,结合现场调查。无记录或现场设备、设施状况与记录不符,不得分;未在指定期限内养护的设备或设施数量超过3件,扣1分;隧道内未维修的坏损设备或设施超过2件(主要设备要除外),扣2分;主要设施未及时维修,扣3分;养护维修时未划出安全区域或设置相应标志,扣2分	
			6. 隧道内不得存放汽油、煤油等易燃物品;紧急停车带、横通道内不得堆放杂物(2分)	实地调查,发现任何一种情况,扣1分;两种情况都有,不得分	
二	机构与岗位设置	7	设立专业的管理机构,负责隧道的管理及养护工作。隧道运行管理机构及岗位的设置应按精简、高效、协调的原则设立,按精干高效进行定编、定员、定岗。管理机构的设置不应拘泥于形式,符合本单位管理工作的实际需要;落实责任,分工协作,提高管理效率(7分)	查阅资料,结合对不同层次工作人员的调查。各机构职责不明确、管理混乱,扣5分;岗位设置重复或责权模糊,扣4分;若存在机构或岗位的设置空缺,每缺1处,扣3分	
三	规章制度的制订	7	建立运营管理工作的规章制度和操作规程,包括:会议制度、教育培训制度、责任追究制度、各岗位标准化操作规程、设备设施养护维修制度、特种作业人员管理制度、巡查和检查报告制度、应急救援工作制度、事故调查处理制度(7分)	查阅资料。每缺一项工作制度扣1分	
四	宣传教育	8	1. 与相关单位联合编制《隧道行车安全手册》或其他能起到宣传作用的资料,内容应包括:隧道内行车事故的预防、应急、自救与互救知识等,使隧道使用者了解隧道内的设施及防灾、减灾、灭灾与逃生救援知识(5分)	查看编制的资料。无相关资料,不得分;资料中涉及内容不全面,每缺一项扣1分;资料用语未达到通俗易懂,扣2分	
			2. 在危险品检查站或邻近收费站向驾驶员发放《隧道行车安全手册》(3分)	查看发放记录或对驾驶员调研。未向驾驶员发放,不得分;无发放记录,但通过对驾驶员调查收到过资料的,扣1分	

续上表

序号	项目	分值	检查内容	评分方法	得分
五	隧道管理人员培训	10	1.制订年度培训计划(2分)	查阅资料。没有制定年度培训计划的,不得分	
			2.定期组织工作人员开展安全教育和专门的安全运营管理训练,并进行考核,确保每位职工每年接受安全教育不少于一次,且培训内容全面、适用(5分)	查看培训、考核记录、培训内容设置,随机找工作人员座谈。无培训记录的,扣2分;无考核记录的,扣2分;培训内容设置不全的扣2分;座谈中发现工作人员未接受安全培训的,每发现1人扣1分;座谈中发现有培训记录但工作人员未接受培训的,扣5分	
			3.单位主要负责人、安全管理人员、特种作业人员持证上岗,且再培训记录完备(3分)	查看证件。每发现1人未持证上岗的,扣1分;每发现1人再培训记录不全的,扣1分	
六	应急预案	15	1.针对恶劣天气、隧道内可能发生的重大突发事件,编制应急预案(4分)	查看预案资料。未制订应急预案的,不得分	
			2.预案全部覆盖隧道运营中所涉及的各种危险,且切实可行(6分)	查看预案资料。预案不能覆盖隧道运营所涉及的各种危险时,每漏掉1处,扣2分;发现预案明显不可行的,每发现1处,扣2分;可行性值得怀疑的,每1处扣1分	
			3.针对各预案,应明确在突发事故发生前、发生过程中,以及刚刚结束之后,谁负责做什么,何时做,相应的策略和需要配备的资源等(5分)	查看预案资料。每发现1种预案未全部包含所述内容,扣1分	
七	救援设施与队伍	14	1.按照预案要求,配备救援设施(5分)	查看救援设施配备资料,结合实际调查。无配备记录,扣2分;设施配备不全,每缺1项,扣1分;所配设施出现损坏,未及时维修或更换,每发现1项,扣1分	
			2.建立专(兼)职应急救援队伍并加强应急救援培训或与邻近的省级应急救援中心签订服务协议(6分)	查看培训记录,实地查看救援装备,查看协议。未建立专(兼)职救援队伍,且未与救援中心签订救援协议的,不得分;未成立救援队伍,仅签订救援协议的,扣3分	
			3.每年至少组织一次应急救援演练(3分)	查看演练记录。没有演练的,不得分;有演练记录,但实际并未演练的不得分;演练过,但仍不熟练的,扣1分	

续上表

序号	项目	分值	检查内容	评分方法	得分
八	信息发布	10	1.信息发布设施的配备(6分)	查看设施配备记录或现场调查。根据相关规范和标准检查设备,缺一项,扣2分;设备设置、安装不合理,发现一项,扣1分;未安装任何设备,不得分	
			2.工作人员操作的准确性和及时性(4分)	对工作人员进行抽样调研。缺乏基本操作知识的,不得分;操作不熟练,扣2分;操作记录中,准确率低于80%,扣2分	
九	危险品运输管理	8	1.运送危险品的车辆需要通过隧道时,须按有关规定报经隧道运营管理的有关部门批准后方可通过(3分)	未对危险品运输采取管理措施的,不得分	
			2.管理部门应制订关于危险品运输的规定,内容包括:危险品种类;运送车辆的尺寸(长、宽、高)、载重量、车速;驾驶员资格;运送单位;允许通过时段(5分)	查找相关资料,每缺1项,扣1分	
十	限速管理	6	根据隧道内交通状态,选择合理的速度限制值,对隧道内车辆行驶速度进行管理(6分)	未进行限速管理或管理值不合理,不得分;采用固定限速值,扣1分;仅设置限速标志,未设减速带、测速仪等辅助限速设施,扣2分	

注:上述每一项的扣分,以扣完考核内容中确定的分值为止。

合计得分: 负责人签字:

3)安全分级划分标准研究

隧道运营管理安全等级的评价结果是一个介于0和100之间的安全分数。参考目前安全评价方面的相关研究(特别是隧道方面的评价),安全等级大体上都分为5个等级,用文字描述分别为:很好、好、一般、差、极差。因此本书建议根据表14-6,评定隧道运营管理的安全等级。

运营管理安全分级表 表14-6

运营管理安全等级	很好	好	一般	差	极差
安全得分	≥90	90<ε≤80	80<ε≤60	60<ε≤50	<50

14.8.3 运营环境评价

运营环境的指标可分为风险指标和安全指标。风险指标反映了车辆运行时,隧道运营环境中存在的潜在风险,安全指标反映了隧道运营环境所能为运行车辆提供的安全保障。因此本书参考欧洲的安全评估方法,分别从风险与安全两方面

对隧道运营环境进行安全等级评估，得出运营环境综合安全等级。评价过程及流程如图 14-9 所示。

(1)风险潜势(RP)评估；

(2)安全潜势(SP)评估；

(3)计算分级百分比；

(4)隧道运营环境安全分级。

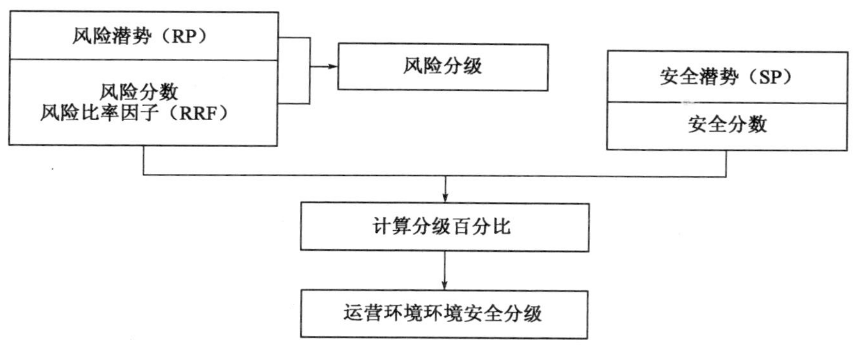

图 14-9 运营环境安全评价过程流程图

1)计算风险潜势

公路隧道运营环境中的风险潜势计算步骤如下：

(1)首先根据对隧道运营环境中风险指标的分析，对照评分表找出评价对象对应指标的风险得分。

(2)将被评价对象的风险总得分转换为风险比率因子。

根据各风险指标的对应风险评分表，可归纳出最低风险分数为 1 分，而最高风险分数值为 35 分；所有计算出来的风险分数加总，通过借助一定的转换关系将其转换成风险比率因子(Risk Rating Factor，RRF)如图 14-10 所示。

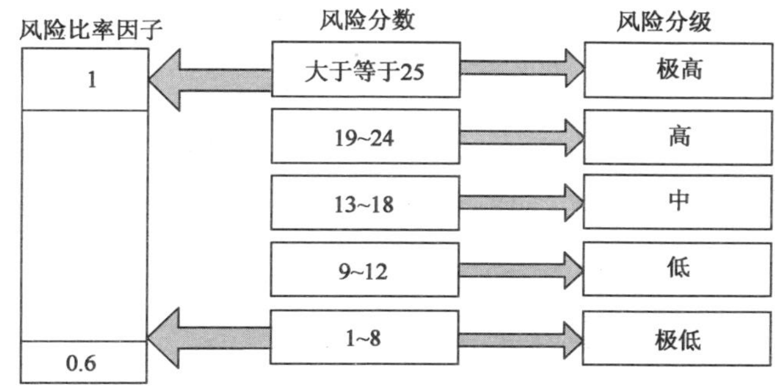

图 14-10 风险分数值和风险比率因子与隧道运营环境风险分级间的关系图

除了可以根据图 14-10 计算风险比率因子外，本章参考欧洲类似的相关评价方法给出了风险分数介于 1～35 之间的转换关系，如式(14-47)和图 14-11 所示。

$$RRF = \frac{1}{60} \times RP + \frac{35}{60} \tag{14-47}$$

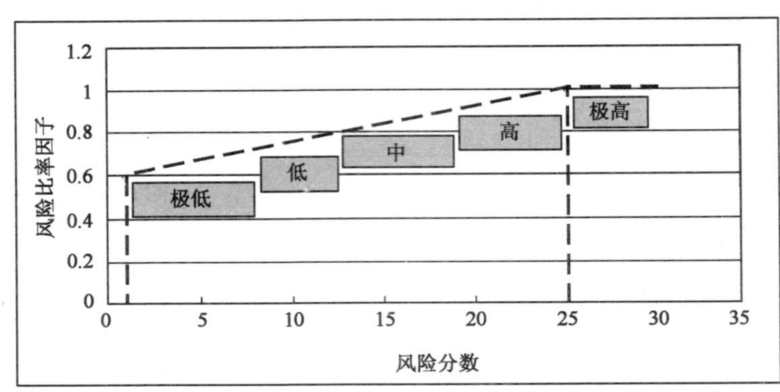

图 14-11　风险分数与风险比率因子转换关系

由式(14-47)、图 14-10 和图 14-11 可知：当风险分数等于或高于 35 时，认为风险比率因子为 1.0；当风险分数介于 1～25 的范围内时，风险比率因子与风险分数之间的关系依照斜率为 1/60，截距为 35/60 的线性关系递增。

风险比率因子是一个介于 0.6～1.0 的无单位系数，它反映了换算加总后风险分数值对于危险的风险程度影响，本书通过风险比率因子界定出 5 个运营环境风险区间。在这个换算的过程中，除了为后续的安全分级提供运算值外，也对隧道运营环境进行了风险等级划分。在完成对隧道运营环境中存在的风险评价的基础上，下一步便是对隧道运营环境内具有降低风险与提高安全性的设施与措施进行安全评分的工作。

2)计算安全潜势

安全潜势的计算是以获得的安全分数除以系统可达到的最高安全分数(即系统安全分数上限)，单位为百分比形式。通过计算安全潜势主要是希望得知在所有安全项目的配分加总中，评价对象能够获得多少安全评分与其相对的安全百分比。以下将说明各安全参数与评分方法：

$$SP = \frac{TSP}{TMSP} \times 100\% \tag{14-48}$$

式(14-48)为安全潜势(SP)的计算公式，是以评价对象获得的安全总分数(Total Safety Points，TSP)占最高总安全分数(Total Max Safety Points，TMSP)的比例计算而得，即隧道运营环境所能提供的安全水平为百分比的单位形式；综合评分方式与评分依据，再经过式(14-48)的计算，可获得检测隧道运营环境所能提

供的安全程度，再与风险比率因子(RRF)相结合，计算分级百分比。

3)运营环境分级

(1)计算分级百分比

在前面所计算出来的安全潜势(SP)与风险比率因子(RRF)的基础上，本书通过这两项的比值获得运营环境的分级百分比，如式(14-49)所示：

$$\alpha = \frac{\mathrm{SP}}{\mathrm{RRF}} \cdot 100\% \tag{14-49}$$

式中：α——分级百分比；

SP——运营环境安全潜势；

RRF——风险比率因子。

(2)运营环境分级研究

根据式(14-49)中分级百分比的计算方式，可知分级表的范围界定于0%～167%之间(0%/1=0%，100%/0.6=167%)。在此基础上，本章参考国外DMT、ADAC、BASt与AA等组织在该方面的研究及目前我国常用的等级划分方式，制订出了运营环境分级表。表14-7将隧道运营环境的安全等级分为5个等级，分别为很好、好、一般、差与极差。将计算所得的分级百分比与表14-7对应，即可获得评价对象的运营环境等级。

运营环境安全分级表　　表14-7

运营环境安全等级	很好	好	一般	差	极差
分级百分比	≥90%	80%≤ε<90%	70%≤ε<80%	60%≤ε<70%	<60%

14.9　公路隧道安全等级综合评价

14.9.1　概述

综合评价与专项评价存在整体与局部的关系。综合评价是在专项评价的基础上，从整体的角度对被评价对象进行系统、科学的评价，使决策更加全面、有效。由于专项指标只能反映公路隧道安全所涉及的某一个方面，评价结果不能反映公路隧道的综合安全等级，难以满足对不同公路隧道的安全性能进行比较的要求，因此需要通过综合评价，把各专项有效地组合起来。

目前，常用的综合评价方法有：层次分析法、单纯矩阵评价法、模糊分析法、广义函数法、逼近于理想解的排序法(TOPSIS法)、集合分析法、模糊综合评判法、主成分分析法、因子分析法等。各种方法所需的前提条件和用途各不相同，在选择评价方法时，需在对每种方法的适用条件及特点详细分析的基础上，结合公路隧道安全等级综合评价的需求及特点最终选定适合的方法。

14.9.2 常用的综合评价方法比较

由于各种评价数学模型和评价方法都有其适用范围，因此在选用评价数学模型和方法对评价对象进行评价时，要了解每种评价方法的适用范围和使用条件，以及可能存在的缺陷。本书通过对几种常用的综合评价方法进行对比分析，以期找到适用于公路隧道安全等级综合评价的模型和方法。

层次分析法是一种定性与定量分析相结合的多目标决策分析方法。用于建立决策体系的分层评价结构，并利用专家调查所得的判断矩阵求出各指标的权重。

单纯矩阵评价法是利用专家调查所得的判断矩阵确定各个评价对象的指标得分，多用于定性指标的确定。

模糊分析法是利用判断矩阵对各评价对象排序，实际上是前面两种方法的简化处理。

广义函数法是在已知权重和所用评价对象的各项指标值后，再经过分级标定，把指标值转化为得分，然后采用加权求和的方法得到总分。

模糊综合评判法是一次确定因素(指标)集、评判集，并通过单因素评判得到模糊矩阵，用模糊矩阵与权重向量共同得到综合评判结果。

主成分分析法和因子分析法都是在已知多个样本数据的条件下，计算各指标的相关矩阵，得到主成分或主因子，从而确定综合评价指标的计算。因子分析法是主成分分析法的推广。

由上面分析可知，各种评价方法都有适用的前提条件和固定的算法。例如：层次分析法适用于多层次、指标量大的评价指标体系，是一种定性、定量相结合的方法；模糊评价法适用于指标难以量化的情况，所用指标多为定性描述指标，且算法较复杂；而主成分分析法和因子分析法多在有大量统计数据的情况下使用。

14.9.3 公路隧道安全等级综合评价方法

1)确定综合评价方法

由于本次对公路隧道安全等级的综合评价是在各专项评价的基础上进行，且各专项评价的最终结果均以定量(分数)和定性(等级)的两种对应形式给出，因此所选择的评价方法，应计算原理简单、算法简便，且能尽可能地利用已有的专项评价结果。通过对以上综合评价方法的比较可知，广义函数法较为符合要求。

广义函数法是对系统的目标和要求达到程度的衡量，因此该方法可以用来衡量公路隧道系统可以达到的安全水平。对于公路隧道这样一个多专项指标系统的评价，需要用加权的方法来综合，建立广义价值函数：

$$V = \sum_i W_i U_i \tag{14-50}$$

式中：V——系统总价值，V 值越大，则系统越优；

W_i——专项评价指标的权重；

U_i——专项评价指标的价值(经过统一标准、规范化处理后的价值)。

运用广义函数法对公路隧道的综合安全等级进行评价的步骤如下：

(1)权重 W_i 的确定。根据隧道重要度、土建结构、机电系统、运营管理和运营环境5个专项指标对公路隧道综合安全等级这个总目标的作用、影响及重要性，采用一定的权值分配法，确定各专项指标的权重，权重 W_i 满足式(14-51)。

$$\sum_i W_i = 1 \tag{14-51}$$

(2)价值 U_i 的确定。由于各专项评价采用的评价方法不同，评价结果的评价标准、形式也不同，而广义价值函数中的价值 U_i 应该是同一标准下的价值，因此在综合评价前应将专项评价结果按照一定的标准进行规范化处理，即转化同一标准下的价值 U_i。

(3)计算系统总价值。按照上述广义价值函数进行计算，可得系统总价值。

(4)综合安全等级的划分。按照系统价值与安全等级间的换算标准，将广义价值函数中计算得到的公路隧道系统的安全总价值转化为评价对象的综合安全等级。

2)确定专项指标权重

公路隧道安全等级评价的5项专项指标中，隧道重要度是反映隧道整体等级的指标，在一定程度上决定了其他4项指标，因此认为隧道重要度与其他4项指标的综合权重为同一层次。在确定指标权重时应首先确定隧道重要度的权重及其他4项指标综合权重(记为 ε_1、ε_2)；然后再分别确定土建结构指标、机电系统指标、运营管理指标和运营环境指标相对综合指标的权重(记为 ξ_1、ξ_2、ξ_3、ξ_4)；最后通过式(14-52)，计算各指标相对隧道安全等级这个总体目标的权重 λ_i。

$$\lambda_i = \varepsilon_2 \cdot \xi_i \tag{14-52}$$

本章按照权值因子法，并结合上述分析，得到各专项最终的权重分配结果 W_i 如表14-8所示。

各专项指标权重分配表　　表14-8

专向指标	隧道重要度	土建结构	机电系统	运营管理	运营环境
指标权重	0.300	0.272	0.251	0.072	0.105

3)确定专项指标价值 U_i

广义函数综合评价法中的价值 U_i 是指经过规范化处理后的各专项指标的评价结果。为了简化规范化处理流程,便于综合评价结果的计算与分析,本章拟将各专项的评价结果统一转化成百分制安全分数。

由于土建结构、机电系统及运营环境三个专项的评价结果最终均以安全等级的形式给出,且都分为5个安全级别,因此下面给出了这3个专项指标的转换标准(表14-9)。表14-9中给出的只是评价结果与百分制价值之间转换的范围,具体价值分值的确定还需要根据表14-8并参考前面对应专项评价指标的详细情况,通过咨询专家或专家打分给出。

专项评价指标价值转换标准　　表14-9

标准等级	很好	好	一般	差	很差
价值 U_i	90～100	80～90	60～80	40～60	40～0

对于运营管理价值,由于在运营管理专项评价时采用的是安全检查表评价法,其中安全检查项目的满分即是100分,因此运营管理专项评价的结果本身就是百分制的安全得分,无须再进行转换,可以直接引用。

隧道重要度不同于其他专项,它的评价结果最终分为4个等级。因此重要度指标价值的转换标准不同(表14-10)。表14-10中给出的隧道重要度等级对应的价值之所以是一个数值范围,是因为重要度评价中只是从用途、功能、地理特征三方面粗略地对隧道进行分析,而实际中影响隧道重要度的不仅仅是这些,还包括隧道所处的具体位置、使用率等因素。因此在对隧道进行综合评价时,隧道重要度价值的分值可以在参考表14-10的基础上,进一步多方面考察隧道的具体背景情况来打分。

隧道重要度指标价值转换标准　　表14-10

标准等级	很重要	重要	次重要	一般
价值 U	90～100	80～90	70～80	50～70

通过本节的分析研究,可以得到广义函数综合评价法所需的参数 W_i、U_i。根据公式 $V=\sum_i W_iU_i$ 即可计算出隧道安全等级的总价值。

4)公路隧道安全等级划分研究

由于公路隧道安全等级综合评价的广义价值函数中,参数 $\sum_i^5 W_i=1$、U_i 为0～100之间的实数,因此总价值 V 也是介于0～100之间的数值。本章参考欧洲Euro Test机构的隧道安全等级划分标准及我国在安全等级划分方面的研究，结合对实际公路隧道的调研分析，建议我国公路隧道安全等级的划分标准如表14-11所示。

公路隧道安全等级分级表 表14-11

安全等级	很好	好	一般	差	很差
安全得分	$\geqslant 90$	$90>V\geqslant 80$	$80>V\geqslant 60$	$60>V\geqslant 50$	$50>V$

第15章 工 程 案 例

短隧道与特长隧道、山岭隧道与水下隧道、单体隧道与隧道群，其运营安全的主要影响因素不同。本章通过国内外典型山岭特长隧道、水下特长隧道、隧道群及大型岛、桥、隧集群工程案例，阐述隧道安全设施的配置问题。

15.1 山岭特长隧道

15.1.1 秦岭终南山特长隧道

1)工程概况

(1)建设标准

秦岭终南山隧道是世界规模第一、长度第二的上、下行分离式双洞四车道公路隧道，设计速度 80km/h，地震烈度 7 度，隧道净宽 2×10.5m，净高 5.0m，接线路基宽度 24.5m。

(2)工程规模

秦岭终南山隧道全长 18.020km，隧道建设的总投资约 31.93 亿人民币。

(3)交通条件

秦岭终南山公路隧道是国家高速公路网包头至茂名线控制性工程，也是陕西“三纵四横五辐射”公路网西安至安康高速公路的重要组成部分。根据工程可行性研究报告可知，其 2015 年预测日平均交通量为 15 001 辆，2025 年为 24 713 辆。

(4)环境气候

受秦岭影响，秦岭南北麓气候差异较大，“壁垒效果”明显：秦岭北麓有着明显的北方气候特征，秦岭以南则有着南方特色。该隧道南北温差可达 9℃左右。

(5)运输条件

在隧道入口前设置危险品检查站，不允许危险品运输车辆通行。

2)运营安全需解决的主要问题

(1)由于驾驶员在隧道内行驶有恐惧感，而本隧道隧道长达 18km，故需解决驾驶员的视觉疲劳与心理安全问题。

(2)由于初期交通量较小,故基本不可能发生周期性拥堵,交通事故应以追尾与单车事故为主,交通监控应以监视为主。

(3)由于设置了危险品检查站,故火灾规模不会太大。

(4)由于隧道特长,而自动灭火技术尚不成熟,故应考虑隧道中部发生火灾后如何灭火。

(5)正常运营的通风与火灾时排烟是应解决的重点问题。

3)系统配置

(1)通风

采用三竖井纵向通风(图 15-1),东线、西线隧道共用一个竖井,同井分隔为送、排两个风道,最深竖井深度超过 661m,最大竖井直径达 11.5m,是世界上直径 11m 以上的、最深的竖井。三个竖井累计深度 1 251m;一号竖井采用反井法,距北口 4.02km,共 9 台轴流风机风机;2 号竖井采用正井法,距北口 7.85km,共 12 台轴流风机风机;3 号竖井采用反井法,距北口 13.42km,共 11 台轴流风机,风机房共安装有 32 座大型轴流风机。

图 15-1 秦岭终南山隧道通风方案示意图

洞顶安装有 72 组 144 台射流风机,隧道顶部的射流风机与竖井的轴流风机有机结合,形成“接力传递”式的通风系统。

地面设有送风口、排风塔。最高风塔 52m，满足了不同位置处的废气排风要求。

(2)照明

①基本照明：在隧道壁两侧距地面高 5.3m 处，每间隔 10m 布一盏 100W 的高压钠灯，每 40m 设一盏 100W 的应急灯，全线安装高压钠灯共计 4 362 套。

②辅助照明：

a. 在隧道壁两侧距电缆沟高 0.8m 处每隔 10m 安装一盏疏散指示灯(诱导灯)，全线共计安装 3 881 套(琥珀、蓝、绿三色)。

b. 沿水沟侧壁每隔 15m 安装一盏 LED 诱导灯，全线共计安装 2 700 套，控制器 13 台。

c. 横通道内安装吸顶灯共计 360 套，人行横通道两端装有红外感应开关共计 90 个。

d. 每个紧急停车带安装 36W 的荧光灯 29 盏，全线共计 760 盏。

③特殊照明。主隧道每间隔约 4.5km 处设有一段 150m 长的特殊灯光带(图 15-2)，用灯光制造出蓝天白云的效果，配以地面的仿真植物，以缓解驾驶员洞内长时间驾驶的疲劳。三段安装不同规格的投光灯、图案灯、LED 洗墙灯、金卤灯等共计 1 320 套，仿真植物 95 385 棵(片)，安装专用控制箱 6 台。

图 15-2 秦岭终南山隧道特殊灯光带

④主隧道安装照明控制箱共计 114 台，人行、车行横通道 73 台。

⑤东、西线主隧道顺行车方向 15km、10km、5km、3km、2km、1km、500m 处各安装一套 2m×1.2m 的 LED 出口距离指示牌，共计 14 套。

⑥隧道的入、出口处安装路灯共计 22 套。

(3)监控

①信息采集

CO 检测仪：间距 500m。VI 检测仪：间距 500m。风速风向测定仪：间距 1 500m。紧急电话系统：洞内每 250m 一处，设于前进方向右侧。

②状态检测

a. 手动报警按钮：每 50m 一处，设于消防栓箱上。

b. 自动报警装置：每 50m 一处，设于消防栓箱上。

c. 火灾检测器：贯穿全隧道的感温光纤电缆。

d. 紧急电话：每 50m 一处。

(a)CCTV。隧道每125m设置一台视频监控摄像机,加上特殊路段、特殊通道的摄像机,两洞共设置 Infinova 摄像机 392 台,是世界上高速公路摄像机安装最密集的路段,真正做到了无盲点的全面监控。

(b)事件检测。秦岭终南山隧道每250m设置一台视频事件检测器和火灾报警系统,对突发事件采用双系统全方位自动跟踪监控,并根据事件类型提供最有效的救援方案;设计水平世界领先,许多关键技术属国内首创。

(c)火灾报警。终南山隧道火灾报警系统结构示意图如图15-3所示,主要由隧道现场的探测器和远程控制室内的相关电子设备组成。信号处理器将探测到的温度信号送到控制室终端显示和存储,当检测到光纤光栅的反射波长出现异常时,信号处理器就发送报警信号给火灾报警控制器,火灾报警控制器再根据情况采取相应措施。

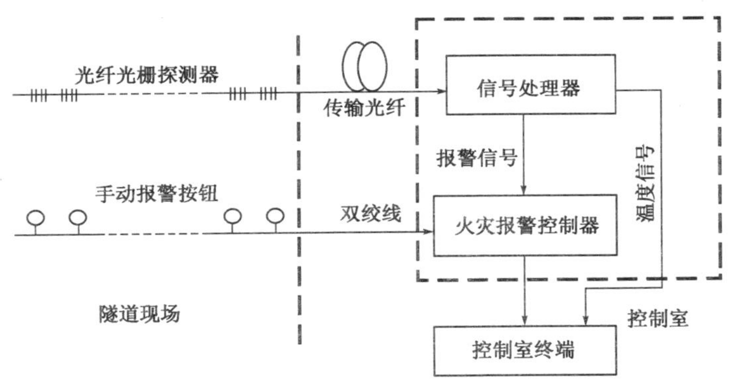

图15-3 终南山隧道火灾报警系统结构示意图

在长达18km的终南山隧道中,将左行隧道和右行隧道各分为192个防火分区。为了便于安装和管理,将这些防火分区分为12个监测段,每个监测段长1.6km,各监测段的光纤光栅感温火灾探测器由传输光缆连接到控制室的信号处理器上,一台信号处理器控制一个监测段(左行隧道和右行隧道的尾部各有一个监测段的长度不满1.6km)。系统安装方案示意如图15-4所示。图15-4a)中系统共配有5 850个光纤光栅感温探测器、24台信号处理器和1台火灾报警控制器。控制器和信号处理器都安装在远离隧道的控制室中,隧道内部只有光纤光栅感温探头和传输光缆,没有与光纤光栅探测器相关的其他电气装置,进一步保证了系统的可靠性。图15-4b)中,探测器安装在隧道顶部,距天花板有一定距离,以保证光缆周围良好的空气流动。探测器先用固定支架将钢索固定,再将探测器线缆用线夹固定在钢索上,将探测器尾纤沿隧道壁敷设(或穿护管)至隧道侧面底部光纤接续盒与传输光纤进行熔接。监测信号经传输光缆送到图 15-4a)中的信号解调器中，实现实时在线监测功能。

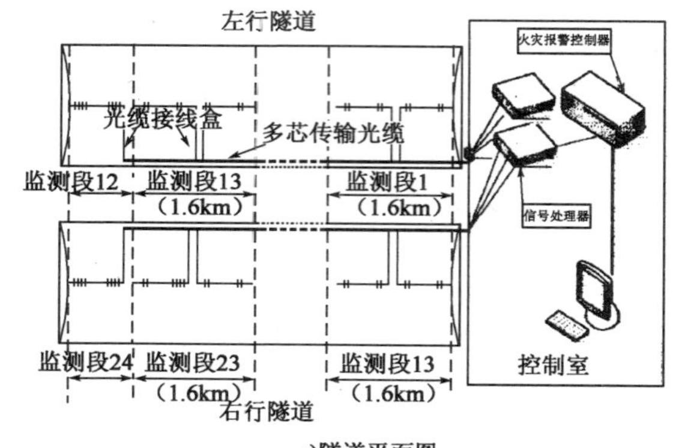

a)隧道平面图

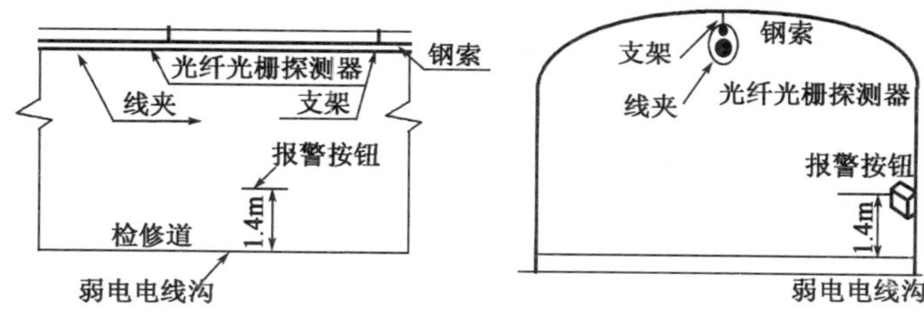

b)隧道剖面图

图 15-4　终南山隧道光纤光栅火灾报警系统安装示意图

③通风控制

a. 正常状态：CO≤200ppm；烟雾浓度 VI≤0.007 5m^{-1}(透过率 47.5%)。

b. 阻滞状态：20min 内 CO≤300ppm。

c. 火灾发生时风机采用紧急状况进行排烟，洞内纵向风速 2～3m/s。

④照明控制

a. 在洞口及隧道照明引入段各设一台亮度检测仪。

b. 按晴天(或白天)、阴天(或早、晚)、夜晚三种天候控制。

c. 应急照明：由设置在箱变中的 UPS 电源供电，开亮诱导明灯。

⑤交通控制

针对火灾异常、故障阻塞异常、周期性交通拥挤异常及正常运营 4 种交通工况，根据异常情况、危害程度、异常位置、交通量、方向不均匀系数等的影响，编制控制预案。

⑥信息发布

交通信号灯或车道指示器：洞内每 250m 及洞口各一道。可变情报板：洞内每 3 000m 及洞口各一道。可变限速标志：洞内每 1 000m 及洞口各一道。有线广播系统：间距 160m，设于前进方向左侧。无线通信：由四信道基站、光中继器、天线、光传输设备等组成。

(4)消防

采用被动灭火，主要设施如下。

①一般灭火设施

灭火器：每 50m 一处，2 个一组，设于消防栓箱中；消火栓箱：每 50m 一处，既能喷水，也能喷泡沫；洞内消防干管：ϕ200mm 的干管贯穿隧道，并与另一隧道通过横通道每 2 000m 铺 ϕ150mm 钢管连接形成环网；洞口消防水池：南洞口设 500m^3 钢筋混凝土高山水池。

②隧道专业消防大队

为了保证消防队员能够在隧道内任何位置发生火灾都能迅速赶到现场实施救援，成立了企业消防大队(图 15-5)。其主要职责是负责隧道的消防宣传，消防设施的巡查、维护；负责突发事件的现场指挥、灭火、救援。另外，为了确保在发生火灾时第一梯队人员在 8min 之内到达现场实施救援的目标，除在隧道南北口设置值班点外，在隧道内的 8 号、17 号车行横通道内也设置了永久消防值班点，这样就将 18km 的隧道分成三段实行 4 点值守的模式，显著缩短了消防救援的应急反应时间。消防人队配置总计 40 人，实施轮修制，配制的主要设备有消防车 4 辆(水消防 2 辆、气体消防 1 辆、泡沫消防 1 辆)、事故解体车 l 辆、机动灵活消防摩托车 10 辆等。

图 15-5　秦岭终南山隧道消防大队

(5)安全与诱导设施

①静态设施

每隔一段距离，隧道顶端设有灯箱式的交通标志牌，汉、英双语提醒驾驶员距洞口还有多少公里。在距检修道0.8m处设有诱导灯，采用LED光源。诱导灯为琥珀色，间距为10m，其中每40m设一盏疏散指示灯，帮助火灾状态下指示人员安全、快速地逃离现场，每120m设一盏蓝色诱导灯，提醒驾驶员保持与前车之间的安全距离。其设计在亚洲属首创。

②动态设施

信号灯、可变情报板、车道指示器。

(6)安全检查

为确保隧道的安全运营，防止重大事故的发生，禁止危险品车辆、六轴车辆及超限车辆通行，成立了安检大队。隧道两端分别设有安全检查站，如图15-6所示，其主要职责是负责对危险品车辆24h进行检查、登记、疏导、劝返等工作，不让一辆危险品车辆驶入隧道，从源头杜绝重大安全事故的发生。对危险品车辆控制一直是秦岭终南山公路隧道管理的重点。安检站配置28人，实行四班三运转，危险品车辆检查采用人工检查与仪器检查相结合的方式，配备了摩尔爆炸品探测器，检查炸药类物品，并对闯站车辆实行拦截。

图15-6　秦岭终南山安全检查站

(7)中心控制

①管理机构

成立了专门的运营管理机构——秦岭终南山公路隧道公司，其主要职能是负责对隧道的监控、养护、路政、安全检查、防灾救援等运营工作进行管理，确保隧道运营安全畅通，隧道公司配备人员200多人，设备60余台辆，下设9个部门，另配有专门武警中队、医疗急救站和交警中队(图15-7)。

②应急预案

a.车辆交通事故应急预案

秦岭终南山隧道车辆交通事故应急预案如图15-8所示。

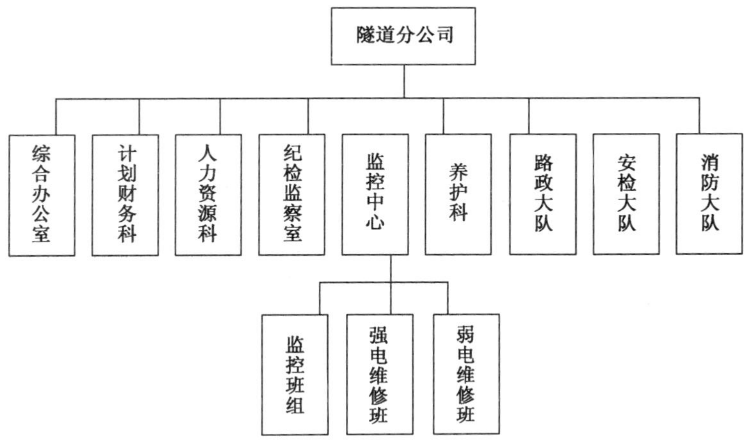

图 15-7 秦岭终南山隧道管理组织机构框图

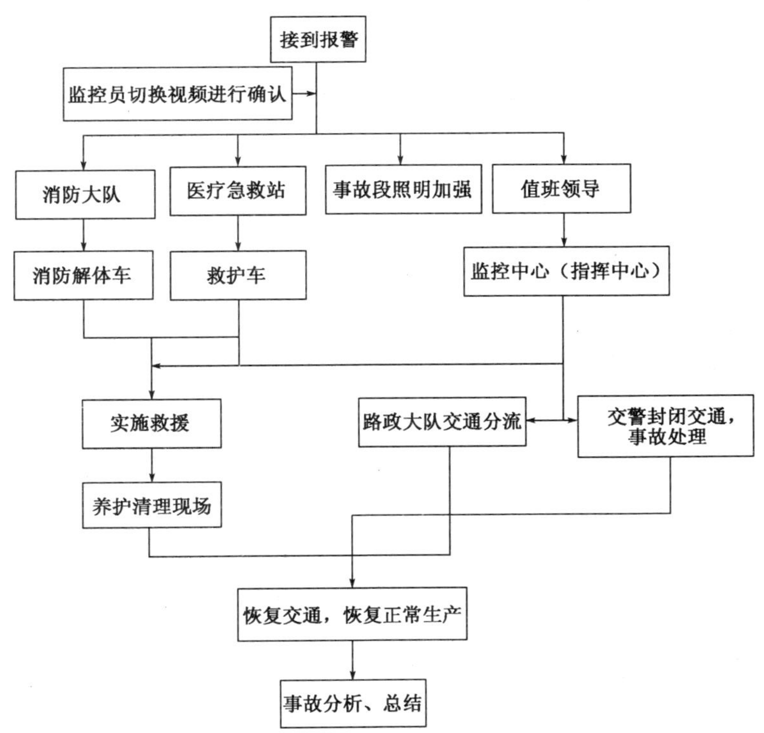

图 15-8 秦岭终南山隧道车辆交通事故应急预案

b. 火灾事故应急预案

秦岭终南山隧道火灾事故应急预案如图 15-9 所示。

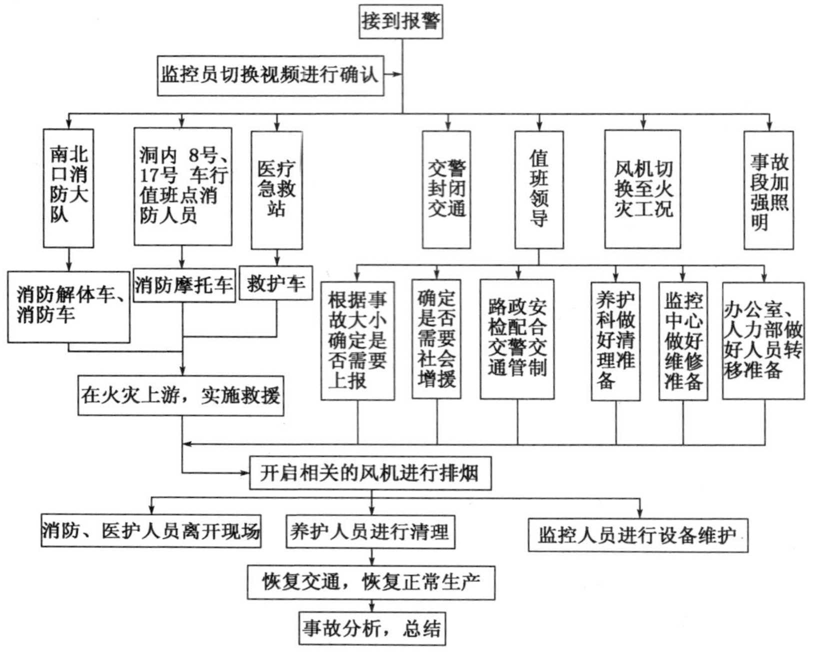

图 15-9　秦岭终南山隧道火灾事故应急预案

15.1.2　台湾雪山隧道

1)工程概况

雪山隧道旧称坪林隧道，是台湾最长的公路隧道，位于蒋渭水高速公路(国道五号，又称北宜高速公路)坪林至头城段之间。由三座独立的隧道组成:导坑、西行线及东行线(图 15-10)，全长共 12.95km。

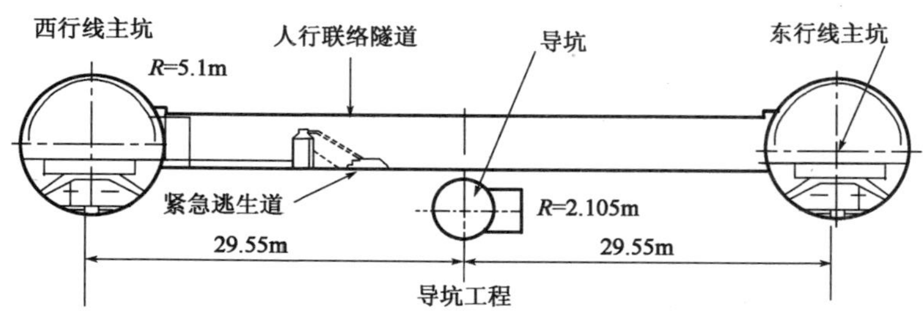

图 15-10　雪山隧道主坑与导坑纵断面示意图

(1)建设标准

台湾雪山隧道为双向四车道隧道,设计时速为70km/h,设计纵坡为1.255%。人行联络道每350m一处,共28座,车行联络道每1 400m一处,共8座。

(2)工程规模

雪山隧道是亚洲第二长的公路隧道,仅次于陕西西康高速公路上的秦岭终南山特长公路隧道,同时在世界的公路隧道中排行第5名。此隧道施工难度之高,还列入了大英百科全书。隧道于2006年6月16日启用。

(3)交通条件

雪山隧道于2006年6月16日开放通车,第一阶段只通行小型车,一开放通车随即引来车潮造成堵塞现象,经统计,通车11个月,通过的车辆数超过1 180万辆,平均每天超过3万辆,假日竟高达6万辆以上。

2)与秦岭终南山隧道的主要差异

与秦岭终南山隧道一样,都属于特长公路隧道,不同点体现在以下几个方面。

(1)监控重点不同

终南山隧道交通量较小,日均约1万辆,雪山隧道交通量是终南山隧道的3倍以上,容易发生周期性堵塞。

(2)逃生方式不同

终南山隧道基于在某一时间段落,仅有一个隧道发生火灾,通过人行通道疏散,从未发生火灾隧道逃生;雪山隧道有服务通道,通过服务通道逃生。

(3)防火灾规模不同

终南山隧道有危险品检查站,发生大型火灾的可能性远小于雪山隧道。

3)系统配置

雪山隧道的系统设施配置如图15-11所示。

该隧道采用三竖井纵向通风,每处竖井包含进气井和排气井各一座,进排气井中心线距离为50m。竖井深度238~501m不等,混凝土衬砌完成后,竖井内径分别为6.0m及6.5m,如表15-1和图15-12所示。

雪山隧道通风竖井情况表 表15-1

井　号	竖井深度(m)	竖井直径
1号	190	10.8(内径)
2号	661	11.2(内径)
3号	393	11.5(内径)

图 15-11　雪山隧道系统设施配置示意图

1-紧急电话亭；2-资讯可变标志；3-速限可变标志；4-车辆管制标志；5-闭路电视摄像机；6-一氧化碳探测器；7-一氧化氮探测器；8-烟尘探测器；9-风速风向探测器；10-广播器；11-无线电漏波电缆；12-火警探测器；13-消火栓；14-逃生标志；15-照明灯具；16-排烟风机；17-车行/(人行)横坑；18-停车湾；19-步行道下管道

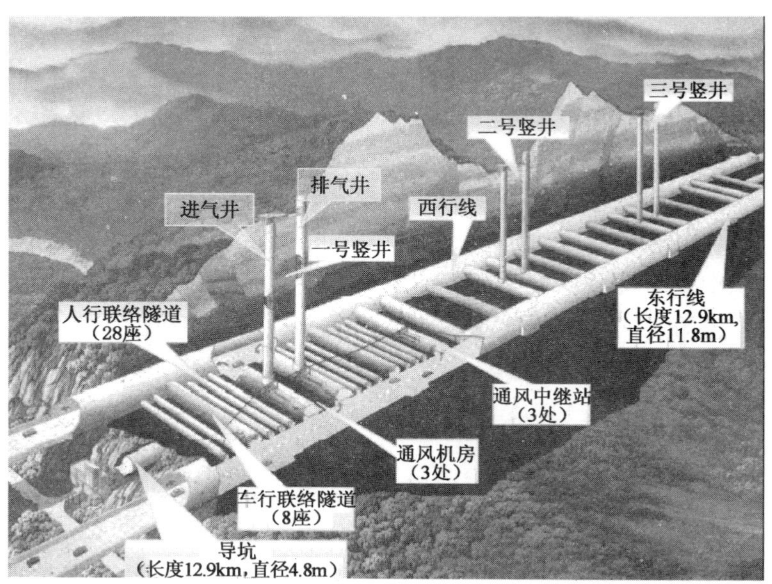

图 15-12　雪山隧道通风系统示意图

隧道内各角落布设 260 架摄影机，一旦发生状况，具备火花感应、温度感应、能见度感应的超级摄影机会锁定画面。

4)异常处治

(1)车辆故障

隧道每1.4km设置一处紧急停车港,并设置直通监控中心的紧急救援电话及摄影机,一旦有车辆停放,监控中心即可发现并救援。

(2)车辆疏散

隧道内一旦发生严重异常,监控中心立刻通过隧道播音系统指挥疏散,并立即切入警广频道,说明灾害情况和逃生方式。因此,进入雪山隧道应开启警广频道。人员逃生前,应将车辆靠边,并将钥匙留在车上,方便救援车辆抵达出事地点。如果隧道内大塞车,后方车辆不知前方情况,此时驾驶人可参考每1 400m设置的CNS可变信息系统,了解隧道前方情况。监控中心会通过文字告知驾驶人前方情况及如何应变。

(3)火灾

①如车辆在火灾发生处前方,车辆依速限驶离隧道后,再行通报。

②如车辆在火灾发生处后方,车辆应往两侧停靠,并立即熄火。

③熄火后,应将车钥匙留在车上,不得上锁,并拿取贵重物品。

④通过路边紧急电话、移动电话,或按下消防栓箱上火灾发信机通报相关单位。

⑤向后(车辆反方向)逃生,并经人行通道或车行联络道疏散。

15.1.3 挪威莱尔多隧道

1)工程概况

1992年6月,挪威国会决定在Bergen和Oslo之间修经由Aurland到莱尔多穿越Filefjen海湾的一条隧道。

该隧道于1995年3月15日开工,2000年11月27日在莱尔多入口举行开通典礼。

(1)建设标准

莱尔多隧道为单洞双车道公路隧道。隧道内采用缓和曲线和短直线相结合的方式减少驾驶员通过隧道时的单调感,并且满足安全视距要求。在隧道内的任意点,安全视距为100m或更多。通过将断面特别加宽的方式,隧道被分成四部分,以便有足够大的地方来使公共汽车或车队不必倒退就能转弯。

(2)工程规模

隧道总长24.5km,斜井/通风隧道2.1km,设转弯点15处,紧急避难所48处,隧道总开挖250万m^3。到目前为止,仍为世界上最长的公路隧道。

(3)交通条件

该隧道小时最大交通量 400 辆，年平均日交通量为 1 000 辆。

2）与秦岭终南山隧道的主要差异

与秦岭终南山隧道一样，都属于特长公路隧道，不同点体现在以下几个方面。

（1）交通异常特点不同

由于交通量很小，故该隧道不可能发生周期性堵塞，发生追尾事故概率不大；由于是双向交通，避免正面碰撞是重点。

（2）火灾概率不同

虽然该隧道长度大于终南山隧道，但由于交通量仅有终南山隧道的 1/10，故发生火灾的概率远小于终南山隧道。

（3）逃生与排烟方式不同

该隧道是双向交通，火灾后只能向两头逃生，不能采用单向排烟模式。

3）系统配置

（1）通风

莱尔多隧道的通风方式为纵向式通风，只有一个通风排气竖井，位于距隧道终点 Aurland 18km 处。距 Aurland 大约 10km 处内装有隧道洁净通风装置，将通过的空气清洁至污染成分的临界，因而可以维持整个隧道甚至在交通高峰期的容许空气质量，从而降低通风量和喷射所需的能量消耗，以满足整个长隧道的通风要求。

竖井是主要的通风站。在 1 300Pa 处有总通风量为 $480m^3/s$ 的两个风机。风机叶轮直径为 2 985mm，发动机功率为 540kW，标准速度为 0～990r/min；此外，在莱尔多和通风竖井（入口一侧）之间有 32 个射流风机，共 5 组，发动机功率为 35kW，推动力为 1 740N。洁净通风装置由去除特殊杂质的静电集尘器和去除空气中临界污染气体成分的清洁装置组成。

（2）紧急电话

每 250m 设一处有 SOS 标志的急救电话。计算机连接到 Iaerdal 或 Bergen 紧急服务系统。

（3）状态检测

车辆检测器和图像系统监控进出隧道的所有车辆。

（4）通风控制

空气的质量将随时被检测，有毒气体浓度超过规定标准时风机将自动打开，风机也可由监控中心手动操作。

（5）交通控制

如果通风系统发生错误或车辆阻塞排成长队，产生大量废气烟雾，隧道将自动关闭。如果发生交通事故或发生需要关闭隧道的情况，在监控中心都会有及时的

反映，所有进入隧道的驾驶员，都会通过无线电收到是否应该转弯开出隧道的信息。

(6)无线通信

可连接无线自动电话。

(7)消防

每125m设一处灭火器。

(8)安全与诱导设施

每6km的转弯处设有一大的洞室，每500m设有小休息室，并有警察专用通道、防火设施和医疗服务设施。当转弯点使用时，标有“转弯和出口”的说明会自动显示。

(9)管理机构

莱尔多挪威公路管理委员会监控中心负责对该地区的隧道系统进行监控检查。

15.1.4 陕西西汉高速公路隧道群

1)工程概况

秦岭特长隧道群(秦岭I、II、III号隧道)是涝峪口至筒车湾段高速公路翻越秦岭山脉的重点控制工程。涝峪口至筒车湾段高速公路是GZ40国道主干线(二连浩特至河口)中的重要组成部分。这里地形崎岖，地势险要，山高沟深，人烟稀少，植被茂密，地质构造复杂，三座隧道的间距很短，I、II号隧道上行线间距为630m，下行线间距为640m；II、III号隧道上行线间距只有141m，下行线间距只有150m；并且II、III号隧道为桥隧相连。

(1)建设标准

公路等级：双车道高速公路。

设计行车速度：$v=80$km/h。

I号隧道：上行线长6 102m，纵坡2.67%；下行线长6 144m，纵坡−2.65%。

II号隧道：上行线长6 125m，纵坡2.2%；下行线长6 095m，纵坡−2.15%。

III号隧道：上行线长4 683m，纵坡2.139%；下行线长4 930m，纵坡−2.137%。

行车、行人横洞设置：秦岭I号隧道行车横洞12处，行人横洞11处；秦岭II号隧道行车横洞12处，行人横洞11处；秦岭III号隧道行车横洞8处，行人横洞9处。

(2)交通条件

交通量预测及组成(小客车)：2010年12 048辆/d，2015年16 984辆/d，2020年22 262辆/d，2025年28 500辆/d。

2)系统配置

(1)通风

I、II 号隧道上行线采用双竖井送排式纵向通风，III 号隧道上行线采用单竖井送排式纵向通风，I、II、III 号隧道下行线正常运营时均采用全射流纵向式通风。

(2)信息采集与紧急电话

设有一氧化碳及烟尘浓度检测器 24 套，有源环车辆检测器 70 套，紧急电话 238 部。

(3)监控

隧道内设有电视摄像机(黑白、彩色可变)238 套，隧道火灾事故手动报警器 680 个，光缆式火灾自动检测报警器 3 套。

(4)通风与照明控制

由监控中心主机对经 OTN 光通信系统输送的隧道 CO、VI 检测数据，交通状态，火灾报警状态的数据运算处理，向分控系统发出启动/关闭相应位置的风机和相应的通风级别指令。

在隧道口设照度检测器检测的数据由 OTN 光通信系统输至监控中心，经原程序运算处理，向分控系统发出控制命令，按照不同亮度等级启动/关闭相应照明配电线路。

(5)交通控制

经隧道现场 PLC 网络对车辆检测信息及各类显示标志状态信息进行实时检测，由分控系统预处理后，经 OTN 光纤传输系统上传给管理处主控计算机。运算处理后得车流量、车速、区段占有率等数据，从而控制隧道车道指示器、信号灯、限速标志、可变情报板的动作。

(6)信息发布

为了便于信息发布，隧道群段共设置了车道指示信号灯 6 台，车辆可变限速标志(含信号灯及图标)70 块，可变情报板 6 块和有线广播设施 238 部。

(7)消防

设有灭火器、消火栓，另外还设置有智能自动灭火车(气溶、水喷雾)115 台。

(8)中心控制

①应用程序

隧道监控中心计算机系统对辖区各隧道计算机分控系统进行实时检测和控制，包括隧道的正常与异常检测控制、火灾报警、交通及照明与通风控制、安全预警、救援预案等各类控制程序。

②应急预案

a. 在火灾报警、自动火灾检测声光报警、紧急电话报警发出后，火灾报警应按

最优先原则通知主控计算机向其发送火灾地点及特征信息。主控计算机向隧道闭路电视监视系统发指令，把事故地段的画面切换到主监视器或投影仪并录像，经确认，主控计算机立即依此提出相应的交通控制方案和通风控制方案，快速清除火灾地段车辆，将通风模式转为火灾模式。

b. 在隧道交通拥挤或事故情况下，隧道车辆检测器发出某区段交通阻塞的报警信号，CRT 上应看到相应的显示，主控计算机同时提出相应的交通控制方案和通风控制方案，并向隧道闭路监视系统发出指令，把事故地段的画面切换到主监视器并录像。

c. 为确保隧道运营安全，最大限度地降低误警率，计算机在所有异常情况下控制指令的发出，原则上都必须经操作人员确认，由人工键入命令后发出。

d. 根据控制模式，针对各种异常情况，计算机将提出各种相应的提案，操作人员可通过键盘/鼠标选择某一种提案，自行发出自认为正确的命令，以控制事故的蔓延。

e. 操作员键入的命令，发生事故的地点、时间和性质等参数将存入硬盘，可随时调用、打印和显示。

f. 操作人员可通过电话调度各隧道救援站相关人员及设备，向上级及消防、救援单位求援，还可通过隧道广播系统及时指挥救援疏导交通。

g. 在报警信号奏效后，立即自行启动硬盘中预先设定的加密码锁程序，在无授权情况下，任何人无权调用事故全过程的任何资料。

15.2 水下特长隧道

15.2.1 日本关越隧道

1）工程概况

关越隧道（Kan-etsu）为日本最长的公路隧道，长度为 10.9km，下行线长 10 885m，上行线长 11 107m，辅助隧道 10 943m，避难联络横通道间距约 350m，双洞双向四车道，如图 15-13 和图 15-14 所示。

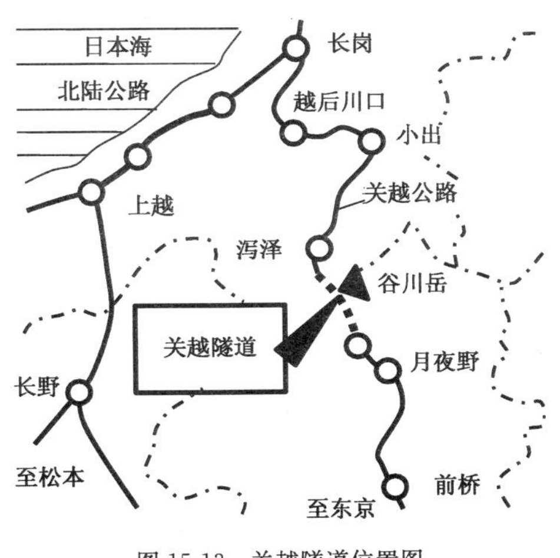

图 15-13 关越隧道位置图

2）与雪山隧道的主要差异

关越隧道与雪山隧道的共同点在于都设有服务通道，可以通过服务通道逃生，不同点主要在于环境条件不同，关越隧道是水下隧道，腐蚀性强，对机电设施的耐腐性要求高。

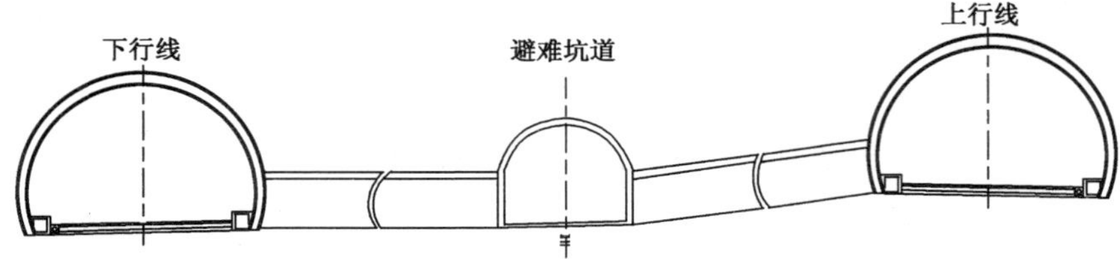

图 15-14 关越隧道标准断面图(尺寸单位:mm)

3)系统配置

关越隧道系统配置按照日本相关规范执行，通风排烟是重点，其采用两座直径为 9.7m 的竖井加静电集尘器的组合通风方案，两座竖井分别距离 Minakami 端 3.7km 和 7.9km，一线和二线隧道通风分段长度分别为 3 738m、4 220m、2 968m 和3 761m、4 129m、3 165m，最大通风分段长度为 4 220m，且一线和二线隧道内分别设置了 5 台和 4 台静电集尘器，以清除柴油车排放的 VI 污染物，一线和二线隧道除尘最大通风段为 2 110m 和 2 555m。

15.2.2 厦门翔安隧道

1)工程概况

厦门东通道(翔安隧道)工程是厦门市本岛第六条进出岛公路通道，连接厦门市本岛和大陆架翔安区，是一项规模宏大的跨海工程，工程全长 8.695km，其中海底隧道长 6.05km，跨越海域宽约 4 200m，是我国大陆地区第一座海底隧道(图 15-15)。

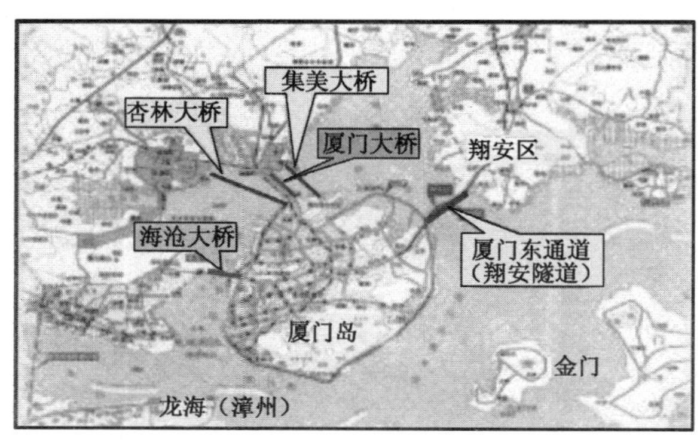

图 15-15 翔安隧道位置示意图

(1)建设标准

设计采用三孔隧道方案,两侧为行车主洞,各设置 3 车道,中孔为服务隧道。主洞隧道建筑限界净宽 13.5m,净高 5.0m。服务隧道建筑限界净宽 6.5m,净高 6m。主洞隧道测设线间距为 52m,服务隧道与主洞隧道净间距为 22m(图 15-16)。计算行车速度 80km/h。隧道最深处位于海平面下约 70m,最大纵坡 3%。

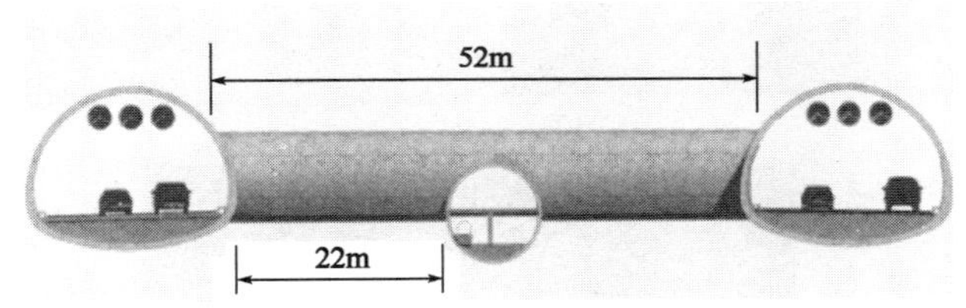

图 15-16 翔安隧道主动与服务隧道横断面图

(2)交通条件

据交通流量分析及预测,翔安隧道在 2010 年的交通量将近 5 万辆/d,2030 年将达到近 10 万辆/d。

2)与关越隧道的主要差异

翔安隧道与关越隧道相似,都设有服务通道,不同点主要表现在前者离市区很近,后者离市区远,故翔安隧道对消防灭火要求应更高,以避免产生较大危害。

3)系统配置

(1)通风

翔安隧道双竖井纵向通风,共安装大功率轴流风机 4 台(2 送 2 排),射流风机 39 台(行车隧道内)与 20 台(服务隧道内)(图 15-17)。

(2)照明

翔安隧道照明系统由高压钠灯、荧光灯组成。其中,主洞设有两条连续灯带,服务洞设有逃生用照明(图 15-18)。

(3)监控

隧道内全程监控,洞顶密布着 100 多个摄像头将隧道每个细节全都覆盖着,没有任何死角,监控到的图像则直接传回地面中控室,中控室有 40 个小屏幕和 8 块液晶屏组成的大屏幕。一旦隧道着火,这个监控系统则自动识别火焰和浓烟图像,并自动蜂鸣报警。

翔安隧道内的摄像头具有识别交通状况的功能,比如堵车,摄像头会自动进行识别,然后将画面传送到主画面上,引起工作人员注意。

采用光纤与双波长火焰探测器相结合的火灾报警模式,每 50m 形成一个探测区。同时,为避免误报信息,采用闭路电视系统对火灾报警进行确认。

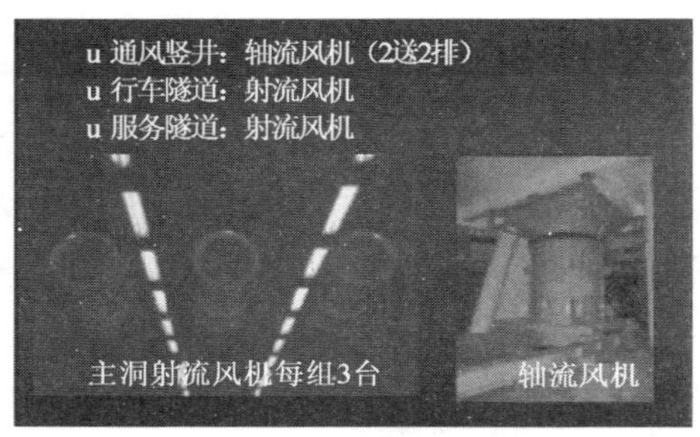

a)

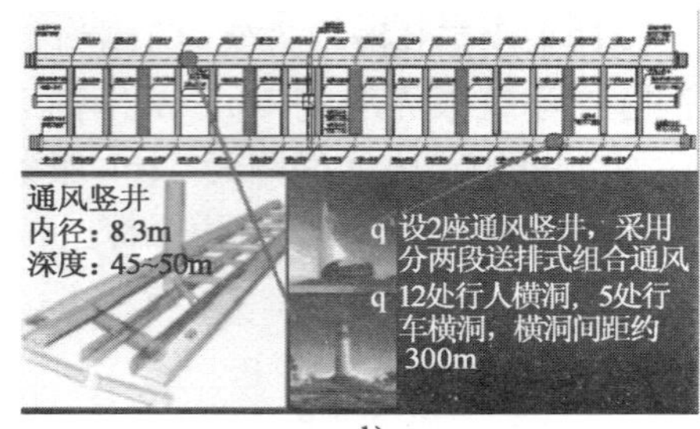

b)

c)

图 15-17　翔安隧道通风系统示意图

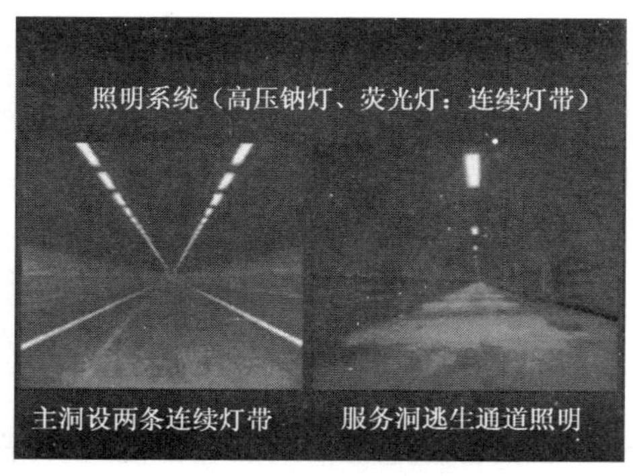

图 15-18　翔安隧道照明系统示意图

(4)消防

①主动灭火

翔安隧道安装了泡沫—水喷雾联用灭火系统，共设 482 个泡沫喷雾控制阀组，3 374 个隧道专用水成膜泡沫喷头，并安装了 12 800m 隧道泡沫喷雾系统供水主干管。在行车道左侧的洞顶，每隔 25m 设置一个自动喷淋设施，双喷头流量 6. 5L/s，单喷头 1. 5L/s，组成了双侧喷淋系统(图 15-19)。

②被动灭火

翔安隧道在行车右侧每隔 25m 设有一处灭火器并编号，方便报警时报告具体位置；灭火器采用高能水基型灭火器，灭火效率是干粉灭火器的 10 倍，隧道右侧壁每隔 50m 安装一个火灾报警按钮。

此外，配备了 2 辆四轮消防摩托车，四轮消防摩托车配有细水雾灭火装置，包括 2 个水箱和 1 个泡沫箱，拥有先进的高压细水雾系统，使水微粒迅速覆盖火灾表面，水源少时，也可持续高效灭火。

图 15-19 翔安隧道泡沫喷淋系统启动自动灭火

(5)安全与诱导设施

翔安隧道在隧道内右侧洞壁上设置了LED诱导灯，每隔50m一个，在情报板上也增设了一组LED诱导灯。只要LED诱导灯频闪，就意味着隧道内发生了事故，驾乘人员最好降低车速、靠边，并观察前方情况，如果火情严重，应留下车钥匙并立即向洞外逃生。

15.3 隧、岛、桥一体化工程

15.3.1 工程概况

该工程连接丹麦首都哥本哈根和瑞典城市马尔默这两个都会区(图 15-20)，由西侧的海底隧道、中间的人工岛和跨海大桥三部分组成，全长16km，其中，西侧海底隧道位于海底10m以下，由两条火车道、两条双车道公路和一条疏散通道共五条管道组成，长4 050m，宽38.8m，高8.6m，中间人工岛长4 050m，1991年开工，2001年7月1日通车。

图 15-20 瑞典马尔默岛桥隧工程示意图

1)建设标准

铁路设计速度为200km/h，轨道中心间距4.5m，管道净高、净宽分别为6.10m和6.50m。由于有货运交通，故最大坡度允许为1.56%，高速公路设计速度为120km/h。防护栏之间的宽度为9.00m，净高为4.60m，通航净空高度7m，设计寿命100年。

2)工程规模

海底隧道采用沉埋法，沉埋隧道由20个预制钢筋混凝土单元组成，每一单元质量为60 000t，单元尺寸为长176m，宽38m，高8.6m，每一独立单元由8节长22m的节段组成。

3)交通条件

道路年交通量600万辆，铁路年客运量800万人。

4)环境气候

属于温带气候，最温暖月份平均温度超过10℃(50℉)，最寒冷的月份平均温度超过－3℃。

15.3.2 工程特点

本工程隧道虽为水下隧道，但与一般水下隧道有很大不同，工程特点如下。

(1)标准规范问题

涉及瑞典、丹麦2个国家，如何统一标准规范，发挥跨境国际通道的作用，是首先要解决的问题。

(2)信息孤岛问题

各国信息交换方式不同，如何协调沟通，达到互联互通，是要解决的第二个问题。

(3)联合管理问题

隧道一旦发生异常，如何协调、控制、管理连接两个国家的道路，是要解决的第三个问题。

(4)逃生区域问题

本隧道是离岸海底隧道，一旦隧道发生火灾，只能逃生到人工岛，如何规划逃生区域，避免二次灾害，是要解决的第4个问题。

15.3.3 系统配置

采用纵向通风，通风参数包括通CO、NO_x和能见度，监控设施包括CCTV(前端摄像机冗余)、冗余视频事件检测等。

参考文献

[1] 中华人民共和国行业标准. JTJ 026.1—1999 公路隧道通风照明设计规范[S]. 北京:人民交通出版社,2000.

[2] 中华人民共和国行业标准. JTG D70—2004 公路隧道设计规范[S]. 北京:人民交通出版社,2004.

[3] 中华人民共和国道路交通安全法. 北京:法律出版社,2003.

[4] 中华人民共和国行业标准. JTG/T B05—2004 公路项目安全性评价指南[S]. 北京:人民交通出版社,2004.

[5] 韩直. 公路隧道节能技术[M]. 北京:人民交通出版社,2010.

[6] 秦岭终南山公路隧道建设与运营管理关键技术[R],2010.

[7] 雪峰山特长公路隧道关键技术研究[R],2010.

[8] 广梧高速公路隧道群安全保障与节能关键技术研究报告[R],2010.

[9] 沪蓉西高速公路隧道(群)运营安全与节能技术研究[R],2009.

[10] 长大公路隧道智能控制系统及防灾新技术研究[R],2007.

[11] 韩直,等. 公路隧道 NO_2 浓度参数研究[J]. 公路交通科技,2009,10.

[12] 公路隧道通风设计的理念与方法[J]. 地下空间与工程学报,2005,6.

[13] 公路隧道火灾自动报警系统实验研究[J]. 重庆交通学院学报,2006,4.

[14] 秦岭终南山特长公路隧道火灾交通控制预案研究//国际公路安全研讨会论文集[C]. 北京:人民交通出版社,2005.

[15] 秦岭终南山特长公路隧道通风控制研究//中国公路学会 2005 年学术年会论文集[C]. 北京:人民交通出版社,2005.

[16] 特长公路隧道交通控制预案研究//2005 年全国公路科技青年论坛论文集[C]. 北京:人民交通出版社,2005.

[17] 公路隧道安全技术研究[J]. 中国智能交通,2006,4.

[18] 秦岭终南山特长公路隧道运营管理技术研究[J]. 中国公共安全,2006,10.

[19] 易富君,韩直,邓卫. 公路隧道群追尾交通事故预警模型[J]. 同济大学学报(自然科学版),2011,11.

[20] 倪健,韩直,彭金栓. 基于零和灰色博弈模型的高速公路入口车辆冲突研究[J]. 公路交通技术,2008,4.

[21] 白云,韩直,李宁. 公路隧道应急能力评价[J]. 公路交通技术,2008,增刊.

[22] 韩直. 公路隧道智能控制的现状与发展[J]. 交通世界,2003,2.

[23] 杜益文,韩直,等. 公路隧道安全模糊评价方法[J]. 公路交通技术,2006,4.

[24] 曾祥平. 公路隧道交通安全预警理论与方法研究[D]. 重庆交通大学，2008,3.

[25] 周克勤，韩直. 公路隧道运营管理系统探讨//国际隧道研讨会暨公路建设技术交流大会论文集[C]. 北京：人民交通出版社，2002.

[26] 韩直，白云. 公路隧道安全评价指标系与方法公路交通技术[J]. 2008,6.

[27] 张生瑞，壮林，徐景翠. 高速公路隧道内交通事故分布规律[J]. 长安大学学报(自然科学版)，2008,7.

[28] 李方. 山区高速公路隧道的交通特性及事故预防对策[J]. 中国高速公路管理学术论文集(2009卷)，2009,9.

[29] 白云. 公路隧道安全等级评价方法研究[D]. 重庆交通大学，2008,11.

[30] 姜学鹏，徐志胜. 危险品车辆通行公路隧道的风险控制[J]. 灾害学，2007,6.

[31] 李耀庄，龚啸. 陈长坤隧道火灾性能化安全疏散设计方法研究[J]. 防灾减灾工程学报，2006,12.

[32] 李伟平，吴德兴，杨健. 西华岭隧道火灾疏散救援通道参数研究[J]. 现代隧道技术，2008,4.

[33] EuroTest (2005). "Making Europe's road tunnels safer for users-the European Tunnel Assessment Program (EuroTAP) 2005 Inspections." EuroTAP, The AA Motoring Trust.

[34] Kohl B, Botschek K, Hrhan R. Austrian Risk Analysis for Road Tunnels Development of a new Method for the Risk Assessment of Road Tunnels [C]. Tunnel Safety and Ventilation. International Conference. 2006.

[35] FANG Yong, HE Chuan. FEED-FORWARD CONTROL OF VENTILATION SYSTEM FOR HIGHWAY TUNNEL. The Second International Conference on Transportation Engineering, international conference on transportation engineering (ICTE) 2009; Chengdu, China (ASCE, EI: 20100112603083).

[36] Karl MELBY. Road Tunnels in Norway. Roads. HO. 322, April, 2004.

[37] H. Mashimo. State of the Road Tunnel Safety Technology in Japan. Tunnelling and Underground Technology. 2002(17). 145-152.

[38] HAACK A. Fire safety conception in vehicle tunnel//Proceedings of Highway Tunnel Technical Communion of 2001 China-Switzerland.

[39] MATOUSEK M. Sicherheit von tunnrln von der sicherheitsforschung zur praktischen anwendung. Sicherheit, Qualitatsmanagement, Unweltvertraglichkeit, 2000.

[40] Akisato Mizuno&Hideo Yae. On the strategy of securing an evacuation environment in a tunnel fire. 4th International Conference on Tunnel Fires, Dec. 2-4, 2002, Basel,Switzerland:33-40.

[41] Kerstin Lemke. Road Safety in Tunnels. Transportation Research Record 1740:170-174.

[42] Chen T Y, Lee Y T,Hsu C C. Investigations of piston effect and jet fan effect in model vehicle tunnels. Journal of Wing engineering ang Industrial Aerodynamics,1998.

[43] E Gasale,J M Charvier,G Lemmaire. Tunnel ventilation system modeling. 8th Internation Symposium on the aerodynamics and ventilation of vehicle tunnels:69-81.

[44] H. ohashi,T. Kawaure,T. Baba. Study on a longitudinal ventilation system using enlarged jet fans. 2ed Internation Symposium on the aerodynamics and ventilation of vehicle tunnels.

[45] PIARC. Road Tunnel: vehicle emissions and air demand for ventilation. PIARC-Technical Committee on Road Tunnel Oper- ation(C5),2004.

[46] StaehelinJ. Emissionfactors from road traffic from a tunnel study. Atmos. Environ. 1998,32(6):999-1009.

[47] Steven NR,Ute P,Tom D. Gaseous emission from vehicles in a tunnel Vancouver. Air & Waste Manage . Assoc,1998,84(4):604-615.

[48] Tatsuro Yoshimochi et al. A Ventilation Control System Using Fuzzy Control for Two-way Traffic Tunnel in Highway. Aerodynamics & Ventilation Vehicle Tunnels Symposium. 1994:873-881.

[49] Ping-Ho Chen, Jiun-Hong Lai, Chin-Teng Lin. Application of fuzzy control to a road tunnel ventilation system. Fuzzy Sets and Systems,100(1998): 11-12.

[50] Shroff Gajendra H,Wan Ping K. Tunnel ventilation building emissions control options. Proceeding of the Air & Waste Management Association's Annual Meeting & Exhibition 1998. Air & Waste Management Assoc. Pittsburrgh,PA,USA,14pp 98-RP3B. 02.